실패
예찬

실패
예찬

코스티카 브라다탄 지음 — 채효정 옮김

지유책방

실패
예찬

초판 1쇄 인쇄 | 2024년 06월 20일
초판 1쇄 발행 | 2024년 06월 25일

지은이 | 코스티카 브라다탄
옮긴이 | 채효정
펴낸이 | 정서윤

편집 | 이명희
디자인 | 이다오
마케팅 | 신용천
물류 | 책글터

펴낸곳 | 시옷책방
등록 | 2020. 3.10 제2020-000064호
주소 | 서울시 마포구 동교로 75
전화 | 02-332-3130
팩스 | 0504-313-6757
전자우편 | million0313@naver.com
블로그 | https://blog.naver.com/millionbook03
인스타그램 | https://www.instagram.com/millionpublisher_/

ISBN 979-11-91777-71-0 03190

값 · 22,000원

Cristinei și Anastasiei

프롤
로그

높은 고도에서 날고 있는 비행기 안에 있다고 상상하자. 방금 엔진 중 하나에 불이 붙었고 다른 엔진도 가망 없어 보여 조종사는 비상 착륙을 해야 한다. 그런 상황에 처한다면 엄청난 충격을 받을 거라는 건 의심할 여지가 없지만 그런 상황이 사람을 계몽하기도 한다. 일단 이를 악물고 울부짖는 와중에는 냉정하고 이성적으로 생각할 수가 없다. 인정해야 한다. 무서워 죽겠다는 것을. 다른 모든 사람과 마찬가지로 말이다. 결국에 비행기는 안전히 착륙하고 모두 무사히 내린다. 몸과 마음을 추스를 기회를 갖고 나서는 방금 일어난 일에 대해 조금은 더 명료하게 생각할 수 있다. 그리고 그로부터 배우기 시작한다.

이를테면 인간 존재는 두 차례 무無가 실증하는 사이에 짧게 발생하는 어떤 것이라는 걸 배운다. 처음의 무無—침범해 들어갈 수 없는 농밀한 무無. 그런 다음 반짝. 그런 다음 다시 끝도 없는 무無. 이를 두고 블라디미르 나보코프Vladimir Nabokov는 '두 암흑의 영원 사이로 잠깐 새어 나오는 빛'이라고 했다.[1] 이게 인간 조건의 무자비한 사실이다—나머지는 그저 겉치장이다. 그 사실을 우리가 어떻게 재구성하

---

1) Vladimir Nabokov, *Speak*, *Memory* (New York: G. P. Putnam's Sons, 1966), 19.

거나 다시 말하기로 하든 간에, 우리 앞에 있는 것과 뒤에 있는 것을 고려하면 우리에 대해 이야기할 것이 그리 많지 않다. 사실 우리는 **없는 거나 다름없는** 존재다. 그리고 살면서 우리가 하는 많은 일은 우리가 알든 모르든 간에 우리가 없는 거나 다름없는 존재라는 자각에서 오는 역겨움을 해결하려는 노력이다. 신화, 종교, 영성, 철학, 과학, 예술과 문학 작품—이것들은 이 참기 힘든 사실을 조금이라도 더 견딜 만하게 만들기 위한 것이다.

이를 극복하는 하나의 방법으로 이 문제를 아예 부인하는 것이 있다. 이는 낙관주의적인 방식이며 눈 가리고 아웅하는 방식이다. 여기서는 우리가 처한 조건이 결국 그렇게 위태로운 건 아니라고 한다. 일부 신화에서는 우리가 여기 태어나기 전에 다른 곳에 살았고 우리가 죽은 다음에 다시 환생할 거라고 한다. 일부 종교는 한발 더 나아가 우리에게 '영생'을 약속한다. 여기 선뜻 응하는 자들의 공급이 전혀 부족하지 않다는 걸 보면 꽤 괜찮은 사업으로 보인다. 이 붐비는 시장에 최근에는 '트랜스휴머니즘transhumanism'이라는 게 들어왔다. 이 종교 집단 성직자들은 적합한 장치와 기술적 통제(그리고 적절한 은행 계좌)만 있으면 인간 생명이 무기한 연장될 수 있다고 약속한다. 다른 영생 프로젝트들도 늘 고객이 대규모로 몰려들 것이기 때문에 마찬가지로 잘 될 가능성이 크다. 우리는 언젠가는 죽어야 한다는 문제가 해결될 것 같지는 않으니 말이다.

우리 중 종교가 하는 영생의 약속을 믿는 사람이 얼마나 되든 간에 끝까지 납득 못하는 사람은 늘 있을 것이다. 트랜스휴머니스트를 보면 미래는 알지 몰라도 과거에 대해선 아주 무지한 것 같다. '인간 개선' 제품은 적어도 **길가메시**Gilgamesh의 동지 엔키두Enkidu가 사라진 이후부터 다른 라벨들을 달고 시장에 나와 있었다. 중세 연금술사들이 제시했던 것에 비하면 트랜스휴머니스트들의 상품은 되레 밋밋해 보인다.

생명 연장을 위해 수천 년 동안 노력했음에도 불구하고 우리는 죽음을 폐업시키지 못했다. 오늘날 우리는 더 오래 살지는 모르지만 그래도 죽는다.

우리가 없는 거나 마찬가지인 존재라는 문제를 다루는 또 다른 방법은, 정면으로 부딪치는 투우처럼 도피로나 안전망이나 사탕발림이 없는 것이다. 그저 앞으로만 나아가는 거다. 눈을 크게 뜨고 항상 눈앞에 있는 것을, 즉 **무**無를 자각하며, 기억하라. 우리 앞에도 뒤에도 아무것도 없다는 것을. 우리가 없는 거나 다름없는 존재라는 데 자꾸만 집착하게 되고 종교가 약속하는 영생은 믿을 수가 없고 바이오기술로 생명 연장을 할 돈도 없다면 당신에게는 이 방법이 맞을 수도 있다. 확실히 투우 방식은 쉽지도 않고 친절하지도 않다—소에게 특히 그렇다. 우리가 바로 그 소니까. 결국 우리는 끝장나기를 기다리는 전멸하기를 기다리는 소니까. 충돌을 수행했으면 자기 갈 길 가는 투우사가 아니니까.

'인간은 그렇게 만들어졌다.'고 시몬 베유Simone Weil는 쓴다. "충돌을 수행하는 자는 아무것도 느끼지 못한다. 어떤 일이 일어나는지를 느끼는 건 충돌을 당하는 사람이다."[2] 이 말이 비관적으로 들릴 수도 있으나 **무슨 일이 일어나고 있는지**를 이해하게 해주는—세상을 우리가 원하는 대로가 아닌 실제 그대로 어떤 모습인지 볼 수 있게 하는 것보다 인간에게 더 수준 높은 인간 지식은 거의 없다. 게다가 타협이 불가능한 비관주의를 멋들어지게 실현할 수도 있다. 비관주의자의 첫 계명('의심이 들 때는 최악을 가정하라!')을 생각할 때 당신이 실망하는 일은 결코 없을 것이다. 앞으로 무슨 일이 일어나든 얼마나 나쁘든 그 일이 당신의 평정심을 잃게 만들진 못할 것이다. 이런 이유로 자신이 없는 거나 다름없는 존재라는 사실을 눈을 크게 뜨고 접근하는 사람은, 그럭저럭 평정심과 침착함을 지니고 살고 거의 불평하지 않는다. 그들에게 일어날 수 있는 최악의 상황은 늘 정확히 그들이 예상했던 대로인 것이다.

무엇보다도 눈을 크게 뜨고 접근하는 이런 방식은 우리를 인간 존재라는 얽힘으로부터 우아하게 해방시켜 준다. 삶은 만성적이고 중독적인 질환이며 우리는 치료가 절실하다.

이 책에서 내가 제안하는 실패에 기반한 치료가 이상해 보일 수도 있다. 사람들이 성공을 너무 숭배하는 나머지 실패의 평판이 누더기

---

2) David McLellan, *Utopian Pessimist: The Life and Thought of Simone Weil*(New York: Poseidon Press, 1990), 93.

가 되었다. 우리가 사는 세상에서는 실패보다 더 나쁜 일은 없는 것 같다―질병, 불행, 심지어 타고난 멍청함까지도 비교 대상이 못 된다. 하지만 실패는 더 나은 대접을 받을 자격이 있다. 사실 실패에 대해 찬양할 점은 많이 있다.

실패는 인간으로서 우리가 어떤 존재인가에 대한 본질적인 요소다. 실패에 관여하는 방식이 우리를 규정하는 것인 반면에 성공은 부차적이고 일시적인 것일 뿐 그리 많은 걸 밝혀내지 못한다. 성공 없이 살 수는 있지만, 우리가 완벽하지 못하고 불완전하며 언젠가는 죽을 수밖에 없다는 사실과 합의를 못 하면 사는 의미가 없으며 이 전부를 깨닫게 하는 게 바로 실패다.

실패가 발생했을 때 우리와 세상 사이, 우리 자신과 타인 사이에는 거리가 생긴다. 우리에게 그 거리는 우리가 '들어맞지' 않는다는 독특한 느낌, 세상, 그리고 타인들과 우리가 '조화를 이루지 못한다는' 느낌, 뭔가 잘못됐다는 느낌을 준다. 이 모든 것은 우리로 하여금 하늘 아래 자신의 위치에 대한 의문을 품게 한다. 그리고 그 일은 우리에게 일어날 수 있는 가장 좋은 일일 수도 있다. 이 존재론적 **각성**이 우리가 자신이 누구인지를 깨닫고자 할 때 정확히 필요로 하는 것이기 때문이다. 그 각성이 선행하지 않고서는 치유가 오지 않는다.

실패를 하고 그런 무능감과 내 자리가 아니라는 느낌이 찾아오면 그 느낌에 저항하지 말라―그 느낌을 따르라. 당신이 옳은 방향으로 가고 있다는 뜻이다. 우리는 이 세상 속에 있을지 몰라도 이 세상 **것이** 아니다. 이에 대한 이해가 자각의 시발점이며 그것은 실패를 어떤 중요한 영적 탐구의 중심에 놓는다.

당신은 이렇게 물을 수 있다. 그렇다면 실패가 내 인생을 구원할 수 있을까? 그렇다, 구원할 수 있다. 당신이 실패를 잘 사용한다는 전제 하에 말이다. 실패를 잘 사용하는 법이 바로 이 책이 말하고자 하는 이야기다. 때가 되면 알게 되겠지만 실패는 비방자들이 말하는 끔찍스러운 재난이기는커녕 치유, 계몽, 자아실현이라는 기적을 낳을 수 있다. 그래도 쉽지는 않을 것이다. 실패는 복잡한 문제이기 때문이다.

실패는 성서에 나오는 원죄와 같아서 우리 모두 가지고 있다. 우리 모두는 계층, 신분, 종교, 성별과 무관하게 우리 모두는 실패를 타고난다. 우리는 살아 있는 한 실패를 실천하고 타인에게 넘겨준다. 죄와 마찬가지로 실패도 인정하기가 수치스럽고 부끄럽고 당혹스러울 수 있다. 그리고 내가 실패의 '추함'도 언급했던가? 실패는 또한 추하다—죄처럼 추하다고 이야기들 한다. 실패는 그 삶 자체만큼이나 잔인하고 고약하며 파괴적일 수 있다.

그러나 그 모든 보편성에도 불구하고 실패는 일반적으로 연구가 부족하거나 도외시되거나 일축되기 마련이다. 아니면 더 나쁘게 자기 계발 전문가, 마케팅 마법사, 은퇴 후 시간이 남아도는 CEO들 손에서 뭔가 '트렌디'한 것으로 탈바꿈한다. 이들은 모두—전혀 모순되지 않는 일처럼—성공으로 가는 발판에 지나지 않는 것으로 재포장해 다시 판매하여 실패를 조롱거리로 삼는 것이다.

실패를 성공으로 포장해 파는 사람들은 다른 무엇보다도 우선 사무엘 베케트Samuel Beckett가 적절히 어둡게 이야기한 그 근본적인 말을 망치고 말았다—그 말을 당신도 아마 알 것이다. 그들이 어김없이 언급 못 하는 건 그들이 구역질 날 정도로 인용하는 구절 바로 다음에 나오는 문장이다. 베케트는 '더 잘 실패하기'보다 더 나은 것을 제안한다—**더 심하게 실패하기**다. "다시 해보아라. 다시 실패하라. 다시 더 잘 해 봐라. 아니면 더 심하게, 그 편이 낫다. 다시 더 심하게 실패하라. 또 더 심하게. 영원히 역겨움을 느낄 때까지. 영원히 토할 때까지."[3] 베케트는 괜히 시오랑E. M. Cioran의 친구였던 게 아니다. 언젠가 베케트는 시오랑에게 이렇게 썼다. 'Dans vos ruines je me sens a l'aise(당신의 폐허 한 가운데서 나는 고향에 온 것 같은 기분을 느낀다).'[4] '영원히 역겹기 위해' 그리고 '영원히 토하기 위해'—우리가 처한 실존적 곤경을 이보다 더 잘 설명할 길은 거의 없다. 베케트에게는 실패가 자아실현으로 이어질 정도이며 인간 존재와 함께 오는 근본적 질병의 치유로까지 이어질 정도다. 『실패 예찬In Praise of Failure』은 전적으로 사무엘 베케트풍 책이다.

당신은 이렇게 물을 수도 있다. 베케트가 생각한 진짜 실패와 자기계발 전문가들이 판매하는 류의 가짜 실패를 어떻게 구분할까? 간단하다. 실패는 언제나 우리를 겸손하게 한다. 그렇지 않으면 진짜 실패가 아니라 '성공을 위한 발판'이다—달리 말해 자기기만이다. 그리고 그것은 치유로 이어지지 않으며 더 많은 질병으로까지 이어진다.

『실패 예찬』은 실패 자체를 위한 실패가 아니라 실패가 낳는 겸손,

---

3) Samuel Beckett, *Nohow On: Company, Ill Seen Ill Said, Worstward Ho. Three Novels*(New York: Grove Press, 1980), 102.

4) E. M. Cioran, *Cahiers: 1957-1972*(Paris: Gallimard, 1997), 715.

그리고 실패가 촉발하는 치유 과정에 대한 것이다. 오직 겸손, '현실에 대한 자아를 버린 존중'만이 **무슨 일이 일어나고 있는지**를 파악하게 해줄 거라고 아이리스 머독Iris Murdoch은 규정한다. 겸손을 달성했을 때 우리는 질병에서 회복되고 있음을 깨달을 것이다. 스스로 존재의 얽힘으로부터 벗어나기 시작할 것이기 때문이다.

따라서 당신이 겸허함 없는 성공을 추구한다면 당신은 『실패 예찬』을 무시해도 무방하다. 당신에게는 이 책이 도움이 안 될 거고 잘못된 방향으로 이끌기만 할 거다.

일반적으로 우리는 실패를 진지하게 받아들이지 못한다. 실패를 면밀히 살펴본다는 생각마저 우리를 불편하게 만든다. 우리는 실패를 건드리고 싶어하지 않는다. 전염이 두렵기 때문이다. 건드리고 있는 것은 실패 자체다. 우리가 이미 실패에 감염된 채 이 세상에 들어온다는 걸 고려하면 말이다.

이 모두는 실패의 연구를 자기 몸을 마음대로 뒤트는 곡예사가 하기 딱인 일로 만든다. 실패를 외부 세상에서 찾아야 하지만 또한 우리 내부, 즉 우리 정신과 마음의 가장 어두운 구석에서도 찾아야 하기 때문이다. 우리는 실패를 개인들에게서는 물론 사회 전체에서도 찾을 것이고 문화는 물론 자연에서도 찾을 것이다. 실패의 존재를 우리는 종교, 정치, 사업, 그리고 그 밖의 거의 모든 곳에서 실패의 존재를 추적해야 한다. 게다가 실패의 연구는 그 대상에 의해 기반이 약화될 수밖에 없는데, 실패를 우리가 결함 있는 눈으로 보고 오류가 잘 나는 머리로 숙고하고 뭐가 됐든 알아내는 것을 완벽과 거리가 먼 언어로 전달하기 때문이다. 실패에 대한 연구는 전부 실패 속에서 하는 연구다.

그래도 우리 상황에 대해 주목할 만한 무언가가 있다. 우리가 실패한 세상에 얽혀 있고 스스로 심각한 결함을 안고 있긴 해도 우리가 **실패를 인식할 수** 있다는 것이다. 우리가 '하지만 이건 옳지 않아', '원래는 이러면 안 돼'라고 할 때마다 우리는 실패를 인식한다는 것을 보여준다. 우리는 틀릴 수 있는 완전히 불완전한 피조물일지 몰라도 실패가 무엇인지를 무시할 정도는 아니다. 우리는 실패를 인식할 뿐만 아니라―운이 좋으면 실패를 길들여 우리의 길잡이로 삼을 수도 있다. 그것이 바로 이 책에서 내가 해야 할 일이다.

어느 아름다운 그노시스주의 시, 〈진주의 찬가The Hymn of the Pearl〉(도마행전에서)에서 어느 젊은 왕자가 아버지인 '왕 중의 왕'으로부터 이집트로 내려가 특별한 물건을 회수해 오라는 요청을 받는다―'단 하나의 진주, 바다의 한복판에 쉭쉭대는 뱀들에 둘러싸여 있는 진주'를.[5] 왕자는 의무를 수행하기 위한 길을 떠난다. 목적지에 다다른 왕자는 해변가에 앉아 그 진주를 뱀으로부터 낚아챌 기회를 노리며 기다리는 동안 왕자는 이집트인들에게 현혹된다고 한다. "이집트인들이 내게 속임수를 썼고 자기들 음식을 먹게 했다." '그들의 간곡한 권고를 못 이긴' 왕자는 '깊은 잠'에 빠져들고 자신이 어디서 왔는지, 누가, 어떤 목적으로 자신을 그곳에 보냈는지 전부 잊어버린다.

결국 왕―왕자의 아버지―은 자비를 베풀어 왕자에게 말씀을 보낸

---

[5] *The Acts of Thomas*, Harold W. Attridge 번역(Salem, OR: Polebridge, 2010).

다. "그 진주를 기억하라. 그 진주 때문에 너는 이집트에 보내진 것이다." 그 말씀은 왕자를 깨우기에 충분했다. 왕자는 모든 것을 기억해낸다. 자신이 누군지, 어디서 왔는지, 무슨 목적으로 왔는지. 왕자는 진주를 회수하고 모든 혼동과 소외로부터 치유되어서 득의양양하게 진주를 들고 고향으로 돌아간다.

이 시는 그노시스주의 신봉자가 이 세상에서 처한 곤경을 묘사한다. 비록 **우리가** 스스로 깨어나서 모든 것을 기억해야 할지도 모르지만, 이것은 우리가 처한 곤경이기도 하다. 왕은 우리에게 말씀을 보내는 것을 잊었다—그가 아직 죽지 않았다면 말이다. 우리는 오로지 실패에 이끌려 돌아갈 길을 모색해야 한다.

실패는 무한하고 그 징후도 무수하기 때문에 실패를 세심하게 계획하는 것은 잘 알려진 세인트 오거스틴Saint Augustine 일화에 나오는 작은 소년처럼 바닷물 전체를 조개껍데기로 퍼내 해변에 자신이 파 놓은 작은 구멍에 넣으려는 것과 다르지 않다. 그 행동은 실패할 수밖에 없는 일로 보이지만 그건 핵심을 크게 벗어난 생각이다. 시도하는 것의 광적인 미학이야 말로 우리가 추구하는 것이기 때문이다.

어쩌면 문학작품 속 가장 비극적인 실패작인『햄릿』에서 폴로니우스Polonius는 '이게 광기일지라도 그 안에 나름의 이유가 있다'고 관찰했다. 실패는 우리를 포위하고 둘러싸고 있으므로 원들의 안으로 들어온다 상상해도 지나치지 않을 것이다. 동심원들, 그 중앙에, 말하자면 '폭풍의 눈' 속에 우리가 있는 상태로.

이런 실패 추구에서 내 방식은 가장 바깥쪽 원에서 시작해 한 번에 한 원씩 서서히 이동하여 우리와 가장 가깝고 친밀한 형태의 실패로 나아가는 거다. 나는 가장 바깥에 있는 **물리적** 실패의 원에서 시작하는데, 이게 내가 보기에는 우리와 가장 거리가 먼 것이다. '거리가 멀다'는 건 공간적인 거리를 말하는 게 아니라 영적으로 조화를 이루지 못한다는 뜻이다. 우리는 물건에 둘러싸여 살고 물건을 이용하고 물건에 의지할지라도 물건과는 근본적으로 다르다. 물건의 실패는 우리에게 영향을 미치고, 물건의 무결성도 그와 마찬가지이며 우리를 비인간적으로 만들 수 있다. 이 원에서 나는 시몬 베유가 적응하지 못하고 자신이 '이 세상 사람이 아닌' 것처럼 느꼈던 극심한 감정이 어떻게 자기초월과 자기 비물질화라는 평생 프로젝트로 이어졌는지 고찰한다. 베유의 삶과 철저한 겸허함의 완벽한 본보기이다. 베유는 자기 존재로 신을 불쾌하게 하느니 아예 존재하지 않으려 했다. 결국 세상에 등을 돌리며 베유는 최대한 겸허하게 최대한 눈에 안 띄게 세상과의 얽힘으로부터 자신을 해방시켰다. 투우사가 등장했을 때 투우사는 베유를 찾느라 애를 먹었다. 베유는 이미 사라지고 없었기 때문이다.

그다음에 **정치적** 실패의 원이 온다. 정치는 우리 모두 어느 정도는 관여하기 마련이며 아무리 정치에 무관심한 사람이라도 관여할 수밖에 없는데, '정치를 멀리하며' 살겠다는 결심 자체도 분명 정치적인 결정이기 때문이다. 이전 원보다 정치적 실패의 원은 우리와 더 가까운데 **폴리스**polis는 우리 밖에 있는 것이 아니라 우리의 일부분이기 때문이다. 심지어 반역자들과 무정부주의자들조차 정치적 커뮤니티와 연관된 채로 살면서 자신을 반대자로 규정한다. 이 원에서 우리가 알게 되는 마하트마 간디Mahatma Gandhi는 순수성의 추구를 결코 멈추지 않으면서도 당대의 정치 속에 심각하게 뒤엉켰다. (간디를 로베스피에르Robespierre와 여타의 정치적 순수주의자들과 위험할 정도로 가까워지게 만든) 순수성과 완벽함에 대한 강박적인 욕구에서 간디는 가끔 경각심을 일으킬 정도의 불완전한 행동을 보였다. 종국에 그를 구원한 것은 오히려 다른 세상 사람 같은 면이었을 수 있다. 투우사가 나타났을 때 그는 간디를 찾는 데 어려움을 겪었다—마하트마는 항상 다른 영역에 속한 것처럼 보였다.

다음 원은 **사회적** 실패의 원이다. 우리가 모든 인간적 유대를 벗어나 혼자 살기로 한다고 해도 사회는 여전히 우리 안에 머물 것이다—우리의 정신과 언어에 계속 나타나면서 말이다. 우리는 늘 사회적으로 얽혀 있고, 이 얽힘 속에서 우리는 특히 만연해 있는 실패의 한 형태를 경험하는 것이다. 사회적 실패를 정면으로 마주하기 위해 어떤 사람들은 실패를 개인의 소명으로 받아들이기로 한다. 3장에서 중심으로 다루는 시오랑은 부에 집착하고 일 중심인 우리 사회의 창조 신화를 전부 웃음거리로 만들며 능동적으로 아무것도 안 하는 데 인생을 바쳤다. "우리가 가질 수 있는 모든 좋은 것은 우리의 게으름, 프로젝트와 계획을 수행하고 실천하는 능력의 부재에서 올 수 있다"고 시오랑은 쓴다.[6] 시오랑은 무위만이 무의미한 존재에 대한 타당한 반응이라고 생각했다. 'La révélation de l'insignifiance

---

6) E. M. Cioran, *The Trouble with Being Born*, Richard Howard 번역(New York: Seaver Books, 1976), 29.

universelle(보편적 무의미함의 계시)'은 이 무신론자가 신봉한 온 마음을 다 빼앗는 종교였다.[7] 투우사가 나타났을 때 시오랑이 투우사를 너무 심하게 웃기는 바람에 투우사는 애초에 자기가 거기 왜 왔는지도 잊었다. 그건 아마 시오랑 자신도 마찬가지였을 것이다—알츠하이머에 걸렸기 때문이다.

마지막으로 더 안으로 들어가면 **생물학적** 실패의 문제—우리가 피할 수 없는 죽음이라는 실패의 원이 있다. 죽음으로부터 아무리 멀리 달아나려 애써도 죽음은 필히 우리를 따라잡을 것이다. 우리 유전자 안에 죽음이 새겨 넣어져 있다 해도 죽어야 한다는 사실을 소화하는 일을 우리는 상당히 어려워한다. 죽음을 생각하는 것은 '상상도 못 할 일을 생각하는 것'이라고 블라디미르 장켈레비치Vladimir Jankélévitch는 말한다. 어쩌면 돌파구로서, 세네카와 같은 고전주의 철학자들은 죽음에 대한 생각에 사로잡혀 죽음을 이론적인 문제로 보기보다는 실용적인 문제로 보면서, 죽음에 대한 공포를 정복하는 것이 더 나은 삶을 살게 한다고 믿었다. 여기서 나는 미시마 유키오Mishima Yukio의 기이한 사례를 고찰하는데, 미시마는 숭고한 죽음으로 실패를 마주하는 일본의 전통에 따를 상황에 단호히 자신을 몰아넣고 자신이 '아름다운 죽음'이라 생각하는 것을 계획하고 실행했다. 투우사를 무찌르기 위해 미시마는 자신이 투우사로 변모했다.

『실패 예찬』은 실패의 진화하는—그리고 분명 확장하는—실패의 정의를 다룬다. 성공이 무엇이든 간에 보통 상태나 사건의 '계승

---

7) E. M. Cioran, *Entretiens*(Paris: Gallimard, 1995), 29.

succession(라틴어로 'succedere(이어지다)'라는 뜻에서 유래했다)'을 수반한다. 어떤 것이 실패할 때는 그 연쇄가 생기지 않고 공허감이 뒤따른다. 실패는 무언가가 예상대로 존재하거나 작동하거나 발생하는 것을 멈췄을 때, 우리가 세상과 상호작용하는 정형화된 과정에서 그게 무엇이든 간에 우리가 단절과 지장과 불편으로 경험하는 것이다. 우리가 실패의 원들을 통과해 나아감에 따라―엄청나게 충격적인 개인적 경험으로 직접적으로나 상상과 명상을 통해 간접적으로―우리는 이 단절과 지장과 불편에 대해 점점 더 잘 알게 될 것이다. 그러한 상태는 모든 자아실현 여정의 최고의 시발점이다. 우리가 없는 거나 다름없는 존재라는 사실과 합의하려면 우리에겐 단절과 지장과 불편의 축적된 경험이 전적으로 필요하다. 이 경험의 시련 속에서만 우리는 자만심과 자기중심주의, 자기망상과 자기기만, 서투른 현실 적응을 치유할 기회를 주는 겸손을 달성할 수 있기 때문이다. 실패의 이 네 주기를 통과해 나아가는 것은 여느 여정과는 달리 카타르시스를 주는 여정이다. 이 책을 읽는 것이 당신을 불편하게 만든다면 내가 완전히 실패하지 않았다는 뜻이다. 실패는 근본적으로 불편한 경험―삶 그 자체만큼 불편한 경험이기 때문이다.

모든 여정 가운데서도 자신을 찾아 나서는 여정이 가장 어렵고 가장 오래 걸린다. 그래도 너무 걱정하지 말라. 실패를 안내자로 두었으니 성공할 가능성이 충분하다.

결국 이건 최고의 의사들이 항상 가르쳐 온 것이다. 당신을 파괴할 수 있는 것이 당신을 치료할 수도 있다는 것이다. 뱀의 독은 독이자 약이다.

In Praise Of Failure Four Lessons In Humility

제1장

타락한
세상에서

신의 관점에서 세상의 존재는 골칫거리다. 이것이 그노시스파 Gnostics의 가르침이다. 세상도 우리도 결코 존재해서는 안 되었다. 어떤 것이든 존재하게 되는 순간 퇴화하므로 '존재하지 않는 상태'야말로 순위가 가장 높은 완벽함이다. 무언가가 존재하게 되는 순간 그것은 **타락한다.** 그노시스주의Gnosticism에서 사물은 존재하지 않는다─ 사물은 존재 속으로 타락한다. 그노시스파의 모든 우주 생성론에는 세상이 창조된 사건에 대해 그 사건을 촉발한 것, 관련 행위자들, 타락이 얼마나 나빴는지에 대한 설명이 나온다. 이 타락은 인간 드라마가 시작되는 곳이기도 하다.[8] 의미심장하게도 그것은 실패의 드라마다. 우주의 존재에 대한 그노시스파의 주장에 따르면 우주는 **원초적인 실패**가 낳은 산물이다. 그노시스파 복음 빌립보서를 읽어 보면 '세상은 실수로 생겨났다'고 되어 있다. 세상을 만든 자는 '세상을 불후 불멸의 존재로 창조하고 싶었지만' 그는 '자신의 바람에 미치지 못했다.' 왜냐하면 '세상은 결코 불후의 존재가 아니었고, 그 문제에 관한 한 세상을 창조한 자도 불후의 존재가 아니었기 때문이다.'[9]

우주를 빚어낸 바로 그 무능한 공예가가 만든 작품인 인간도 그보다 나을 게 없다. 인류는 어떻게 해도 그 신성한 모델이 제시하는 가능성에 다다르지 못한다. 일부 그노시스파 창조설에서 세상의 창조자는 '가장 높은 원의 진정한 신의 지적인 뇌'에 존재하는 인간의 원

---

8) '세상은 신의 비극에서 나온 산물, 신의 영역 내의 부조화, 인간이 얽매여 있어 풀려나야만 할 해로운 운명이다'(Kurt Rudolph, *Gnosis: The Nature and History of Gnosticism* [San Francisco: Harper & Row, 1983], 66).

9) James M. Robinson, *The Nag Hammadi Library in English* 편집(San Francisco: Harper and Row, 1977), 145.

형을 힐끗 엿볼 수 있다.[10] 세상의 창조자는 그 모델을 연구하는 건 고사하고 겨우 볼 수만 있다. 하지만 그는 그 모델에 반하고 열정에 눈이 멀어서 그렇게 이상적인 유형을 존재하게 할 기술이 자신에게 부족하다는 것을 깨닫지 못한다. 그 결과 원형과 너무 동떨어져 유사한 점의 흔적마저 사라져 버릴 정도로 개탄스러운 결과가 나왔다. 그 창조자는 애초에 그런 시도를 하지 말았어야 했지만 이미 너무 늦었다. 인간은 생명을 얻었고 실패는 영원할 것이다.

로마의 하드리아누스 황제Emperor Hadrian 시대에 살았던 그노시스파 저자 사투르니누스Saturninus에게서 찾아볼 수 있는 창조 신화를 보자. 이야기가 진행되면서 일곱 천사 창조자는 '최고 권능을 가진 분에게서 내려오는 눈부신 형상(이콘eikōn)을 보고 그것을 붙들려고 분투한다'. 그들은 그 물체를 자세히 연구할 시간이 없었으나 흘끗 본 것에 그 즉시 사로잡혔다. "그 형상을 따라 그와 비슷하게 인간을 만들자." 그래서 그들은 그렇게 했는데 결국 후회할 일이 되고 말았다. 결과물은 인간과 비슷한 존재였으나 창조자들이 '너무 약해서 똑바로 설 수 있는 힘을 주지 않았기 때문에' 그 피조물은 '벌레처럼 꿈틀거리며 바닥에 누워 있었다'고 한다.[11] 그 피조물이 우리다.

당신은 이렇게 묻지 않을 수 없을 것이다. 이 어설픈 창조자, 우주에 그런 골치 아픈 부분을 창시한 자가 누구인가? 그것은 데미우르고스demiurge, 부패와 쇠락과 어둠처럼 모든 불완전한 것들의 신이다.

---

10) Jacques Lacarriére, *The Gnostics*, Nina Rootes 번역(New York: Dutton, 1977), 31.

11) William Smith and Henry Wave, *A Dictionary of Christian Biography, Literature, Sects and Doctrines*, 4 vols.(London: Little, Brown, 1877), 4:587.

그노시스파 신학에서 데미우르고스는 또 다른 신이자 빛의 원리, '알려지지 않은 분', '감추어진 분', '이름이 없는 분' 또는 '다른 세계의 신'이라 마르키온Marcion이 일컬었던 신과 대조를 이룬다.[12] 데미우르고스가 실수로 세상이 존재하게 만든 일은 사실상 그노시스파의 모든 우주 생성론 설화에 나오며, 설화마다 똑같이 계속해서 강조되는 점은 바로 천지창조가 불운한 사건이었으며, 그런 일은 데미우르고스 능력 밖의 일이니 그가 관여해선 안 됐었다는 것이다. 데미우르고스는 열정과 무지와 무모함에 이끌렸다. 어느 현대 역사가는 데미우르고스가 '분명 결점과 한계를 지닌, 믿음이 안 가는 일꾼'이었으나 그렇다고 해서 '그가 인류를 창조하고 인류가 지금도 거주하고 있는 이 우주를 창조하는 일을 단념시킬 수는 없었다'라고 썼다.[13]

그노시스주의 학자들은 우주 창조의 사건에 다양한 관심을 가졌다. 커트 루돌프Kurt Rudolph는 천지창조의 그 '중요 에피소드'를 '데미우르고스의 주제넘음(히브리스hybris−그리스 비극에서 악당이 파멸하는 원인이 되는 과한 야심과 오만 등을 말함:옮긴이)'이라 부른다.[14] 한스 요나스Hans Jonas는 이 신성에 대해 '그 자신과 마찬가지로 실수와 무지의 산물'인 우주에 지배력을 행사하는 '맹목적이고 오만한 창조자'라고 아첨하지 않고 이야기한다.[15] 다른 사람들은 이 천지 창조자를 '무능하

---

12) Hans Jonas, *The Gnostic Religion: The Message of the Alien God and the Beginnings of Christianity*(Boston: Beacon Press, 2001), 49.

13) Jonathan Wright, *Heretics: The Creation of Christianity from the Gnostics to the Modern Church*(Boston: Houghton Mifflin Harcourt, 2011), 26.

14) Rudolph, *Gnosis*, 75.

15) Jonas, *The Gnostic Religion*, xxxi.

고 근본이 악한 데미우르고스'라 부른다.[16] 그노시스파의 데미우르고스는 가장 있을 법하지 않은 신성, 실패의 신이다. 우리가 이해할 수 있고 우리를 이해할 수 있는 유일한 신이다.

그노시스파에게는 실패가 핵심이기 때문에 어디를 보든 그들은 실패의 증거를 찾는다. 자크 라카리에르Jacques Lacarrière는 그노스티크Les Gnostiques라는 통찰력 있는 연구에서 이 개념을 가장 잘 드러내고 있다. '그노시스파는 생명과 생각과 인간과 행성의 운명이 실패작이고 가장 근본적인 구조에서 한계가 있으며 부패했다고 느끼는데, 그들의 이런 느낌은 본능적이고 강압적이고 피할 수 없는 것이다'라고 쓴다. 세상의 모든 것에는 '머나먼 별에서 우리 몸 세포핵까지' 거시적 수준에서 미시적 수준까지 각각 '본래의 불완전함이 물질적으로 드러난 흔적'이 있다.[17] 지진과 홍수, 전염병과 암 같은 이런 일은 우주가 실패했다는 징후다. 실패가 일종의 유전자처럼 세상의 살 속에 각인되어 있어 실패로부터 벗어날 수 없다.

그노시스파 인류학에서 인간은 나머지 피조물들과 똑같은 구조적 결함과 불완전과 결핍을 공유한다. 실패는 우리 모두를 지배한다. 실패는 우리 생각의 작용과 우리 삶의 모양새와 우리가 세상을 살며 거쳐 가는 상황들을 결정한다. 라카리에르는 이렇게 쓴다. '인간의 역사는 우주 초창기의 드라마를 —그리고 소극笑劇을— 아주 근접하게 재생산한다.' 우주 그 자체처럼 인간도 '실패한 창조물이자 탄식을

---

16) Lacarrière, *The Gnostics*, 25.

17) Lacarrière, *The Gnostics*, 10.

자아내는 복제물, 인간을 닮은 존재에 불과한 것이다.'[18] 인간과 우주는 모두 실패의 신이라는 서투른 작가의 서명을 지니고 있다.

그노시스주의를 믿는 사람은 이 실패한 창조의 효과를 일상생활 속에서 제한해야 했다. 그들은 돈을 벌거나 부를 창출하는 일, 권력을 얻거나 권력을 행사하는 일, 결혼하거나 아이를 낳지 말라는 권고를 받았다. 세상이 그렇게 나쁜 곳이니 가능한 한 세상에 적게 관여해야만 했다. 아이를 안 낳겠다고 저항한 일은 아마 그들로서는 가장 설득력 있는 제스처였을 것이다. 존재하는 일이 나쁘다고 진실로 믿으면서 왜 다른 이들을 존재 속으로 끌고 들어오겠는가? 로마 제국에서부터 발칸 지역Balkans의 보고밀파Bogomils, 그리고 중세 프랑스와 이탈리아의 카타리파Cathars에 이르기까지, 이 개념은 그노시스파의 영감에 있어 사실상 모든 운동의 중심이 되었다. 카타리즘Catharism의 주된 이론 중 하나는 '모든 성행위는 심지어 결혼한 사람들 간에도 잘못'이라는 것이었다.[19] 성적 욕망에 굴복하고 아이를 낳음으로써 당신은 카타리파에게 있어 데미우르고스와 같은 존재인 악마의 일을 하는 것이다. 카타리파가 자처한 진실한 기독교인은 성행위에 참여하지 않는다. 그들에게는 그것이 악마와 악마의 덫을 물리칠 방법이다.

---

18) Lacarrière, *The Gnostics*, 31.

19) Emmanuel Le Roy Ladurie, *Montaillou: The Promised Land of Error*, Barbara Bray 번역(New York: Vintage, 1979), 157.

서투름 예찬

시몬 베유는 어려서부터 신기한 역설을 체화했다. 그는 비범한 가능성을 지닌 아이인 동시에 가망 없는 약골이었고, 영재인 동시에 위험할 정도로 병약한 아이였다.[20] 즉, 강철이자 먼지였다. 어느 통찰력 있는 의사가 베유가 어린아이였을 때 그녀를 치료했던 어느 통찰력 있는 의사는 '베유가 너무 특별해서 계속 살아갈 수 없을 것'이라 생각했다.[21] 그 예상과는 달리 베유는 계속 살아갔지만 위태로운 존재를 이어가며 불안한 삶을 살았다. 전기 작가가 관찰하기로 베유는 "유아기부터 앓았던 만성 질병이 그의 생명을 위태롭게 했고, 이런 나쁜 건강 패턴에서 결코 완전히 벗어나지 못했다."고 한다.[22] 성인이 된 베유는 이런 불안정성을 원시적인 실패와 연관 짓는다. 유아기에 겪은 건강 문제를 떠올리며 베유는 특유의 자기 비하를 담아 이렇게 말한다. "C'est pourquoi je suis tellement ratée."—그래서 내가

---

20) Simone Weil에 관한 참고 문헌의 분량은 막대하고 하루가 다르게 증가하고 있다. 이 책을 쓰는 데 있어서는 Weil가 직접 쓴 글(서신과 노트를 포함) 외에도 특히 Simone Pétrement, Jacques Cabaud, Francine du Plessix Gray, Gabriella Fiori, Jean-Marie Perrin and Gustave Thibon, Palle Yourgrau의 주석에 인용된 작품들과 직접 인용되지 않은 다음의 여러 작품들이 도움이 되었다. David McLellan, *Utopian Pessimist: The Life and Thought of Simone Weil*(New York: Poseidon Press, 1990): Sylvie Weil, *Chez les Weil: Andre et Simone*(Paris: Buchet / Chastel, 2009): Robert Zaretsky, *The Subversive Simone Weil: A Life in Five Ideas*(Chicago: University of Chicago Press: 2021).

21) Simone Pétrement, *Simone Weil: A Life*, Raymond Rosenthal 번역(New York: Pantheon Books, 1976), 8.

22) Jacques Cabaud, *Simone Weil: A Fellowship in Love*(New York: Channel Press, 1964), 17.

실패한 거야.[23]

베유는 그 말을 농담으로 했을지 모르나 실패는 결코 웃을 일이 아니다. 실패는 그 이름을 내뱉자마자 자체적으로 생명을 얻는다─부지불식간에 당신 집에 들어와 함께 사는 것이다. 베유의 신체적 불안전성은 나이가 들수록 신체적으로도 정신적으로도 점점 더 큰 고통을 야기하며 베유 곁에 머물게 될 터였다. 하지만 고통스러울수록 통찰력은 더 커졌고, 베유는 엄청난 고통을 겪었기에 그 통찰력은 엄청난 경지에 이르렀다. 그 좋은 의사가 어린 베유에게서 알아본 것이기도 했던 극도의 취약성과 비범한 통찰력의 조합은 결국 베유를 규정하게 된다. 베유는 그 연관성을 아주 잘 알고 있었다. 언젠가 베유는 주체할 수 없을 정도로 심한 편두통에 대해 모친에게 이런 말을 했다. "제가 두통을 겪어온 일을 속상해 하시면 안 됩니다. 두통이 없었으면 하지 못했을 일이 많았으니까요."[24]

일평생 시몬 베유는 근본적으로 서툴렀고 물리적인 세상에 대처하며 상당한 노력을 해야 했다. 귀스타브 티봉Gustave Thibon은 베유의 서투름이 '그녀의 선의와 동등할 뿐이었다─결국에는 후자가 전자를 이겼다'라고 회상했다.[25] 지능과 도덕성은 남들보다 훨씬 뛰어났으나 몸을 써야 하는 기술에선 대개의 사람에 못 미쳤으니 분명 이보다 잔인한 아이러니는 없을 것이었다. 열 살경에 베유는 '신체적으

23) Francine du Plessix Gray, *Simone Weil*(New York: Penguin, 2001), 6-7.

24) Pétrement, *Simone Weil*, 70에서 인용.

25) Jean-Marie Perrin and Gustave Thibon, *Simone Weil as We Knew Her*(London: Routledge, 2003), 117.

로 자기 손도 제대로 쓸 줄 모르는 작은 아이처럼' 보였다고 한 동급생은 회상한다.[26] 베유는 글 쓰는 데도 많은 어려움을 겪어야 했으며 동급생보다 뒤처질 때도 많았다. 탁월한 지능을 지녔어도 베유의 어린 시절은 쓰기와 그리기에서 스포츠, 거리를 걸어가는 일까지 모든 실용적인 일에서 동급생을 따라잡으려는 절박한 노력으로 점철되어 있었다. 베유의 신체는 서투른 데미우르고스가 성급히 조립해서 만든 것만 같았다.

예전의 한 동급생은 베유가 "다른 세상에 속한 사람처럼 보였으며 베유의 생각은 우리가 사는 시대나 환경에 속하지 않은 생각 같았다. 베유는 아주 나이 많은 영혼 같은 느낌이 들었다."고 했다.[27] 수십 년이 지나도 베유와의 조우는 같은 느낌을 주었다. 베유는 타인의 눈에 이상하게 보였고 위험스러울 정도로 생각이 늘 딴 데 팔려 있었다. "내가 느끼고 생각하는 모든 방식과 근본적으로 다른 어떤 개인을 마주하는 인상을 받았다."[28] 베유를 잘 모르던 고등학교 동료에게는 베유가 기이해 보이고 심지어 오만해 보였을 수도 있다. 한 동료는 베유를 이렇게 회상했다. "시몬 베유를 앙리 4세 고교(Lycée Henri IV)에서 알았다. 베유는 다른 사람들과는 완전히 거리를 뒀고 사회성이 전혀 없었다."[29] 길거리에서 "베유가 차에 치이지 않는 게 기적이었다."[30] 이 세상 사람 같지 않은 베유의 면모는 아주 우스운

---

26) Gray, *Simone Weil*, 15에서 인용.

27) Gray, *Simone Weil*, 15에서 인용.

28) Perrin and Thibon, *Simone Weil as We Knew Her*, 109.

29) Pétrement, *Simone Weil*, 29.

30) Gabriella Fiori, *Simone Weil: An Intellectual Biography*, Joseph R. Berrigan 번역

경지까지 이르기도 했다. 베유는 이십 대였을 때, 그것도 에콜 노르말 쉬페리외르(École normale supérieure, 프랑스의 고등사범학교) 졸업생일 때 모친에게 편지를 써서 정말로 진지하게 이렇게 물었다. "베이컨은 날것으로 먹나요, 익혀서 먹나요? 접시에 계란과 함께 먹으려면 먼저 베이컨을 익혀야 하나요?"[31]

이것은 분명 시몬 베유가 뭐라도 먹어야 할 필요를 느낀 몇 안 되는 경우였을 것이다. 대개 베유는 그럴 필요를 느끼지 않았다. 베유에게 '먹는 일은 비도덕하고 역겨운 기능으로 보였다'고 베유의 친구였으며 훗날 베유의 전기를 쓴 시몬 뻬트르망Simone Pétrement은 회상했다.[32] 그리고 베유에게서는 그런 표시가 났다. 시몬 베유와 마주한 사람들은 그녀의 초자연적인 느낌과 어울리는 **육체가 없는 듯한** 뚜렷한 인상을 주었다. 마치 눈앞에 있으면서도 눈앞에 없는 듯했다.

베유의 이 유령 같은 면과 독특한 거동은 베유와 한자리에 있는 일을 불안한 경험으로 만들었다. 시인 장 토르텔Jean Tortel은 베유의 외양을 전하려고 애쓰며 이렇게 말했다. "검은 양털로 된 원뿔, 몸이 전혀 없는 존재, 거대한 망토, 큰 신발, 나뭇가지 같은 머리카락, 입은 크고 굴곡이 있으며 항상 촉촉한 입술로 당신을 바라보았다."[33] 베유가 물리적으로 곁에 있는 일은 대단히 매력적인 일인 동시에 불안한 일이었다. 조르주 바타유George Bataille는 "베유의 부정할 수 없는

(Athens: University of Georgia Press, 1989), 26.

31) Pétrement, *Simone Weil*, 85에서 인용.

32) Pétrement, *Simone Weil*, 420.

33) Fiori, *Simone Weil*, 191에서 인용.

못생긴 외모는 혐오스러웠다."라고 직설적으로 말하고 '베유보다 내가 더 깊은 흥미를 느낀 사람'은 거의 없다고 인정했다. 바타유는 베유의 역설적인 매력의 포로가 되었다. "개인적으로 나는 베유가 또한 진정한 미모를 갖추었다는 느낌이 들었다…… 베유는 매우 상냥하고 단순한 권위로 유혹했다."[34]

베유의 뛰어난 재능을 고려하면 프랑스의 최고 학교 중 하나인 에콜 노르말 쉬페리외르에 진학한 것은 당연한 선택이었다. **사범학교 학생**normalienne으로서 베유는 졸업 후 프랑스 전역에서 필요에 따라 학교를 바꿔 가며 고등학교 교사로 일하게 돼 있었다. 하지만 베유는 가장 교사처럼 안 보이는 교사였다. 베유가 교직을 맡으려고 과잉보호하는 모친을 동행하고 갔을 때, 학교 관리인은 베유를 입학하는 고등학생으로 알고 어느 반에 등록하고 싶냐고 친절하게 물었다. 학교 휴게실에서 베유는 다른 교사들과 거의 상호 작용을 하지 않았다. 교사들의 부르주아적 감성을 도발하려고 베유는 교직원 회의에 (잘 알지도 못하는) 러시아어로 된 소련 신문을 가져가 집중해서 읽는 시늉을 했다. 베유가 교편을 잡은 도시들에서 베유는 종종 '급진주의자'이자 '문제아'로 낙인찍혔고, 점잖은 사람들은 이 '적색 처녀'를 멀리하라는 경고를 받았다.

베유가 처음 교실에 나타났을 때 여학생 일색인 학급 학생들은 새로 온 선생님을 보고 어찌할 바를 몰랐다. 그런 선생님은 처음이었으며 그 이후로도 없었다. 한 학생은 이렇게 기억한다. "많이 이상했

---

34) Gray, *Simone Weil*, 76에서 인용.

다. 처음에 우리는 선생님을 비웃었다. 선생님은 옷을 형편없이 입었고 몸짓은 어색하고 품위가 없었으며, 말할 때는 주저주저했다. 선생님 방식은 선생님 외모만큼이나 특이했다."[35] 베유의 비정통적 방식에 익숙해지자마자 학생들은 우수하면서 헌신을 다해 가르치는 베유에게 호감을 느꼈다. 결국에 학생들은 베유를 사랑하게 되었고 베유의 '상냥'하고 '단순'한 권위를 존경하기 시작했다.[36] 베유의 서투름은 그 매력의 일부분이었다. 베유가 한 번은 스웨터를 거꾸로 입고 왔는데, 학생들은 슬그머니 그녀의 주의를 끌었고 '베유가 칠판 뒤에 숨어서 스웨터를 벗고 바로 입을 수 있도록 물건을 정리했다'.[37] 소녀들은 자기들의 미숙한 선생님에게 엄마처럼 행동했다.

베유의 서투름을 고려할 때 지적 직업을 고른 것은 잘한 일이었다. 사상가가 세상 돌아가는 일에 대한 요령을 너무 잘 아는 듯 보이면 의심하는 사람도 있을 것이다. 하지만 이 선택에도 그 나름의 어려움이 있었다. 베유는 자신이 특권을 누린다고 느꼈다. 자신을 먹이고 입히고 자신에게 보금자리를 마련해 주려고 남들은 노동하는데 정작 자신은 정신적 삶을 추구하는 것에 견딜 수 없는 죄책감을 느꼈다. 베유가 성인이 되어 임시직에 불과하더라도 신체적으로 고된 일을 시작하기로 한 까닭이 바로 거기에 있었다. 자신이 그런 일을 할 사람이 아니라는 건 알았으나 그 사실은 베유를 자극할 뿐이

---

35) Fiori, *Simone Weil*, 63에서 인용.
36) Weil로부터 그리스어 개인 교습을 받은 Thibon은 'Weil이 가진 교사로서의 재능은 엄청났다'라고 쓴다(Perrin and Thibon, *Simone Weil as We Knew Her*, 117).
37) Pétrement, *Simone Weil*, 78.

었다. 그래서 에콜 노르말 쉬페리외르를 졸업해 프랑스 엘리트 지식인층에 영구히 소속되고 교사 생활을 시작했음에도 불구하고, 베유는 비숙련 공장 노동자로 일정 기간 근무할 기회를 찾아 나섰다.

1934년에 1년의 휴직 허가를 받자 바로 그 일을 할 수 있었다. 지식인이 죄책감을 느껴 공장 노동자 역할을 하기에 이상적인 시기는 아니었다. 베유는 예전 제자에게 이렇게 썼다. '요새는 자격증 없이 공장에 들어가기가 거의 불가능하다—특히 나처럼 서툴고 느리고 그리 튼튼하지 못할 땐.'[38] 하지만 베유는 결국에 공장에서 일자리를 얻었다—사실 그보다 더 많은 일자리를 얻었다.

베유는 몇몇 가혹한 상사들을 만났으나 그 모든 일 중 가장 숨 막히는 건 자신이 무능하다는 느낌과 기계를 위해 일해야 하다 보니 자신이 물건으로 변하는 것 같다는 느낌이었다. 베유는 (일 년 조금 넘게) 일하는 동안 '공장을 계속 다니기 위해 채워야 하는 작업 할당량을 못 맞추는 두려움' 속에 살았다.[39] 베유는 몸의 움직임과 영적 생활의 템포, 공장에서의 존재 자체가 자신이 붙어 있는 기계의 속도에 지배받는다는 걸 알게 되었다. 베유는 그 부서에서 고통스러우리만큼 기준 미달이었다. 베유는 고용된 지 몇 개월 후 이렇게 썼다. "나는 아직도 필요한 속도를 달성하지 못한다." 그 이유는 한결같았다. "일에 미숙하다는 것과 타고난 서투름이 상당하다는 것, 자연스럽게 움직임이 느리다는 것, 그리고 두통……"[40]

---

38) Simone Weil, *Seventy Letters*, R Rees 번역(Oxford: Oxford University Press, 1965), 10.

39) Pétrement, *Simone Weil*, 227.

40) Weil, *Seventy Letters*, 11.

1936년에 찰리 채플린Charlie Chaplin의 〈모던 타임스Modern Times〉가 나왔을 때 베유는 그 작품의 어마어마한 예술적 비전과 철학적 이입을 알아봤을 뿐만 아니라, 이야기 안에서 베유 자신을 오롯이 발견했다. 작은 떠돌이Little Tramp는 베유 자신이었다. 이 영화가 기계를 사용해 일하는 대신 기계에 산 채로 잡아먹힐 지경까지 이용당하고 학대당하는 공장 노동자의 경험을 묘하게 포착했다는 것을 베유는 깨달았다.[41] 그 불쌍한 근로자는 생경한 세력―생산 라인, 공장, 전체 자본주의 체제의 처분에 따르는 도구로 전락했다. 베유는 그 영화를 보는 게 조금도 편안하지 않았으나 그 영화를 아주 좋아했는데, 스크린에 보이는 것이 베유 자신의 비통함이었기 때문이었다. 정확히 채플린의 작은 떠돌이처럼 공장은 베유를 물건으로 만들었다. 기계 속 톱니―비인격화되고 교체 및 처분 가능한 존재. 베유의 상황을 특히 고통스럽게 만든 건 베유에게는 자신의 일부가 된 기계의 리듬과 요구에 적응할 능력이 근본적으로 없다는 것이었다. 베유는 톱니조차 될 수가 없었던 거다.

시몬 베유처럼 서툰 사람이―그것도 평화주의자가―전시에 무기 드는 일을 삼갔으리라 생각한다면 그건 틀린 생각이다. 1936년 스페인 내란이 일어나자마자 베유는 그 기회에 선뜻 뛰어들었고 바르셀로나에 있는 공화국 부대에 들어갔다. 자신은 싸워야 할 절대 의무가 있다고 베유는 생각했다. 또 베유의 서투름은 극에 블랙코미디의

---

41) Weil에 따르면, '오직 Chaplin만이 우리 시대 노동자들이 처한 현실을 이해했다'(Pétrement, *Simone Weil*, 267).

요소를 가미했다. 무정부주의자 단체에 붙은 베유는 최전선으로 떠났다. 다른 사람들처럼 베유도 소총을 받았지만, 그녀의 총 다루는 방식 탓에 가는 곳마다 길이 뚫렸다. 베유가 심한 근시인 데다 손이 서툴러서 이 비정규군의 오합지졸 무리가 과녁 연습을 시작할 때면, 용감한 사내들 중 그 누구도 베유 근처에는 얼씬도 하지 않았다. 베유의 서투름이 그녀를 스페인 총통 프랑코Franco의 저격수보다 더 위험하게 만든 것이었다. 나중에 베유는 자신의 위업을 설명하면서 동료들의 두려움을 가벼이 여겼다. "저는 근시가 너무 심해서 총을 쏘면 사람을 죽일 위험이 없다."[42]

한 번은 베유와 그 동지들이 모두 전선에서 캠핑하는 동안 저녁이 준비되고 있었다. 진지를 내주지 않으려고 취사병들은 땅에 구멍을 파서 그 안에 커다란 냄비를 놓고 그 아래에 석탄불을 지펴야 했다. 시간이 좀 걸리긴 했으나 그 방식은 비교적 안전했다. 하지만 베유에겐 아니었다. 저녁 식사가 거의 다 준비되었을 때, 느리게 요리하던 그녀는 언제나처럼 근시안적이고 깊은 생각에 빠져 끓는 기름이 가득 찬 냄비에 발을 빠뜨렸다.

화상은 극도로 심했고 고통은 분명 참기 힘들었을 것이다. 전우들이 베유의 양말을 제거하려고 했을 때 피부의 일부분이 양말에 붙어 있었다. 베유는 싸울 수 있는 상태가 아니었다. 싸우기나 했어야 말이지만. 즉시 바르셀로나로 돌려보내졌다. 베유가 병원 침대에 누워

---

42) Pétrement, *Simone Weil*, 279에서 인용.

있는 동안 베유의 이전 전우들은 대부분 전투에서 사망했다.[43] 베유의 생명을 구한 것은 아이러니하게도 베유의 엄청난 서투름이었다.

이물질 Corps Étranger

당신이 서투르면 물리적 세계와의 모든 접촉은 당신이 불완전한 상태, 즉 당신의 일부가 없거나 잘못 만들어졌거나 부적절하게 설계된 상태로 세상에 태어났다는 것을 상기시켜 준다. 당신은 다른 사람들과 비슷해 보이고 대부분의 측면에서 당신을 차별화하는 누락된 부분을 제외하고는 그들과 같다. 당신은 당신의 몸을 사용하여 무언가를 성취하려고 할 때마다 고통스러운 경험을 하게 된다. 그렇게 야기되는 불편과 항상 따라다니는 수치심은 속세에서 당신 존재의 거의 모든 측면을 형성한다.

서툴다는 건 살에 가시가 박힌 채 태어나는 것이고, 그 가시는 빼낼 수도 무시할 수도 없는 것이다. 그래도 그 가시를 가지고 살아갈 길을 힘들게 찾거나 심지어 그 가시와 친구가 된다면, 그로써 받는 보답이 고통을 보상해준다. 사물의 흐름 속에 무리 없이 끼어들지 못할 때, 세상에 대처하는 방식이 죄다 불편을 가져올 때, 당신은 세상의 경로를 관찰하고 작동을 점검하는 고유한 입장에 놓인다. 그 통찰력은 상당한 것이다. 당신의 서투름은 당신과 세상 사이에 거리

---

43) Pétrement, *Simone Weil*, 274.

를 만들고, 통찰력의 깊이는 그 거리에 정비례한다. 고통이 크면 클수록 안목이 더더욱 높아지는 것이다. 한계에 이르러 가시와 살이 하나가 되면 통찰력은 묘한 경지에 다다를 것이다. 가시가 당신을 망치지 않았다면 대개의 사람보다 현명하게 만들었을 것이다.

그 과정은 좀 자세히 들여다볼 가치가 있다. 그 과정은 자신이 무능하다는 불편한 느낌으로 시작하고, 어떤 신체적인 과제를 해나가려 애쓰는 동안 자신의 신체가 그 과제를 달성하는 데 적합하지 않다는 걸 알게 된다. 우리의 육체는 세상의 필수적인 부분이며 그 안에서 원활하게 작동하게끔 되어 있다−물속의 물고기처럼이라고들 말한다. 하지만 보아하니 당신 몸은 그렇지 못한 것 같다. 어떤 중요한 점에서 당신 몸은 환경에 제대로 적응하지 못한 상태이다. 어떤 치명적인 불일치가 당신 몸을 영구적으로 잘못된 각도에 놓아 당신은 손을 놓아야 하는 곳에서 손을 놓을 수 없거나, 손과 눈이 협응하지 않거나, 눈과 뇌가 협응하지 않거나, 적절한 양의 힘을 가하지 못하거나, 아니면 너무 많은 힘을 가하거나, 꽉 잡고 있어야 할 때 놓치거나, 너무 꽉 잡아서 부러뜨리거나, 그밖에도 다른 창피한 방식으로 실패한다.

이 비극적인 불일치의 전개를 경험하며 당신은 자신의 몸을 새로운 관점에서 보게 되는데, 당신 신체와 당신을 둘러싼 물리적인 세상의 조화와 당신 신체의 각 부분 간 조화가 필요하나 부족해 보이고−사지가 제각기 따로 노는 것처럼 보인다. 당신의 몸이−또는 당신 몸 일부가−말을 듣지 않고 반항하며 자주권을 선언하고 있는 것만 같다. 이렇게 당신 안에서 당신의 통제가 거의 미치지 않는 영역,

일종의 외국 소수 민족의 거주지 같은 영역, 진정한 당신이 아닌 당신의 일부분을 발견하는 것이다. 분명히 그 반항적인 파벌을 어떻게든 진압하겠다는 희망으로 당신 몸을 훈련하기 위해 애쓸 수도 있겠지만, 그걸 완전히 성공하는 법은 결코 없다는 걸 깨닫게 된다. 종국에는 내부의 적과 함께 살아가는 법을 배워야 할 것이다.

서투름은 실패의 기이한 형태이고, 이 실패는 당신의 것인 동시에 당신 것이 아니다. 이 실패가 **당신의 것**인 이유는 실패하는 사람이 당신이기 때문이다. 대부분의 사람이 아무 어려움 없이 달성하는 일을 당신은 운동 협응이 부족하여 성취할 수 없는 것이다. 그러나 이 실패는 당신이 완전히 통제할 수 없는 당신의 일부분 탓이므로—물론 당신이 아닌 반항하는 부분 말이다—엄밀히 말하면 당신의 실패가 **아니다**. 그러나 당신은 그 결과로—부끄러움, 창피함, 모욕이나 그보다 더한—고통을 받는다. 베유가 평생 그랬듯이 자신의 잘못은 그다지 없는데도 말이다.

점차적으로 서투른 사람들을 식민지화하고 그들 삶의 윤곽을 결정하는 이 실패는 인간의 실패라고 하기엔 적절하지 않으며 외부 세계의 사물에 속한 것이다. 그리고 바로 그 인정사정없는 **사물성**이 인간에게서 보일 때 아주 불안해지는 것이다. 당신도 인간이지만, 인간은 사고나 판단의 오류, 기억이나 애정의 오류, 도덕적 결점 등 '인간적인' 실패만 해야 한다. 하지만 통상 물리적 세상에 속하는 기술적 오작동 같은 실패를 당신이 드러내면 당신은 타인을 불안하게 만드는 독특한 구경거리로 어김없이 전락하는 것이다. 당신은 **소름 끼치는 존재**일 게 분명하다. 남들은 무슨 수를 써서라도 당신을 멀리할 것이고 결국에 당신을 '이 세상 사람이 아닌 존재'로 보게 될 것이다. 당신은 확실히 **그들의** 세상을 벗어나 있다.

베유는 이것을 너무나 잘 알고 있었다. 베유는 "나는 생사를 함께할 만한 사람이 아니다."라고 자신의 친구 **뻬트르망**에게 털어놓았다. "정도의 차이만 있을 뿐 인간은 이를 어느 정도 감지해왔다." 뻬트르망은 베유의 신체적 서투름과 세속성 간 연결고리를 직관했다. 베유의 서투름은 '우리와 같은 조악한 재료로 만들어지지 않았다는 사실에서 기인하는 것 같다'라고 썼다.[44]

적나라한 상태

'엔진 고장'으로 추락하기 직전인 비행기와 그 추락이 일으키는 계시를 기억하는가? 그 같은 경험은 우리가 절멸을 마주하기 전에 실패를 마주한다는 걸 깨닫게 한다. 여타의 인간 경험과는 달리 실패는 우리로 하여금 자신이 누구인지 이해하고, 이 세상 속에서 자신의 위치가 어디인지 이해할 고유한 입장에 처하게 한다. 무엇보다 실패의 경험은 우리가 우리의 존재를 **적나라한 상태**로 볼 기회를 준다. 우리의 생존 본능은 보통 우리가 이 세상 속 우리 존재를 견고하고 마음 놓을 수 있으며 파괴되지 않는 것으로까지 보도록 이끈다. 생물학적으로 우리는 우리가 얼마나 부서지기 쉬운 상태인지, 우리

---

44) Pétrement, *Simone Weil*, 472(인용), 29.

가 무無와 얼마나 가까운지 잊게 만드는 내재적인 자기기만 메커니즘을 갖춘 채 세상에 들어온다. 실패가 늘 실존적 위협을 가하는 건 아닐지 몰라도 실패와의 어떤 조우는 우리의 근본적인 위태로움을 예리하게 상기시킨다. 비행 도중 작동이 중단된 비행기의 예시는 반대편과 우리를 구분하는 벽이 얼마나 조악한지 말해준다.

우리는 고매하고 영혼이 있는 피조물이며 물질성과는 크게 무관한 존재라는 것에 종종 자부심을 느낀다. 이런 우리의 허세를 비웃기라도 하듯, 모든 '죽을 고비'에는 터무니없이 물질적인 무언가가 있을 수 있다. 장비의 고장 난 부분은—닳은 부품, 결함 있는 아이템, 느슨해진 나사, 뭐든 간에—모든 것에 종말을 가져오기 충분하고도 남는다. "여기 새는 파이프에 맞아 죽은 전직 천사가 누워 있다."

하지만 우리를 조롱하며 존재의 가장자리로 밀어낸다 해도, 실패는 우리에게 모든 걸 새로운 눈으로 볼 기회를 준다. 사물의 실패는 삶의 루틴을, 정형화된 우리 존재를 훼방하여 정신을 번쩍 들게 한다. 기계(비행기 엔진, 자동차, 건물, 컴퓨터)가 실패하면 안 될 때 실패하는 것은 디자이너, 건축가, 엔지니어 또는 제조자에게 있어 본질적으로 중요하다. 하지만 이 책에서 내가 신경 쓸 문제는 아니다.[45] 내가 관심 있는 것은 우리가 사물의 실패를 경험할 때 우리에게 어떤 일이 일어나는가이다. 나는 사물이 왜 실패하는지에는 그리 신경 쓰

---

45) 공학 기술에서 실패가 왜 중요한지에 대한 좋은 논의는 이를테면 Henry Petroski, *To Engineer Is Human: The Role of Failure in Successful Design*(New York: Vintage, 1992) 및 Charles Perrow, *Normal Accidents: Living with High-Risk Technologies*(Princeton, NJ: Princeton University Press, 2000)을 참조.

지 않고, 그 실패를 목격한 사람에게 무슨 일이 일어나고 그로 인해 어떤 변화가 생기는지에 더 신경을 쓴다. 실패 속에서 세상의 불안전성은 우리 자신의 불안전성과 만나고 이 짧은 만남 중에 발생하는 것보다 더 우리에 대한 본질적인 의미를 규정하는 것은 거의 없다.

전통 형이상학에서의 좀 더 어려운 질문은 소위 '존재의 의문'으로 이렇게 묻는 것이다. "왜 세상만사는 무가 아니라 유인가?" 이 심문을 실존주의자의 언어로 번역하면 좀 더 개인적인 형태가 된다. "왜 **나**는 존재하지 않는 것이 아니라 존재해야 하는가?" 이 질문은 적어도 두 가지 이유에서 우리를 압도한다. 첫째, 이 질문이 숨이 막힐 정도로 너무나 개인적이기 때문이다. 이 세상에 이 질문을 할 수 있는 사람은 단 한 사람밖에 없으며 그 사람은 나다. 내가 그 질문을 하지 못하면 그 질문은 영원히 제기되지 않은 채 남을 것이고 그건 그 질문이 끝까지 답해지지 않는 것보다 더 나쁠 수 있다. 둘째, 이 질문이 본질적으로 답이 없는 질문이기 때문이다. 분명 그 질문으로 장난삼아 **뭔가**를 만들어볼 시도는 할 수 있다. 철학과 문학, 종교와 과학이 이미 주어진 편리한 답 몇 가지를 줄 수 있다. 하지만 최종 분석 단계에서는 "왜 **나**는 존재하지 않는 것이 아니라 존재해야 하는가?"라는 이 질문이 어느 쪽으로도 확고하게 정해질 수 없다는 고통스러운 깨달음을 얻은 채 남는다. 이반 카라마조프$^{\text{Ivan Karamazov}}$─존재하지 말아야 했을 가장 예리한 철학자 중 한 사람─는 그 질문을 '저주받은 질문$^{\text{cursed question}}$'이라 부르곤 했다. 동시에 나는 그 질문을 하지 않을 수가 없다. 나는 "왜 나는 존재하지 않는 것이 아니라 존재해야 하는가?"의 의문을 던지는 바로 그 과정에서 나 자신이 되는 것이다. 그 질문을 하지 않으면 내 존재로부터 필수적인 어떤 것을, 내 존재를 구성하고 풍요롭게 하는 결국 내 존재에 의미를 부여하는 어떤 것을 박탈당하는 것이다. 이 질문을 하는 방식에는 여러 가지가 있다. 소설을 쓰거나 자신보다 더 큰 무언가를 위해 희생하거나 타인에게 연민을 보이거나 등등. 마지막으로 그 질문이 답해질 수 없다는 사실은 결정적이지는 않다는 것, 답은 그런 질문을 하는 바로 그 행동과 그 결과 우리가 하기로 맘먹는 일에 있다는 것이다.

그리고 여기서 실패가 들어오는 것이다. 확실히 해두겠는데 실패는 답을 제공하기 위해 들어오는 게 아니다. 실패가 답을 제공하는 일에 종사한 일은 절대 없었다. 그 대신 실패가 제공하는 건 그 질문을 하기에 더 유리한 입장이다. 이게 답을 주는 것보다 더 중요할 수 있다. 실패는 존재의 한복판으로 갑자기 무無가 끼어드는 것이다. 우리가 실패를 경험할 때 우리 눈에 존재의 구조에 난 빈틈, 반대편에서 우리를 응시하는 무無가 보이기 시작한다. 실패는 인간 조건에 대한 근본적인 무언가를 드러내는데, 즉 인간으로 존재한다는 건 안전망 없이 외줄을 타는 일이라는 것이다. 발을 조금만 잘못 디뎌도 균형을 잃고 무無로 되돌아갈 수 있다. 우리는 대체로 뭘 하는 건지 깨닫지도 못한 채 기분 좋게 몽유병 환자처럼 외줄 타기를 수행한다. 실패를 경험하는 것은 갑자기 깨어나는 것이다—그리고 아래를 내려다보는 것이다.

실패가 전화위복이 되는 순간이 그 순간이다. 실패는 이렇게 우리 존재의 비정상성, 즉 존재할 명백한 이유가 없음에도 존재한다는 것 자체를 자각할 수밖에 없게 만드는 잠복 상태의 끝없는 위협—발아래의 심연-이기 때문이다. 무無에서 나와 무無로 돌아가는 인간 존재는 **예외적인 상태**이다. 그리고 실패는 무無의 전망을 갑작스럽게 드러내 우리가 그것을 구체적으로 파악하게 도와주므로 중요하다. 실패할 때 우리는 우리가 정확히 무엇인지 이해하도록 강제된다. 확실히 우리는 그리 대단한 존재는 아니지만 많은 면에서 그 정도면 충분하고도 남는다. 당신은 존재하거나 존재하지 않는 것이고 여기는 정도의 차이가 없으므로 사람은 '더도 덜도' 될 수 없다. 스스로를 자각하는 존재로서 이 세상에 존재한다는 사실만으로 당신에게는 인간으로 존재한다는 게 어떤 의미인지에 대해 알아야 할 모든 것에 접근할 권한이 주어진다. 우리는 심연에서 오고 그 심연이 우리가 향하는 곳이지만 단순히 거기에 빠지는 것은 좋은 선택이 아니다. 그 과정에서 자신을 발견할 수 있도록 그곳에 가는 길을 찾는 법을 스스로 배워야 한다. 그노시스주의자들이 말하듯 '존재 속으로 타락'하는 것만도 나쁘지만, 이 모두가 무엇에 관한 일인지 알지도 못한 채 존재를 탈피하는 것은 더 나쁘다. 실패는 이 귀중한 지식을 우리에게 줄 수 있다.

장담하는데 이건 안다고 황송해 할 지식이 결코 아니다. 당신이 우연의 산물일 뿐이고 조악함의 성화일 뿐이며 잠깐의 깜빡임에 불과하다는 걸 알게 되는 것이다. 당신은 우주의 어떤 소극에 출연하는 것으로 연기일 뿐이고 걸어 다니는 우스갯거리일 뿐이다. 하지만 당신은 이 지식을 얻음으로써 당신이 이룬 성취의 중요성을 깨닫는다. 당신은 자신을 있는 그대로 보게 되었고 존재론적으로 알몸 상태에 다다른 것이다-게다가 그 우스갯거리를 이해하게 된 것이다. 실패를 경험한 덕분에 당신은 통상적으로 스스로의 눈으로 볼 수 없는 자기기만, 자기망상, 자기방어 기제의 베일을 뜯어낸 것이다. 실패는 그에 따르는 갑작스러운 위협감과 함께 당신을 너무나 철저히 흔들어놓기 때문에 이제 당신이 제대로 보는 걸 막는 것은 없다. 당신은 거울을 들여다보며 자신을 있는 그대로의 모습으로 인식한다.

실패는 억울한 누명을 썼지만 누구보다 정직한 친구가 될 수 있다. 실패는 아첨하지 않고 거짓 약속을 하지 않으며 이룰 수 없는 꿈을 팔지 않는다. 실패는 무서울 정도의 솔직함으로 모든 자아실현에서 결정적인 기능을 하는 각성을 수행한다.

톱니바퀴와 기계

시몬 베유가 여섯 살이었고 1차 세계대전이 일어나고 있을 때, 베유는 설탕 없이 지내기로 하면서 깜짝 놀란 부모에게 그 이유를 '최전선의 불쌍한 군인은' 설탕을 구할 수 없을 것이기 때문이라고 말했다.[46] 이것은 향후 베유의 시그니처 제스처가 된다. 누가 어디서 무언가를 박탈당했다고 생각하면 그 박탈을 직접 경험하고 싶어 했다. 일평생 베유는 고통받는 사람들, 연약한 사람들, 혜택받지 못한 사람들에게 공감하는 묘한 능력을 보여주었다. 난방이 안 되는 방에서 생활했는데 노동자들은 난방할 여유가 없다고 믿었기 때문이었고,

---

46) Gray, *Simone Weil*, 8.

제대로 먹지 않았는데 가난한 사람들이 그렇게 먹는다고 생각했기 때문이었다. 언젠가 베유가 빌려 쓰던 방에서 돈이 없어졌을 때는 이렇게 말했을 뿐이었다. "누가 가져갔든 그 돈이 필요했던 게 분명하다."[47] 베유는 남에게 공감했을 뿐 아니라 남을 위해 자신의 삶을 한계점까지 밀어붙여야 한다고 생각했고, 영국에서 죽기 직전 마지막 몇 달 동안 베유는 심각하게 병들고 지쳐 있음에도 불구하고 필요한 음식을 먹지 않았는데 점령당한 프랑스인들이 음식을 박탈당했다고 믿었기 때문이었다.

아이러니하게도 이런 공감 능력 탓에 베유는 타인을 향해 직설적이고 참을성 없고 심지어 편협한 태도를 보이기도 했다. 『어느 충실한 딸의 회고록In Memoirs of a Dutiful Daughter』에서 시몬 드 보부아르Simone de Beauvoir는 시몬 베유와 잘못된 만남을 가졌던 일화를 이렇게 기술한다. 때는 1928년이었을 것이다. "대기근이 발생하여 중국을 초토화했는데 베유가 그 뉴스를 듣고 울었다고 들었다." 드 보부아르가 회상한다. "온 세계를 걱정하는 마음을 가진 베유가 부러웠다." 드 보부아르가 베유에게 다가갔을 때 충격을 받게 된다. 한담이 끝나기가 무섭게 베유는 반박할 수 없는 말투로 단 한 가지 중요한 문제는 '지구상의 모든 사람을 먹여 살릴 혁명'뿐이라고 선언했다. 드 보부아르가 반대하는 목소리를 내려 하자 베유는 그 말을 자르고 이렇게 말했다. "당신이 배를 주려 본 일이 없다는 걸 쉽게 알 수 있다."[48]

---

47) Pétrement, *Simone Weil*, 254.
48) Simone de Beauvoir, *Memoirs of a Dutiful Daughter*, James Kirkup 번역(New York: Harper, 2005), 239.

그걸로 대화는 끝이었다.

　시몬 베유가 염두에 두었던 혁명이 어떤 혁명이었는지는 분명하지 않으나 공산주의 혁명은 아니었을 가능성이 크다. 베유가 소련과 모스크바의 지원을 받는 유럽의 공산당을 비난하는 수위가 점점 높아지고 있었다. 좌익 서구 지식인들이 감히 볼셰비키^{Bolsheviki} 정권에 반하는 말을 하지 못하던 시기에 베유는, 소련 체제에 대한 비판을 놀라우리만치 명료하게 선견지명을 더해서 풀어냈다. 1917년에 러시아 혁명으로 달성된 것이 무엇이든 간에 그것은 그 혁명으로부터 탄생한 볼셰비키 정권에 의해 파괴되었다고 베유는 생각했다. 최초의 공산주의 국가는 최초의 공산주의 혁명의 도굴꾼이었다.[49] 베유가 추정하기로, 소련은 서구의 자본주의 국가에서는 꿈도 못 꿀 방대한 권력(군사, 정치, 사법, 경제)을 손에 쥔 관료들에게 지배당하고 있었다. 그리고 그 결과는? 1934년에 베유는 이렇게 썼다. '러시아보다 근로 대중이 더 비참하게 살며 압제당하고 모욕당하는 나라는 어디에도 없다.'[50]

　베유는 프랑스와 그 밖의 지역에서의 혁명적 사회 환경에 친숙해지면서 노동자 계급은 공산당 혁명 **없이** 더 잘 살 거라 확신하게 되었다. 1935년에 베유는 이렇게 썼다. "혁명은 가능하지 않다. 왜냐하면 혁명 지도자들이 무능한 멍청이들이기 때문이다. 그리고 혁명 지도자들이 배신자들이기 때문에 혁명은 바람직하지 않다. 너무 멍청

---

49) "러시아 혁명은 약간은 프랑스 혁명처럼 진화했다. 내외부의 적에 대항해 무장하고 싸워야만 했고…… 그 결과 최고위급 부류는 죽음을 맞아야 했으며, 국가는 사회주의적이거나 공산주의적인 면이라고는 이름 말고는 찾아볼 수 없는 관료주의에 찌든 군사 경찰 독재 정치에 항복할 수밖에 없었다"고 베유는 쓴다.(Pétrement, *Simone Weil*, 201에서 인용).
50) Pétrement, *Simone Weil*, 201에서 인용.

해서 승리할 수 없고 설사 이기더라도 다시 압제를 가할 것이다. 러시아에서 그랬던 것처럼 말이다."[51]

혁명 정치를 그렇게 비난했음에도 불구하고 베유는 (사회 정치적 진보에 반대하는) 반동분자가 아니었다. 대부분의 동료 지식인들과 달리 베유는 노동자들을 아꼈다. 시몬 뻬트르망은 베유와 자신이 아직 고등학교에 다닐 때, 베유가 한 무리의 노동자들을 부드러운 눈길로 바라보며 자신에게 이렇게 말했다고 회상한다. "내가 저들을 사랑하는 것은 정의감에서만이 아니다. 나는 자연스럽게 저들을 사랑한다. 저들이 중산층보다 더 아름답게 여겨진다."[52] 계층적 죄책감은 서구 세계 중산층 지식인 세대의 좌파 지지에 불을 붙였고 거기에 베유도 한 몫했다. 베유를 잘 알게 되고 나서 어느 노동자는 이렇게 회상한다.

> 베유는 우리의 고통을 알고 싶어 했다. 노동자를 해방시키고 싶어했다. 이는 베유 인생의 목표였다. 나는 베유에게 이렇게 말했다. "하지만 당신은 부잣집 딸이잖습니까." 베유는 대답했다. "그게 나의 불행이다. 우리 부모님이 가난했더라면 좋았을 것이다."라고.[53]

하지만 이는 단순한 계층적 죄책감 그 이상이었다. 혁명적 정치가는 노동자 계급에게 도움이 되지 않으며, 혁명적 지도자들은 사기꾼

이거나 무능하거나 둘 다라는 사실을 깨달은 베유는 노동자들이 스스로를 도울 수밖에 없다고 결론 내렸다. 혁명은 관료주의를 낳고 '관료주의는 **언제나** 배신한다'고 베유는 말했다. 지식인들이 진정으로 노동자들을 이해하며 돕고 싶다면 유의미하게 추구할 수 있는 길은 하나다. 그들과 함께 일하고, 그들의 배고픔을 나누고, 그들의 고통을 느끼며 그들과 함께 짓밟히는 것이다.

베유가 비숙련 공장 노동자가 되기로 했던 것도 베유의 인생 전반을 형성한 이런 혜택받지 못한 사람들에 대한 근본적인 공감에서 비롯된 것이었다. '짐 나르는 짐승'처럼 일하며 사는 것이 인간 삶을 가장 적나라한 상태, 가장 무자비한 상태로 경험할 기회를 주기를 베유는 바랐다. 그리고 베유는 여기서 기대했던 것보다 더 많은 것을 얻었다.

공장 노동자로 새로운 삶을 살게 된 지 불과 몇 개월 만이었던 1935년 1월, 베유는 어느 친구에게 이렇게 썼다. '내 개념들 중 어느 하나를 변화시킨 것이 아니라(그 반대로 많은 개념들을 확인해 주었다), 무한히 많은 변화를 가져왔다—사물을 보는 내 관점을 전부 바꾸었고 심지어 삶에 대해 내가 갖는 바로 그 느낌마저 바꾸었다.' **l'année d' usine**(공장 노동자가 되어 보낸 한 해)' 이후로 베유에겐 그 무엇도 전과 같지 않을 것이었다. 거기서 베유는 다른 사람이 되어 나올 것이었다. "나는 미래에 기쁨을 다시 알게 될 것이다." 베유는 말을 잇는다. "하지만 예전에 알던 가벼운 마음은 영영 되찾을 수 없을 것 같다."[54]

베유의 눈앞에 사회적 현실로 통하는 문이 벌컥 열렸으니 그녀는

---

54) Weil, *Seventy Letters*, 15.

이제 혁명에 대한 논의의 얄팍함을 죄다 꿰뚫어 볼 수 있었다. 불가능한 작업 할당량을 따라가며 고압적인 상사, 제대로 기능하지 못하게 하는 편두통, 서툶과 씨름하면서 베유는 프롤레타리아 계급의 미명에 숨어서 거창하게 지껄이는 볼셰비키 혁명 지도자들이 자기들이 무슨 말을 하는지도 전혀 모른다는 걸 깨달았다. 생산라인 노동자 관점에서 보면 모조리 사기 행위고 민중 선동이었다. 이제 공산당 지도자들은 그들이 전복시키고자 하는 부르주아 정치인들과 서로 다를 게 없어 보였다.

> 위대한 볼셰비키 지도자들이 **자유** 노동자 계급을 만들자고
> 제안한 걸 보면, 그들 중 누구도—확실히 트로츠키Leon Trotsky는
> 아니고, 레닌Vladimir Lenin도 아니라고 생각하는데—공장에 발도
> 들인 일이 없어 노동자가 처한 노예 상태나 자유를 결정하는
> 진짜 조건에 대해선 조금도 알지 못한다—음, 나에게 정치는
> 사악한 소극[une sinistre rigolade]으로 보인다.[55]

베유가 공장에서 발견한 가장 중대한 문제는 생산라인 작업이 노동자 내면에 초래하는 완전한 인간성 말살 상태였다. 1935년 4월에 보리스 수바린Boris Souvarine에게 쓴 한 편지에서 베유는 컨베이어 벨트에서 일하던 어느 여성 노동자가 해준 말을 전한다. "몇 년, 혹은 심지어 일 년이 지나면 비록 사람이 일종의 무감각 상태에 있을지라도

---

55) Weil, *Seventy Letters*, 15.

더 이상 고통을 겪지 않는다." 베유에게 그건 허용할 수 없는 일이었다. "내가 보기에 이건 수모의 가장 낮은 단계다."[56] 몸소 그 단계에 이를 만큼의 시간을 공장에서 보낼 생각은 없었지만, 그랬다 해도 동료 노동자들의 입장에 베유는 쉬이 공감할 수 있었다.

결국 베유가 그 고된 해를 살아남을 수 있었던 건 동료를 향한 베유의 공감 덕분이었다. **이해**하고자 하는 베유의 근본적 욕구는 이해하고자 하지 않았다면 그 자체로는 무의미하게 보이는 것에도 의미를 부여했다. "나는 그 괴로움을 내 것으로 느끼지 않고 노동자들의 괴로움으로 느낀다."고 베유는 수바린에게 말했다. "내가 개인적으로 그 괴로움으로 고통 받는지 아닌지는 거의 중요하지 않은 사항으로 보인다." "알고 이해하고자 하는 욕망이 쉬이 우세해진다." 또 다른 편지에서 베유는 이렇게 쓴다. "나는 나 자신에게 맹세했다. 노동자의 삶을 인간 존엄성에 대한 감각을 잃지 않고 사는 법을 배울 때까지 포기하지 않겠다고. 그리고 나는 그 맹세를 지켰다."[57]

공장 노동자가 되어 보낸 한 해 동안 베유는 사회라는 기계 속의 톱니바퀴로 전락한 인간에게 일어나는 일에 대한 중요한 관찰을 할 수 있었다. "가난, 복종, 의존성의 공격을 매일 받음으로 인해 필연적으로 유발되는 열등감보다 더 사고를 마비시키는 것은 없다."고 베유는 1936년에 썼다.[58] 톱니바퀴 자리에 배정받으면 결국에는 톱니바퀴가 되는데—다른 사람들 눈에만 그리 비치는 게 아니라 자기

---

56) Weil, *Seventy Letters*, 18.
57) Weil, *Seventy Letters*, 18, 30.
58) Weil, *Seventy Letters*, 24.

자신의 눈에도 그렇게 보인다. 공장에서 유지하기 가장 어려운 것은 인간 존엄성에 대한 감각이라는 사실을 베유는 알게 되었다. 그곳의 모든 것이 당신을 '인간 이하의 무감각한 상태'로 계속 있게 하려고 작당한 것 같다.[59] 이 상태에 굴복하면 당신에게는 그 어떤 일도 자행될 수 있다. 당신은 더 이상 사람이 아니라 물체—아무나 임의로 처분할 수 있는 대상인 것이다.

베유는 공장 경험을 요약하면서 거기서 얻은 주된 '교훈' 두 가지를 꼽았다. 첫째, '가장 쓸쓸하고 가장 예상 밖이었던 것'은 그러한 억압이 '특정 강도'를 넘어서면 사람에게 반발심을 '유발하지 않으며 반면에 전적으로 복종하게 만드는 거의 거부할 수 없는 경향을 야기한다는 것'이었다. 둘째, '인간은 두 가지 범주, '쓸모 있는 사람'과 전혀 쓸모가 없는 사람'으로 나뉜다는 것이다.[60] 이 두 가지 교훈을 베유는 평생 마음에 간직했다.

새로운 관점

사물의 실패와 조우함으로써 우리가 얻는 이점이 또 있다. 그 실패를 경험할 때는 당신만 산산이 부서지는 게 아니라 당신의 온 우주도 산산이 부서진다. 실패는 당신의 개인적 존재 규정의 반대편에

---

59) Weil, *Seventy Letters*, 30.
60) Weil, *Seventy Letters*, 35.

있는 무無만 드러내는 게 아니라 세상 안에 존재한다는 것 자체의 결손까지 드러내 준다. 당신 근처의 무언가가 고장 났을 때 당신은 우선 그 고장 난 아이템을 의심하지만 그 다음에는 사물 일반의 견고함을 의심할 수도 있다. 사물에 숨겨진 무無가 더 있을지 모른다고 의심할만 해서 의심하게 되는 것이다. 그리고 갑자기 세상이 다른 관점에서 보이기 시작한다. 이제 세상은 새롭고 복잡한 얼굴을 가지는데 이는 실패가 당신 앞에 드러내 준 것이다. 당신은 한 걸음 물러나 완전히 각성한 상태로 다시 세상에 접근한다.

우리는 종종 무언가가 고장 났을 때 비로소 그 존재를 깨닫곤 한다. 우리는 컴퓨터, 프린터, 커피메이커를 당연시한다―작동을 멈추기 전까지는 말이다. 어떻게 보면 그 물건들의 존재가 느껴지고 완전히 보이기 시작하는 것은 이 물건들이 실패했을 때만이다. 그 물건들은 그 안으로 상당한 무無가 기어들어 온 후에야 비로소 보이는 것이다. 당신이 자동차를 한 곳에서 다른 곳으로 이동하는 데 아무 불편 없이 쓸 수 있는 한 당신은 자동차 자체에 그리 관심을 기울이지 않는다. 원래대로 계속 잘 작동하면 자동차는 점차 당신 눈에 덜 들어오게 된다. 하지만 도로 한복판에서 자동차가 고장 난다면 그 자동차는 갑자기 어마어마한 존재감을 드러낸다. 당신이 자동차를 의식하지 **않기**란 이제 불가능하다. 여기 자동차가 있다. 강철과 다른 물질들로 이뤄진 눈에 띄게 움직이지 않는 덩어리가. 하이데거Martin Heidegger의 망치와 다르지 않다. 더 스케일 크고 더 짜증난다는 것만 빼고 말이다. 실패는 우리를 불안하게 만든다―사물의 먼지를 털어내고 본래 모습을 노출시킨다.

우리는 모든 게 흠결 없이 작동하는 세상에는 점점 주의를 덜 기울일 것이다. 평소와 다른 일이 아예 일어나지 않고 아무것도 망가지지 않으면, 점점 두꺼워지는 익숙함의 베일이 외부 세상을 덮고 그 베일에 가려서 우리는 눈이 보이지 않을 것이다. 이런저런 물건을 사용하고 이런저런 작동을 수행하면서 부지불식간에 우리 삶은 전부 일상적인 틀에 박혀 있게 된다—즉, 그 일부가 쇠퇴하여 죽어 있다는 말이다. 이건 어느 정도까지는 정상이다. 그것이 보통 생명이 하는 일이다. 개체 전체의 생존을 위해 일부분이 쇠퇴하는 것을 허용하는 패턴에 빠지는 것이다. 하지만 이런 일이 너무 오래 지속되면 일상이 주도권을 차지하고 삶은 그저 판에 박힌 것이 된다. 새로운 것도 리듬의 변화도 다양성도 없이 한 계절만 끝도 없이 이어지는 것이다. 죽을 때 당신은 한동안 죽어 있었기 때문에 죽는다는 것을 알아채지도 못할 것이다.

달리 말해 실패보다 더 나쁜 것이 있다면 그건 실패의 부재다. 실패는 우리를 찌르고 그러는 가운데 우리를 현실과 접촉시킨다. 그 접촉이 비록 무자비하고 고통스럽다 해도. 실패는 어느 정도의 긴급성을 띠고 와 우리 가운데 가장 도취된 자의 취기조차 가시게 한다. 실패를 얼마나 많이 경험하든 간에 실패는 늘 새로움을 유지하고 있다. "실패는 반복되어도 늘 신선해 보이는 반면, 성공은 반복되면 그에 대한 관심과 매력이 전부 사라진다"고 시오랑은 쓴다.[61] 실패는

61) E. M. Cioran, *The Trouble with Being Born*, Richard Howard 번역(New York: Seaver Books, 1976), 79.

우리에게 새로운 관점을 부여한다. 실패를 경험한 사람 앞에서 세상은 다시 태어난다. 이전의 추정은 산산이 부서지고 확신은 흐려지며 좋은 평판을 누리던 진실은 망신 당한다—우리는 편리한 라벨이 붙은 장막과 낡아 빠진 관례와 기성 이론들을 통해 세상을 보는 데 너무나 익숙해졌지만 그 모든 것이 갑자기 갈가리 찢긴다. 잠시 동안 우리가—늘 그러하듯—또 다른 장막을 들고 나오기 전에 우리는 세상을 전혀 새로운 창조물로 경험한다.

실패 안에서 세상은 자신을 우리에게 완전히 개방하고 비밀을 일부 드러낸다. 실패는 우리 인식을 명민하게 하고 시야를 명료하게 하여 사물을 있는 그대로 인식하게 해준다. 실패가 없는 세상에서 우리는 현실에 대한 접근을 중단하고, 어떤 것을 과거 어느 지점에서 기록된 대로 아무 생각 없이 보고 끝없이 재생하며 생명 없는 눈으로 바라본다. 그런 세상은 더 이상 진짜가 아닐 것이다. 우리도 진짜가 아닐 것이다.

"나, 노예……"

베유는 공장에서 일했던 경험의 의미를 처리하면서 그 경험을 묘사할 새로운 말을 쓰기 시작했다. 바로 **노예**다. 노동자들의 '완전한 복종'과 '인간 이하의 무감각'과 점점 커지는 소외를 관찰하면서 베유는 그에 대한 말로 '노예'보다 더 나은 것을 생각해 낼 수 없었다. 베유는 자신의 고대 세계 연구로부터 인간이 다른 인간에게 속한다는 게 어떤 뜻인지 알았고, 현대 노동자들을 고대 노예의 완벽한 모형으로 간주했다. 늘 노예의 표식이었던 사회적 수모에 더해 공장 노동자는 생각하지 않는 개체로 축소되었다. 노동자에게 요구되는 '사고의 부재'는 '현대식 기계화의 노예에게 있어 필수불가결'한 것이었다.[62] 베유가 『신을 기다리며*Waiting for God*』에서 쓰고 있듯이 결국 노예는 '고통malheur'의 영역이었고 이는 베유에게 있어 '단순한 괴로움과는 아주 다른 것이었다[souffrance]'. 고통은 '영혼을 손아귀에 넣어 그 특유의 표식, 즉 노예의 표식을 속속들이 박아 넣는다.'[63] 베유의 남은 생에서 '고통'은 자신과 역사가 작용해온 방식, 세상 자체를 이해하는 핵심이었다.

　비숙련 공장 노동자로서 베유는 자신이 직접 노예가 되었다고 느꼈다. 공장 경험이 끝나갈 때 베유는 노예가 된 사람의 눈으로 세상을 보고, 노예가 된 사람이 느끼는 것을 느끼고, 노예가 된 사람이 할 말을 할 정도까지 노예 상태를 내재화했다. "노예인 내가 어떻게 다른 사람과 똑같이 열두 푼을 내고 이 버스를 탈 수 있는가?" 베유는 언젠가 일하러 가려고 버스에 타면서 진심으로 이렇게 의아해했다. "이런 특별 대우를 받다니? 저들이 무자비하게 나를 버스에서 끌어낸다면…… 그건 완전히 자연스러운 일로 보일 텐데. 노예 신분은 나에게 권리가 있다는 느낌을 완전히 잃게 만들었다."[64]

공장 노동자가 되어 보낸 한 해가 끝났을 때 베유는 자신이 산산이

---

62) Pétrement, *Simone Weil*, 235에서 인용.

63) Simone Weil, *Waiting for God*, Emma Craufurd 번역(New York: Harper, 1973), 117.

64) Pétrement, *Simone Weil*, 242에서 인용.

부서지고 유린되었으나 구원받았음을 깨달았다. 공장 노동자가 끝나고 얼마 지나지 않은 1935년 10월, 친구에게 쓴 편지에서 베유는 공장에서 일했던 때를 '노예로서 보낸 여러 달'이라 칭하며 그 경험을 선물로 여긴다고 설명했다. 그 기계들을 위해 노예처럼 일한 경험은 베유가 '자신을 시험하고 전에는 상상만 가능했던 것들을 손가락으로 만질' 수 있게 했다. 또 다른 편지에서 베유는 괄목할만한 고백을 한다. "나는 명령을 기다리고 명령을 받아 수행하려고 태어난 것 같다— 그 밖의 일은 전혀 한 적도 없고 앞으로도 하지 않을 것 같았다."[65]

여기서 베유는 공장 노동의 일상을 말하고 있지만 그보다 더 깊고 중대한 무언가가 드러나는 듯하다. 그것은 고통의 경험으로부터 **탄생한 새로운 시몬 베유**—신비주의자, 선지자, 심오한 이단적 사상가—의 목소리다. 베유가 수모를 당한 것도 노예로서였지만 구원을 받은 것도 노예로서였다. 재빨리 극적인 수를 둔 덕에 베유는 노예가 된 상황을 완전히 뒤집어 생각하고 그 안에서 영광을 찾았다. 그게 어떻게 가능하지? 하고 의아해할 수도 있다. 베유가 알아낸 것에 의하면 노예 신분은 궁극의 구원을 주는 겸손에 직접 접근시켜준다. "조용히 참을성 있게 기다리는 것보다 더 위대한 겸손은 없다."라고 베유는 썼다. "그것은 주인에게서 나올 그 어떤 명령이라도 또는 명령이 없더라도 기다릴 준비가 된 노예의 태도다."[66]

그래서 노예 신분, 고통, 겸손을 고찰하고 내재화하면서 베유는

---

65) Weil, *Seventy Letters*, 19-20, 22.

66) Simone Weil, *First and Last Notebooks*, 번역 Richard Rees(Oxford: Oxford University Press, 1970), 101.

우연히 핵심적 기독교 개념을 발견하게 된다. 우리가 성바오로(빌립보서 2:7)에서 배우기로는 인간의 모습을 했을 때 예수 그리스도는 '노예의 형태morphē doulou'를 취했다는 것이다. 베유는 현대 자본주의 노동자들이 처한 사회적 상황에 대해 더 알아내려고 공장에 들어갔다. 그런데 베유는 예수 그리스도를 발견했다.

베유는 세속적인 유대인 가정에서 양육되었을지 모르나 베유가 받은 교육은 전부 프랑스 카톨릭 정신에 의해 형성된 것이었다. 공장에서 베유는 자신이 겪는 일을 이해하고자 기독교의 개념과 상징과 이미지를 자유로이 이용하기 시작했다.[67] 그중 첫 번째는 노예 신분과 기독교적 경험을 모두 규정하는 고통 그 자체였다. 베유가 쓴 '영적 자서전Spiritual Autobiography'에서는 (『신을 기다리며』에 포함됨) '타인의 고통이 내 살과 영혼에 들어온' 방식을 설명한다. 억압받는 사람들에게 깊이 공감했기 때문에 베유는 주변의 괴로움을 자신의 것처럼 느꼈다. 그것이 베유가 **노예의 표식**을 받아들인 방식이었고, 이를 베유는 '로마인들이 가장 경멸받는 노예들 이마에 붉게 달군 인두질로 찍었던 낙인'에 빗댄다. 그것은 베유가 개종한 방식이기도 했다. "그 후로 나는 나 자신을 늘 노예로 여겼다."라고 베유는 쓴다.[68]

공장 근무 후 얼마 지나지 않았을 때 했던 어느 강렬한 종교적 경험이 이 변화를 봉인했다. 포르투갈의 어느 작은 어촌에서 베유는

---

67) 베유는 "나는 개인적으로 카톨릭 신자가 아니다."라고 인정하면서도 "나는 그리스 사상에 뿌리를 두고…… 유럽 문명에 속한 우리 모두에게 자양분을 공급한 기독교 개념을 인간이 타락하지 않고서는 저버릴 수 없는 무언가라고 여긴다."고 말했다(Pétrement, *Simone Weil*, 290에서 인용).

68) Weil, *Waiting for God*, 66-67.

어부들의 아내들이 이룬 행렬을 목격했다. 닻을 내린 배들을 옮겨 다니며 그들은 '가슴 미어지는 슬픔의 찬가'를 불렀다. 베유는 그 자리에 얼어붙었다. 거기서 불현듯 '기독교는 다른 무엇보다도 노예의 종교라는 것, 노예가 기독교에 속하지 않을 수는 없다는 것, 나도 그 노예 중 하나라는 것에 대한' 확신이 생겼다.[69] 전혀 엉뚱한 이유에 서일진 몰라도 니체Friedrich Nietzsche는 옳았다.

완벽함은 과대평가된다

우리는 물건이 어느 중요한 선까지는 제대로 작동하는 걸 필요로 한다—예상 가능하고 의지할 수 있어야 한다. 너무 많은 물건이 제 할 일을 못하면 우리는 절망에 빠질 것이다. 물건이 제대로 기능하는 세상은 살기 좋은 곳이다. 그 세상이 살기 좋은 것은 구체적으로 신뢰성과 예측 가능성 때문이다. 그러나 그걸 넘어서면 바로 이 무결성이 심각한 형태의 소외를 유발하기 시작하는 지점이 있다. 사물이 흠결도 마찰도 없이 작동하면 우리에게 요구되는 것이 점점 더 줄어들기 때문이다. 길게 보면 이 용이성이 우리가 실패하는 원인이다. 우리는 점점 더 불필요해질 뿐만 아니라(이것만으로도 충분히 나쁘지만) 점점 더 **사물 그 자체와 닮아가고** 있다. 우리는 무의식중에 물건을 모방하기 시작한다. 물건의 예측 가능성은 우리 자신의 예측

---

69) Weil, *Waiting for God*, 67

가능성이 되고 물건의 근본적인 타성 또한 마찬가지다. 패턴을 바꾸는 일이 전혀 없는 물건과 근접해 있으면서 우리도 심히 정형화된 존재 속으로 미끄러져 들어간다. 한계에 다다라 우리 관심을 유발할 만한 변화가 하나도 없게 되면 그런 물건들과 우리 자신을 구별할 수 없게 되고 그 한 복판에서 우리는 자신을 잃어버린다. 살기 좋다는 것은 동경할 만한 것이지만 어떤 곳이 너무 살기 좋아질 때 그곳은 분명 살기 힘든 곳으로 변한다.

산업혁명이 시작되고부터 여러 세대 동안 공장 노동자들은 '기계들의 전멸'을 외쳤고 19세기 영국의 러다이트(Luddites—산업 혁명 당시 기계가 사람의 일자리를 뺏는다며 기계 파괴 운동을 벌임:옮긴이)와 같이 기계를 파괴하거나 불지르기도 하는 지경까지 갔다. 통상 주어지는 설명은 단순하고 바보 같다. 공장 노동자들이 기계와 불공정 경쟁을 할 게 두려워 기계를 못 쓰게 만든다는 것이다. 하지만 그게 다일 수는 없다. 기계는 그래도 결국 인간 조작자를 필요로 한다. 노동자들의 이런 반응은 분명 이 기계들에 둘러싸여 끔찍할 만큼 긴 시간을 작업했던 경험과 관련이 있을 것이다.

최적의 상태에서 기계는 동일한 동작을 흠결 없이 무한정 반복한다. 하지만 그런 완벽은 완전히 비인간적인 것이며, 거기에 자신을 맞춰야 하는 것은 극심한 불안감을 야기하는 경험이다. 기계는 최고로 억압적인 방식으로 정형화된 존재다. 컨베이어 벨트에서 일하는 노동자는 하루하루를, 여러 해를, 평생을 일종의 '망연자실한 상태'로 보낸다. 노동자는 컨베이어 벨트가 **된다**. 프리츠 랑^{Fritz Lang}의 『메트로폴리스^{*Metropolis*}』(1927)의 어느 효과적인 장면에서는 흠결 없는 기계들과 너무나 인간적인 노동자들 간에 충돌이 일어난다. 기계에 복종해야 하고 그 과정에서 점점 더 기계처럼 되어가는 노동자들. 그 노동자들은 결국 더 이상 참을 수 없게 되어 반란을 일으킨다. 그들의 제스처는 극히 인간적인 것으로 기계 같은 행동과는 정반대다─기계는 결코 반란을 일으키지 않는다. 노동자들은 전체 작업을 파괴하고 나서 춤을 추며 축하한다. 더 가난하고 더 위험한 삶을 살지라도, 삶이 그 어느 때보다 더 불안정해졌을지라도─그들은 다시 완전히 인간이다.

기계의 무결성에서 유발되는 물리적인 소외가 나쁘긴 해도 우리가 마주하는 최악의 상황은 아니다. 모든 것이 계속 흠결 없이 작동하여 우리가 생각하고 행동해야 할 과제가 부여되지 않을 때는 또한 특정 형태의 정신력 저하가 시작된다. 그런 상황에 대해 우리가 보통 쓰는 말─바보가 되게 함(stultification)─은 라틴어 stultus(멍청한, 바보스러운)에서 온 것이다. 합리적 사고는 무無에서부터(ex nihilo) 나온 것이 아니라 우리가 삶의 요구에 대처하는 것을 돕기 위해 생겨나 진화해온 것이다. 그걸 사용하여 우리는 결국 추상적인 사고까지 하게 된 것이다. 우리는 이제 형이상학적 체계를 엮어내고 복잡한 수학 모델을 구상하지만 인류 역사의 가장 오랜 시간 동안 합리적인 사고는 그보다는 인간 생존을 돕는 실용적인 적응의 도구였다. 지능은 정적인 게 아니라 과정이므로 우리가 계속 움직이게 할 때만 살아 있는데, 이런 일은 우리가 어려움에 대응할 때마다 일어나는 것이다. 무언가가 흠결 없이 작동한다면 우리에게 도전 과제를 줄 리가 없다. 이런 자기 충족성은 그 자체만으로도 경외감을 주고 완벽함에 있어서도 훌륭할지 모르지만 우리를 거의 제외시킨다. 매일 느끼는 편안함을 볼 때 그 혜택은 인상적이다. 경제적으로도 그보다 더 수익성이 클 수 없다. 하지만 장기적으로 볼 때는 그로 인해 인간이 치러야 하는 대가가 우리를 파산시킬 수도 있다.[70]

기계에 관한 모순은 늘 있었다. 우리는 어려움을 해결하고 삶을 더 편안히 영위하고자 기계를 고안하고 기계는 그 일을 해주지만 결국 새로운 어려움을 야기하고 말 뿐이다. 이 어려움을 해결하고자 우리는 또 새로운 기계를 들고 나오지만 그 기계들은 더 많은 문제를 만든다. 결국 우리는 너무 많은 기계를 만들어내고 너무 많은 유형의 문제를 해결하려 하다가 결국 **그 기계들을 위해** 전업으로 일하는 처지가 된다.

그 결과 현대 노동자들의 일차적 역할은 기계들을 먹이는 역할인 듯하다. 이 역설을 찰리 채플린의 〈모던 타임스〉에서 능수능란하게 포착한다. 이 영화의 첫 장면들 중 하나에 나오는 생산라인을 따라 배치된 노동자는 기계의 충실한 하인들이다. 그들은 하루 종일 기계들이 잘 먹나 확인하며 뭐 하나도 그냥 지나치지 않는다. 그러면서 노동자들은 기계의 움직임과 리듬을 재생산하고 그러다 결국 자신들도 기계의 연장 선상에 놓인 인간이 되고 만다. 노동자들이 귀중한 시간을 변변찮은 점심 식사나 하는 데 낭비하는 걸 막기 위해 경영자

---

70) 이 주제를 다룬 아주 좋은 논고는 Brett M. Frischmann and Evan Selinger, *Re-Engineering Humanity*(Cambridge: Cambridge University Press, 2018)을 참조. 다른 관점에서 보려면 Mark C. Taylor, *Intervolution: Smart Bodies Smart Things*(New York: Columbia University Press, 2020)을 참조.

들은 특별히 제작한 음식 먹이기 기계의 도입을 고려하는데, 이 기계가 사람들 입에 기계적으로 음식을 넣어주는 동안 사람들은 계속해서 기계들을 위해 일하는 것이다. (먹이는 사람들과 먹이를 주는 사람들) 두 겹의 기계 사이에 끼어서 노동자들은 거의 아무것도 아닌 것으로 축소되고 다름 아닌 그들의 인간성은 그들로부터 쥐어 짜내지는 것이다. 채플린이 맡은 캐릭터인 작은 떠돌이가 기니피그로 이용된다. 이 실험은 계획대로 되지 않고 작은 떠돌이는 미쳐 버린다. 우리는 배꼽이 빠져라 웃지만 눈물을 가리기 위해서일 뿐이다. 눈 앞의 화면에 그려지는 그 장면은 우리 자신의 비인간화이기도 하기 때문이다.

저게 거의 한 세기 전이었다. 오늘날 자동화와 인공지능이 일반화된 이 시대에 이 문제는 새로우면서 고통스러울 만큼 절박한 문제가 됐다. 우리는 거의 저절로 구동하는 기계를 위해 일을 내어주고 삶의 중요한 부분들까지 희생한다. 기계는 우리에게 무엇을 어디서 살지, 무엇을 먹고 마실지, 누구와 데이트하고 결혼할지, 무엇을 읽고 무슨 음악을 들어야 할지를 알려준다. 기계들은 우리에게 청하지도 않은 최신 뉴스와 사회적 가십을 제공하고 우리의 지적, 정서적 욕구로 간주하는 것들을 서둘러 충족시킨다. 그리고 기계 프로그래밍에 관여하는 소수의 전문가를 제외하고 기계들은 우리 사람을 필요로 하지 않는다. 기계는 자체적으로 돌아가는 세상이다. 기계는 스스로를 먹이고 유지보수 한다―심지어 스스로를 가르치고 자신과 우리의 오류로부터 배우기도 한다.

우리는 노역과 걱정에서 벗어나 칼 마르크스Karl Marx가 언젠가 이룩하길 바란 모습대로 아침에는 사냥하고, 오후에는 낚시하고, 저녁에는 카우보이가 되어 드디어 행복해져야 하는 것이다. 하지만 우리는 행복한 것과는 거리가 멀다. 이걸 가능하게 만드는 기계들로부터 우리는 더 이상 멀어지지 못한다. 기계들은(퍼스널 컴퓨터와 스마트폰에서부터 인터넷 자체까지) 우리 삶에 너무나 깊게 침투해 들어왔고, 우리가 어떤 이유로든 기계로부터 단절될 경우에 우리는 더 이상 우리 자신이 아니게 된다. 이제 우리의 소외는 끝났다.

의미심장하게도 우리는 기계 사용을 시작하기 전보다 상당히 무력해진 자신을 발견한다. 우리는 기계에 굴복함으로써 일부 중요한 기술의 연습을 중단했을 뿐 아니라 날카로운 정신력도 일부분 잃었으며, 보다 단순하지만 사용하기는 더 어려운 도구들의 사용법을 잊었다. 훨씬 나쁜 건 우리가 스스로를 **개조했다**는 것이다. 자동화와 인공지능에 대한 우리의 막대한 의존성은 통제가 거의 불가능한 물건들에 점점 더 의존하게 만들 뿐 아니라―우리를 분명 더 멍청하게 만들고 있다. 저절로 작동하는 물건들에 둘러싸여 생각이 필요한 도전 과제도 거의 마주하지 않는다. 생각할 일이 없으면 사고력은 쇠퇴하고 죽게 된다.

사고력은 학대당하는 개처럼 죽는다. 굶고 학대당하고 가죽과 뼈만 남아서도 가학자에게 이상하리만큼 충성하다가 마지막 숨을 거두는 것이다. 기계에 점점 더 많은 애착을 가지면서 우리는 저도 모르게 기계들을 흉내낸다. 결국에는 뒤처지지 않기 위해 전혀 새로운 '기계 자아'를 개발하는 경향이 생기는데, 이 자아는 기계의 계명에 따라 살아야만 이상적인 자아다. 인간이 하던 것처럼 게으르게 돌아서 가지 말고 '핵심으로 곧장' 가라, 시간을 낭비하거나 쓸데없는 짓하지 말라(기계는 쓸데없는 짓을 하지 않는다), 모호한 언어를 쓰지 말라(기계들은 언제나 있는 그대로 말한다), 무엇보다도 유머를 버려라(기계는 결코 웃지 않는다—기계는 웃을 이유가 없다). 결국 기계들 가까이서 시간을 충분히 보내면 결국 우리는 기계들과 마찬가지로 기름 잘 쳐진 효율적인 존재, 그러나 내부는 죽어 있는 존재가 되고 말 것이다. **인간의 로봇화**Human automata. 기계들이 본래 그렇듯이 생각하지 않는 물건이 아니었다면 우리의 지나친 아첨에 당황했을지 모르지만, 기계는 본래 상태 그대로이므로 상관하지 않는다.

궁극의 아이러니는 물론 도구가 완전히 자동화될 때 그것은 분명 기계공학의 쾌거이자 인간 지능의 입증이라는 것이다. 인간이 자동화되면 어리석음이 구체화된다. 인공지능은 바보가 되는 일의 가장 고차원적인 형태를 야기한다.

오직 신만이 혹은 실패의 선물만이 이제 우리를 구원할 수 있다.

이단자

베유는 현대 노동자들이 처한 상황을 이해할 것을 결단한 학자로서 공장에 들어갔다가 본격적인 신비주의자가 되어서 나왔다. 하지만—베유에게는 늘 **하지만**이 있다—꼭 기독교적 신비주의자가 된 것은 아니었다. '카톨릭 개념'에 지적으로 공감하고 공장에서 우연히 예수 그리스도를 발견했음에도 베유는 자기 생이 끝날 때까지 종교로서의 기독교를 심각할 정도로 꺼림칙하게 여기게 된다. 베유는 결코 세례를 받지 않았다. 베유는 "나는 가능한 한 가톨릭파주의에 가깝다…… 가톨릭 교도가 되지는 않고서."라고 재치있게 말했다.[71]

예수 그리스도를 발견하고 얼마 지나지 않아 베유는 이단자가 되었다. 베유가 기독교에 대해 자신이 가진 철학적 의구심의 일부에 대해 도미니크회 신부, 에두아르 쿠튀리에Édouard Couturier 신부에게 의견을 구한 『신부님께 보내는 편지Letter to a Priest』는 왜 베유가 결코 가톨릭 교회에 참여할 수 없었는지를—혹은 그 문제에 관한 한 다른 어느 교회에도 참여할 수 없었는지를—풍부한 내용을 들어서 명백히 밝히는 전례가 없는 이단적 선언문이다.

먼저 베유는 예수 그리스도가 하느님의 유일한 성육신incarnation이었다는 개념을 받아들일 수 없었다. "예수 이전에 성육신이 또 있었는지 확실히 모른다. 그리고 이집트의 오시리스Osiris, 인도의 크리슈나Krishna도 그 수에 들어가지 않는다"고 베유는 쓴다. 베유는 성육신의 고유함에 대한 교회의 가르침을 일축하면서 대신 예수는 이 세상 '범죄와 고통이 있는 곳 어디에나' 현존한다고 제안하고, 이는 가장 대담한 기독교 선교사들조차 꿈도 못 꿀 정도로 예수가 널리 퍼져 현존한다는 말이 되는데, 베유는 '고통에 빠진 사람을 향한 순수한 연민을 품고 움직일 수 있는 사람 누구나 항상 신의 사랑과 믿음을 함축적이지만 실제로 소유한다'고 쓴다. 베유는 선한 이교도인이 보통의 기독교인보다 그리스도의 더 많은 지지를 얻을 수 있다고 제안하는데, 그리스도는 "그리스도를 '주님, 주님' 하고 부르는 사람을 전부

---

71) Pétrement, *Simone Weil*, 394에서 인용.

구원해주는 게 아니기 때문이다." 그 대신 그리스도가 구원해주는 사람은 "그리스도에 대해서는 일말의 생각도 하지 않고 순수한 마음에서 **빵** 한 조각을 굶주린 사람에게 주는 사람들이다."[72]

　베유의 에큐메니즘(ecumenism, 교파를 초월하여 통합하고자 하는 세계 교회주의 및 그 운동:옮긴이)은 정치적이거나 외교적이지 않고 철학적이다. "여러 다른 정통 종교들의 전통은 동일한 진실의 서로 다른 반영이며 아마도 똑같이 귀중할 것이다."[73] 기독교 정신은 교회가 아직 다다르지 못한 곳에서도 나타날 수 있으므로 그리스도가 있기 한참 전부터 존재했다고 베유는 생각한다. 이러면 교회는 크게 무관한 게 돼버리겠지만 베유에게 그건 조금도 걱정할 게 아니었으리라. **편지**의 다른 부분에서 베유는 교회를 상대로 막중한 혐의를 제기한다 (가엾은 쿠튀리에 신부, 무슨 죄가 있어 이런 일을 당했을까?). 교회 병폐의 근본 원인은 교회가 인간의 창조물에 불과한 기관이라는 데 있으며, 부패, 불평등, 비도덕 등 모든 인간 체제의 죄악을 공유한다는 데 있다. 구체적으로 말해 교회의 원죄는 교회가 고대 세계에서 가졌던 이중 기원이었다. '이스라엘과 로마는 기독교에 자신들의 흔적을 남겼다'고 베유는 쓴다. 이스라엘은 '기독교가 구약 성서를 신성한 책으로 받아들이게 했고', 로마는 '기독교를 로마 제국의 국교로 만들었는데, 이는 히틀러나 꿈꿀만한 것이었다'.[74]

---

72) Simone Weil, *Letter to a Priest*(New York: Penguin, 2003), 19, 17, 36-37.
73) Weil, *Letter to a Priest*, 34. Weil는 이렇게 쓴다. "실제로 거의 모든 종교 전통들에 속하는 신비주의들은 서로 구분할 수 없을 정도로 일치한다. 신비주의들은 이 전통들 하나하나의 진리를 대변한다"(Weil, *Letter to a Priest*, 47).
74) Weil, *Letter to a Priest*, 43-44.

고대 유대인은 신에 관한 한 모조리 잘못 이해했다고 베유는 생각했다. 그들은 야훼를 자신의 형상대로 자신과 유사하게 상상했고 '그들이 힘을 원했기 때문에' 그 결과는 피에 굶주려 복수심에 불타는 고삐 풀린 신이었다.[75] "여호아는 이스라엘에게 악마가 그리스도에게 한 것과 동일한 약속을 했다"고 관찰한 것을 베유는 자신의 저서 『Notebooks』에 썼다.[76] 베유는 그런 내용을 쓰면서도 히틀러 또한 유대인을 가스실로 실어 보내기 전에 그와 유사한 주장을 하고 있다는 사실을 깨닫지 못한 듯했다―아니면 상관하지 않았던가.

로마 제국도 크게 나을 건 없었다. 로마 제국은 "나치즘처럼 국가에 대한 배타적인 숭배에 기반해 건설된 전체주의적이고 역겨울 정도로 물질적인 정권이었다."고 베유는 **편지**에서 쓴다.[77] 지중해 세계 전체를 아수라장으로 만들고 고대 문명과 생활 방식의 뿌리를 뽑고 종류를 불문하고 반대자들을 억압한 로마인들은 기독교를 오직 자신의 목적을 위해 이용하려고 채택했고, 그리스도의 교회를 설립하자마자 그리스도의 복음을 배신했다. 로마인들 손에서 교회는 순전한 속세의 문제, 변호사들과 정치인들의 불경스러운 사업이 되었다. 로마인들의 융통성 없이 규율을 중시하는 정신이 토마스 아퀴나스Thomas Aquinas 같은 가톨릭 최고 대변자마저 벗어날 수 없을 정도로 가톨릭주의에 만연해졌다. "믿음에 대한 토마스 학파의 개념은 히틀러의 전체주의보다 더하지는 않아도 마찬가지로 숨 막히게 만드는

---

75) Weil, *Letter to a Priest*, 14.

76) Weil, *First and Last Notebooks*, 100.

77) Weil, *Letter to a Priest*, 78.

'전체주의'를 시사한다."고 베유는 쓴다.[78] 가엾은 쿠튀리에 신부!

세속적 권력의 추구는 기독교가 존재해온 거의 모든 시간 동안 기독교를 위기로 몰아넣었다. 거의 시작부터 교회는 '지적인 불안감에 고통받았다'고 베유는 결론을 내린다. '교회가 심판권, 그리고 특히 교황이나 교회 평의회가 사람을 파문하거나 교리를 비난하는 저주를 내리는 형식 사용'을 가졌던 방식 때문이었다.[79] 교회의 가르침과 규율을 무조건적으로 수용하지 않으면 보잘것없는 사람 취급을 받고 최악을 예상해야 한다. 베유는 이를 허용할 수 없는 일로 여겼다. 규율에 대한 건강치 못한 집착, 배척에 대한 열성, 완전 복종에 대한 기대는 그리스도의 교회를 끔찍한 '관료주의'로 변모시켰다. 교회가 한 일에 대해서 뿐 아니라 무엇이었는지에 대해서도 베유는 교회를 용서할 수 없었다.

교회가 가진 주요 단점에 대한 자신의 견해를 밝힌 베유는 나아가 교회가 어떻게 개혁되었으면 하는지도 제시했다. 이 충격적인 행동에 쿠튀리에 신부는 분명 분개했을 테지만 이제 더 거북한 글을 읽어야 할 판이었다. 수 세기 넘게 교회의 부패가 자행되었지만 교회의 중심에는 부패할 수 없는 무언가가 있는데, 그것은 교회의 발판인 희생이라고 베유는 주장했다. 그리스도에 관해 가장 중요한 것은 대부분의 기독교인들이 믿는 것처럼 그리스도의 부활이 아니라 십자가에 못박힘이었다. 그리스도의 이야기가 거기서 끝이 났다면 베

---

78) Weil, *Letter to a Priest*, 39.
79) Weil, *Letter to a Priest*, 62.

유에게 있어 그보다 더 행복한 일은 없었을 것이다. '십자가에 못박힘을 생각할 때면 나는 시기심의 죄를 짓는다'고 베유는 다른 곳에서 쓴다.[80] 베유가 원한 것은 그리스도의 고통과 고뇌였지 그리스도의 영광이 아니었다. 십자가는 '부활이 다른 사람들에게 일으키는 것과 동일한 효과를 나에게 일으킨다'.[81] 베유가 추구한 것은 안도감이 아니라 더할 나위 없는 고통, 무한한 비통이었다.

편지에서 베유는 다른 문서에서와 마찬가지로 몇몇 해결책을 가리킨다. 그 모든 일 중 가장 중요한 건 기독교의 독성 뿌리를 제거하는 것이었다. 유대와 로마의 성분이 없는 교회는 선호할만한 것일 뿐 아니라 실천 가능한 것이었다. 로마인의 정복 전에는 지중해와 근동에 거주했던 다양한 국가들은 심오한 영적, 철학적인 특성을 가진 우월한 문명을 형성했다고 베유는 생각했다.

> 동일한 생각이 최고의 지성들에게 깃들어 있었으며, 이집트, 트라키아, 그리스, 페르시아의 신비와 최초 종파들에게서 다양한 형태로 표현되었고, 플라톤의 작품에서 가장 완벽하게 글로 표현되었다.[82]

기독교는 이 **구원의 철학론**philosophia perennis에서 탄생했지만 태어나자마자 로마인-유대인 음모 세력에 의해 납치되고 말았다. 기독교

---

80) Gray, *Simone Weil*, 217에서 인용.
81) Weil, *Letter to a Priest*, 55-56.
82) Weil, *Seventy Letters*, 130.

가 마침내 자유로워지려면 다른 곳에서 안식처를 찾아야 한다. 지중해식 사고의 위대한 영적 전통을 실제로 충실히 계속 따라온 것으로 보이는 그노시스파, 마니교Manicheans, 카타리파 중에서 말이다. 그들은 '로마인의 지배로 방대한 영역에 걸쳐 퍼져나간', 그리고 여전히 '유럽의 분위기를 형성하는 조악한 정신과 천한 마음'을 힘들게 탈피한 유일한 사람들이었다.[83]

베유는 '유럽에서 로마 이전의 고대 유물이 마지막으로 생생히 표출된 것'으로 카타리즘을 꼽는다.[84] 베유가 나치가 점령한 프랑스를 탈출해 미국으로 떠나기를 기다리던 곳이자 중세에 수많은 카타리파가 살았던 곳인 마르세유에서, 베유는 카타리즘의 학자들과 마니아들 무리와 친구가 되었고, 그들로부터 중세 이교 신앙에 대한 새로운 것들을 배웠다. 그리고 베유는 그것들을 배우면 배울수록 더 마음에 들어 했다. 베유는 카타리파의 교리뿐만 아니라 그들의 생활 방식에 완전히 매료되었다. 카타리파의 구약 성경에 대한 전적인 거부, 부와 권력에 대한 무시, 육욕의 죄에 대한 경멸에 베유는 충격을 받았는데, 전부 베유 자신이 이미 독자적으로 수용한 것들이었다.

이제 그 선한 도미니크회 신부님은 분명 교회에 관한 한 시몬 베유는 가망 없는 사람이라고 결론지었을 것이다. 공평하게 말하자면 베유는 힘든 성격이었으며, 그 넘쳐흐르는 영적 생명력은 그 어떤 단일 종교의 틀에도 가둬 둘 수 없었다. 그 어떤 종교 체제도 (어쩌면

---

83) Weil, *Seventy Letters*, 130.
84) Weil, *Seventy Letters*, 130.

그노시스주의를 제외하고는) 그렇게 풍성하고 난해하고 종종 예측이 불가능해지는 사상가를 수용할 만큼의 수용력은 갖지 못했을 것이다.

베유에겐 명백한 종교적 사명이 있었으나 베유의 그 사명은 이단의 소명이었다. 시대가 달랐더라면 베유는 자신의 사상 때문에 결국에는 화형당하거나 돌에 맞아 죽거나 강물에 던져져 익사했을 것이다. 1943년에 베유는 외부에서 가하는 처형을 전혀 필요로 하지 않았다. 그 문제를 베유는 가능한 한 가장 베유다운 방식으로 스스로 처리했다.

겸손

우리가 알든 모르든 간에 우리는 대부분 어떤 기이한 증상으로 고통받는다. **움빌리쿠스 문디 신드롬**umbilicus mundi syndrome, 모든 일의 중심에 자기 자신을 놓고 자신을 실제보다 훨씬 더 중요한 존재로 상상하는 병적인 경향이 그것이다. 우주의 관점에서 볼 때 **호모 사피엔스**에 대해서는 분명 거부할 수 없이 우스꽝스러운 무언가가 있을 것이다. 대부분의 경우 우리는 세상이 우리를 위해 존재하는 것인 양 행동하고 모든 것을 우리 자신의 욕구와 걱정과 관심에 맞춰 생각한다. 우리는 다른 종들의 진가를 모를 뿐 아니라—그들을 집어삼킨다. 우리는 이 행성을 이용만 하는 게 아니라 생명을 모조리 없애고 쓰레기로 채우며 남용한다. 탐욕이나 어리석음이나 혹은 둘 다로 인해 자연 세계를 그같은 야만성에 시달리게 한 나머지 복구 불가능한 지경까지 손상시켰다 해도 무리가 아니다. 우리는 보통 타인의 괴로움에 무관심하고 사람들과 유의미한 공감을 할 줄 모른다. 이웃을 사랑하기는커녕 우리는 이웃을 그저 무시하거나, 그게 아니면 착취하거나 조롱하거나 원망한다.

우리 상황이 특히나 터무니 없어지는 건 더 큰 그림 안에서는 우리가 완전히 별볼일 없는 피조물이라는 것이다. 극도로 작은 폭군들. 강바닥에서 아무렇게나 집어드는 가장 작은 돌도 우리보다 한참 오래된 것이고 우리보다 더 오래도록 남을 것이다. 우리가 우리 이외의 세상보다 더 위대할 것도 없고, 사실 우리는 대부분의 물건보다도 보잘 것 없다.

좋은 소식은 이런 증상에 대한 치료법이 있다는 거다. 비행기 엔진 고장이나 자동차의 브레이크 시스템이나 엘리베이터 고장은 너무나 철저하게 우리를 파괴할 수 있어서, 그 경험에서 살아남는다면 우리는 자신이 변모했음을 발견할 것이다. 우리의 달라진 존재를 규정하는 것은 새로운 겸손이다. 실패가 우리를 겸손하게 만들었고 거기서부터 치유가 올 수 있다. '겸손'이라는 말은 도덕적 의미를 함축하고 있지만 협의의 가치라기 보다는 세상 속으로 들여보내지는 특정한 유형과 인간 조건을 경험하는 독특한 방식을 수반한다. 겸손은 '모든 가치 가운데 가장 어렵고 핵심적인 것'이라고 아이리스 머독이 일깨워 주듯이 겸손은 평범한 가치가 아니다.[85]

---

85) Iris Murdoch, *Existentialists and Mystics: Writings on Philosophy and Literature*, Peter Conradi 편집(New York: Penguin, 1997), 378.

『선의의 주권』*The Sovereignty of Good*』에서 아이리스 머독이 겸손을 '현실에 대한 사심 없는 존중'이라 묘사한 건 겸손에 대한 최고의 정의일 수 있는 것을 제시한 거다.[86] 머독이 생각하기에 우리는 보통 현실을 잘못 전달하는데, 그건 우리가 현실 안에서 우리가 차지하는 자리의 크기를 과하게 크게 인식하기 때문이며, '우리 자신의 모습이 너무 거창해져서' 그 결과 우리는 '현실을 자신과 분리해서 보는 눈'을 잃었다.[87] 이러한 잘못된 표현은 무엇보다 우리에게 해를 끼친다. 우리가 그것을 바로잡기 위한 일을 전혀 하지 않는다면 우리는 결국 세상으로부터 떨어져 나가 우리 자신이 만든 현실 속에서 살아갈 것이다. 겸손은 우리에게 그러한 교정을 제공한다.

오즈 야스지로^{Ozu Yasujirō}의 영화에 나오는 몇몇 가장 사랑스러운 캐릭터는 겸손의 순교자들이다. 자기 주장을 하느니 그들은 목숨을 버릴 것이다. 하지만 이 일본인 감독의 예술의 위대함은 겸손을 그리는 데 그치는 게 아니라 겸손을 구현하고 실천한다는 것이다. 낮은 카메라 앵글을 사용한 덕에 오즈는 우리로 하여금 사물의 또 다른 측면, 즉 사물의 낮은 차원에 접근하게 해주는데, 이는 우리가—근시안이고 자기중심적이라—보통은 놓치는 것이다. 이는 겸손함 그 자체의 방식이다.

낮은 카메라 앵글로 놀라울 만큼 풍성한 시야로 세상을 보게 해주는 오즈의 영화에서처럼, 겸손한 위치는 사람들이 보통은 보지 않는

---

86) Murdoch, *Existentialists and Mystics*, 378.

87) Murdoch, *Existentialists and Mystics*, 338.

현실의 층위에 접근하게 해준다. 그것은 자신만만한 우리의 성향이 우리와 세상 사이에 장막을 쳐서 결국 우리가 보게 되는 건 세상 자체가 아니라 자기를 내세우는 우리의 환상─권력욕의 투영에 지나지 않는다. 자신을 내세우는 것과는 반대인 겸손을 통해서만이 이 장막을 찢어버리고 사물을 있는 그대로 파악할 수 있다.

　행동 양식 이상의 것, 그렇다면 겸손은 하나의 지식 양식으로 봐야 한다. 다양한 분파의 신비주의자들과 철학자들이 진실을 보는 눈과 겸손을 연관시켰다는 것은 놀라운 일이 아니다. 겸손을 통해 정화하는 것이 관행일지 몰라도 겸손은 겸손 자체를 위해 추구되는 대신 겸손이 이끌어 줄 더 높은 선을 위해 추구되어야 한다는 것이다. 클레르보의 성 베르나르Bernard of Clairvaux는 겸손을 사다리에 비유하며 이렇게 말한다. 당신은 사다리를 올라간다. 한 번에 가로대 하나씩 (전부 다 해서 열두 개다), '겸손의 최고봉summae humilitatis'에 다다를 때까지.[88] 그제야 당신은 마침내 진실을 찾은 것이며 그것을 위해 내내 사다리를 오른 것이다. 그의 말을 빌리면, "따라야 할 길은 겸손이고 목적지는 진실이다. 첫 번째는 노동으로 고되지만 두 번째는 보상으로 달콤하다."[89] 동일 전통을 따르며 앙드레 콩트─스퐁빌André Comte-Sponville은 겸손을 '자기 자신보다도 진실을 더 사랑하는 것'이라고 정의한다.[90]

---

88) Jane Foulcher, *Reclaiming Humility: Four Studies in the Monastic Tradition*(Collegeville, MN: Cistercian Publications, 2015), 115.

89) Foulcher, *Reclaiming Humility*, 165에서 인용.

90) André Comte-Sponville, *A Small Treatise on the Great Virtues: The Uses of Philosophy in Everyday Life*, Catherine Temerson 번역(London: Picador, 2002), 141.

우리가 겸손을 통해서만 접근할 수 있는 진실에는 고유한 무언가가 있다. 우리가 사물이 어떠한지에 대해 더 나은 더 '진실된' 이해를 획득하는 것은 결코 작은 위업이 아니지만 그것에만 그치는 게 아니다. 거기에 이르는 과정에서 어떤 중요한 일이 **우리에게** 일어난다. 사다리를 오르고 견해를 받아들이면서 우리가 변모하는 것이다. 겸손한 사람이 꼭대기에 다다랐을 때 그는 자신이 새로워진 자아감, 변혁된 자아를 가졌다는 걸 알게 된다. 어쩌다 믿음을 갖게 된 사람들에게 이는 구원의 출현이다. 콩트-스퐁빌은 이렇게 쓴다. "그 안에는 겸손한 사람들의 위대함이 있다. 겸손한 사람들은 자신들의 하찮음, 비참함, 별 볼 일 없음 깊숙이로 침투해 들어간다−오직 무無밖에 없는 곳, 모든 것이 무無밖에 없는 그곳에 다다를 때까지."[91]

사라지는 법

바람 잘 통하고 빛이 쏟아져 들어오는 그 방에 들어가면서 시몬은 이렇게 말했다. "이 얼마나 죽기에 아름다운 방인가." 바로 그 방이 그로부터 일주일 뒤인 1943년 8월 24일에 베유가 정말로 죽은 방이다. 베유가 다른 방면에서는 굉장한 재능을 타고나긴 했지만 예언능력이 있었던 건 아니다. 하지만 베유는 자신의 죽음에 영향을 미쳤다. 검시관의 보고서는 '고인은 정신의 균형이 깨진 상태에서 식

---

91) Comte-Sponville, *A Small Treatise on the Great Virtues*, 147.

사를 거부하며 스스로 목숨을 끊었다.'고 결론지었다.[92] 사실 맞는 말이긴 한데 전체 사실과는 거리가 멀다. 그런 사건에서 종종 그러하듯이 그 문서는 드러내는 것보다 숨기는 게 더 많다. 먹기를 거부한 건 시몬 베유가 평생 해온 일로 생의 마지막 날에만 한 일이 아니었다. 베유는 굶주림을 먹고 살았다─그리고 성공했다. 베유의 정신에 관한 한 그녀가 흔치 않은 정신의 소유자이긴 했지만, 그녀 시대의 최고 중 하나였다. 균형을 잃은 쪽은 베유의 정신이 아니라 세상 자체였다. 전쟁 때문만이 아니라 베유 자신의 주장에 따르면 창조된 세상의 본질이란 게 원래 뒤죽박죽인 것이었다.

그렇다면 베유에게 죽음은 목초지를 마주한 그 '아름다운' 방에서 일어난 무언가가 아니었다. 평생의 대부분을 베유는 죽어가고 있었다. 베유는 철학적 확신과 개인적 소명의 문제로 죽음을 실천했다. 베유의 인생 상당 부분은 절멸에 대한 갈망에서 영향을 입었고 이것이 베유의 전기를 구성하고 의미와 방향을 부여했다. 베유는 얼마 전에 이렇게 썼다. "나는 항상 믿었다. 죽는 순간이 삶의 핵심이자 목적이라고…… 그것 말고는 나 자신을 위한 좋은 일을 나는 결코 바라지 않았다."[93]

---

92) Pétrement, *Simone Weil*, 537에서 인용.
93) Weil, *Waiting for God*, 63.

진흙 치료법

겸손의 노동은 복잡하고 변증법적인 과정이다. 여기서는 그 노동의 세 단계에만 집중하겠다. 첫 번째 동작에서 겸손은 우리가 우주적으로 별 볼 일 없는 존재라는 사실을 받아들이는 행위다. 그 말 자체는 라틴어 **humilitas**(낮음)에서 유래했으며 그다음에는 **humus**(땅)에서 파생되었다. 진정으로 겸손한 사람들은 자신을 먼지 혹은 그보다도 못한 것으로 여긴다. 그 통찰력은 영적 삶 자체만큼이나 오래되었다. 아브라함 전통의 최초 인간 아담은 먼지로 만들어졌을 뿐 아니라 그 이름(adamah)에도 흙이 들어가 있다. 겸손은 신이 욥^{Job}에게 이렇게 물었을 때 심어주고 싶어한 것이다. "내가 땅의 기반을 다질 때 너는 어디 있었느냐?"(욥기 38:4) 욥은 대답할 수 없었는데, 먼지는 특히 신에게는 더더욱 말을 하지 않기 때문이었다. 클레르보의 성 베르나르는 겸손에 관해 무언가 핵심적인 것을 직관했다. 겸손한 사람들은 구체적으로 말하면 자신을 너무나 급격히 낮추기 때문에 천국의 높이에 다다를 수 있다는 것이다.

스토아학파가 '위에서 내려다보는 관점'을 철학적 치료의 한 형태로 권했을 때 그들이 의미한 것은 사람은 무릇 완전한 겸손을 포용해야 한다는 것이었다. 당신 자신을 위에서 내려다보는 것은 큰 우주적 규모에서 당신의 별 볼 일 없음을 깨닫는 것이다. 그것은 또한 『철학의 위안*The Consolation of Philosophy*』에서 레이디 필로소피^{Lady Philosophy}가 감옥에서 처형을 기다리며 겁에 질려 있는 보에티우스^{Boethius}에게 가르치고자 했던 것이다. 또는 보다 최근에 칼 세이건^{Carl Sagan}이 너무나 잘 대중화한 바로 그것이다. 세이건은 『창백한 푸른 점*Pale Blue Dot*』에서 이렇게 쓴다. '우리의 가식, 우리가 상상한 우리 자신의 중요성, 우리가 우주 안에서 특별한 지위를 가졌다는 망상'은 우리가 그저 우주의 머나먼 어떤 점으로부터 지구를 보기만 해도 다른 의미를 가진다.[94] '위에서 내려다보는 관점'을 가지는 것은 오만함의 반대다. 그것은 우리가 진정 얼마나 보잘것없는지 이해할 수 있게끔 우리 자신을 더 큰 그림 안에 놓는 것이다. 그런 거리에서 보면 우리는 고작해야 부엽토에 불과하다. 가장 근원적인 의미에서 겸손하다는 것은 세상과 타인을 다룸에 있어서 우리가 다른 그 무엇보다도 무無에 가깝다는 통찰력을 구현하는 것이다.

우리의 우주적 미미함을 포용하는 것은 우리 존재의 절대 영도다. 이 단계에서는 실패에 의해 산산조각이 나고 불안정성에 압도되어서 우리는 마땅하게 '뭉개졌다고', '납작해졌다고', '먼지 같은 존재로 축소되었다'고 느낀다. 겸손은 따라서 우리가 원래 속한 자리에 우리를 데려다 놓는다. 우리가 진정으로 처한 조건, 없는 거나 다름없는 존재라는 조건으로까지 우리는 축소되었다. 하지만 이 위업은 결코 사소한 것이 아니다. 우리는 자기 중요성을 잃음과 동시에 보통 자신의 본 모습을 스스로에게 계속 숨기려 드는 자기 기만과 자기 미화를 힘들게 없앴다. 겸손한 사람들은 가장 바닥에 있더라도 진보를 이룰 사람들이다. 머독은 이렇게 쓴다. "겸손한 사람은 자신을 아

94) Carl Sagan, *Pale Blue Dot: A Vision of the Human Future in Space*(New York: Random House, 1994), 7.

무엇도 아닌 존재로 보기 때문에 다른 사물을 있는 그대로 볼 수 있다." 겸손한 사람은 '모든 사람 중에 선해질 가능성이 가장 큰' 유형의 사람이다.[95]

두 번째 동작에서 우리는 '바닥까지 내려간' 덕분에 실은 더 나은 입장에 놓였다는 걸 깨닫게 된다. 이제 단단한 땅 위에 있는 것이다. 장담하는데 우리는 뭉개지고 패배했지만 그런 다음에는 일종의 부활을 거쳤고 이제 다시 두 발로 설 수 있다. 또한 우리는 이 단계에는 겪어야 할 수모가 없다는 걸 깨닫는다. 우주적으로 별볼일 없는 존재임을 포용함으로써 스스로에게 진실되기 때문이다. 우리는 가난할지 모르지만 정직하다. 그리고 그게 시작하기 가장 좋은 지점이다. 여기서부터 어디를 가더라도 가치 있는 여정이 될 것이다. 자기 환상의 힘으로 빈번히 공중으로 끌어올려진 정신들에게 이따금 땅으로 끌어내려지는 것보다 더 건강한 일은 없다. 진흙 치료를 실천하는 상습적 몽상가라면 마음껏 즐길 일을 기대해도 좋다. 실패로 인해 뭉개지는 경험을 수반하는 첫 번째 단계가 트라우마를 일으켰다면 이번 단계는 그래도 차분한 편이다. 우리는 이제 주어진 시간을 아끼고 풍경을 즐기면서 숙고하는 사람들이다. 하지만 속지 말아라. 궁극적인 낮음은 우리를 통찰력의 새로운 고지로 데려갈 수 있다.

세 번째 동작은 포괄적이다. 세상 속에 닻을 내리고 실존적 균형을 되찾았으면 이제 다른 더 큰 일들로 넘어갈 수 있다. 그 꿈들은 이제 제대로 꿈꾸기 위해 필요한 안정기를 갖추었다. 이 단계에서

---

95) Murdoch, *Existentialists and Mystics*, 385.

겸손은 더이상 장애물이 아니라 우리가 간절히 바라야 할 행동의 향상이다. 겸손한 사람의 행동보다 더 대담한 것은 없다.

겸손은 굴욕의 반대다―그게 이번 단계의 주된 교훈이다. 겸손에 관한 한 모욕적이거나 수치스러운 것은 없다. 반대로 겸손은 활기를 되찾아 주고 풍요롭게 해주고 대담하게 만들어 준다. 굴욕은 날것 상태인 외부 힘에 의존하지만 겸손은 모두 내면의 힘이다. 굴욕은 정신의 조악함이 있어야 가능하지만(진정으로 지적인 사람은 타인에게 굴욕을 주지 않는다) 겸손은 그 자체가 지능의 한 형태다. 굴욕감을 주는 사람은 그가 알든 모르든 간에 그 자신이 거부당한 사람이다. 굴욕은 종종 좌절감에서 나온다. 반면에 겸손은 전부 자기 성찰과 친밀감에 관한 것이다. 겸손한 사람은 마음속부터 알고 있다―그들은 모든 것을 보고 모든 것을 이해하고 모든 것을 용서한다―그리고 그게 그들을 위대한 힘을 가진 위치에 놓이게 한다. 굴욕은 그 행동을 통해 소진되며, 그러한 행위를 하는 사람은 자신의 무력감을 드러낸다. 겸손은 연습할수록 커지고 번창하며 그 과정에서 주변의 모든 것을 변모시킨다. 랍비 조나단 색스Jonathan Sacks는 진정한 겸손은 '모든 가치 중 가장 광범위하고 삶을 향상시키는 가치다'라고 쓴다. 겸손함에 수반되는 것은 '자신의 가치를 낮추는 것'이 아니고 '삶의 장엄함에 마음을 여는 것'이고 '선함에 의해 기꺼이 놀라고 고양되고자 하는 것'이다.[96] 결국 온순한 사람들이 지구를 물려받아야 한다고 씌

---

96) Jonathan Sacks, "The Silence of the 'I': Humility as an Unfashionable Virtue," 2018년 6월 14일, ABC Religion and Ethics(Australian Broadcasting Corporation), https://www.abc. net.au/religion/the-silence-of-the-i-humility -as-an-unfashionable-virtue/10094642.

여 있다.

실패의 경험에 대한 겸손은 치유의 약속이다. 제대로 소화되었을 때 실패는 우리에게 오만과 자만에 대항하는 약이 된다. 자신이 세상의 중심이라 생각하는 우리를 약화시키는 경향—움빌리쿠스 문디 신드롬에 대항할 수 있다. 겸손은 우리를 치유할 수 있다. 우리가 치유에 신경을 쓴다면 말이다.

광신적 단식

카타리즘에는 절식으로 이뤄지는—**광신적 단식**이라고 불리는 형태의 죽음의 의식이 있었다.[97] 광신적 단식에 들어간 카타리파 신도는 자신을 물질 세계에서 분리시킬 수 있도록 먹는 일을 중단했다. 육신을 굶김으로써 영혼이 정화되어야 하며 이로 인해 영혼은 모습을 감추고 있는 진정한 신과 합류할 수 있게 된다. 광신적 단식의 의미에 대해 역사가 르 루아 라뒤리Le Roy Ladurie는 '구원을 보장하기 위해 만든 순수하게 종교적인 행위'라고 쓴다.[98] 시몬 베유는 일생의 비교적 늦은 때에 **광신적 단식**에 대해 알게 되었을지 모르지만 존재해온 시간의 대부분 동안 그 실천을 연습했다. 전기 작가는 동정심을 가지면서도 어리둥절해하면서 베유의 전형적인 식사에 대해 '일차적으로 절

---

97) Jainism에 *sallekhana*라는 유사한 관례가 있다(*samlehna, santhara, samadhi-marana* 혹은 *sanyasana-marana*라고도 알려져 있다).

98) Le Roy Ladurie, *Montaillou*, 225n1.

식에 기반했다'고 말한다.[99] 베유가 존재한 마지막 달들에 일어난 일은 사고가 아니라 베유가 평생 진행한 프로젝트의 최고 성과였다.

베유의 **광신적 단식**은 카타리파의 그것처럼 육신의 역사의 한순간에 불과했던 게 아니라 형이상학적 행동, 하나의 존재 질서를 다른 질서 속으로 이전하려는 신중히 계획된 노력이었다. 꼭 카타리파처럼 베유는 자신이 떠나는 것을 그노시스교의 구절에 크게 기대어 철학적으로 정당화해 분명하게 표현한다. 베유가 그노시스주의에 대해 아는 바가 거의 없었다는 걸 생각하면 그 유사성은 기이하게 느껴질 정도다.[100] 그 장대한 시나리오는 아주 유사하다. 이 세상(실패한 피조물)은 어떻게 해서인가 존재하게 되었지만 진정한 신을 제대로 대변하지는 않는다. 우리는 자신이 물질의 두께 속에 얽매여 있다는 걸 알게 되지만 이게 우리의 진짜 고향이 아니란 걸 우리는 느낀다. 우리는 이곳을 떠나고 싶은 충동을 가지고 태어났고 돌아가는 길을 찾아 나서는 건 우월한 지식(**그노시스**)이 필요한 구원의 과정이다.

베유는 자신의 『*Notebooks*』에서 신은 '우리 존재 전체를 저버린다―살, 피, 감정, 지능, 사랑―물질의 인정사정없는 필수성과 악마의 잔인성에게로' 라고 쓴다. 하지만 신은 '영혼의 영원하고 초자연

---

99) Palle Yourgrau, *Simone Weil*(London: Reaktion Books, 2011), 27, 30.
100) 베유의 개념은 단순히 그노시스파 교리를 되풀이한 것이 아니었고 반면 베유의 독실한 신앙심에 그노시스주의 영성이 침투해 있었다. 티봉은 베유에 대해 이렇게 말할 수 있었다. "베유는 신을 칭송하는 동시에 신의 작품을 평가절하한다. 창조자와 피조물 사이에는 여전히 아가리를 쩍 벌린 깊은 골짜기가 있는 것이다. 한편에는 순결한 선, 즉 신이 있고 다른 한편에는 모든 계층에서 스피노자주의적 필연성의 지배를 받는 세상이 있다"(Perrin and Thibon, *Simone Weil as We Knew Her*, 137).

적인 부분'(그노시스주의의 '신성한 불꽃')으로 예외가 되고, 이는 우리를 태곳적 기원으로 되돌아가도록 이끌어줄 수 있다.[101] 이같은 경로는 옛 그노시스파 저자 중 아무에게서나 쉽게 올 수 있었다.

> 창조는 포기다. 신은 자신이 아닌 것을 창조할 때 자신이 아닌 것을 필히 저버렸다. 신은 창조한 것 중 자신인 부분—모든 피조물의 창조되지 않은 부분만 신의 보살핌 아래 둔다. 그 부분은 생명이고 빛이고 말씀이며, 신의 유일한 아들 아래에 있는 존재이다.[102]

여기서 핵심 구절은 '모든 피조물의 창조되지 않은 부분'이다. 베유의 관점에서 이것은 우리가 유배지에서 삶을 보낸다 해도 우리 고향 땅에 연결되어 있음을 말하는 것이다. 그노시스주의에서와 마찬가지로 우리는 어떤 먼 장소에서 살게끔 강요될 수 있으나, 그래도 우리가 어디에서 왔는지에 대한 기억을 얼마나 모호하든 간에 일부 보존한다. 이 연결고리는 우리가 어둠 속에 갇혀 있다 해도 빛을 향해 점진적으로 나아가게 해준다. 베유는 한 지점에서 다른 지점으로 가는 여정을 준비한다. "우리 죄는 존재하기를 원하는 데 있고, 우리가 받는 벌은 우리가 존재를 소유했다고 믿는 데 있다. 속죄는 존재하기를 중단하는 데 있고 구원은 우리가 존재하지 않음을 인식하는

---

101) Weil, *First and Last Notebooks*, 103.
102) Weil, *First and Last Notebooks*, 103.

데 있다."[103] 이 여정은 우리를 물질의 억류로부터 자유롭게 풀어줄 뿐 아니라 우리를 규정한다.

마지막 몇 년 동안 베유는 특히 『중력과 은총*Gravity and Grace*』을 구성하게 될 수필 일부에서 '탈창조*de-creation*'라는 개념을 둘러싼 신비 신학을 개발한다. '탈창조하는*de-create*' 것은 '창조된 무언가를 창조되지 않은 것의 일부가 되게 하는 것'이고, 따라서 신에게로 더 가까이 가져가는 것이다. '탈창조'는 '창조된 무언가를 무의 일부가 되게 만드는 것'으로 파괴의 반대다.[104] 따라서 복잡한 포틀래치*potlatch* 게임이 신과 우리 사이에서 영원히 벌어지고 있는 것이다. 신은 첫 번째 수를 두어 우리를 창조한다. 하지만 그렇게 함으로써 신은 '모든 것이기를 포기한다'. 그에 대응하여 우리가 두는 수는 '무언가이기를 포기하는 것'이어야 한다. 우리는 '오직 우리가 포기하는 것만 소유하고 우리가 포기하지 않는 것은 우리로부터 달아나기 때문에' 옳은 일이 된다.[105] 신은 우리를 창조하는 것 말고는 아무것도 할 수 없지만 우리는 존재론적 채무자들이며 가능한 한 빨리 빚을 되갚아야 한다. "신이 나에게 존재를 준 것은 신에게 되돌려주게 하기 위함이다."라고 베유는 관찰한다.[106] '탈창조'는 본래 신의 것인 것을 신에게 되돌려주는 일에 관한 것이다. 자신의 저서 『*Notebooks*』에서 베유는 이 상황을 잊지 못할 이미지로 그려낸다.

---

103) Weil, *First and Last Notebooks*, 218.
104) Weil, *Gravity and Grace*, 78.
105) Weil, *Gravity and Grace*, 79.
106) Weil, *Gravity and Grace*, 87.

신과의 관계에서 우리는 친절한 집주인의 집을 털고 금을 일부 가져도 된다고 허락을 받은 도둑과 같다. 적법한 주인의 관점에서는 이 금이 선물이지만 절도범의 관점에서는 도둑질이다…… 우리의 존재도 이와 같다. 우리는 신의 존재를 조금 훔쳐서 우리 존재로 만든 것이다.[107]

'탈창조'는 신과 우리의 게임에서 '호의에 보답하는 것' 그 이상이다. 탈창조는 한편으로는 존재의 두 체제 사이에 근본적 균형을 회복하는 일을 수반한다. 즉, '우리 안의 피조물을 원상태로 물리는 것'은 '질서를 재확립'하기 위한 것이다.[108] 마땅히 신의 것인 것을 신에게 되돌려줌으로써 우리는 그 위대한 복원에 작게나마 기여할 수 있다. 다른 한편으로 엄밀히 인간의 측면에서 보면 '탈창조'의 행위는 우리가 **자신에게** 베풀 수 있는 가장 위대한 호의다. 존재하는 것만으로는 그 어떤 의미도 없다—모든 것은 존재로 우리가 무엇을 하느냐에 달렸다. 베유의 관점에서 볼 때 우리는 역설적으로 존재로부터 힘들게 철회했을 때만 자신을 신의 투명한 용기로 변모시키면서 자신을 실현하는 것이다. "내가 있는 지점에서만 보이는 그 창조의 관점을 신이 사랑한다는 건 쉽게 상상이 간다. 하지만 내가 가림막으로 작용한다. 신이 그것을 볼 수 있도록 나는 철회되어야만 한다."[109] 이 생에서 사람이 신을 위한 공간을 만드는 것보다 더 숭고

---

107) Weil, *First and Last Notebooks*, 269.
108) Weil, *Gravity and Grace*, 81.
109) Weil, *Gravity and Grace*, 88.

한 선을 갈망할 수 있겠는가? 우리 존재가 줄어들수록 우리는 더욱 많아지고 더 가치 있어진다.

따라서 이 허무주의자는 이렇게 기도한다. "신이시여 제가 아무것도 아니게 보장해주십시오. 제가 아무것도 아닌 한 신은 저를 통해 스스로를 사랑하십니다."[110] 베유의 『Notebooks』에서 우리는 이 기도의 조금 더 상세한 버전을 볼 수 있는데, 읽다 보면 털이 곤두선다.

> 아버지, 그리스도의 이름으로 저에게 허락하소서. 완전히 마비된 사람처럼 그 어떤 신체 움직임이나 움직이려는 시도조차 할 수 없게 하소서. 완전히 눈이 멀고 귀가 멀고 모든 감각을 박탈당한 사람처럼 그 어떤 감각도 받아들일 수 없게 하소서. 수를 세거나 읽을 수도 없을 뿐 아니라 말하는 법조차 배워본 적 없는 완전한 바보처럼 가장 단순한 두 가지 생각 사이의 가장 약한 연관성조차 파악할 수 없게 하소서. 모든 종류의 슬픔과 기쁨에 무감각해지게 하시고 노쇠의 마지막 단계에 있는 노인처럼 그 어떤 존재나 사물, 심지어 저 자신도 사랑할 수 없게 하소서.[111]

하지만 '탈창조'는 실제로 어떻게 작동하는가? 베유에게는 몇 가지 답이 있다. 그 답들이 불투명하고 베유의 전기를 통해 유추해야

---

110) Weil, *Gravity and Grace*, 79.
111) Weil, *First and Last Notebooks*, 243-244.

하는 것이지만 말이다. 어떤 의미에서 베유의 근본적인 서투름이 베유의 '탈창조' 프로젝트와 관련이 있을 수 있지 않나 싶기도 하다. 당신의 구현이 미심쩍은 문제라면 그리고 주변 세상에 대한 당신의 경험이 당신이 이 세상에 속하지 않는다는 걸 고통스럽게 일깨워 준다면, 빠져나갈 방법을 모색하고도 남을 것이다. 게다가 당신의 서투름을 경험하면서 당신 자신 안에서 발견하는 근본적인 부조화는 당신으로 하여금 당신이 개인적으로 처한 상황을 보도록 강요할 뿐 아니라 인간이 처한 조건 자체도 새로이 조명하게 만들 것이다.

어려움과 고통으로부터 자유로운 길을 갈구하고자 하는 유혹을 느낄 사람도 있겠지만 베유는 고통만이(제대로 기능을 못 하게 만드는 신체적 고통에 사회적 수모까지 가중되는) 우리에게 돌아갈 길을 보여줄 수 있다는 결론에 도달하게 됐다. '신의 자비로운 영광이 빛을 발하는 건 고통 그 자체에서만이다. 바로 그 심연에서, 슬픔을 가눌 수 없는 그 쓸쓸함의 중심에서' 라고 베유는 『신을 기다리며』에서 쓴다. 고통은 신이 무한한 거리로부터 우리에게 내미는 도움의 손길, '신성한 기술의 경이로움'이다.[112] 베유는 그 경이로움으로부터 많은 혜택을 받았다. 1942년에 겨우 서른세 살의 나이로 베유는 이렇게 말할 수 있었다. "나는 이미 썩은 도구이고, 나는 너무 지쳐 버렸다."[113]

베유는 간절히 나가고 싶어 했고 나갈 권리를 이미 얻었다고 생각했다. 생의 막바지에서 여러 달 동안 베유가 겪은 상당한 신체적 고

---

112) Weil, *Waiting for God*, 89, 135.

113) Weil, *Waiting for God*, 100

통은 뼈아픈 개인적 실패감이라는 호적수를 만났다. 1942년 5월, 베유와 베유의 가족은 어렵게 프랑스를 떠나 미국으로 갔다. 하지만 뉴욕시에 도착하자마자 베유는 적응을 못하고 죄책감에 사로잡혀(다른 사람들은 고통을 겪고 있는데 자신은 안전했다는 이전과 동일한 패턴) 유럽으로 돌아갈 계획을 세우기 시작했다. 11월에 엄청난 노력을 기울여 큰 희망을 품고 베유는 배를 타고 영국으로 갔으나, 자신의 완벽히 유토피아적인 프로젝트가(이를테면 베유는 낙하산을 타고 프랑스로 들어가 적진에서 하는 자살 미션을 받기를 원했다) 좋은 의도에도 불구하고 런던의 프랑스 레지스탕스 지도자들에 의해 빠르게 일축되었다는 걸 알게 되었을 뿐이었다. 샤를르 드 골Charles de Gaulle은 베유가 미쳤다고 생각했다("그녀는 미쳤어!"라고 그가 외치듯 내뱉었다는 건 유명하다).

　그래서 그 마지막 몇 개월 동안 베유는 지적으로 생산적이고 영적으로 결단력이 있었음에도 자신이 쓸모없다는 압도적인 감정에 사로잡혀 있었다. 폐결핵이 시작되었을 즈음 베유의 삶은 이미 난장판이 돼 있었다. 어느 편지에서 베유는 이렇게 고백했다. "나는 끝났고 망가졌고 이미 고칠 가능성이 없다. 이는 폐결핵균과는 무관하다. 후자는 내가 저항력이 부족하다는 걸 이용했을 뿐, 물론 내 저항력을 좀 더 무너뜨리느라 바쁘긴 하다." 베유는 이 세상을 떠날 준비가 된 듯했다. 당시 베유와 함께 병원에 있던 어떤 사람에게 베유는 이와 비슷한 말을 하며 그걸 인정했다. "당신은 나와 같다. 신에게서 형편없이 떨어져 나온 조각. 하지만 나는 더 이상 단절되지 않고 다시 연결될 것이다."[114]

다음으로 따를 논리적인 단계는 카타리파가 **광신적 단식** 동안 했던 것처럼 먹는 일을 중단하는 것이었다. 우리가 세상의 살을 뜯어 자신을 먹이면 먹일수록 우리는 세상의 살을 더 찌운다. 그리고 역으로 세상을 더 이상 집어삼키지 않음으로써 우리는 신에게 더 가까이 간다. 베유는 자신이 물질적인 세상에 관여하는 일을 멈춘다면 물질적 세상이 자체적인 무관함의 무게 아래 붕괴할 거라고 믿는 듯했다. 그런 생각은 베유가 현대의 가장 수용적인 지지자 중 하나가 되었던 카타리파들 사이에 인기를 끌었다. 육신을 너무 돌본다는 것은 자신의 영적 이해가 잘못되었음을 스스로에게 증명하는 것이라고 여느 선한 카타리파 교도와 마찬가지로 베유는 생각했다. 세상의 물질은 상하기 쉬운 반면 영원할 것이라는 망상을 드러낸다. '허기(갈증 등)와 모든 육욕적 욕망은 그 방향이 미래를 향하고 있다. 우리 영혼의 육욕적인 부분은 전부 미래를 지향하고 있다'고 베유는 『Notebooks』에 쓴다. "육신의 생명은 미래를 지향한다. 강한 성욕은 생명 자체다." 육신을 너무 많이 돌보는 것은 이 위험한 망상에 계속 먹이를 주는 것이다. 죽음은 미래를 '얼어붙게 만들기' 때문에 사물을 제자리로 돌려놓는다. 그리고 우리가 먹는 일을 중단할 때 우리는 죽기 시작한다. "궁핍은 죽음의 아득한 닮은 꼴이다."[115] 허기 속에서 우리는 우리 안의 '비창조됨uncreated'과 조우한다. 굶으면 굶을수

---

114) Pétrement, *Simone Weil*, 531, 528에서 인용.

115) Weil, *First and Last Notebooks*, 97-98.

록 우리는 자신을 더 많이 '탈창조'하게 된다.

또한 베유는 우리 주변의 세상으로부터 끊임없이 우리 자신을 먹이는 데 용서할 수 없을 정도의 오만함이 있다고 생각한다. '육체가 스스로 생명을 얻는다고 믿는 것은 육체의 교만이다'라고 베유는 쓴다. "허기와 갈증은 육신이 외부의 것에 의존할 수밖에 없게 만든다."[116] 우리는 인간의 모든 경험 중에 가장 우리를 겸손하게 만드는 경험—즉 죽음을 포용함으로써 자신의 이런 의존성을 치유할 수 있다. 베유는 이렇게 쓴다. "전적인 겸손은 죽음에 대한 동의를 뜻하며 죽음은 우리를 비활성의 무의 상태로 변모시킨다."[117] 죽음이 사람의 삶에 구조와 질감과 의미를 부여하는 것이다. 모든 이의 존재에 깃든 진실의 순간이다. "진실은 죽음의 편이다."[118] 모든 중요한 것은 죽음의 편에 서 있다. "죽음은 인간에게 주어진 가장 귀중한 것이다"라고 베유는 『중력과 은총』에서 썼다. "그렇기 때문에 가장 불경스러운 것은 그것을 나쁘게 이용하는 것이다. 죽는 것은 잘못이다."[119]

시몬 베유가 영국 켄트Kent의 애쉬포드Ashford에서 누워 죽어가고 있을 때 런던에서 온 로진Rosin 부인이라는 지인이 방문했다. 로진 부인은 베유의 마지막 순간을 목격하고 나중에 이렇게 회상했다. "시몬은 의식이 또렷했고 마지막까지 그런 상태로 있었어요. 또한 매우

---

116) Weil, *First and Last Notebooks*, 98.
117) Weil, *First and Last Notebooks*, 353.
118) Weil, *Gravity and Grace*, 56.
119) Weil, *Gravity and Grace*, 137.

아름답고 지극히 가볍고 여리고 투명했어요. 시몬 안에서 물질적인 모든 것이 파괴된 듯 보였어요."[120] 단순한 여자인 로진 부인이 자기 친구의 '탈창조'에 대한 철학과 진실과 해방으로서의 죽음에 대해 뭔가를 알았을 가능성은 없다. 그래서 로진 부인의 증언은 오히려 더 주목할 만하다.

시몬 베유는 평생 동안 죽음에 실패하여 '잘못된 죽음'을 두려워했다. "어렸을 때 베유는 자기 인생으로 뭔가를 이루어내겠다고 단호하게 결심했다."고 시몬 뻬트르망은 회상한다. 그리고 "베유는 무엇보다 자신의 죽음이 실패하거나 '낭비'되는 것을 두려워했다."[121] 이 증언으로 미루어보아 베유는 실패하지 않았다. 어떻게 실패할 수 있었겠는가?

불안정한 자의 손에서

다시 말하지만 생명은 정착하여 패턴에 빠지는 나쁜 습관이 있다. 우리가 하는 가장 자발적인 행동조차 결국에는 판에 박힌 것이 되고 만다. 가장 뜨겁고 가장 유동적인 용암도 돌이 된다. 이는 피할 수 없는 일이기도 하지만 괜찮다. 습관과 일상을 개발하지 않는다면 우리는 아무 데도 갈 수 없을 것이고, 이는 우리가 들이는 노력이 나아

---

120) Fiori, *Simone Weil*, 7에서 인용.
121) Pétrement, *Simone Weil*, 26.

갈 길을 더 잘 뚫어 주고 세상을 거쳐 가는 동안 우리가 스트레스를 좀 덜 받게 해준다. 그래도 우리 삶에 너무 많은 루틴이 있고 우리를 불안하게 만드는 게 너무 적으면 결국 우리의 내면은 죽고 만다. 그리고 살아 있는 채로 맞는 죽음은 그 흉물스러움 탓에 최악의 죽음, 죽은 것도 아니고 산 것도 아닌 죽음이다. 지나치게 통제되고 일상화된 인간의 삶은 가난할 뿐 아니라 오히려 나쁜 삶이다. 그런 삶은 자신을 아무 데도 이끌지 못한다.

우리에게 시몬 베유 같은 사람이 필요한 이유가 바로 거기에 있다. 베유가 존재를 탈피하는 법에 대해서는 가르쳐 줄 게 그리 많지 않아도(베유가 사라질 때 한 행동은 베유만의 것이다) 잘 사는 법, 영적으로 잘 사는 법에 대해서는 가르쳐 줄 게 많다. 즉, 우리를 둔화시키는 패턴, 삶이 우리를 계속해서 얽매이게 만드는 그 패턴을 무시하는 법 말이다. 베유는 좀 더 쉬운 삶을 사는 대신 좀 더 어려운 삶을 사는 것으로 경각심을 계속 유지하는 법을 보여주었기 때문에 우리는 베유를 필요로 한다—편안한 일상에 안주하는 대신 믿음을 가지고 아주 위험한 도약을 하도록 말이다. 누구나 영적인 진보를 이루려면 마땅히 그래야 하지만 베유도 자신에게 엄격했다. 그러한 가혹함은 더 우수한 형태의 친절함에 지나지 않는다.

베유는 오거스틴, 파스칼^{Pascal}, 키에르케고르^{Kierkegaard}, 니체, 시오랑의 전통에서는 엄청난 불안 요소였다. 베유의 이야기는 우리가 잊은 것처럼 이는 고대의 지혜를 하나 보여준다. 목숨을 구하려면 언제든 목숨을 버릴 준비가 돼 있어야 한다는 것. 그 심연을 마주하여 똑바로 바라보고 그 심연이 세상에서 가장 자연스러운 일인 양 행동하라. 정확히 그런 순간에, 그렇게 준비된 상태일 때, 그 순간이 불러오는 지극한 겸손함 덕분에 당신은 삶의 가장 높은 경지에 오르는 것이다.

In Praise Of Failure Four Lessons In Humility

제2장

정치적 실패의
폐허 속에서

실패, 그것은 반복할 가치가 있는 단테스크하고 순환적인 사건이다. 밀이 보다 정제된 무언가로 변하려면 맷돌을 통과해야 하듯 우리는 실패의 여러 원을 통과해야 하며, 그 각각의 원은 우리를 적절히 흔들고 심한 상처를 입힐 것이지만 우리를 조금 더 예리하게 만들 것이다. 그 모든 가압과 분쇄가 헛된 일은 아닐 것이다.

실패의 첫 번째 원은 주변 세상과 우리의 상호작용에 관한 것이다. 그러지 않기를 바라지만 우리는 물건들이 이런저런 식으로 계속 실패하는 세상을 헤매고 다니며 우리의 불완전성에 낙담하고 우리의 한계에 직면할 것이다. 어떤 단계에 이르면 우리를 둘러싼 물건은 우리에게 제한적으로만 관여한다. 물건들의 실패는 분명 우리에게 영향을 주지만 우리가 누구인지의 문제에 대해서는 이질적인 것으로 남는다. 내가 자동차를 얼마나 자주 사용하고 일상에서 얼마나 의존하든 간에, 그 자동차는 근본적으로 언제나 나와 이질적인 것으로 남을 것이다. 심지어 의사들이 내 몸 안에 놓는 기계 장치, 예를 들어 내가 항상 가지고 다니고 내 삶이 달려 있는 심박조절기 같은 것도 내가 누군지에 대해서는 외부적인 요소로 남는다. 사물과 인간은 아무리 많이 섞이고 섞인다 해도 서로 다른 존재 영역에 속한다.

실패의 다음 원은 우리를 보다 덜 낯설고 좀 더 친밀한 영역, 바로 **폴리스**polis로 우리를 데려간다. 사회적 동물로서 우리 모두는 '공공의 것respublica'을 의미하는 용어의 넓고 원래 의미에서 공동체, 즉 **공화국**에 살고 있다. 외부적인 요소로만 남는 물리적 물건과는 달리 공적인 것은 우리 삶을 뚫고 들어와 좀 더 결정적으로 우리를 형성한다. 공적인 것은 우리를 보이게 그리고 보이지 않게 서로 연결하여 새롭고 거대한 몸체—정치 체제—를 형성하는 묶음들이고 우리는 그 얽힘 안에 우리 자신도 함께 얽혀 있음을 발견한다.

좋든 싫든 인간은 타인과 함께하며 집단의 목적에 관여하고 그 속에 자신의 상당 부분을 투자한다. 그리고 실패는 인간 경험의 핵심이므로 타인과 함께하는 것은 종종 또 다른 형태의 실패가 된다—가끔은 참을만하게, 가끔은 재앙과도 같이, 언제나 깨달음을 얻게 하며. 이 함께라는 것이 무너져 내려 그 폐허 한 가운데 갇혔을 때 그 슬픔과 실패의 경험 속에서 우리는 우리 자신에 대해 뭔가 중요한 것을 발견한다. 그 붕괴는 우리를 산산이 부수고 상처 입히지만 또한 우리의 한계가 무엇인지, 우리가 할 수 있는 것과 특히 우리가 하지 못 하는 것을 한꺼번에 더 잘 이해한 채 남게 한다. 그런 관점에서 보면 가장 재앙과도 같은 정치적 실패마저도 치료적 가치를 지닌다 할 수 있다. 그게 결국 실패가 작동하는 방식이다. 뱀의 독은 독이면서 약이기도 하다.

군중의 에로티시즘

이 영화는 최근 역사상 가장 특이한 개인 중 한 사람에 대한 것일 수도 있지만 그가 혼자 있는 모습은 거의 나오지 않는다. 그가 남들과 다른 점이 있다면 자기 주변 사람들과 갖는 부드러운 관계다. 어느 장면에서는 그가 나와서 사람들의 무리와 어울리는—악수하고 대화하고 미소 짓고 베테랑 배우의 연기력으로 공감하는 척한다. 또 다른 장면에서는 그가 대중으로부터 자연 분비되듯 서서히 나오며 군중으로부터 자신을 분리한다. 그는 어느 정도 입지를 달성했지만 그가 지금 어디에 있든 간에 그는 주변의 대중과 맺은 관계에 빚을 지고 있다. 나중에는 다시 함께하는 그들이—군중과 그가—나오는 데, 하지만 그 관계는 달라져 있다. 그는 위쪽 자리인 연설대에 있고 아래쪽에 있는 사람들에게 열정적으로 연설하고 있다.

'연설하고 있다'는 맞는 말이 아닐 수 있다. 누군가에게 연설하는 것은 합리적인 말로 이행되는 어떤 의사소통 형식에 관여하는 것이다. 하지만 이 연사가 이 사람들에게 하고 있는 것은 이성적인 것과는 거리가 멀다. 연사는 사람들에게 말을 하거나 강연하는 것이 아니고 심지어 설교하는 것도 아니다. 연사는 사람들을 유혹하고 있다. 이 관계는 현저히 에로틱하다. 관중이 이 남자의 손에서 경험하는 것은 아무 생각 없는 무제한의 집단적 **쾌락**jouissance이다. 그들은—조이는 자와 조여지는 자(the screwer and the screwed, 망치는 자와 망쳐지는 자라는 뜻도 되는 말장난이다 : 옮긴이)는—이제 하나가 되어 신비적-정치적 성교 행위에 빠졌다. 연사는 숨이 가쁘고 관중은 헐떡거리는 것 같다. 연사는 언제나 상대가 원하는 것을 예측하고 딱 그걸 제공하는 훌륭하고 직관적인 연인처럼 행동한다. 그리고 관중은 불만족스럽지 않으며 일등급 정치적 오르가슴을 받고 있는 듯하다. 그들은 함께 비명 지르고, 함께 땀 흘리고, 함께 절정에 오른다. 남자가 하는 선언은 텅 비었을 수도 심지어 말이 안 될 수도 있지만 그런 건 거의 상관없다. 그가 내뱉는 말 한마디 한마디는 대중을 달아오르게 만들어 쾌감의 새로운 경지로 이끈다.

어느 모로 보아도 이 쾌락은 상호적이다. 이같은 권력 행사는 연사에게도 기쁨을 준다. 권력 자체보다 강력한 최음제는 없다. 어느 공경할 만한 시칠리아 속담을 알았더라면 이 연사는 기쁘게 동의했을 것이다. Cummannari è megghiu 'ca futtiri(사람들을 이끄는 것이 사람들을 망치는 것보다 낫다). 하지만 그는 아마 십중팔구 그 속담을 알지 못했을 것이다—결국 그는 모르는 게 아주 많다. 연사는 절정에 다다르자마자 이제 도취된 자신의 청중과 자신이 원하는 것은 **무엇이든** 할 수 있다는 걸 깨닫고 있음이 분명하다. 연사가 욕망하는 바가 아무리 미친 짓이라 해도 사람들은 흥에 겨워 복종할 것이다.

뭔가 중요한 일이 이들에게 벌어지고 있다. 사람들은 연사의 언어적 우선주의에 굴복하면서 자기들의 삶이 마침내 의미를 획득한 것처럼 느낀다. 연사가 그 사람들에게 주는 것은 공허한 문구, 새빨간 거짓말, 터무니없는 모의에 불과할지 몰라도 그토록 강렬한 감정 경험을 사람들에게 제공한 누군가로부터 그같은 방식으로 오면서, 그것들은 이상한 일관성을 물씬 풍기고 어떻게 해서든 그 서사가 말이 되게 만든다—설명할 수 없는 방식으로지만. 그 덕분에 이제 이 사람들 삶 속에 유의미함에 대한 강렬한 약속이 있고 그 약속이 실현되게 하기 위해서라면 사람들은 무슨 짓이든 할 것이다. 그 연사가 지구가 평평하다고 말한다면 사람들은 감히 달리 말하는 자들을 뭉개 버릴 것이다. 물론 이 사람들 중 다수가 이 남자의 말들 때문에 십 년 안에 죽이고 죽임당할 것이다.

아돌프 히틀러Adolf Hitler는 분명 역사적인 인물이었지만 레니 리펜슈탈Leni Riefenstahl의 〈의지의 승리Triumph of the Will〉라는 영화 필름에 포착된 그의 청중은 진짜 쾌락을 경험하고 있는 실제 사람들이다. 이 영화는 뉘른베르크Nuremberg에서 70만 명 이상이 참석한 가운데 열린 1934년 나치당 총회를 기록한 다큐멘터리다. 리펜슈탈은 주도면밀한 감독이었으므로 이 다큐멘터리에는 많은 연출과 신중한 기획이 수반되었지만 화면에 나오는 사람들은 배우가 아니다. 가정 주부와 공장 노동자, 고등학생과 대학생, 농부와 전문가들이다. 그리고 이게 지적인 독일이다 보니 뉘른베르크에 모인 열렬한 지지자들 가운데 상당수가 교육 받은 점잖은 사람들이었음이 분명하다고 추정해야할 것이다. 이 나라는 das Land der Dichter und Denker(시인과 사상가들의 나라)였을 뿐만 아니라 독일의 일반 인구는 세계에서 가장 교육 수준이 높은 측에 속해 있었다. 시몬 베유는 그 얼마 전 독일을 방문하고 독일에 대해 깊은 감명을 받았다. 히틀러의 지지자 상당수가 나온 독일의 노동자 계급은 당시 정치적으로 가장 선진적인 사람들에 속했다. 거의 한 세기 전에 칼 마르크스가 프롤레타리아의 혁명을 구상했을 때 가장 먼저 마음에 둔 곳이 독일이었다.

동시에 독일 기준으로 볼 때, 이 사람들에게 연설하고 있는 어릿광대 같은 친구보다 더 완전히 희망 없는 사람은 드물었다. 히틀러는 상습적인 거짓말쟁이에 무지하고 무능했고, 노골적으로 저속하진 않더라도 세련되지 못하고 교육받지 못한 사람이었다. 독일 내의 안목이 있는 사람들은 히틀러를 '반쯤 미친 악한', '허풍선이', '대중 선동가'로 여겼다.[122] 히틀러는 직업 윤리가 부족하고 뚜렷한 직

---

122) Volker Ullrich, *Hitler: Ascent, 1889-1939*(New York: Knopf, 2016), 240.

업이 없었으며 어떤 분야에서도 이뤄 놓은 게 없었다. 그는 독일인들이 가장 대놓고 비웃는 유형의 게으름뱅이였다. 여기 토마스 만Thomas Mann이 한 말이 있다. "그 친구는 재앙 같은 존재다…… 실패 열 번과 맞먹는 자, 극도로 게으르고 꾸준히 일하지 못하는 자, 여러 차례 정신병원에서 긴 시간을 보낸 자, 낙담한 보헤미안 예술가, 완전히 아무짝에도 쓸모없는 자다."[123] 카를 크라우스Karl Kraus는 히틀러를 생각했을 때 떠오르는 것이 없었다. 찰리 채플린은 〈위대한 독재자The Great Dictator〉에서 오래도록 기억될 만한 히틀러 연기를 아주 쉽게 할 수 있었는데 그건 그가 광대 같은 인물을 연기한 역사가 있어서였다. 그렇다면, 그토록 세련된 시민들이 그런 광대에게 열렬히 빠져들 수 있었던 건 어떻게 된 일일까?

반세기 전에 표도르 도스토옙스키Fyodor Dostoevsky가 『카라마조프가의 형제들』에서 답일지도 모를 힌트를 주었다. 그의 대심문관은 인간은 다른 그 무엇보다도―심지어 음식이나 안식처보다도―**의미**를 필요로 한다는 것을 빅터 프랭클Viktor Frankl이 널리 알리기 훨씬 전에 관찰했다. 우리는 의미가 없으면 아무것도 아니다. 우리는 최악의 고문이나 가장 심한 모욕도 그 모든 일을 왜 겪고 있는지 아는 한 참을성 있게 견딜 것이다. "인간 존재의 신비는 사는 것에만 있는 게 아니라 무엇을 위해 사느냐에도 있다."고 대심문관은 말한다. "자신이 무엇을 위해 사는지에 대한 확고한 생각이 없다면, 인간은 사방에 빵이

---

123) Thomas Mann, *Death in Venice, Tonio Kroger, and Other Writings*, Frederick A. Lubich 편집(London: Continuum, 1999), 298.

있어도 살겠다고 동의하지 않을 것이며, 지상에 남아 있는 것보다 더 빨리 자신을 파괴할 것입니다."[124]

이는 모든 인간 사회에서 어떻게 종교가 그토록 핵심적인 역할을 해왔는지를 설명해준다. 종교가 사람들에게 명백한 의미감을 주는 것이다. 종교의 근본적 기능 중 하나는 종교에 따라오는 **해석학** hermeneutics에 있다. 당신이 얼마나 심한 괴로움을 겪든 간에 그 괴로움 속에서 당신이 의미를 찾도록 종교가 도와준다. 종교는 당신이 고통을 받아들일 뿐만 아니라 심지어 더 많은 고통을 구하도록 만들 것이다. 그리고 종교를 아주 중요하게 만드는 건 종교가 제공하는 의미가 추상적이지 않고 **구현된다**는 거다. 종교는 사람들이 느끼고 움직이고 행동하게 만든다. 존 그레이John Gray는 종교는 '사건들 속에서 우주를 설명하고자 하는 이론이 아니라 의미를 찾으려는 시도다'라고 쓴다.[125] 과학적 이론이나 철학적 개념을 위해 목숨을 걸 사람은 거의 없겠지만 자기 신념을 위해 죽은 사람은 셀 수 없이 많다.

모든 성숙한 종교를 규정하는 것은 사람들의 삶 속에 지치지 않고 의미를 가져다준다는 능력이기 때문에, 정치인들은 종교적인 사람들로부터 최대한 많은 것을—적절한 상징과 의식과 몸짓과 언어를 훔치고자 하는 유혹을 느꼈다. 정치 세력은 종교의 해석학적 기능의 일부를 취하여 자체의 위신과 권위와 통제력을 강화하고 싶어 한다. 서구 세계에서는 이제는 한동안 그래 왔지만 종교적인 사람들이 관

---

124) Fyodor Dostoevsky, *The Brothers Karamazov*, Richard Pevear 및 Larissa Volokhonsky 번역(New York: Farrar, Straus and Giroux, 2002), 254.

125) John Gray, *Seven Types of Atheism*(New York: Farrar, Straus and Giroux, 2018), 3.

련성을 잃어가기 시작할 때 정치적인 사람들은 주저하지 않고 끼어들어 스스로가 배타적인 의미의 근원임을 예시한다. 그게 바로 정치 자체가 종교의 한 형태가 되는 방식이다—이를 '정치적 종교'라고 한다.[126] 그리고 이는 심각한 문제를 야기한다. 신이 가려져 있으니 사람들은 자신들에게 의미의 환상이라도 주는 카리스마 있는 정치인에게 몰려갈 것이다. 사람들은 그에게서 나오는 것은 무엇이든 심지어 가장 어리석은 허튼 소리마저도 게걸스럽게 삼킬 것이고 그를 구원자로 상상할 것이다.

정확히 이것이 〈의지의 승리〉에 나오는 것이다. 리펜슈탈의 히틀러는 평범한 인간이 아니다. 영화 첫 장면에서 히틀러가 비행기를 타고 뉘른베르크에 도착하는 건 신성한 존재가 지상으로 서서히 하강하는 이미지를 제시하고자 한 것이다. 콧수염을 기른 메시아, 독일 민족의 구세주, 그가 영광의 모습으로 내려오고 있다. 히틀러가 연극 투로 과장되게 말하는 면이 있는 것이(히틀러는 거울 앞에서 엄청난 연습을 했다. 한 번은 자신을 '유럽에서 가장 훌륭한 배우'라고 묘사했다)[127] 유용했을 것이다. 연극 투는 히틀러의 가장을 유지하는 데 도움이 되었을 뿐만 아니라 그 모습을 공고히 해주었다. 그 뒤에 이어진 복잡한 의식—숭배자 무리와 비명 소리와 이교도적 주지육림—은

---

126) "정치적 종교는 권력의 넘볼 수 없는 독점과 사상적 일원론, 개인의 의무와 무조건적인 복종, 정치 체제의 계명 수칙을 추구하는 집합성에 기반해 설립된 정치 체제의 신성화다. 따라서 정치적 종교는 편협하고 침습적이고 근본주의적이며, 개인의 삶과 사회의 집단적 생활의 모든 측면에 침투하고자 한다"(Emilio Gentile, *Politics as Religion*, George Staunton 번역 [Princeton, NJ: Princeton University Press, 2001], xv).

127) Ullrich, *Hitler*, 385에서 인용.

오프닝 장면에서 교묘하게 심어진 인상을 강화할 뿐이다. 리펜슈탈이 저속한 오스트리아인 광대를 다른 세계에서 온 듯한 유령으로 변신시키는 그 어려운 일을 한 것은, 현실을 변모시키는 예술의 힘과 예술가의 정치적 맹목 둘 다의 괄목할만한 증거다.

그래도 리펜슈탈을 너무 많이 비난해선 안 된다. 리펜슈탈의 청중은 그 일에 가담하고 있었다. 히틀러가 난데없이 생겨난 건 아니기 때문이다. 히틀러는 가장 불확실한 시대에 확신을 품고자 하는 많은 독일인의 마음에서 탄생했다. 의미를 갈구하고 의미가 도래하기를 기도하며 독일인들은 자신도 모르게 마음속으로 이 가짜 메시아를 생각해냈다. 그러고 나자 전 인류에게 액운이 미치려는지 그들의 기도가 이루어졌다. 눈을 떠 보니 그들에게는 린츠Linz 출신의 작은 광대가 보인 게 아니라 무의미함으로부터 그들을 구원해주러 온 천인이 보였다. 히틀러의 천박함과 엄청난 나르시시즘도 히틀러에 대한 그들의 믿음을 약화하기는커녕 더 강화시켰다.

그런 것이 바로 믿음의 힘이다―심지어 그 믿음이 잘못된 것일 때에도 말이다. 밀턴 마이어Milton Mayer는 이렇게 관찰했다. "좋은 종교가 없는 사람들은 나쁜 종교를 가질 것이다." 종교가 없이는 사람들이 견딜 수 없어 하기 때문이다. "사람들은 종교를 가질 것이다. 존재한다고 믿을 만한 무언가를 가질 것이다."[128]

---

128) Milton Mayer, *They Thought They Were Free: The Germans, 1933-45*(Chicago: University of Chicago Press, 1917), 281.

아주 실망한 사람

그가 누운 채로 죽어갈 때 실패가 그의 얼굴을 빤히 응시했다. 조롱 섞인 눈으로 약삭빠른 느낌으로 오해할 여지 없는 공모자의 태도로 실패는 거기, 암살자 바로 뒤에 있었다. 나투람 고드세^{Nathuram Godse} 가 방아쇠를 당겼을지는 모르지만 그가 모한다스 간디^{Mohandas Gandhi} 를 죽이는 일을 아주 쉽게 만든 건 바로 실패였다.[129] 간디를 그토록 취약하게 만들고 희생양으로 만든 것도 실패였고, 그를 끝내 죽게 만든 것도 실패였다. 총알의 임무가 끝난 후, 좀 더 통찰력 있는 관찰자라면 실패가 서서히 다가가 간디의 눈을 감겨 주는 걸 볼 수 있을 것이다. 어쩌면 연민의 눈물까지 흘렸을지 모른다. 간디는 그렇게 죽었다. 1948년 1월 30일에 어느 광신도의 손에, 그리고 실패의 그림자 속에서.

그것은 또한 간디가 살았던 방식이기도 했다. 실패의 긴 그림자 속에 있는 것. 실패와의 운명적인 마지막 조우도 분명 간디를 놀라게

---

129) Gandhi의 삶, 성격, 공인으로서의 경력을 이 책에 쓴 대로 재현하기 위해 Jad Adams, Louis Fischer, Ramachandra Guha, Arthur Herman, Pyarelal Nayar, Tridip Suhrud, Kathryn Tidrick, Alex von Tunzelmann의 작품에 크게 의존했고, 다른 곳들과 마찬가지로 주석에 Douglas Allen, *Mahatma Gandhi*(London: Reaktion Books, 2011): Faisal Devji, *The Impossible Indian: Gandhi and the Temptation of Violence*(Cambridge, MA: Harvard University Press, 2012): Robert Payne, *The Life and Death of Mahatma Gandhi*(New Delhi: Rupa Publications, 1997): Ananya Vajpeyi, *Righteous Republic: The Political Foundations of Modern India*(Cambridge, MA: Harvard University Press, 2012) 등을 인용했다. Shimla에서 Gandhi의 실패를 일깨워주고 잊지 못할 대화를 나눈 것에 대해 Tridip Suhrud에게 특별히 감사한다.

하지 않았을 것이다. 놀랄 일이 있었다면 그건 실패가 나타나지 **않았을** 때였으리라. 1947년 여름에 나라의 일부를 집어삼킨 공동체 간의 폭력을 설명하려 애쓰는 동안 간디는 가까운 동료였던 인류학자 니르말 쿠마르 보스Nirmal Kumar Bose에게 이렇게 고백했다. "나는 실패자로 죽고 싶지 않다…… 하지만 나는 실패자일지도 모른다…… 빛을 찾아 더듬더듬 나아가고 있지만 나는 어둠에 둘러싸여 있다."[130] 그 뒤로 상황은 조금도 확실해지지 않았다. 1948년 1월 30일 암살당하기 몇 시간 전에 간디는 어느 미국 언론인에게 이렇게 인정했다. "나는 더이상 어둠과 광기 속에 살 수 없다. 나는 계속 살아갈 수 없다."[131]

거기엔 그럴만한 이유가 있었다. 영국인들이 떠나고 나라가 독립을 보장받긴 했지만 간디가 마음속에 그렸던 인도는 가까운 미래에는 불가능할 것 같았다. 위대한 인도의 꿈은 분열되어 서로 반목하는 나라의 악몽으로 변했다─'생체 해부되었다'가 간디가 쓴 말이었다─두 개의 새로운 정치 체제로 나뉘어서 하찮은 일로 다투는 수많은 인도를 각각 포함하고 있었고 어느 측이든 상대 측보다 더 화가 나고 더 불행한 상태였다. 그러자 대재앙에 가까운 집단 폭력의 고삐가 풀렸고 수백만의 사람이 죽거나 다쳤으며, 그보다도 많은 사람이 추방되고 말았다. 분할Partition 이후에 무슨 일이 일어났는지 묘사하는 데는 '홀로코스트'라는 말이 한 번 이상 쓰이게 되었다. 수십 년

---

130) Arthur Herman, *Gandhi and Churchill: The Epic Rivalry That Destroyed an Empire and Forged Our Age*(New York: Bantam Dell, 2008), 558에서 인용.

131) Alex Von Tunzelmann, *Indian Summer: The Secret History of the End of an Empire*(New York: Henry Holt, 2007), 267에서 인용.

동안 간디는 인도인들에게 무자비한 무력보다 비폭력 저항—사티아그라하satyagraha—이 우월하다고 가르치고자 노력했다. 지금은 간디가 사람들에게 후자에 대한 관심만 일으킨 것처럼 보인다.

비폭력주의ahimsa를 자신의 철학, 정치적 프로그램, 공적 커리어의 중심물로 만든 인물에게 이 결과는 완전한 실패일 수밖에 없었다. 그 아이러니를 간디가 이해하지 못했을 리 없었다. 경력 초기에 간디가 우려한 것 중 하나는 인도인에게 '투지'가 없다는 거였다. 외세 (아프가니스탄, 무굴제국, 영국)가 수 세기 동안 인도를 지배할 수 있었던 것은 인도인이 그러도록 내버려 두었기 때문이라는 단순한 이유에서였다. 인도인은 너무 '물러 터졌다'며 간디의 불평은 이어졌다. 간디는 "살인하지 못하는 사람에게 비폭력을 가르칠 수는 없다."고 말하곤 했다.[132] 이제 많은 사람이 간디가 틀렸다는 걸 증명하리라 마음먹었다. **살인할 수 있을** 뿐 아니라 살인을 즐길 수 있다고 말이다. 간디가 본 거두지 못한 시체 더미가 콜카타(구 캘커타)와 그 외 도시의 거리에 무수히 쌓여 있는 모습이 실증적인 증거를 제공했다.

인도는 열망하던 독립을 얻었지만 그 과정에서 너무 많은 것을 잃었기에 그 대가가 너무 비쌌던 것은 아닌가 일부에선 의아해하기 시작했다. 간디에게 인도의 독립은 그가 이해했던 것처럼 **스와라지** (Swaraj, 자치)가 아니었으며 그 안에서 간디는 자기 역할을 찾을 수가 없었다. 1947년 8월 15일에 인도의 정치 엘리트들이 그 사건을 축하하고자 뉴델리에 모였을 때 간디의 부재가 눈에 띄었다. 간디는 축

---

132) Herman, *Gandhi and Churchill*, 114에서 인용.

하할 일이 거의 없었다. 불과 며칠 전에 〈타임스 오브 인디아Times of India〉에 난 어느 기사에서 독립이 목전에 온 것에 대한 간디의 생각을 내보냈다. 그 기사는 실패에 대한 좋은 연구 자료다.

간디는 오늘 아주 실망한 사람임이 분명하다. 간디는 추종자들이 자신이 가장 소중히 하는 원칙을 벗어나는 것을 끝내 보고 말았다. 간디의 동포는 선혈이 낭자하고 비인간적인 동족 상잔에 빠져들었고, 비폭력주의 카디khadi와 다른 많은 간디의 원칙은 정치적 급류에 휩쓸려가 버렸다. 환멸을 느끼고 실망한 그는 아마도 오늘날 간디주의Gandhism에 대한 유일하고 확고한 옹호자일 것이다. [133]

가끔 간디는 그조차도 아닌 듯이 보였다. 1946년 8월에 총독과의 독립 협상 도중 한번은 격분한 간디가 탁자를 내리치고 이렇게 호통쳤다고 한다. "인도가 유혈 사태를 겪어야 한다면, 그렇게 하도록 놔두라." [134] 그 유혈 사태가 얼마나 방대할 것인지 혹은 간디 자신이 그 유혈 사태에 휩쓸려 내려갈 것인지 간디는 거의 알지 못했다.

폭력이 전개되면서 징후들은 있었다. 암리차르Amritsar를 방문 중일 때 간디는 평소처럼 열렬한 환영 대신 "돌아가, 간디!"라는 외침에 화들짝 놀랐다. 에큐머니즘에 대한 간디의 그 모든 시도에도 불구

---

133) *Times of India*, August 9, 1947.
134) Herman, *Gandhi and Churchill*, 555에서 인용.

하고 인도의 이슬람교도에게 간디는 힌두교도였다. 많은 힌두교도에게 있어 간디는 에큐머니즘 때문에 배신자였다. 피가 낭자하던 그 시절에 간디는 인도 대부분의 지역과 거의 무관했다.

그리고 간디는 그걸 알았다. "인도가 더이상 비폭력주의를 필요로 하지 않는다면 인도가 나를 조금이라도 필요로 할까?" 하고 간디는 생각했다.[135] 결국 간디의 생각은 옳았다. 간디는 버려지고 말았다. 1948년 1월 이전 몇 개월 동안 군중은 점점 더 빈번히 이렇게 외쳤다. Gandhi mordabad!(간디에게 죽음을!). 간디는 군중을 늘 예리하게 감지했고 군중이 입장을 바꾸거나 애정이나 미움을 보이는 방식에 대해 잘 알았다. 간디는 연인이 사랑하는 사람의 몸을 느끼는 것과 같은 친밀한 방식으로 군중의 삶을 감지했다.[136] 그래서 간디는 분명 Gandhi mordabad!가 정말로 무엇을 의미했는지 알았으리라! 그것은 간디의 정치 프로그램 전체가 누더기가 되었다는 거였다. 친밀하게 지낸 그 수십 년의 시간은 모두 수포로 돌아갔다. 아주 많은 혼란과 혼동의 한가운데서 실패가 그보다 더 분명하게 말을 건 적은 거의 없었다.

간디의 삶은 겉보기에는 잘 산 것 같아도 간디 자신의 기준으로 판단하면 잘못 산 삶인 것 같다. 간디는 정치 경력 초기 단계에서 남아프리가 경찰과 충돌했을 때나 보어전쟁Boer War 동안 부상자들을 이

---

135) Herman, *Gandhi and Churchill*, 582에서 인용.

136) Gandhi는 이렇게 말했다. "대중과 나 사이에는 말로 표현하기 힘든 유대감이 있지만, 그럼에도 그 유대감은 대중과 내가 똑같이 느끼는 것이다. 대중과의 유대감 안에서 나는 내가 흠모하는 신을 본다"(Rajmohan Gandhi, *Mohandas: A True Story of a Man, His People and an Empire*[New Delhi: Penguin India, 2007], 300에서 인용).

송하는 동안에도 죽지 않았고, 감옥에 반복 수감되는 동안이나 나중에 자주 하게 된 성난 관중을 진정시키려 할 때나 그들에게 도전하려 애쓰는 동안에도 죽지 않았다. 많은 노력을 기울였어도 굶어 죽지조차 않았다. 간디는 죽음 중에서도 가장 비열한 방식으로 죽었다–무자비할 정도로 평범한 죽음이었다. 간디는 암살자의 총알에 의해 은밀하고 빠르게, 동물이 도살장에서 처분되듯 죽임을 당했다. 그 사람은 확실히 더 나은 죽음을 맞이할 자격이 있었으며, 이는 범죄 현장에 와있던 실패의 존재, 그리고 실패가 공모자로서 간디의 추락을 기록하며 던진 시선을 설명해줄지도 모른다.

민주주의의 취약성

하지만 이건 말도 안 된다고 말하는 당신 목소리가 들린다. 히틀러처럼 악한 사람은 없었고 그때는 예외적인 상황이었다. 어디서든 사람들은 압제를 받으며 살기보다는 자유롭게 살기를 원한다, 안 그런가?

확실히 그렇다. 그리고 사람들이 함께 살게 되고부터 거의 항상 '자유 속에 존엄성을 가지고' 살기를 꿈꾼 것은 사실이다. 민주주의는 품격 그 자체의 이미지인 것 같다. 민주주의의 중심 개념은 상대를 무장 해제할 만큼 단순하다. 지역 사회의 구성원인 우리 각자가 살아가는 문제를 함께 수행함에 있어 동등한 발언권을 가져야 한다는 것이다. 아테네 민주주의 역사를 다룬 저서에서 폴 우드러프Paul

Woodruff는 이렇게 관찰한다. "민주주의에서는 으레 그래야 하듯, 모든 성인은 모두 함께 자기들 삶을 어떻게 정리해야 할지에 관한 대화에 자유로이 끼어들어 참여할 수 있다. 그리고 그 누구도 오만과 남용을 낳는 억제되지 않은 권력을 즐기게 내버려두지 않는다."[137] 이보다 더 합리적인 걸 생각해낼 수 있겠는가? 하지만 우리가 합리적이라고 누가 그러던가?

역사—이 문제에 관해 우리가 가진 하나뿐인 진실된 안내자—는 진정한 민주주의는 드문 것이며 찰나에 지나지 않는다는 것을 우리에게 보여주었다. 민주주의는 일부 운 좋은 장소나 다른 장소에서 거의 신비로우리만치 불타오르고 그런 다음 마찬가지로 신비롭게 희미해져 사라진다. 진정한 민주주의는 달성하기 어렵고 달성하더라도 취약하다. 인류에게 일어난 사건의 큰 틀에서 보자면 민주주의는 룰이 아니라 예외이다.

그리고 거기엔 그럴만한 이유가 있다. 민주주의는 매우 바람직하며 상대의 방어본능을 해제시킬 만큼 단순하지만 당연히 오는 게 아니다. 민주주의를 연구하는 역사가도 민주주의의 이상이 무엇인지를 설명하려고 할 때 '권력', '오만', '남용'을 언급해야 할 필요를 느낀다고 한다. 근본적으로 인간은 민주적으로 살게끔 타고나지 않았다. 민주주의가 우리 생존에 꼭 필요한 본능과 충동에도 반하기 때문에 민주주의는 '부자연스럽다'라는 주장마저 펼칠 수 있다. 모든

---

137) Paul Woodruff, *First Democracy: The Challenge of an Ancient Idea*(London: Oxford University Press, 2005), 2.

생명체와 마찬가지로 우리에게 가장 자연스러운 것은 생존과 번식을 추구하는 것이다. 그리고 그 목적을 위해 우리는 남들을 상대로-이기적으로 쉬지 않고 야만스럽게-자신을 내세운다. 우리는 남들을 밀어제치고 밟고 오르고 던져버리고 필요하다면 뭉개버리기까지 한다. 우리가 좋아하든 그렇지 않든 간에 이 **지배하려는 충동**(libido dominandi)는 우리가 누군인지의 핵심에 자리한다. 우리가 어떻게 살고 어떻게 죽고 어떻게 느끼고 무엇을 생각하는지, 우리가 자신과 세상을 대변하는 방식은-죄다 생존 본능의 가장 주된 발현인 권력에 대한 내재된 갈증에 의해 현저하게 두드러진다. 이 주제에 관한 니체의 철학적인 이야기는 그 안에서 우리가 자신을 철저하게 인식한다는 이유만으로도 우리를 분개하게 만든다.

타인을 지배하고 필요할 경우 제거하고자 하는 충동이 **호모 사피엔스**homo sapiens를 규정해왔다. 우리는 물론 타인과 협업하지만 대부분의 경우 그것은 우리 자신을 좀 더 효과적으로 내세우기 위한 방편일 뿐이다. 우리는 이타주의에서가 아니라 다른 동물들처럼 생존 가능성을 높이기 위해 협업을 추구한다. 매너 좋은 표상과 사회적 고상함 뒤의 우리는 수천 년 전과 같은 호모 라피엔스(homo rapiens, 약탈하는 인간)로 남아 있다. 문명은 가면에 지나지 않고 그마저도 위태로운 가면이다. 현대인을 조금만 흔들어주면 가면과 함께 그의 모든 허세는 벗겨질 것이다. 당신이 보게 되는 건 살아남으려는 동물적 힘의 지배를 받는 발가벗겨진 인간 본성이다. 이 힘은 시몬 베유가 관찰하기를 "그 힘을 소유하였거나 소유했다고 생각하는 사람에게도 그 희생자에게와 마찬가지로 인정사정없는데, 후자는 뭉개버리고 전자는 도취시킨다."[138] 상상할 수 있는 최고로 선진적인 인간 사회를 도래시켜야 했을 볼셰비키 혁명의 승리로부터 몇 년이 지나서 스탈린은 존경스러울 만한 솔직함으로 이런 고백을 했다. "가장 큰 기쁨은 적을 표시하고 모든 것을 준비하고 철저히 복수한 다음 잠드는 것이다."[139] 원시인에게 그런 세련된 야망성을 가질 수 있었는지 궁금하다.

우리가 자신을 내세우는 모습이 적나라하게 드러나는 장소가 하나 있다면 바로 정치다. **폴리스**에서 우리는 다른 어느 곳에서보다 우리의 진정한 본성을 많이 드러낸다. 우리가 괜히 '정치적 동물'이라 불리는 게 아니다. 우리의 정치적 행동은 사회 과학자 말고 동물학자가 연구해야 한다. '침팬지의 사회 조직은 거의 사실로 여겨지지 않을 만큼 인간과 너무나 비슷하다'라고 영장류 동물학자 프란스 드 발Frans de Waal은 쓴다. "마키아벨리Machiavelli의 전 구절을 침팬지 행동에 직접 적용할 수도 있을 것 같다."[140] 또 다른 동물학자인 콘라트 로렌츠Konrad Lorenz는 '알렉산더 대왕이나 나폴레옹이 자신의 제위 하에 세상을 통합하려는 시도를 하며 수백만 명에게 목숨을 희생하도록 강요하는 것과 마찬가지로, 놀라울 만큼 유사한 구원 프로그램을 가진 두 개의 정치 정당이나 종교가 서로 심하게 싸우도록 밀어붙이는 건

---

138) Simone Weil, *The Iliad: or, The Poem of Force*, Mary McCarthy 번역(Wallingford, PA: Pendle Hill, 1991), 11.

139) Bertrand M. Patenaude, *Stalin's Nemesis: The Exile and Murder of Leon Trotsky*(London: Faber and Faber, 2009), 231에서 인용.

140) Frans de Waal, *Chimpanzee Politics: Power and Sex among Apes*(Baltimore, MD: Johns Hopkins University Press, 2007), 4.

이성에 의거하지 않은 불합리한 인간 본성이다'라고 쓴다.[141] 세계사는 대부분 과도하게 자신을 내세우는 정치적 동물들이 다양한 제위를 찾아 나서는 이야기다. 그런 동물이 왕좌에 앉고 나면 다른 동물들은 왕좌에 앉은 동물의 변덕에 복종하기를 열망할 뿐이라는 건 이런 문제에 도움이 되지 않는다. 게다가 이 얼마나 달콤한 복종인가! **의지의 승리**는 그 과정이 어떻게 작용하는지 엿보게 해준다.

이것이 민주주의 개념이 등장하게 된 대략적 배경이다. 민주주의가 지는 싸움인 것도 놀랄 일이 아니다. 진정한 민주주의는 장대한 약속을 하지도 않고 유혹하거나 매료시키지도 않는다. 얼마간의 인간 존엄성을 갈망할 뿐이다. 포퓰리스트 전체주의 정부에서 일어나는 일에 비하면 민주주의는 에로틱하기 보다는 불감증에 걸린 일 같다. 정신이 똑바로 박힌 사람 중 누가 선동 정치가가 주는 즉각적 만족감을 두고 민주주의의 따분한 책임감을 선택하겠는가? 무한한 황홀경에 대한 냉정함? 하지만 이런 측면에도 불구하고 민주주의 개념은 역사상 몇 번 구현 가까이까지 갔다─인류가 스스로를 놀라게 만든 품격있는 순간들이었다. 이상적인 형태의 민주주의는 아직 성공하지 못했지만 사람들은 결코 노력을 멈추지 않았다. 민주주의는 역사를 계속 살아 숨 쉬게 하는 꿈들 중 하나이다.

민주주의가 도래하는 데 필요한 것 중 하나는 강력한 겸손함이다. 집합적이면서 동시에 개인적인, 대중과 공유하면서도 내면화된, 비현실적이면서도 진실한 겸손이다. 자신을 드러내고 타인과 상호작

---

141) Konrad Lorenz, *On Aggression*(London: Routledge, 2002), 228-229.

용하는 태도가 편안하고 당당한 그런 겸손—자신의 가치와 한계를 알아 스스로를 비웃기까지 할 수도 있는 겸손이다. 이상한 일을 하도 많이 봐 그런 일을 참는 법을 배웠기에 현명하고 참을성 있는 겸손이다. 진정한 민주주의자가 되는 것은 달리 말해, 함께 사는 문제에 관한 한 당신이 당신 옆에 있는 사람보다 더 나을 것도 더 똑똑할 것도 없다는 걸 이해하고 그에 따라 행동하는 것이다. 진정한 민주주의에서 글 못 읽는 배관공과 노벨상 수상자는 대등한 위치에 있다. 그들의 표는 각각 정확히 똑같은 무게를 지닌다. 그들이 실수를 범하면—인간이니 언제나 실수를 범하는데—그들의 실수는 그들의 자격을 박탈하는 게 아니라 그들을 한데 끌어모아야 한다. 카뮈^{Camus}가 말했듯 민주주의는 "겸손의 사회적·정치적 실천이다."[142]

비민주주의적 정권들은 종종 완벽을 주장하는 반면에(그런 정부는 '완벽한 사회' '완벽한 사회 질서' '완벽한 가치' 등을 약속하는 데 결코 지치지 않는다), 민주주의 국가들은 그 중심에 불완전성을 둔다. "민주주의는 인간의 어리석음에 대한 경건한 자각에서 탄생했다"고 우드러프는 관찰한다.[143] 민주적으로 사는 것은 불완전성을 포용하는 것, 실패를 다루는 것, 일반적으로 인간 사회에 관한 망상을 거의 갖지 않는 것이다. 거의 신성함에 가까운 그런 겸손함만이 진정한 민주주의를 가능케 할 것이다.[144] 민주주의를 실제로 획득하기가 그렇게 어렵

---

142) Albert Camus, "Democracy Is an Exercise in Modesty," Adrian van den Hoven 번역, *Sartre Studies International* 7, no. 2(2001): 12-14.

143) Woodruff, *First Democracy*, 6.

144) "민주주의는 겸손을 토대로 번성한다. 고분고분한 굴종이나 굴복과 절대 혼동해서는 안 되며, 겸손은 가장 중요한 민주주의 가치이자 오만한 자만심의 해독제, 즉 자신과

다면 그건 이런 종류의 겸손함을 대규모로 생산하기가 거의 불가능하기 때문이다. 실패를 위한 자리를 충분히 만들지 않을 때 민주주의는 실패한다—사람들이 자신을 실제보다 더 낮게 여기는 걸 참지 못할 때. 이럴 때가 거의 대부분이다.

그래서 고대 아테네인들을 칭송해야 하는 이유는 더 많아진다.[145] 어떻게 해서인가 고대 아테네인들은 민주주의와 겸손 사이의 밀접한 연관성을 발견했다. 인류 역사상 가장 급진적인 발명 중 하나인 **이소노미아**isonomia(법 앞에 평등)를 들고 나왔을 때, 그들은 자신들이 어떤 강력한 인간 본능의 반대 방향으로 가고 있다는 걸 알았다. 그런데도 그들은 아테네의 모든 남성 시민은 동등한 통치권을 갖고 있다고 여겨 통치 직위의 수는 제한되어 있으니 공공 관료를 임명하는 가장 합리적인 방법은 **추첨**sortition에 의한 것이라고 결정했다. 무작위 속에서 평등이 모습을 드러낸다. 아테네에서 민주주의를 확립한 사람들에게 있어 선거(우리가 아는 말 그대로의 의미)는 일부 사람이 다른 사람들을 상대로 자신을 내세우는 걸 허용할 테니 민주주의 개념의 중심을 뒤흔들 것이었다. 개인의 부, 위신, 가족의 영향력, 직위는 새롭게 탄생한 민주주의적 아테네에서는 중요하게 여겨지지 않았

타인의 한계를 자각할 줄 아는 자질이다"(John Keane, *The Life and Death of Democracy*(New York: Norton, 2009), 855).

145) 나는 여기서 아테네 민주주의에 집중하는데, 우리가 필요로 하는 요건을 다 갖추었기 때문이다. 당시 민주주의가 실제로 어떻게 작용했는지에 대한 합리적이면서 훌륭한 설명이 있고, 현대인이 민주주의를 시도를 하는 데 있어 영감을 준 민주주의 버전이기 때문이다. John Keane은 그러나 민주주의의 탄생지를 "'동쪽' 지역, 지리적으로 당대의 시리아, 이란, 이라크에 부합하는 지역"이라고 본다(Keane, *The Life and Death of Democracy*, xi).

다. 중요한 건 아테네 시민권이었다. 전통적 기준으로 봤을 때 그 개념은 터무니없었을 것이다. 아테네의 구 엘리트들이—귀족과 부자, 연줄이 든든하고 잘 자란 사람들—어떻게 반응했을지는 상상에 맡길 수밖에 없다.

아테네 민주주의의 창시자들은 바로 그걸 상상했다. 그렇게 해서 아테네인들은 민주주의의 또 다른 근본 체제인 **오스트라시즘**(ostracism, 도편 추방)을 들고 나온 것이다. 동료 시민 중 일부가 좀 너무 자신을 내세우고 그들의 권력에 대한 굶주림이 너무 드러나 보이면, 아테네인들은 그들의 이름을 도자기 조각(ostraka)에 새겨 넣어 그들이 도시에서 십 년 동안 추방당하도록 투표할 수 있었다. 이는 범상치 않은 벌이었다. 추방된 사람들은 자기들이 저지르지 않은 일인데도 제지하지 않고 그대로 두었을 경우 **저지를 수도 있다**는 일에 대한 대가를 치르기 위해 유배 당해야 했다. 민주주의는 자체의 허술함을 알고 있어 위험을 감수할 여력이 없었고 대신 선제 행동을 하기로 했다. 아테네인들은 자신들이 정치적 유혹에 저항하기에 너무 취약하고 결함이 많다는 걸 알았고(그들과 엘키비아데스Alcibiades의 복잡한 관계는 그들에게 그에 대한 충분한 증거를 주었다), 그 즐거움을 스스로에게 허락하지 않았다. 인간이 만든 민주주의는 허술하고 구조도 약하다—시험에 들게 하지 않는 편이 낫다. 오스트라시즘은 실패가 내재되어 있도록 고안된 정치 관습의 완벽한 예시다.

오스트라시즘은 민주주의 아테네의 정치를 이상한 사회적 게임처럼 보이게 했는데, 보이면서 동시에 보이지 않아야 하고 자리에 와 있으면서 동시에 부재해야 했다. 선하고 무고한 시민이라는 것을 보여주어야 했지만 그러면서도 너무 과시하는 듯 행동하면 불리했는데, 즉 자만심^{hybris}, 과하게 자기를 내세우는 것으로 보여 아테네에서 정말 아무도 원치 않는 식의 악명을 떨칠 수 있었다. "배척당한 사람들의 명단을 보면 마치 아테네 명사 인명록처럼 읽혔다."고 어느 학자는 말했다.[146]

전체적인 제도적 배열이 아테네 민주주의의 궁극적인 위태로움을 보여주고 있다. 아테네 민주주의의 창시자들은 시민이 민주주의 게임의 룰에 동의하면 나머지는 저절로 해결될 거라 믿은 듯하다. 사람들 자체의 변신은 전혀 필요 없었고 사람들이 해야 하는 일은 단지 규칙대로 게임을 하는 것밖에 없었다. 한 가지 예시면 충분할 것이다. 판정단에게 뇌물을 제공하는 일이 불가능하지 않을 경우 그걸 어렵게 만들기 위해서 민주주의 아테네에서는 판정단을 대규모로 운영했다(내재된 실패의 또 다른 경우다). 소크라테스 재판에는 판정단이 501명 있었다. 성공은 고사하고 누구라도 그들 모두를 타락시키려고 시도했을 것 같지는 않다. 하지만 아테네 민주주의 창시자들이 예상하지 못한 것은 아테네인들이 민중 선동의 먹이가 되어 자신을 속이고 폭도처럼 굴며 **스스로 부패할** 가능성이었다. 그들은 겉으로는 규칙을 존중했고 민주주의는 작동하는 듯 보였지만 그런데도 모든 것이 내부로부터 썩어가기 시작했다. 플라톤이 민주주의를 군중의 장악과 동일시하며 민주주의에서 좋은 점을 전혀 찾아보지 못했

---

146) David Stuttard, *Nemesis: Alcibiades and the Fall of Athens*(Cambridge, MA: Harvard University Press, 2018), 122.

다는 건 그의 스승이 최후를 맞은 방식과 어떤 관련이 있었을 수도 있다.

소크라테스를 죽였을 때 아테네인들은 기존 기준을 따랐고 재판도 흠이 없었으므로 완벽히 민주적으로 행동한 것이었다. 그런데도 그 결과에서 우리는 민주주의가 아테네인들 **내부에** 중대한 변혁을 야기하지는 않았다는 걸 볼 수 있다. 변화는 외적인 것에 불과했다. 민주주의가 새로운 정치 게임을 가져왔던 반면에 그 게임을 하는 사람들은 근본적으로 똑같은 상태로 남아 있었다. 아테네인들을 법 앞에 평등하게 만드는 것만으로 그들이 누구인지를 바꿀 수는 없었다. 그들은 전과 똑같이 자신을 내세우는, 권력에 굶주린, 복수욕 넘치는 정치적 동물이었다. 그걸로 끝이었다. 아테네인은 결국 좀 더 존경할 만한 파사드 뒤에서 피흘리는 정치 대결을 일삼은 아테네인이었던 것이다. **이소노미아**는 민주주의의 어떤 형식적 조건이었고 아테네인들은 그 형식을 채울 새로운 인간성을 낳는 데는 실패했다.

폴 우드러프는 아테네 민주주의의 단점이 교육에 대한 유의미한 접근으로 해결될 수 있었다고 본다. 우드러프는 "아테네 민주주의의 엄청난 실패는 돈 있는 계층을 넘어 교육에 대한 접근성을 확대하지 못한 것이다."라고 지적한다.[147] 아테네인들이 좀 더 제대로 알았더라면 더 나은 시민이 되었을 것이고 아테네인들의 민주주의는 구원받았을 것이다. 이런 생각에 따르면 지식은 덕목이었고, 소크라테스 자신이 그런 생각의 가장 강력한 옹호자 중 하나였다. 소크라테스의

---

147) Woodruff, *First Democracy*, 169.

발자취에서 우드러프는 교육(파이데이아)을 우리를 더 나은 인간으로 만들어 줄 근원적이고 변혁적인 경험으로 본다. 학교를 떠날 때의 자아는 학교에 들어갈 때의 자아와는 다르다. 그런 가정은 정확할지도 모른다—물론 교육은 사람을 변모시킬 수 있다. 그러나 이런 의문이 남는다. 우리가 누구인지의 중심에 놓여 있는 오만하고 권력에 굶주린 동물을 죽일 수 있을 만큼의 급진적인 변신을, 충분히 큰 규모로 유효하게 일으킬 수 있는 학교가 이 세상에 존재한다고 생각하는 것이나 심지어 존재하기를 바라는 것조차 현실적인가?

먼지보다 더 겸손한

1948년 1월 저녁, 실패가 간디의 곁에 있었던 또 다른 이유가 있다. 실패와 간디는 수십 년 전부터 밀접한 관계였다. 간디가 친밀하게 알았던 무언가가 있었다면, 어쩌면 자기 자신보다 더 잘 알았던 것이 있었다면 그것은 실패였다. 실패는 빈번히 간디 곁에 있었다. 간디가 성공했을 때마다—그리고 마하트마는 어떤 면에서 보면 당대의 가장 성공한 사람 중 하나였다—실패가 나타나 간디를 하찮게 만들고 제압했다. 간디가 실패하면—모든 위대한 인물들과 마찬가지로 간디가 실패한 일도 많았다—그림자 스토커 역시 거기 와 있었다. 간디를 일으켜 세워 자기 발로 서게 만들기 위해, 부끄럽게 만들어 행동과 자기 혁신으로 이끌기 위해. 사망하기 불과 2년 전에 간디는 이렇게 인정했다. "나는 실패를 통해서만 배울 수 있다⋯⋯ 오직 발이 걸려 넘어지고 고통을 느낄 때만 배울 수 있다."[148] 간디는 크게 봤을 때 스스로 배운 사람이었고 화려한 학교 교육과 교수들은 필요 없었다. 하지만 간디에게 없어서는 안 될 스승이 하나 있었는데 그건 바로 실패였다.

1925년에 오십 대 중반이었던 간디는 그때까지의 삶을 설명하는 『간디 자서전』, 즉 『나의 진실 실험 이야기』 *The Story of My Experiments with Truth* 』 출판에 들어갔다. 그때까지 간디가 공직 경력 대부분을 보낸 곳인 남아프리카 공화국까지 그 문서가 다다랐을 때 프리토리아 *Pretoria* 출신의 한 친구는 간디의 자화상에 나온 간디를 알아보기 힘들어 했다. 그 친구는 간디에게 이렇게 썼다. "나는 당신이 자신의 그런 이미지를 우리에게 보여주지 않았으면 좋았을 거라 생각했다. 내가 아는 간디는 그보다 훨씬 괜찮은 사람이다."[149]

간디의 남아프리카공화국 특파원은 삶에 대한 간디식 접근법의 핵심적인 특징을 아마 우연히 발견했을 것이다. 바로 실패가 아니면 안주하지 말 것. 실패가 삶의 기술의 하나로 이용될 수 있기 때문이다. 삶을 잘 영위하기 위해서는 자신을 영원한 실망의 현장에 놓고, 자신이 될 수 있는 최악의 사람에서 시작한 다음 그로부터 점차 자신을 만들어가야 한다. 이 방식에 의해 당신의 삶은 실패로부터 가

---

148) Mohandas K. Gandhi, *The Collected Works of Mahatma Gandhi*, 100 vols.(New Delhi: Publications Divisions, Ministry of Information and Broadcasting, Government of India, 1958-1994), 90:38.

149) Tridip Suhrud, Mohandas K Gandhi, *An Autobiography: or, The Story of My Experiments with Truth*, Mahadev Desai 번역(New Haven, CT: Yale University Press, 2018), 21에서 '편집자 서문'에서 인용.

치를 추출할 수 있을 만큼의 가치를 획득한다. 실패하면 할수록 자신의 가치를 실현할 기회가 많아진다.

자서전을 구라자트어로 말하면 **아트마카타**atmakatha, 즉 영혼의 이야기다. 그게 정확히 간디가 자신의 책에서 제공하는 것이다. 책을 통해 간디는 자신의 '진실을 가지고 한 실패한 실험'이 수십 년에 걸쳐 자신의 영혼을 형성하고 자아를 구성하며 결국에는 지금의 간디를 만들었음을 자세히 설명했다. 여기서 중대한 문제는 이것이다. 이 여정이 정확히 어디서 시작되는가? 안전하게 하기 위해 간디는 자신이 다다를 수 있는 가장 낮은 단계까지 내려가야 한다고 생각했고 그 과정에서 아주 높은 기준을 설정한다. "진실을 추구하는 자는 자신을 먼지보다 못한 존재로 낮춰야 한다."고 간디는 쓴다. "세상은 발 아래 먼지를 짓밟지만 진실을 추구하는 자는 먼지조차 그를 짓밟을 수 있을 정도로 자신을 낮춰야 한다. 그제서야 그전까지는 몰랐던 진실을 파악할 것이다."[150]

서문에서 간디는 자신의 '히말라야의 실수Himalayan blunders'를 재빨리 언급하고 '말해야 하는 것은 아무리 추한 것이라도 감추거나 축소하지' 않을 거라고 약속한다. 간디는 '독자가 자신의 결점과 실수를 완전히 알기를' 바란다.[151] 그러고 나서 그는 내용을 전한다. 간디의 책에서 언급하지 않고 누락된 것은 없다. 모든 것이—심지어 가장 창피한 에피소드조차—적절하게 고백되고 고통스러울 만큼 상세히 묘사되고

---

150) Gandhi, *An Autobiography*, 48.

151) Gandhi, *An Autobiography*, 49.

회개된다. 중의성이 전혀 없게끔 다양한 챕터의 머리말에서 간디의 자기 판단을 아주 분명히 밝히고 있다. '비극A Tragedy'은 (실은 두 챕터다) 자신의 육식 경험을 자세히 설명한다. '나의 아버지의 죽음과 나의 이중 수치My Father's Death and My Double Shame'는 에로스와 타나토스를 자기 고과 죄책감을 중심으로 연결한다. '히말라야의 오산A Himalayan Miscalculation'는 간디의 **사티아그라하** 캠페인 중 하나에서 간디가 겪었던 차질을 회상한다. 다른 사람들이 자신이 이룬 성취에 대해 자랑하듯 자서전의 간디는 자신의 실수, 단점, 부주의함을 자랑 삼는 것 같다.

어렸을 때조차 간디는 실패의 조숙한 징후를 보였다. 그에 대해 간디는 이렇게 쓴다. "곱셈표를 다 배우는 게 조금 힘들었다…… 나는 지력이 부진하고 기억력이 나쁜 것이 분명했다." 이따금 학문적으로 재능을 보일 때도 있었지만 그런데도 중간 정도 학생밖에 될 수 없었다. 미래에 군중을 사로잡고 제국을 뒤흔들 이 사람은 아주 수줍은 사람이었다. '누가 놀림감 삼지 않도록' 교제를 일절 피했다.[152] 그리고 간디가 겁쟁이였다고 말했던가? 그 자서전에 따르면 간디는 눈에 띄게 겁쟁이였다. 간디는 대영제국과 전쟁을 일으키기 전에 다른 유형의 적들을 상대해야 했다.

나는 도둑과 유령과 뱀에 대한 공포에 사로잡히곤 했다. 밤에는 감히 문 밖으로 나가지도 못했다. 어둠은 나에게 공포였다. 사방에서 유령이 나오고 다른 곳에서는 도둑이 나오고 또

---

152) Gandhi, *An Autobiography*, 57, 58.

다른 곳에서 뱀이 나오는 게 상상되어 어두운 곳에서 잠을 자는 것이 거의 불가능했다.[153]

3년(1888-1891) 동안 변호사가 되기 위해 공부했던 런던에서 간디는 개인적으로 중대한 변신을 거쳤다. 하지만 그렇다고 해서 간디가 실패와 맺은 관계가 유의미하게 달라졌다는 건 아니다. 달라진 것이 있다면 그 문제가 새로운 강도를 띠게 됐다는 것이다. 인도에 돌아가자 간디는 '의뢰인이 찾지 않는 변호사(briefless barrister)'로서의 전도유망한 경력을 개시했는데, 처음에는 뭄바이에서 그다음에는 그의 출신지 라즈코트Rajkot에서였다. 간디가 처음으로 맡은 소송은 무언의 웅변을 하는 간결함이 돋보였다. 런던에서 교육받은 이 변호사를 어느 피고가 작은 사건을 다루는 법정에 고용했다. 간디는 화려한 변호사 양복 등을 다 갖추고 세상을 깜짝 놀라게 할 작정으로 법정에 등장했다. 그런 다음 간디가 원고측 증인을 반대 심문해야 할 순간이 왔다. "나는 일어섰으나 심장이 덜컹 내려앉았다."고 간디는 회상한다.

머리가 빙글빙글 돌면서 법정에 있는 사람들도 모두 빙글빙글 도는 것처럼 느껴졌다. 물어야 할 질문을 생각해낼 수가 없었다. 판사는 분명 비웃었을 테고 바킬(vakil, 인도인 변호사)들도 의심할 나위 없이 그 광경을 즐겼을 것이다. 하지만 아무것도 보이지 않는 상태까지 갔다. 나는 자리에 앉아 에이전

---

153) Gandhi, *An Autobiography*, 78.

트에게 소송을 진행할 수 없다고 말했다.[154]

자서전에 나오는 간디의 사생활을 보면 간디는 참을성 없고 아내를 학대하기까지 하는 남편이었다. 아내 카스투르바Kasturba와 점잖은 관계로 자리잡기까지 수십 년이 걸렸다. 그 전에 간디가 결혼생활 위기를 해결한 주된 방법에는 그들 사랑의 보금자리에서 카스투르바를 쫓아내는 것도 들어갔다. 간디는 아버지로서도 그리 잘하지 못했다. 마하트마는 은유적으로 '인도의 아버지'였을지는 몰라도 간디의 실제 부모 노릇에는 개선할 점이 많았다. "나는 결국 이상적인 아버지는 아니었다."고 그는 축소된 말일 수도 있는 것을 썼다. 세상은 간디를 스승으로 떠받들었고 간디는 세상에 한 두 가지 가르침을 주었을 수도 있다. 하지만 참 이상하게도 간디는 자기 자식을 가르치는 데는 실패했다. "자식들에게 충분한 글공부를 가르치지 못한 것이 자식들의 한이고 또한 나의 한이다." 그렇다고 간디가 자식이 정식 교육을 받게 하는 데 무관심했던 것은 아니지만 간디는 자신이 더 높은 목적이라고 여긴 것, 즉 타인에게 봉사하는 일절을 포괄하는 경력을 위해서는 "자식의 정식 교육을 희생시키는 데 확실히 주저함이 없었다."[155] 간디의 자식은 '타인'에 포함되지 않았던 것 같다.

자서전에 나온 실패 목록은 간추린 것인데도 방대하다. 간디는 그 책을 '나의 실패 실험 이야기The Story of My Experiments with Failure'라고 불러도

---

154) Gandhi, *An Autobiography*, 186.

155) Gandhi, *An Autobiography*, 488.

좋을 뻔했다. 이 책은 간디의 여정을 충실히 설명한 것이 아니라 실패와 더불어서 살아가는 법, 실패를 최대한 활용하는 법, 실패를 보다 의미 있는 삶의 원천으로 만드는 법과 같은 삶의 절실한 질문에 해답을 제시하고자 한 것이었다. 간디는 실패가 항상 당신을 찾아낼 테니 실패로부터 도망쳐 봤자 소용없다고 여기는 것 같다. 실패는 물과 같은 침투력이 있어서 실패가 닿지 못하는 안전한 것은 결코 없으며 실패에 계속 닿지 않는 사람은 아무도 없다. 우리가 여기서 보는 간디는 실패 속을 헤엄치고 있고 가끔은 익사할 뻔하기도 한다.

그런데도 익사할 뻔한 것과 익사하는 것 자체 간의 공간은 아무리 협소하다 해도 충분하고 남는 공간이다. 익사할 뻔한 것은 목숨을 위협하는 경험이므로 삶의 자양분이 되고 사람을 변모시키기 때문에 형성적 경험이 될 수 있다. 당신은 호흡을 위해 헐떡이면서 현세에서 존재의 한계에 다다르고 있음을 자각한다—그것을 당신은 폐에서 느낄 수 있다. 그런데도 이 경험이 우리가 도덕적, 영적, 존재론적으로 깨어나는 데 정확히 필요한 것이 되기도 한다.

간디가 '진실을 가지고 하는 실험'은 실패를 공개적으로 고백하는 것이지만 정확히 그게 간디의 프로젝트 전체의 핵심이다. 안전하게 발 디딜 곳을 찾으려면 우선 실패해야 한다—자주 크게 실패해야 한다. 그리고 그 모든 실패가 당신을 짓밟지 않았다면 그다음에 당신에게는 기회가 생긴다. 꼭 성공의 기회라기보다 자기 실현에 다다를 수 있는 기회이며, 이는 간디에게는 평생을 바쳐도 좋을 일이었다. 그러므로 실패를 조용히 넘기거나 설탕을 바르거나 다른 방식으로 무시해서는 안된다. 실패는 그 추한 모습 그대로 마주해야 한다. 그렇게 해서 간디가 **자서전**에서 수행하는 실패 치유법이 나온 것이다.

세인트 오거스틴의 『고백록』이나 장-자크 루소Jean-Jacques Rousseau의 『자서전』처럼 간디의 책은 문학보다 더 잔인하면서도 수행적인 자기 글쓰기이다. 그 어떤 추락도 너무 무의미하지 않으며 그 어떤 수치도 인정하기 너무 창피하지 않다. 간디는 자신에게 영향을 주고자 펜을 이용한다—자신에게 고통을 가하고 수치심을 주고 속죄하기 위해서. 간디는 고백의 회생 능력을 강력하게 믿었으며 남에게도 자주 권했다. 간디의 추락이 심했든 미미했든 간에, 간디의 실수가 '히말라야 산맥'의 것이든 다른 것이든 간에, 간디가 자신에게 가혹했던 데는 뚜렷한 목적이 있었다. 자기 개혁. 남은 용서할 수 있어도 자기 자신은 결코 용서하지 않는다. "성인들은 무고함이 증명될 때까지는 늘 유죄로 판정되어야 한다."고 조지 오웰George Orwell은 저서 『간디의 모습Reflections on Gandhi』에서 말했다. [156] 오웰의 조언을 마하트마 자신처럼 열성적으로 따른 사람도 드물다.

자서전의 끝으로 나아가면서 간디는 이렇게 쓴다. "나는 자신의 실수는 볼록렌즈로 보고 다른 사람의 실수는 그 반대로 보아야만 두 사람을 정당하게 비교하고 평가할 수 있는 거라 생각했다." [157] 하지만 당신의 삶이 당신의 메시지라고 선언할 때 당신은 자신을 가장 어려운 입장에 놓이고 만다. 당신은 당신 자신을 맨살 그대로, 완전히 벌거벗은 채로 모두의 판단 아래 내놓는다. 그리고 당신은 오도

---

156) George Orwell, "Reflections on Gandhi," in *A Collection of Essays*(New York: Harcourt, 1981), 171.

157) Gandhi, *An Autobiography*, 719-720.

가도 못하는 신세가 된다. 당신이 사생활을 가질 권리를 부인했기 때문에 아무 데도 갈 곳이 없다. 서구의 어느 동시대인은 "간디에게는 우리 서양인이 생각하는 사생활이 없었다."고 지적했다. [158] 당신의 메시지가 말이 되려면 당신은 그 메시지를 통째로 분명하게 표현해야 한다. '내 삶이 나의 메시지다'라고 하는 것은 어느 정도는 당신의 삶이 더 이상 당신 것이 아니라는 걸 인정하는 거다.

그리고 진짜 어려운 일들이 시작되는 곳이 바로 여기다. '내 인생은 내 메시지다'는 다른 사람들이 당신을 쳐다보고, 당신을 평가하고, 그들이 적합하다고 생각하는 대로 무자비하게 평가하도록 공개적으로 초대하는 것이다. 간디는 자서전에서 스스로에게 가혹했을지는 모르나 서술의 주체로서 이야기를 진행하고 통제할 수 있었기에 스토리의 틀을 이런저런 식으로 짜고, 독자의 시선을 원하는 방향으로 이끌고 우리 주의를 다른 데로 돌리거나 우리를 계속 분주하게 만들 수도 있다. 무고한 서술자 같은 건 없다. 그런데도 당신이 서술하는 삶과 타인이 보는 삶은 두 가지의 서로 다른 삶으로 펼쳐진다. 당신이 인정하는 실패는 아무리 공개적으로 아무리 뉘우치며 말하더라도 타인이 당신에게서 찾는 실패와는 다르다. 이런 점에서 간디는 자신의 비평가들에게, 그리고 심지어 자신의 추종자들에게 계속해서 내어주는 선물임을 증명했다. 간디에게는 간디 자신이 기꺼이 인정하거나 서술할 수 있는 것보다도 더 많은, 더 깊은 실패가 있었다.

---

158) Ramachandra Guha, *Gandhi: The Years That Changed the World, 1914-1948*(New York: Knopf, 2018), 892(원문의 이탤릭체 부분)에서 인용.

잘못된 믿음의 사례

하지만 이 모든 것은 오래된 역사이니 반대할 수도 있다. 우리는 소크라테스 시대의 아테네에 사는 게 아니라 아주 다른 세상에 산다고. 그렇다, 우리가 사는 세상은 소크라테스의 세상과는 아주 다르다. 하지만 그렇다 해도 이것은 우리 상황을 더욱 악화시킨다.

민주주의에 의해 소크라테스가 죽음을 당하고 25세기가 지나서 우리는 드디어 교육을 통해 인문주의자를 대거 양산하여 대화에 참여하게 하는 게 거의 불가능하다는 걸 배운 것 같다. **파이데이아**(Paideia, 전통 인문학에 대한 엄격하고 포괄적인 교육으로 정의됨)는 인간이 인생에서 경험할 수 있는 가장 좋은 것들 중 하나이고, 제대로 이행했을 때 급진적인 변신을 수반한다. 에머슨Emerson은 이렇게 썼다. "교사가 가진 힘의 비밀은 전부 인간이 변화할 수 있다는 확신에 있는 것이다. 인간은 변화할 수 있다. 인간은 각성하기를 원한다."[159] 하지만 이런 형식의 교육은 그 특성상 개인적이고 아주 개별적인 경험이다. 제한된 인원 안에서만 작동하고—성공적일 때는—아주 개인화된 사람을 만들어낸다. **파이데이아**가 일으키는 변화는 개인 내면에서 일어나며 사회에서는 심각하게 축소된 형태로만 일어난다. 통계적으로 볼 때 르네상스와 혁명 시대 사상가들이 바란 게 무엇이었든 간에 교육만 가지고 사회 안에서 대규모로 급진적 변화를 야기하는 것은

---

159) Andrew Delbanco, *College: What It Was, Is, and Should Be*(Princeton, NJ: Princeton University Press, 2012), 45에서 인용.

그냥 불가능하다. **파이데이아**가 책임감 있고 민주적인 사고를 하는 일부 시민을 낳을 수도 있지만 반면에 진정한 민주주의에 필요한 유형의 변화를 집합적으로 촉발하기에는 절대적으로 역부족일 거다.

이에 대해 우리는 어느 정도 증거가 있다. 지난 반세기 동안 서구에서 고등교육에 대한 대규모 접근은 보다 계몽된 사람을 만들어내는 결과로 이어지지 못했고 마찬가지로 교육 자체의 지적 품질도 크게 하락했다. 점점 많은 사람이 대학 교육을 받아서 대학 교육에서 요구하는 바가 줄어들고 그로 인해 더더욱 피상적인 결과만 나온다. 체제는 훈련받은 점잖은 전문가들을(의사, 기술자, 교사) 충분히 생산하지만 사회에 주요한 변화를 야기하는 방식으로 이들의 내적인 삶에 영향을 미치지는 않는다. 진정한 민주주의가 상정하는 심오한 겸손함은—당신이 다른 사람보다 나을 게 없다는 생각, 모든 교육에도 불구하고 자신이 틀릴 수 있고, 다른 사람이 옳을 수도 있다는 생각, **지배욕**^{libido dominandi}에 대한 예리한 인식과 그것을 억제하려는 내면화된 필요성—현대에 대학교를 졸업하고서 얻기를 기대할 수 있는 게 아니다.

오늘날 교육 수준이 괄목할 만하게 높은 곳에서도 포퓰리즘과 권위주의는 성행하고 있다. 공중도덕과 정치 참여에 관해 자화자찬하는 그 모든 말들에도 불구하고 서구 시민은 백 년 전보다 나을 게 없는 상태다. 그리고 우리는 이런 상태에 대해 자포자기한 듯하다. 하버드 대학교 총장인 데릭 복^{Derek Bok}은 미국 대학에서 예술과 과학 학부가 "한때 자유주의 교육의 주된 목적으로 여겨졌던 학부생들을 민주 시민으로 준비를 시키는 데는 거의 관심을 두지 않는다."라고 자신이 관찰한 바를 우회적으로 지적한다.[160] 우리는 이 문제를 안고 살아가는 법을 배워야 할 것 같다. 인간 본성을 변화시킬 수 있는 교육이 없다면 민주주의는 그저 꿈으로만 남겠지만 그런 변화가 대규모로 일어날 가능성은 없어 보인다.

우리가 가진 어려움을 더욱 악화시키는 것은 종교 전통이 비교적 깊게 뿌리박혀 의미에 대한 집합적 욕구가 충족되었던 고대 아테네인과 달리 우리는 옛 신들의 죽음으로 사람들이 영적 고아가 되었고, 그래서 정치적 방향 감각을 잃어버린 세상에 산다는 점이다. 우리의 급진적인 세속화는 수천 년 동안 사람들의 영적인 욕구를 해결하고 우주에 대한 소속감을 주며 삶에 의미를 더한 준거의 틀을 산산이 부서지게 만들었다. '신의 죽음'은 모든 걸 바꾸었다. 특히 신과 크게 관련은 없어 보이는 것들을(예를 들어 정치를) 바꾸었다. 전통적인 준거의 틀은 셀 수 없는 조각들로 쪼개졌고 우리는 아무리 열심히 노력해도 그것들을 도로 붙여놓지 못한다. 그런 틀을 박탈당하고 우리 다수는 브라운 운동 상태(Brownian state of motion, 작은 입자의 불규칙한 운동)로 남아서 자기 숭배, 강박적 소비주의, 사회적 조작, 정치적 대중 선동—우리 삶의 의미에 대한 환영을 줄 수 있는 거라면 그게 무엇이든 그 사이를 끊임없이 오가며 이러지도 저러지도 못하고 있다.

예를 들어 움베르토 에코Umberto Eco는 음모론의 확산을 세속화로 충

---

160) Derek Bok, *Universities in the Marketplace: The Commercialization of Higher Education*(Princeton, NJ: Princeton University Press, 2003), 30n.

족시킬 수 없는 의미에 대한 절박한 욕구와 연관시킨다. 다른 곳에서와 마찬가지로 『푸코의 진자』에서도 움베르토 에코는 칼 포퍼Karl Popper를 인용하는데, 포퍼에게 있어 '사회의 음모론'은 "신을 저버리고 나서 '그 자리에 누가 있는가?'"라고 묻는 데서 탄생한 것이기 때문이다.[161] 철학자들이 신의 낡은 관념에서 발견한 불완전함이 무엇이든 간에, 그것은 이 세계와 다음 세계에서—사회적이고 인식론적이며 개인적이고 집단적인—의미의 권위 있는 원천으로서 합리적으로 잘 기능했다. 옛날 신은 얼마나 가혹하게 보였든지 간에 우주의 질서를 느끼게 해준다고 약속하므로 상당한 존재론적 위안을 준다. 그 질서가 추방되었을 때 그것은 사람들 발 아래에 있는 땅을 빼앗아갔다. 니체는 '신의 죽음'을 재앙과 같은 사건이라고 옳게 말한다. 그와 동일한 권위와 힘을 지닌 의미의 출처를 새로 들고 나오려면 **위버멘쉬**(Übermensch, 초인) 이상이 필요할 것이다.

신이 의미의 출처 역할을 더이상 하지 않는다면 이제 아무나 그 역할을 맡을 것이다. 체스터턴Chesterton의 출처가 불분명한 격언에서 그 같은 드라마를 포착한다. "사람들이 신을 믿는 일을 중단할 때는 아무것도 믿지 않는 게 아니라 무엇이든 믿는다는 것이다." 하지만 믿는다는 것은 **그게 무엇이든 간에** 지금 우리가 알게 된 것처럼 심각한 문제를 불러온다. 의미에 '굶주렸'을 때 사람들은 음모론 중에서도 가장 받아들이기 쉽지 않은 것조차 삼켜버릴 거라고 『푸코의

---

161) Umberto Eco, *Foucault's Pendulum*, William Weaver 번역(New York: Random House, 1997), 617.

진자』에서 어떤 이는 말한다. "그 사람들에게 음모를 하나 주면 늑대 무리처럼 달려들 것이다. 당신이 만들어내면 사람들은 믿을 것이다."[162] 그들이 만들어내는 스토리가 얼마나 미친 소리든 간에 방향 감각을 잃은 관중은 게걸스럽게 받아먹을 것이다.

우리에게 이야기가 필요한 이유는 본질적으로 서사적인 의미가 필요하기 때문이다. 집단적 의미가 더이상 신성한 이야기들에서 생성되지 않을 때 그 의미를 우리는 가장 신성 모독적인 곳에서 찾을 것이다. 이를테면 포퓰리스트 정치에서. 포퓰리스트 정치인들은 진실을 말하거나 약속을 지키거나 심지어 정직할 필요도 없다. 그들에게 필요한 것은 단 하나, 이야기를 전달하는 방법을 아는 것이다. 그들이 이것저것 섞어 만든 이야기가 매혹적이면 매혹적일수록 그들이 대중을 정서적으로 통제할 기회가 많아진다. 그래서 포퓰리스트 정치가들은 과장된 표현을 할 때가 많다. 코미디언들도 가장 효율적인 스토리텔러들에 속한다.

"현대 정치를 이해하고 싶다면 세속적 운동과 종교적 운동이 정반대라는 생각을 내려놓아야 한다."고 존 그레이는 쓴다.[163] 그 중심에 있는 포퓰리스트 정치는 잘못된 믿음의 사례다. 카리스마 있는 지도자, 심지어 도덕성도 의심스럽고 시민 자격도 없는 지도자가 영적으로 굶주린 지역사회에 의미의 약속을 구현하려고 온다. 그가 그들의 의미에 대한 굶주림을 충족시는 데 필요한 이야기들을 그들에게

---

162) Eco, *Foucault's Pendulum*, 618.
163) Gray, *Seven Types of Atheism*, 72.

해주기 때문이다. 그가 사람들로 하여금 자기가 그런 구원의 서사를 제공할 수 있다고 믿게 만들면 아무리 터무니없는 거짓말도, 아무리 바보 같은 플롯과 음모론도 사람들은 아무런 생각 없이 집어삼킬 것이다. 그리고 그들은 그에 대해 감사하는 마음을 영원히 가질 것이다. "대중을 설득하는 것은 사실이 아니며, 심지어 꾸며낸 사실도 아니라, 다만 사람들이 그 일부분일 거라 추정 가능한 체제의 일관성이다."라고 한나 아렌트Hannah Arendt는 『전체주의의 기원 The Origins of Totalitarianism』에 쓴다. [164] 그런 상황들에서 일관성은 논리의 문제가 아니라 감정의 문제다. 그리고 연극 조의 포퓰리스트 정치가와 그의 추종자들 간의 감정 교류보다 더 일관된 것도 드물다. 이 우주 안에서는 **모든 게** 말이 된다. 시몬 베유에게 정치는 '사악한 소극'으로 보였다. 베유가 살았던 시대 이후로 상황은 더 나빠지기만 했다.

'내 친구 히틀러'

간디의 삶과 작품에는 뚜렷한 '다른 세계성'이 있는데, 이는 그를 매혹적이면서도 불안하게 만든다. 그 사람이 우리 가운데서 살아온 것 같으면서도 동시에 분명 다른 세상에서 왔을 거라고 생각되기도 한다. 윈스턴 처칠Winston Churchill이 그를 '반라의 파키르half-naked fakir'라 불렀을 때 처칠은 모욕을 주고자 한 말이었지만 그걸 간디는 칭찬으로 받

---

164) Hannah Arendt, *The Origins of Totalitarianism*(Cleveland, OH: Meridian Books, 1961), 351.

아들였다. 간디가 경력을 쌓고 싶었던 것은 법조계나 정치계, 방적업도 아니라 완전히 다른 분야였다. "나는 오랫동안 파키르(수행자), 그렇게 벌거벗은 사람이 되고자 노력했다—그게 더 어려운 과제다."[165]

간디가 파키르가 되고자 열망한 것은 대부분의 경우 간디를 곤경에 빠트렸다. 이러한 형이상학적 침입자와 어울리는 게 꼭 편하지만은 않았다. 간디의 충실한 비서이자 제자인 마하데브 데사이[Mahadev Desai]는 언젠가 이렇게 시를 읊은 적이 있다. "천국에서 성인과 함께 사는 것은 축복이자 영광/땅에서 성인과 함께 사는 것은 다른 이야기."[166]

분명히 말해서 때때로 간디는 크게 실리를 따지기도 했다. "성인이나 성인에 가까운 이 사람의 내면에는 아주 약삭빠르고 능력 있는 사람이 있었다. 마음만 먹었다면 변호사나 행정가나 어쩌면 사업가로서도 눈부시게 성공했을 사람이었다."라고 오웰은 쓴다.[167] 간디는 사업 감각과 정교한 기술로 평판이 좋은 상인 계급(Bania subcaste) 출신이었다. 하지만 간디는 순진하고 아무것도 모른다는 모습, 심지어 눈이 먼 듯한 모습까지 극적으로 선보일 때가 있었다. 정치적으로 악인 것이 명백한 사례를 마주했을 때는 유례없는 어리석은 판단을 하기도 했다.[168] 아르메니아인 대학살의 문제에서 이 위대한 인물은 오토만의 편을 들었다. 일본의 군대가 중국을 한참 유린하고 있을 때 간디는 중국인들에게 저항하지 말라고 조언했다.

---

165) Herman, *Gandhi and Churchill*, 538에서 인용.

166) Guha, *Gandhi*, 777에서 인용.

167) Orwell, "Reflections on Gandhi," 172.

168) Jad Adams는 Gandhi의 '근본악'를 이해하는 데 있어서의 끝모를 근원적 실패'에 대해 말한다(Jad Adams, *Gandhi: The True Man behind Modern India*[New York: Pegasus Books, 2011], 222).

중국처럼 인구가 4억이고 문화가 발달한 국가가, 일본의 공격에 일본의 방식으로 기대저항하는 건 어울리지 않는다. 중국인들이 나의 비폭력 개념을 수용했더라면 일본이 소유한 최신 살상 무기가 쓰일 일도 없었을 것이다.[169]

히틀러가 유럽을 인정사정없이 파괴하고 있을 때 간디는 놀랍게도 히틀러를 지지했다. 1940년 5월에 간디는 이렇게 말했다. "나는 히틀러가 묘사된 것만큼 나쁘다고 생각하지 않는다. 히틀러는 놀라운 능력을 보여주고 있고 유혈 사태 없이 승리를 거두는 것으로 보인다."[170] 독일의 미래 세대들은 '히틀러를 천재이자 용감한 사람, 탁월한 조직자, 그리고 그 이상으로 존경할 것'이라고 간디는 생각했다.[171] 또한 간디는 히틀러를 '친애하는 친구여'라 부르며 그에게 비폭력주의 채택을 촉구하는 친필 편지를 썼다. 간디의 친구는 홀로코스트를 늘리느라 바빠 답장할 기회가 없었다. 하지만 간디는 결코 쉽게 포기할 사람이 아니었다. 1941년 12월에 간디는 묵묵부답인 독일인 친구에게 칭송의 말을 쏟아부었다. "히틀러는 결혼하지 않았다. 히틀러의 성격은 깨끗하다고 들었다. 히틀러는 항상 경각심을 유지하고 있다."[172] 공평해야 하므로 간디는 유대인에게도 소홀하지 않았다. 간디는 유대인들에게 기도하라고 촉구했다—히틀러를 위해

169) Gandhi, *Collected Works*, 68:203-204.

170) von Tunzelmann, *Indian Summer*, 94에서 인용.

171) Herman, *Gandhi and Churchill*, 446에서 인용.

172) Gandhi, *Collected Works*, 75:177.

기도라하고. "단 한 사람의 유대인이라도 그렇게 행동한다면 그 유대인은 자존감을 지키고 그것이 퍼져나간다면 모든 유대인을 구원할 모범 사례를 남길 것이다."[173]

유럽으로부터 지구 반대편에서 자국 문제에 압도돼 있던 간디가 나치 독일에서 무슨 일이 벌어지고 있는지 이해할 입장은 아니었다. 하지만 그렇다고 해서 간디가 그런 발언으로 자신을 부끄럽게 만드는 것을 막지는 못했다. "독일의 유대인들은 남아프리카공화국에 있는 인도인들보다 훨씬 나은 보호를 받으며 사티아그라하를 겪을 수 있다." 전쟁이 끝난 뒤 무슨 일이 일어났는지, 히틀러가 가졌던 '경각심'이 무엇이었는지 의심할 나위가 없게 되었을 때도, 간디는 자신의 관점을 유의미하게 정정하지 않았다. 간디는 이렇게 말했다. "유대인은 도살자의 칼에 자신을 내놓아야 했다…… 그것은 전 세계인과 독일 국민들을 봉기시켰을 것이다."[174]

'민주주의는 신들만의 것'

아테네의 평등에 대한 급진적 실험 이후, 민주주의는 다른 곳에서도 등장했지만 고대 아테네인들은 알아보기 어려워했을 만한 형태일 때가 많았다. 오늘날 크게 칭송받는 미국 민주주의는 아테네의

---

173) Herman, *Gandhi and Churchill*, 445에서 인용.
174) Herman, *Gandhi and Churchill*, 406, 445에서 인용.

기준으로는 과두 정치로 보였을 것이다. 정치 게임의 룰뿐 아니라 정치 게임의 승자와 패자를 결정하는 것은 대개 부유한 소수(그리스어로 hoi oligoi)였다. 아이러니하게도 애초에 창시자들이 민주적으로 대변인을 선택할 때 절실히 피하고자 했던 것을 이 체제는 선호한다. 강압적으로 자신을 내세우는 오만한 정치적 동물들 말이다. 최근 전개된 상황은 미국의 체제조차 해체하기 쉬울 거라는 것을 보여주었다. 그 어떤 상황에서도 우리가 믿고 싶어하는 것보다 훨씬 더 쉬울 거라는 것을.

그렇다 해도 우리는 놀라지 말아야 한다. '신의 백성이 있다면 그 백성은 자국을 민주적으로 다스릴 것이다'라고 장-자크 루소는 2세기 반 전에 『사회계약론』에서 썼다. "너무 완벽한 정부 형태라서 인간의 것이 아니다."[175] 민주주의는 인간 세상에서 찾아보기가 너무 어려워서 민주주의를 이야기할 때 우리는 대부분 사실보다는 머나먼 이상을 칭하는 것이다. 사람들이 이따금 실행에 옮기고자 시도하는 것, 그런데도 결코 적절하게 그리고 오랫동안 실행하지 못하는─시험 기간인 양 늘 서툴고 소심한 것. 지금까지 그 시험은 대부분 실패로 끝났다.

그런데 이런 시도들은 실패했다 해도 때로는 이 세상의 불필요한 괴로움을 줄여주었다. 이건 민주주의의 대안이 아니라 민주주의를 선택하기에 충분하고도 남을 이유다. 덜 고통받는 것은 겸손하게 들

---

175) Jean-Jacques Rousseau, *The Basic Political Writings*, Donald A. Cress 번역 (Indianapolis, IN: Hackett, 2011), 200.

릴지 몰라도 다소 어려운 목표다. 그걸 힘들게 해냈다면 상당히 힘든 일을 달성한 것이다. 적다는 건 훨씬 더 많다는 뜻이기 때문이다. 부처에서 아시시의 성 프란체스코까지 이르는 야심찬 도덕적 개혁가들도 우리에게 그보다 많은 것은 요구하지 않았다. 욕심을 덜 부리고 자기 주장을 덜 하고 자아를 덜 보이라고만 했을 뿐이다. '세상을 더 나은 곳으로 만들자'는 진부한 말은 아무 일도 안 하는 것에 대한 훌륭한 변명일 뿐일 때가 많으니 그런 걸 끊임없이 논하는 대신 어쩌면 세상을 **덜 무서운 곳**으로 만들기 위해 좀 더 열심히 노력해야 할지 모른다. 어려운 과제임은 틀림없지만 시도해 볼 만한 가치가 있는 과제다.

민주주의의 시도와 시련들이 우리에게 가르쳐 주는 것이 있다면, 우리의 꿈이 얼마나 고귀하고 우리의 열망이 얼마나 야심 차든 간에 우리는 더 적게 가져도 얼마든지 만족할 수 있어야 한다는 것이다. 그런 겸손함은 우리에게 많이 이로울 것이다.

백만의 사망자

간디의 사생활과 인도의 공적인 삶을 분리하는 경계는 구멍이 숭숭 뚫려 있었기 때문에 간디의 실패는 결코 개인적인 일이 아니라 인도와도 관련되어 있다. 정치인 간디에게 백만의 인도인의 죽음은 선한 목적 달성에 도움이 되는 죽음이라면 그리 나쁜 일이 아니었다. 1942년에 간디는 이렇게 말했다. "나는 영국의 지배에 용감하게 비폭력 저항을 하다 백만의 사람이 총에 맞더라도 좋은 일이라고 생각하기로 마음 먹었다."[176] 죽음은 많은 위업을 달성할 수 있으며 훌륭하게 쓰일 수 있는데—죽음을 정복하는 법을 아는 사람만 있으면 된다. 간디는 자신이 그런 죽음의 대가라고 생각했다. 간디는 소금행진(Salt March—간디가 영국에 소금법 폐지를 주장하며 아쉬람에서 단디까지 행진한 일 : 옮긴이) 도중에 이렇게 선언했다. "내 가슴은 이제 돌처럼 단단하다. 필요하다면 수십만, 수백만의 사람을 희생시킬 각오로 나는 이 스와라지를 위한 투쟁에 임하고 있다."[177]

영국 관리들은 간디가 '자신의 요구를 받아들이지 않아서 인도의 어느 도시에 폭동이나 집단 분쟁이 발생하면 얼마나 많은 사람이 죽게 될지 냉정하게 이야기하는 것을 듣고 충격을 받았'고 어느 역사가는 말한다.[178] 아마도 영국인들은 그렇게 충격을 받지 말았어야 했다—결국 경고를 받았기 때문이다. **힌두 스와라지**에서 간디는 이렇게 쓰지 않았던가? '죽음을 베고 자는 나라는 위대하다.'[179] 간디의 암살자 나투람 고드세는 스스로를 변호할 때 이 말을 그대로 언급했다. 고드세가 노년에 한 설명에 따르면 그에게 간디는 "진실과 비폭력이라는 이름으로 조국에 말로 다 할 수 없는 재앙을 일으킨 폭력적인 평화주의자였다."[180]

---

176) Herman, *Gandhi and Churchill*, 492에서 인용.

177) Gandhi, *Collected Works*, 49:15-18.

178) Herman, *Gandhi and Churchill*, 193.

179) Mohandas K. Gandhi, "Hind Swaraj," in Rudrangshu Mukherjee, *The Penguin Gandhi Reader* 편집(New York: Penguin 1996), 51.

180) Nathuram Godse, *Why I Assassinated Mahatma Gandhi*(New Delhi: Surya Bharti

남아프리카 공화국에서 인도로 이주한 지 얼마 되지 않았던 1915년에 간디는 아메다바드Ahmedabad 부근에 새로 설립한 아쉬람ashram에서 저녁 기도를 하던 중 규율과 회복력의 미덕을 칭찬하면서 아쉬람 거주자들에게 선언했다.

그러한 규율 안에서 훈련받은 아쉬람의 수용자들을 모두 불러내 비폭력의 제단에서 분신하게 할 날을 자신은 고대했다고. 그들이 비처럼 쏟아지는 총알 앞에 두려움이나 미움의 흔적 없이 오직 가슴에 사랑만 품고 하나 둘 쓰러지는 것을 미동도 없이 지켜볼 것이라고. 그러고 나서 그들 중에 마지막 사람이 쓰러지고 나면 그 자신이 따를 것이라고.[181]

우리는 여기서 간디의 가장 특징적인 실패를 마주하게 된다. 타인의 죽음에 대한 오만한 태도, 자기의 싸움터에 다른 사람들을 배치하고 늘상 제대로 설명해 주지도 않은 명분을 위해 순교자로 만들 때의 그 무사태평함. 사람들을 매혹시키는 데 탁월했던 그는 가끔 추종자들을 매혹시켜 죽음에 이르게 했다. 언젠가 간디는 이렇게 고백했다. "내 안에 무슨 악마가 있는 건지 모르겠다. 내 내면에는 잔인한 구석이 있다…… 나의 기쁨을 위해 사람들이 뭔가를 억지로 하게 만드는, 심지어 불가능한 일마저 시도하게 만드는 잔인성이다."[182] 이 수동적

Parkashan, 1993), 40.

181) Pyarelal Nayar, *Mahatma Gandhi: The Early Phase*(Ahmedabad: Navajivan, 1965), 15.

182) Gandhi, *Collected Works*, 10:202.

저항의 예언자는 이런 힘을 남용하고 싶은 유혹에 저항하지 못했다.

혁명의 문제

인간 사회가 **파이데이아**로 변화할 수 있다는 개념은 희망적이고 인내심이 있는 사람들을 위한 것이다. 언젠가는 책과 교사가 권력에 굶주린 동물들을 공공의 이익을 위해서 이타적으로 움직이는 모범 시민으로—늑대들을 채식주의자 활동가들로— 변화시킬 거라고 믿는 데는 상당한 낙관주의와 그보다도 더 큰 인내심이 요구된다. 참을성 없는 사람들에겐 이 변화를 만들기 위해 해볼 만한 또 다른 방법이 있다. 즉, 집을 전부 불태우고 모든 일을 처음부터 다시 시작하는 것, 인류를 완전히 새로 만드는 것이다. **파이데이아**가 아니라 **혁명**이다. 이런 일이 실현 가능하다는 믿음은 역사를 계속 살아 숨 쉬게 한 또 하나의 원동력이다—가끔은 너무 생생해서 탈이었지만 말이다.

『독일 이데올로기』에서 칼 마르크스와 프리드리히 엥겔스Friedrich Engels는 그 과정이 실제로 어떻게 작용하는지 자세히 설명한다. 그들은 '막대한 규모의 인간 변화alteration of men on a mass scale'에 대한 필요성을 확립하고 이것은 '실질적 운동, 즉 **혁명**으로만 가능한' 일이라고 구체적으로 말한다. 그다음에는 혁명의 이중 기능을 고도로 파괴적이고 폭력적인 역사적 행위로 상술한다.[183] 그들은 우리의 이해를 돕기

---

183) Marx와 Engels에게 있어서 혁명은 반드시 폭력적이어야 점은 명백했다. 예를 들어

위해 이렇게 쓴다. "혁명은 필수다. 지배 계급이 다른 방법으로는 전복될 수 없기 때문일 뿐 아니라, 그 계급을 전복시키는 계급이 자신에게서 시대의 분노를 전부 다 씻어내고 새롭게 건설된 사회에 걸맞은 사람이 되기 때문이다."[184] 마르크스와 엥겔스는 1846년에 『독일 이데올로기』를 썼다. 그들은 아직 일어나지 않은 공산당 혁명에 대해 말하고 있었는데 무에서 유를 창조하여 예언하는 게 아니라 그보다 불과 한 세기 전에 일어난 '사회를 새롭게 건설한 일'에 관한 사건을 기반으로 상상한 미래를 제시하고 있었다.

프랑스 혁명은 핵심적으로 급진적인 새로움의 프로젝트였다. 1789년의 뜨거웠던 그 여름에 프랑스가 수 세기 동안 의존했던 사회와 정치 기관들의 체제 전체가 압제적이고 부당할 뿐 아니라 비합리적이었던 것으로 밝혀졌다. 갑자기 구체제는 부끄러운 것이 되었고 새롭게 합리적으로 고안된 미래지향적 기관들로 교체될 필요가 있는 것이 되었다. 이렇게 해서 '모든 걸 재발명해야 한다'가 혁명의 제1계명이 되었다. 그리고 모두가 그 계명을 따르는 것 같았다. 타불라 라사tabula rasa라는 백지상태에서 시작하여 이내 온 나라를 중독시킨다. 대부분의 프랑스 혁명가처럼 자신을 과감하게 재창조한 조르주 당통Georges Danton은 이를 가장 잘 표현하는 다음과 같은 말을 했다.

The Communist Manifesto에서 그들은 "부르주아 계급의 폭력적 타도가 프롤레타리아 계급이 지배할 초석을 만든다"라고 말한다. Das Kapital에서 Marx는 이렇게 쓴다. "무력은 새로운 사회를 태동한 모든 낡은 사회의 산파다."

184) Karl Marx and Friedrich Engels, "The German Ideology," in Karl Marx and Friedrich Engels, *Collected Works*, vol. 5(London: Lawrence and Wishart, 1989), 52-53(원문의 이탤릭체 부분).

"우리는 모든 것을 다시 보고 재창조해야 한다." 막 채택된 '인간 권리 선언The Declaration of the Rights of Man'이 "결함이 없는 것은 아니고 진정으로 자유로운 사람들에게 검토받아 마땅하다."고 단통은 말했다. [185] 오직 영구적 혁명만이 혁명다운 혁명이었다.

　과거와 깨끗이 결별한다는 개념은 계몽사상가들로부터 왔으나 그러한 결별을 실제로 경험하는 것은 또 다른 문제였다. 프랑스에서 혁명과 연관된 사건이 펼쳐졌던 걸 따라가 보면 그들이 시도하던 일들에 의해 생겨난 엄청난 흥분감뿐 아니라 널리 퍼져 있던 불안감, 괴로움, 두려움도 느낄 수 있다. 루이 16세가 처형된 직후에 국민회의(National Convention, 혁명 프랑스 최초의 정부)의 급진주의자 필리페 르 바스Philippe Le Bas가 했던 말에서 적어도 그 단서를 찾을 수 있다. 르 바스는 왕의 참수에 표를 던졌는데, 이제 자신과 동료 혁명가들이 무슨 일을 저지른 건지 완전히 깨닫고 정신을 차렸다. "되돌아갈 길은 끊어졌고 우리는 원하든 원하지 않든 오직 앞으로 나아갈 수밖에 없으며, 이제 정말로 '자유가 아니면 죽음을 달라'고 말할 수 있다." [186] 혁명가들은 자신들의 과감한 실험이 실패했을 경우 더는 후퇴할 곳이 없었다. 사회의 옛 형식과 정치적 의식, 공공 관행은 모두 버려졌고 거의 모든 것이—달력에서 계량체제, 공교육까지 모조리 새롭게 다시 만들어져야 했다. 이 몽상가들이 다다르지 못할 한계란 없었다. 혁명이 일어난 파리에서 버섯처럼 뻗어 나가던 정치 클럽

---

185) Jeremy D. Popkin, *A New World Begins: The History of the French Revolution*(New York: Basic Books, 2019), 304에서 인용.
186) Popkin, *A New World Begins*, 315에서 인용.

중 하나였던 '진실의 친구들 협회The Society of the Friends of Truth'의 회원들은
자신들이 '우주를 다시 만드는 것' 그리고 '인류의 새 종교를 창조하
는 것'을 꿈꾸었다. [187]

혁명가들의 지칠 줄 모르는 새로움의 추구가 그들의 프로젝트를
실현할 수 없는 일일뿐 아니라 분명히 위험한 일로 만드는 거라고
일각에서는 우려했다. 이 점에 있어서 혁명 비판자들 가운데 에드먼
드 버크Edmund Burke보다 예리한 사람은 드물었다. 버크의 『프랑스 혁
명에 관한 성찰』이 1790년 11월에 나왔을 때, 버크는 그 주제가 아
직 진행 중이었음에도 정말로 성패가 달린 문제들을 어렵게 포착했
다. 버크는 혁명가들의 근본적인 실수는 과거를 거부하는 데서 온다
고 생각했다. "당신은 시민 사회에 길들여진 적이 전혀 없는 사람처
럼 행동하기로 했으며 모든 것을 새로 시작하기로 했다. 당신은 잘
못 시작했다. 가진 것을 모조리 경멸하는 것부터 시작했기 때문이
다. 당신은 자본 없이 교역에 들어간 것이다."[188]

이성만 가지고서는 미약하고 불완전하다고 버크는 제안한다. 이
성은 공급에 있어서 결코 충분하지 않으며 당면한 과제의 복잡성에
쉬이 압도당하기 때문이다. 삶의 보다 중요한 문제들에 관한 한 이
성에 너무 많이 의존해서는 안 된다며 버크는 이렇게 말한다. "우리
는 사람들을 각자가 개인적으로 보유한 이성의 힘으로 살아가고 서
로 거래하게 하는 것을 두려워하는데, 각각의 사람이 보유한 이성이

---

187) Popkin, *A New World Begins*, 218.
188) Edmund Burke, *Reflections on the Revolution in France and Other Writings*(New
York: Everyman's Library, 2015), 454.

적을 것으로 추정하기 때문이다…… 인간의 본성은 복잡하며, 사회가 추구하는 목적들은 최대로 복잡하다.”[189] 이성은 동경할 만한 것이지만 이성에만 의존하다가는 비이성적인 결과로 이어질 수 있다.

그 뒤로 연달아 일어난 극적인 실패들―공포의 시대Reign of Terror, 나폴레옹 보나파르트Napoleon Bonaparte의 등장과 통치, 왕정복고(Restoration, 그토록 영광스러웠던 파티가 끝난 뒤의 고약한 숙취)―은 버크의 비판을 확인시켜 주는 듯했다. 이 점에서도 다른 측면에서와 마찬가지로 프랑스 혁명은 그보다 최근에 일어난 볼셰비키 혁명, 중국 마오쩌둥 문화 혁명, 캄보디아 크메르 루즈Khmer Rouge 정권처럼 과거로부터 완전히 분리하고자 하는 시도들을 예견했다. 이 모든 사례에서 값비싼 대가를 치르고서 얻은 건 인간에게는 이성 그 이상의 것이 있다는 다소 진부한 교훈이었다. 우리는 이성과 감성, 논리와 상상력, 상식과 편견이 복잡하게 섞인 존재다. 현지 문화와 애착, 고유한 관습과 전통처럼 사소해 보이는 세부사항들도 비합리적일지는 모르지만, 최소한 철학자들이 고안하는 추상적 계획 만큼이나 중요한 역할을 가진다. 감정과 기억, 문화와 관습이라는 짐은 밸러스트(ballast, 배나 열기구에 무게를 주고 중심을 잡기 위해 바닥에 놓는 무거운 물건)에 불과할지 몰라도 그것 없이 항해하는 것은 무모하다. 아서 쾨슬러Arthur Koestler의 『한낮의 어둠』에서 늙은 볼셰비키 루바쇼프Bolshevik Rubashov는 감옥에서 처형을 기다리면서 이렇게 말한다. “모든 밸러스트를 배 밖으로 던져버린 지금 오직 하나의 닻이 우리를 지탱해준다. 그건

---

189) Burke, *Reflections on the Revolution*, 500.

바로 자신에 대한 믿음이다."[190]

지금 '믿음'이라고 했나? 루바쇼프처럼 급진적인 혁명가에게서 이런 말이 나오다니 참으로 대단한 고백이다. 격렬한 카톨릭 반대주의자였던 로베스피에르가 그 어떤 사회도 몇몇 형식의 종교적인 삶 없이 존재할 수 없다는 걸 깨닫고 초월적 존재에 대한 숭배를 제시했을 때, 그 역시도 자신이 인정하고 싶은 것보다 더 많은 걸 시인했을 것이다. 불과 몇 년 뒤 나폴레옹이 가톨릭 교회와 관계를 회복했을 때 그는 자신이 혁명가들보다 인간을 훨씬 더 잘 이해한다는 걸 보여주었다. 나폴레옹이 신을 믿은 건 아니지만, 그는 어느 정도 믿음을 내비치지 않으면 프랑스인들이 자신을 믿어 주지 않을 거란 걸 알고 있었다. 냉소적이었지만 망상적이진 않았다. "그들은 내가 교황청 신자라고 말하겠지만 나는 아무것도 아니다. 이집트에서는 이슬람교도였지만 여기서는 국민을 위해 가톨릭 신자가 되겠다."라고 했다.[191] 신앙에는 단지 비루한 이성만 가지고는 결코 이해하지 못할 이유들이 있다.

급진적 새로움에 대한 추구가 프랑스 혁명에서 최악의 일은 아니었다. 더 큰 문제는 그것을 획득하고자 채택했던 수단, 즉 공포였다. 혁명의 기능 중 하나는 기억할지 모르지만 '우리가 새롭게로 이룩한 사회에 걸맞은 사람이 될' 수 있도록 '구시대의 오물'을 털어내는 것이다. 다시 태어나는 거나 다름없을 정도의 철저한 정화. 낡고 더러

---

190) Arthur Koestler, *Darkness at Noon*, Daphne Hardy 번역(New York: Bantam, 1968), 81.
191) Popkin, *A New World Begins*, 544에서 인용.

운 자아에 집착하는 상태로는 인류 역사의 새로운 장에 진입할 수 없다. 따라서 혁명의 제2 계명은 이거였다. "죽여야 한다!" 알고 보면 피는 훌륭한 청정제이기 때문이다.

(고대에도 현대에도) 민주주의 신봉자들은 이 같은 변혁적 정화가 수세기가 걸리더라도 좋은 규칙과 제도를 통해 이루어지기를 바라지만, 혁명가들은 질질 끄는 역사적 진척을 기다릴 시간이 없고 인내심은 더더욱 없다. 그들은 최단 시간 안에 인간 물질의 재창조를 달성할 수 있다고 확고히 믿는다. 분명 그 방법은 잔인해야 하지만 목표의 숭고함을 생각할 때 어떤 대가를 치르든 그만한 가치가 있다.

프랑스 혁명의 목표는 숭고했다. 그 사람들은 우리가 아는 바 대로 인간 역사에 종지부를 찍을 '가치의 공화국Republic of Virtue' 이하의 것은 꿈꾸지 않았다. 완벽한 사회보다 못한 것은 그 무엇도 그들을 만족시키지 않을 것이었다. 혁명은 인간 역사의 전개를 초월해야 했다. 이는 평범한 정치가 아니었다—종말론이 실현되고 있는 것이었다. 알렉시스 드 토크빌Alexis de Tocqueville은 '프랑스 대혁명은 종교 혁명과 같은 방식으로 진행된 정치 반란'이라고 관찰했다.[192] 사람이 천상의 일을 땅에서 할 때는 일반 기준이 적용되지 않는다. 학대, 살인, **혁명의 적**(les ennemis de la Révolution, 실제 또는 가상의 적) 근절, 레지스탕스, 심지어 대량 학살까지 무엇이든 허용된다. 인간 완벽 달성의 성패가 달려 있는 마당에 법적인 문제나 윤리적 세부 사항에

---

192) Alexis de Tocqueville, *The Ancien Regime and the French Revolution*, Jon Elster 편집, Arthur Goldhammer 번역(Cambridge: Cambridge University Press, 2011), 19.

신경 쓰는 것은 가장 나쁜 유형의 배신이다.

공포의 시대는 아이러니하게도 인류에 대한 지극한 사랑에서 탄생했다. 그 사람들이 **테러리스트**가 된 이유는 그들이 열정적인 자선가였기 때문이다. 테러의 전개는 혁명적 이상과 그 이상을 실현하기 위해 쓰인 수단의 폭력성 간의 연결고리가 두꺼워지고 있음을 보여주었다. 열망이 고결할수록 그들의 손에는 더 많은 피가 묻어났다. 프랑수아 푸레François Furet는 '법의 일시적 정지', 특히 '인간의 권리'를 허용한 것은 바로 '시민의 미덕에 의거해 사회를 설립할 더욱 숭고한 필요'였다고 관찰했다.[193] 그들의 포악한 방법은 엄밀히 말하면 미덕의 가차 없는 추구에 의해 요구되는 것이었다.

그 결과는 대량 살상이었다. 혁명으로 인해 단두대와 칼과 도끼에 참수당하고, 폭도들에게 도살당하고, 강물에서 익사하고, 불에 타 죽고, 수레바퀴에 깔려 죽는 등 수십만 명에 달하는 희생자가 나왔다. 하지만 숫자는 보통 제대로 알려주지 않을 때가 많다. 때로는 한 사람의 목격자가 하는 증언이 가장 상세한 통계보다도 더 설득력이 있을 수 있다. 공포 정치가 시작된 1792년 9월, 왕당파에 동조한 육군 장교였던 프랑수아 주르니악 생메르François Jourgniac Saint-Méard는 당시의 학살에서 거의 기적처럼 살아 남았는데, "처형 당시 만연하던 심오하고 침울한 침묵 속의 공포를 완전히 표현하는 것은 불가능하다."고 회상한다.

---

193) François Furet, *The French Revolution, 1770-1814*, Antonio Nevill 번역(Oxford: Blackwell, 1998), 137.

침묵은 희생자들이 울부짖음과 그들의 머리를 겨냥한 칼날에
의해서만 중단되었다. 그들이 바닥에 쓰러지자마자 끔찍한
침묵보다 수천 배 더 무서운 '우리나라 만세'라는 격렬한 외침
이 일어났다.[194]

파키리즘^{Fakirism}의 이론과 실천

결국 간디를 정의한 것은 그의 다른 세계성, 즉 그의 파키리즘이
었다. 수피 이슬람에서 **파키르**^{faqir}는 자신을 완전히 희생하고 타인을
위해 헌신하는 삶을 사는 사람이다. **파키르**는 개인적 이익이나 세속
적 욕망을 추구하지 않고 사유재산 없이도 살아갈 수 있다. **파키르**
는 보통 자선에 의지하거나 아무것도 가진 것 없이 살아간다. 이 말
의 어원은 **파크르**(faqr, 아랍어로 '가난'을 뜻함)다. 수피 파키르는 오랫
동안 인도 종교 영역에 속해 있으면서 이슬람교도뿐만 아니라 힌두
교도들의 영적인 삶을 형성했다. 수피 파키르는 그 두 집단에게 공
경 받았다. 그래서 처칠이 간디를 '파키르'라 불렀을 때 간디는 황송
한 기분이 들었다. 어떻게 황송하지 않을 수 있겠나? 대영제국의 최
고 권력자가 '영적 스승'이라고 불렀는데 말이다. 간디가 아쉬워한
것이 있었다면 그건 자신이 **충분히 파키르답지 않다는** 거였다.

남아공에 있을 때 간디는 파키르의 삶을 살겠다는 의식적 결정을

---

194) Popkin, *A New World Begins*, 289-290에서 인용.

내렸다. 첫째 가난의 소명을 받아들였다. 파키르는 아무것도 소유하지 않는다. 간디는 훗날 "가난의 사용은 부의 사용보다 훨씬 달콤하다."고 말했다.[195] 간디는 법률 업무를 중단하고 그밖의 세속적인 일로부터도 떨어져 나왔다. 화려한 유럽식 복장은 그만두었고 3등석 이상의 여행도 하지 않았다. 추가로 간디는 자신과 가까운 사람들도 마찬가지로 가난해야 한다고 판단하고(연계에 의한 파키르다), 가족들에게 이제부터는 전보다 훨씬 적은 돈으로 생활해야 한다고 정식으로 통보했다. 간디의 아들 마닐랄Manilal이 정규 교육과 직업에 대한 열망을 표명하자 그의 아버지는 "우리는 가난하며 계속 가난하게 살고 싶다."고 단호히 잘라 말했다.[196] 파키르는 세속적인 직업을 갖지 않는다—파키리즘 자체가 최고의 직업이다.

간디가 한 것처럼 파키르가 되기 위해 분투할 때는 가난한 것만으로는 충분하지 않다—그걸 남들이 봐야 한다. 파키르임을 과시하지 않는다면 파키르가 될 이유가 없는 것이다. 자신의 가난을 보여주기 위해 간디는 의복 아이템을 점점 더 버리기 시작해서 그게 과연 어디서 멈출 것인가 사람들이 걱정하기 시작할 정도까지 갔다. 이와 비슷하게 간디는 음식도 점점 더 적게 먹었다. 물질적 욕구를 감소시킬 방식을 찾다가 간디는 우연히 황금률을 만났다. 무엇이든 최소한의 필요 이상을 사용하는 것은 도둑질이라는 황금률이다. 그는 다음처럼 말했다.

---

195) Louis Fischer, *The Life of Mahatma Gandhi* (New York: Harper & Row, 1983), 92에서 인용.

196) Rajmohan Gandhi, *Mohandas*, 140에서 인용.

내 몸을 가리는 데 셔츠 하나만 있으면 되는데, 두 개를 사용한다면 나는 다른 이로부터 셔츠 하나를 훔친 죄가 있는 것이다. 다른 누군가가 사용했을 수 있는 셔츠는 내 것이 아니기 때문이다. 바나나 다섯 개만으로 살아가기 충분하다면 여섯 번째 바나나를 먹는 것은 일종의 도둑질이다.[197]

그 어떤 파키르도 그보다 더 잘 표현할 수는 없었을 것이다. 옛 수피 파키르와 같이 간디에게 가난이란 그저 최소한의 것에 만족하며 사는 게 아니었다. 그것은 자기 초월의 길이었다. 당신은 이 세상이 싫어서 파키르가 되는 게 아니라 이 세상과 서로 사랑에 빠져서 파키르가 되는 것이다. 간디는 너무 많은 것을 원했기에 보다 덜 갖기로 한 것이다.

파키리즘에 대한 자격을 완전히 갖추기 전에 간디가 처리해야 할 일이 딱 하나 있었다. 바로 성생활이었다. 파키르는 육체의 요구에 신경 쓰는 일이 없다. 이 단계는 그리 쉽지 않았는데 간디가 천성적으로 성욕이 강한, 보통이 아니게 열정적인 사람이었기 때문이다. 간디에게 있어서 육체와의 싸움은 힘든 투쟁이었다. 그래도 종국에는 간디가 이겼다. 극단적인 조치를 취해서이긴 하지만 말이다. 간디는 수많은 자기반성을 거치고 친구들과 상의한 끝에 아내와의 동침을 중단하고 브라마차리(brahmachari, 종교적인 이유에서 성관계를 안 하는 사람(celibate))가 되기로 했다. 그런 결정을 내리기 전에 그 문제를 아

---

197) Gandhi, *Collected Works*, 14:384.

내 카스투르바와 상의하고 싶다는 마음은 들지 않았다. 하지만 언제나 신사다웠던 간디는 결정을 내리자마자 아내에게 알려주었다.

실패가 선택 사항이 아닐 때

혁명의 폭력성에 관해서라면 막시밀리앙 로베스피에르Maximilien Robespierre보다 더 상징적인 인물은 찾기 어렵다. 이 아라스Arras 출신 전직 변호사를 만났을 때 미라보Mirabeau가 이렇게 외친 일은 유명하다. "Cet homme ira loin car il croit tout ce qu'il dit(이자는 자기가 하는 말을 죄다 믿기 때문에 큰일을 낼 것이다)." 말하기가 그 자체를 목적으로 널리 추구되는 예술이었던 사회에서 미라보가 한 이 **기지 넘치는 발언**은 칭찬이라기보다 경고였다.

혁명 전에 로베스피에르가 다른 사람들과 달랐던 점은 자신만의 독특한 면이 없다는 거였다. 사람이 담백함 그 자체였다. 정확히 이 담백함 때문에 로베스피에르가 1789년 이후 혁명적 사건들의 흐름에 완전히 열중하면서 그 흐름과 하나가 될 수 있었던 거라고 프랑수아 푸레는 지적했다. 로베스피에르는 자기 자신의 삶, 사생활이 전혀 없었고 혁명 이외에는 열정도 흥미도 없었다. "로베스피에르의 자아와 혁명은 분리될 수 없다."고 러스 스커Ruth Scurr는 관찰한다. 큰 소용돌이에 휩싸인 로베스피에르와 공화국은 "하나의 동일한 폭군이 되었다."[198] 로베스피에르에게는 혁명을 최후까지 방어하고자 하는 것이 제2의 천성이 되었다. 이 사실을 알고 로베스피에르의 많은 혁명 동지들은 분하게 여겼지만 말이다. 혁명의 실패는 선택지가 아니었으므로 그 어떤 수단이라도 로베스피에르가 볼 때 혁명의 성공에 기여하는 한은 정당화되었다. 이는 아이러니하게도 늘 실패의 지름길이다. 혁명이 쇠락하는 듯 보일수록 로베스피에르는 그걸 직시하거나 받아들이지 않겠다고 더더욱 결의를 굳혔다.

로베스피에르는 자신을 도덕적으로 순수하다고 간주하며(로베스피에르가 괜히 l'Incorruptible(부패하지 않는)로 알려졌던 게 아니다) 직접 혁명 프랑스의 도덕적 순수함을 책임지는 직무를 맡았다. "로베스피에르는 돈에도 성에도 별로 관심이 없었다." 로베스피에르는 "장사꾼 기질도 없었고 사람들을 능수능란하게 열광시킬 줄도 몰랐다."[199] 그런 면은 그의 행동을 고결하면서 동시에 완전히 파괴적인 것으로 만들었다. 로베스피에르는 옷 입는 법에서 사회적 처신 방식, 사람들을 (자신의 친구들을 포함하여) 단두대로 보낸 방식에서까지 정확성을 체현하고 있었다. 로베스피에르가 그냥 느슨한 사람이었더라면 혁명의 운명은 달랐을지도 모른다. 부패한 정치인보다 더 나쁜 것이 있다면 부패할 수 없는 정치인이다.

계몽주의 시대의 순종적인 후계자였던 로베스피에르는 이성을 행동 지침으로 사용했다. 로베스피에르는 자신의 규범을 현학적으로

---

198) Ruth Scurr, *Fatal Purity: Robespierre and the French Revolution*(London: Vintage, 2007), 6-7.

199) Scurr, *Fatal Purity*, 89.

'초월적 존재'의 상정에 뿌리를 둔 보편 도덕성의 원칙으로부터 도출했다. 자기 존재에 대한 이같은 합리적 근거가 로베스피에르를 인간 감정들에 휘둘리지 않게 만든 것이었다. 혁명에 위협이 될 만한 요소가 어디서 나오는지 일단 알고 나면 그에 대항해 수학자가 명제를 논리적 결론으로 이끌듯 강한 집념으로 행동에 임했다. 로베스피에르는 마치 그 옛날 대제사장처럼 엄숙하고 유머감각 없이 선언을 내리고서 자신의 신성한 직책에 요구되는 일을 인명을 희생하는 일까지 포함해 전부 수행했다. 콘도르세 후작Marquis de Condorcet이 혁명은 '종교'이고 '그 안에서 종파를 이끄는' 로베스피에르는 '신도들의 우두머리인 사제다'라고 관찰했을 때 그는 통찰력뿐 아니라 몸소 체험하여 얻은 지식까지 보여준 거였다.[200]

로베스피에르가 애호한 해결책은 공포였다. 공포가 없으면 '미덕은 무력하고' 미덕이 없으면 프로젝트 전체가 무의미해진다고 생각했다. "공포는 신속하고 가혹하며 유연하지 않은 정의일 뿐이다." 정의는 반드시 이루어져야 하므로 공포는 중단될 수 없었다.[201] 로베스피에르의 손에서 살인은 순전히 이성적인 일이 되었다. 사람이 누군가를 죽이려면 보통은 (증오, 분노, 공포 등) 어떤 형태로든 감정이 필요하다. 로베스피에르는 이성적인 사람, 감정을 초월한 사람이었다. **혁명의 적**을 처형하기로 한 로베스피에르의 결정은 복수심이나 증오에서 비롯된 게 아니라 이성적 판단에 따른 논리적인 결과였다.

---

200) Scurr, *Fatal Purity*, 215에서 인용.
201) Scurr, *Fatal Purity*, 275에서 인용.

이 인간 기계에게 있어 용서는 나약함과 동의어였을 것이며 무엇보다도 추론의 실패였을 것이고, 이는 그가 용납할 수 없는 것이었다. 그리고 이것은 로베스피에르를 한층 더 소름끼치는 인물로 만들었다. 프랑수아 푸레가 우리에게 일깨워 주듯이 로베스피에르에게 "피는 정치 체제처럼 추상적이었으며 단두대는 로베스피에르의 도덕적 설교에 의해서 먹이를 공급받은 것이었다."[202] 이 점에 있어서도 다른 측면에서처럼 로베스피에르는 계몽주의 프로젝트의 가장 큰 아이러니를 구현한다. 이성은 너무 과하게 밀어붙여지면 그 반대쪽으로 변화한다는 아이러니를 말이다. 목표가 아무리 고귀하고 명분이 아무리 설득력 있더라도 이를 실행하기 위해 피 흘려야 하는 정치 프로젝트가 결코 이성적일 수는 없는 것이다.

이 아이러니를 가장 생생하게 보여주는 사례가 단두대 그 자체다. 중요한 의미에서 단두대는 계몽주의가 가시적으로 구체화한 것이었다. 단두대라는 장치는 (제작자가 칼날의 무게와 각도, 프레임의 높이 등을 계산하려면 뉴턴의 물리학을 잘 알아야 하므로) 현대 과학을 엄격하게 적용한 것이었을 뿐 아니라, 그 존재 자체가 박애적이고 진보적인 개념의 구체화였기 때문이다.

조제프 이냐스 기요탱Joseph-Ignace Guillotin 박사는 단두대를 발명한 사람은 아니지만 (단두대는 그 전에도 다른 곳에서 다른 형태로 사용되었다), 1789년 말 프랑스의 형사 사법 제도를 개혁하기 위한 일련의 조치를 제안한 섬세하고 사려 깊은 인본주의자였다. 프랑스 왕정 시대의 형

---

202) Furet, *The French Revolution*, 146.

벌은 잔인하고 모욕적이며 불평등한 것이었다. 평민들을 위한 교수형은 죽기까지 길게 몇 분 정도가 걸렸고 숨이 끊어질 때까지 여러 번 죽어야 했다. 귀족들은 조금 더 운이 좋아서 칼이나 도끼로 참수형에 처해졌다. 하지만 사형 집행자가 숙련된 사람일 경우에만 신속하게 처형이 이뤄질 수 있었다. '형차에 매달아 돌려 죽이는' 처형은 특히 끔찍했다. 그래서 기요탱 박사는 동료 시민들을 염려하여 덜 고통스러우면서 신속한 처형 방법, '간단한 메커니즘에 의한 참수'를 고안해 냈다. '박애주의적인 참수 기계'라고도 불렸던 이 기계는 그 전에도 이미 좋은 결과를 내고 있었기 때문에 완성도만 높이면 되었다.[203] 그 일을 해내서 마침내 참수형을 예술로 승화시키게 된 것이었다.

1792년 4월에 단두대가 마침내 채택되었을 때 그 기계는 놀라운 일들을 해냈다. 사실 너무 잘 작동해 사람들이 실망할 정도였는데, 사형수들이 끌려오기 무섭게 처형이 끝났던 것이다. 위대한 기요탱 박사의 예측대로였다. "머리가 날아가고…… 희생자는 더이상 없다."[204] 이는 대중을 위한 구경거리가 거의 없다는 뜻이었고, 따라서 재미도 없다는 뜻이었다. 알고 보니 기요탱 박사의 '박애주의적인 참수 기계'는 흥을 깨는 데 으뜸인 기계였다. 단두대는 수 세기 동안 사람들을 공개 처형장에 끌어들인 도취적인 복잡한 감정들을 없앰으로써 모든 걸 망쳤다. '인도적 처벌'이라는 개념은 혁명을 옹호하는 청중들에게 잔인한 장난으로 보였을 뿐 아니라 고기 없는 스테이크, 파

---

203) Graeme Fife, *The Terror: The Shadow of the Guillotine: France, 1792-1794*(New York: St. Martin's Press, 2004), 51-5.
204) Fife, *The Terror*, 56.

트너 없는 섹스, 술 마시지 않은 맨정신처럼 몹시 어리석은 일로 보였을 것이다. 그 용감한 상 퀼로트(sans-culottes, 프랑스 혁명 당시 과격 공화파를 부르던 말, 귀족 남성복 퀼로트(반바지)를 입지 않고 긴바지를 입었기 때문에 퀼로트를 입지 않은 사람이라는 뜻이다 : 옮긴이)들은 고통 없는 처형은 원하지 않았다—그들은 실감나면서 오랜 시간 심한 고통이 이어지는 광경을 즐기기 위해 처형장에 나타났다. 신속하고 '박애주의적인' 처형이 아니라 느리게 질질 끄는 죽음을 보기 위해. '인도적인 처형'은 당시 상 퀼로트들이 풍부하게 느꼈던 '복수에 대한 깊은 열망에서 비롯된 처벌과 공포에 대한 열정'과는 결코 어울리지 않았다.[205] 그렇게 해서 혁명가들은 혁명의 세 번째 계명이었을 수 있는 것을 위반하게 되었다. 그건 바로 "군중을 실망시키지 말라!"였다.

레모네이드를 팔던 한 파리 출신의 여성은 ('상 퀼로트에 반대하는 사람의 심장을 먹고 싶다'고 할 정도로) **테러리스트** 정서가 강한 여성이었는데 단두대의 속도와 정확성에 대한 집단적 좌절감을 이렇게 표현했다. "목 자르는 일에 대해 말은 많지만 피가 충분히 흐르지 않고 있다."[206] 사실 피는 흐르고 **있었지만**, 그것도 아주 많이 흐르고 있었지만, 작업이 너무 깔끔하게 진행되었기 때문에 정반대의 인상을 주었다. 단두대가 관중이 받아들이는 것보다 더 빨리 움직이고 있었던 것이다. 대중의 피에 대한 갈증을 해소하기 위해 점점 더 많은 사람을 기계로 끌어와 제거해야 했지만 그마저도 소용이 없었다.

---

205) Furet, *The French Revolution*, 131.
206) Fife, *The Terror*, 66.

손으로 직접 처형한다면 관중을 만족시킬 수는 있어도 처형 속도가 느려져 공포를 억제할 수 없었을 것이다. 대신 기계의 어지러운 속도로 인해 점점 더 많은 사형 선고가 요구됐다. 아무리 많은 사형 선고가 내려져도, 그리고 많은 사형이 집행되어도 관객들의 불만은 여전했다. 어느새 혁명가들의 무릎까지 피가 차오르고 있었지만 관중들의 요구는 늘어만 갔다.

단두대가 처음 제안되었을 때, 아베 모리Abbé Maury는 단두대와 단두대가 불러올 '일상적인 참수routine decapitation'에 반대했다. 그가 혁명 이전 프랑스의 형벌 방식을 선호한 건 아니지만 처형이 그렇게 빠르고 효율적으로 진행되면 '사람들이 피의 광경에 익숙해져 타락할 수 있다'고 우려했다.[207] 모리의 예상은 더할 나위 없이 적중했다.

단두대는 모든 세부 사항에서 감탄을 자아낼 만큼 완벽하고 합리적인, 계몽주의의 흔적이 고스란히 들어간 장치였다. 하지만 실제로 작동하고 있는 건 비합리성이었다. 단두대는 실패 없이 작동했지만 바로 그 무결성이 큰 문제였는지도 모른다.

지나가는 말로 덧붙이자면 그 전형적인 계몽주의 문제는 그때 이후로 계속해서 우리 곁에 남아 있었다. 실패율이 더 높았다면, 장비들이 더 많이 고장났다면, 관료들이 덜 유능했다면, 무결성이 덜했더라면 아우슈비츠Auschwitz, 트레블링카Treblinka, 그밖의 수용소에서 많은 목숨을 구했을 것이다.

---

207) Scurr, *Fatal Purity*, 134에서 인용.

최고를 넘어서

간디는 완벽주의자가 아니면 아무것도 아니었다. 간디는 이 모든 일—식이요법, 의상, 성생활—에서 그냥 잘하는 것만으론 결코 만족하지 않고 늘 한 단계 더 나아가길 원했다. 이게 모든 일을 망치는 지름길이 되기도 한다. 여기서 다시 조지 오웰은 말한다. "술, 담배 등을 성자가 반드시 피해야 한다는 데는 의심의 여지가 없지만 성자 되는 것 또한 인간이 반드시 피해야 하는 것이다."[208]

그렇게 적게 먹는 사람인 간디가 음식에 가졌던 집착은 우리를 어리둥절하게 한다. 음식은 간디의 출판물, 서신, 설교, 사석에서의 대화 등등 모든 곳에 있다. 간디의 자서전은 음식에 대해 많이 다루는 책이다. 간디에게 있어 식이요법 이상의 의미가 있는 채식주의에 대해, 자기가 얼마나 적게 먹었는지에 대해, 간디가 먹지 않을 많은 것들에 대해, 평생 여러 다른 식이요법을 실험한 것과 그 각각의 비교 장점에 대해 썼다. 런던에서 공부하는 동안 간디는 하루가 끝날 때마다 그날 무엇을 먹었든 종교 의식을 치르듯 그 목록을 기록했다. 몇 개의 바나나와 오렌지, 얼마나 많은 견과류와 건포도를 먹었는지—그리고 소화불량이 얼마나 심했는지.

음식에 대한 간디의 집착은 그가 얼마나 적게 먹었는지에 정비례하여 증가했고, 나이가 들면서는 먹는 것에 대한 혐오감도 점점 더 정교해졌다. "먹는 과정은 배설과 마찬가지로 불결하다."고 간디는

---

208) Orwell, "Reflections on Gandhi," 172.

말했다. "유일한 차이점은 배설은 안도감으로 끝나는 반면 먹기는 혀가 통제되지 않으면 불편함을 가져온다."[209] 시몬 베유처럼 간디는 음식의 소화 자체에 관해 뭔가 역겨운 게 있다고 생각했다. 예를 들어 아침 식사로 건포도를 약속된 19개가 아니라 25개를 주는 식으로 간디의 제자들이 배식 실수를 하면, 그들은 간디가 화내며 설교하는 것을 장시간 들어야 했다. 간디는 까다로운 금식가였다.

안 입는 것도 안 먹는 것만큼이나 간디에게 중요했다. 간디가 평생에 걸쳐 진행한 스트립쇼 프로젝트는 분명 간디가 가장 옷을 잘 차려입고 지냈었던 런던에서 시작되었다. 런던에 도착한 지 얼마 되지 않아서 간디는 새로운 자기 모습을 찾아 제대로 '영국 신사'가 되기로 했다. 간디는 인도 옷을 포기하고 실크 중산모부터 현란한 타이, 가죽 장갑에서 은으로 장식된 지팡이까지 영국인처럼 보이게 해줄 거라 생각되는 건 뭐든 구입했다. 어느 날 런던에서 이 화려한 옷차림의 간디를 만났던 또 다른 인도 학생은 간디가 '공부보다 패션과 사치품에 더 관심이 많다'는 인상을 받았다고 했다.[210]

하지만 간디의 '영국 신사'다운 모습이 인도에서 고객을 구하는 데는 도움이 되지 않았다. 아마 그의 연패에 종지부를 찍기 위해 그는 남아프리카 공화국에서 실크 중산모를 자신이 직접 디자인한 복잡한 모양의 동양식 터번으로 바꾸기로 했다. 이 트릭은 통한 것 같았다. 고객이 오기 시작했기 때문이다. 하지만 간디가 법정에 나타났

---

209) Gandhi, *Collected Works*, 13:301.
210) Rajmohan Gandhi, *Mohandas*, 36에서 인용.

을 때 그 복장 조합은 판사를 어리둥절하게 만들었는데, 간디는 영국인도, 인도인도 아니었기 때문이다. 결국은 '막노동꾼 법정 변호사the coolie barrister'로 알려지게 됐다. 간디는 파키르의 길을 시작하면서 영국인보다 인도인이 되는 편이 낫겠다고 마음먹었다. 그래서 유럽식 복장을 벗어 던지고 자신이 현재 정치적으로도 법정에서도 대변하고 있는 노동자들의 단순 복장을 채택해, 무릎까지 오는 흰색 면 튜닉을 입고 신발은 신지 않고 머리를 (꼭대기에 조금만 남기고) 다 밀었다. 결국에 자신의 타이틀에서 '법정 변호사'를 버린 간디는 '막노동꾼'처럼 입었는데, 간디는 본질적으로 막노동꾼이었다.

그게 한동안 먹히다가 인도에 돌아간 간디는 숨이 막힐 정도로 옷을 과하게 입었다고 느끼기 시작했다. 하나 입은 셔츠도 너무 많은 게 되었다. 그렇게 간디는 최종적으로 자신의 시그니처인 로인클로스(loincloth, 더운 나라에서 아랫도리에 하나만 걸치는 남성 복장으로 인도에서는 도티dhoti라고 한다)로 전환한 것이었다—자신이 얼마나 헐벗었는지를 보여주기 위한 방식이었을 뿐 복장 아이템이라고 보긴 어려웠다. 고맙게도 간디는 거기서 멈췄다. 그 외로 더 벗을 게 없기도 했으니까.

"내 도티는 내 삶 속에서 유기적으로 진화했다."고 간디는 말했다. "미리 계획한 것이 아니라 자연스럽게 나에게 왔다."[211] 이 고백은 감탄스럽긴 하지만 엄밀히 말해 사실이 아니다. 간디의 옷에 관한 한 간디 인생의 다른 많은 일과 마찬가지로 '미리 계획한' 게 아닌 것은 없었다. 간디가 한 일이나 말 전부는 보통 많이 의도하고 생각

---

211) Gandhi, *Collected Works*, 47:119.

하고 연습한 것들이었다. 어느 전기 작가가 묘사했듯이 '아주 영리한 전술가이자 전략가'였던 이 완벽주의자는 어떤 일을, 특히 자신의 공적 페르소나에 관한 일을 우연에 맡겼다면 결코 자신을 용서하지 못했을 것이다.[212] 간디의 겉모습은 죄다 일등급 연기였으며, 그 연기가 자발적으로 보였다면 그건 단지 그가 굉장히 재능있는 배우였기 때문이었다. 당시에 찍은 간디의 사진을 보면 자신을 완전히 의식하는 한 배우가 프레임으로부터 과감하면서 기대하는 눈빛으로 우리를 보는 모습이 보인다. 간디는 1931년에 버킹엄 궁전Buckingham Palace에서 조지 5세King George V를 도티 하나만 입고 만났다. 어느 언론인이 그게 적합한 복장이냐고 묻자 간디는 이렇게 쏘아붙였다고 한다. "하지만 왕께서 우리 둘이 입을 만큼 옷을 입으셨다." 그러자 사람들이 박장대소했는데 정확히 간디의 계획한 대로 된 것이었다.

간디는 인도인 동지들의 마음을 바꾸려면 논쟁과 연설만으로는 안된다는 걸 알았다. 간디는 자신을—벌거벗은 자신의 전부를—동지들에게 제공해야만 그들의 마음을 바꿀 수 있다고 결론내렸다. 이 제공이 어떻게 이뤄지느냐에 많은 게 달려 있었다. 그가 옷을 입는 방식—아니면 옷을 안 입는 방식—이 중요한 까닭이 거기에 있었다. 간디의 스트립쇼는 가장 어려운 스트립쇼였는데, 옷에 관한 활동과 정치적 활동과 영적 활동을 동시에 벌여야 했기 때문이다. 간디의 도티는 직물이 가진 불안정성에도 불구하고 도티 말고 다른 옷은 살 돈이 없는 수백만의 짓밟힌 인도인들뿐 아니라 구호금으로 먹고 살며 사

---

212) Rajmohan Gandhi, *Mohandas*, xi.

람들의 정신적 고양을 위해 일하는 탁발 성인인 인도 성자Indian sadhu들의 한눈에 알아볼 수 있는 겉모습에 간디를 단단히 결속시켜 주었다.

벌거벗은 파키르 지위를 계속해서 유지하면서도 간디로 살아가는 데는 꽤 많은 돈이 들었다. 많은 욕구를 가지면 안 되는 사람치고 보좌관, 조수, 제자, 개인 비서로 이뤄진 간디 부대의 규모는 놀라웠다. 나이가 들면서 간디가 스태프들에게 요구하는 것은 수에서도 복잡성에서도 늘어만 갔다. 일부는 책을 운반해야 했고 다른 일부는 책을 읽어 주어야 했으며, 일부는 받아쓰기를 해야 했고 다른 일부는 편지를 우편으로 발송해야 했으며, 일부는 목욕 시중을 들어야 했고 다른 일부는 잠자리에 눕혀 주어야 했으며, 또 다른 일부는 간디가 여전히 공을 들여 하는 검소한 식사를 준비해야 했다. 결국에 간디의 별것 아닌 요구들은 간디 가족의 재정을 거의 파탄 냈다. 간디의 친구이자 여류 시인으로 재치가 있는 사로지니 나이두Sarojini Naidu는 이렇게 관찰했다. "가난 속에서 마하트마가 생활을 유지하는 데는 돈이 꽤 든다."[213]

간디의 **브라마차리아**brahmacharya도 비슷하게 복잡한 문제였다. 성관계를 갖지 않는 것만으로는 이 완벽주의자에게 충분하지 않았고, 그 문제를 간디는 한 단계 더 끌어올렸다. 그래서 간디는 합법적인 성행위든 불법적인 성행위든 간에, 혼인 관계 내에서든 밖에서든 간에, 모든 형태의 성행위에 반대하는 활발한 운동을 시작했다. "간음은 단지 다른 남자의 아내와 성교하는 것에만 있는 게 아니다. 자기

---

[213] Fischer, *The Life of Mahatma Gandhi*, 375에서 인용.

아내와의 성교에조차 간음이 있을 수 있다."라고 간디는 썼다.[214] 성교가 '후손에 대한 욕망의 결과'인 상황일 경우 이론상으로 예외가 될 수 있다. 하지만 성행위 자체가 악하고 불순한 것이기에 사실 간디는 예외를 허용하고 싶어하지 않았다. 간디는 이렇게 쓴다. "모든 사려 깊은 인도인의 사명은 결혼하지 않는 것이다. 이미 결혼해서 소용이 없는 자는 자신의 아내와 성교하는 것을 삼가야 한다."[215] 더러워지느니 멸종하는 게 낫다.

친밀감 문제에서 대체로 간디는 자신만의 규칙대로 움직였다. 여자가 있는 자리에서 알몸으로 있는 것도 간디에게는 전혀 문제가 되지 않았다. "나는 벌거벗은 몸을 여자에게 보였다고 해서 수치심을 느낀 적이 한 번도 없다."[216] 여성 친구들은 간디가 비자발적 사정 같은 뜨거운 주제를 논할 때 이상적인 대화 상대가 되었다. 간디가 자신을 드러내고 폭로하는 데 걸리는 시간은 때때로 숨이 막힐 정도로 길었다.

공포 사용 설명서

기억할지 모르지만 혁명적 폭력의 또다른 기능은 변혁적인 정화와는 달리 대단히 실용적이다. 폭력적 혁명이 필요한 이유는 '지배 계급이 그밖에 다른 방식으로는 전복될 수 없기' 때문이라고 마르크

---

214) *Indian Opinion*, December 1907.
215) Adams, *Gandhi*, 91에서 인용.
216) Gandhi, *Collected Works*, 70:236.

스와 엥겔스는 우리에게 말한다. 권력을 가진 자들은 말 그대로 강제로 끌어 내려져야 한다. 물론 혁명가들은 권력 장악을 위해서 뿐아니라 마찬가지로 중요한 일인 권력 유지를 위해서라도 폭력을 필요로 한다. 모든 권력을 손아귀에 넣을 수 있는 것처럼 보이는 시대는 쉽지 않은 일이다.

로베스피에르가 '책략가로서 어마어마한 재능'을 보여주고 전문 정치가가 하듯이 종종 적의 허를 찔렀지만, 궁극적으로 그의 경우에는 혁명적 폭력의 첫 번째 기능(정화cleansing)이 만연했다.[217] 로베스피에르는 공포를 사소한 정치적 목적이 아닌 보다 숭고하고 거의 영적인 목적에 주로 이용했다. 어느 전기 작가의 말에 의하면 로베스피에르는 자신이 '프랑스를 더없이 찬란한 미래로 인도하는 섭리의 도구'라고 믿었다.[218] 로베스피에르는 테러를 집단적 구원과 자기 초월이라는 더 큰 시나리오의 핵심에 두었는데, 그 과정에서 많은 사람이 희생되더라도 결국 자신도 그랬던 것처럼 인간은 정화되고 다른 차원의 역사적 존재로 승화될 수 있다는 것이 그의 생각이었다. 그의 손에서 공포는 비인간적이고 진정으로 무서운 차원을 획득했다.

그리고 그것이 좀 더 일반적으로 봤을 때의 **공포정치**의 사례였던 것 같다. 그에 수반된 그 모든 부패와 더러운 정치(얼마든지 벌어지고 있었던)에도 불구하고, 그 어마어마한 피바다에는 뭔가 기이하리만큼 이상적인 것이 남아 있었다. 사회적 복수를 외치며 피에 굶주린

---

217) Furet, *The French Revolution*, 144.
218) Scurr, *Fatal Purity*, 10

폭도로 변모한 상 퀼로트는 힘을 합쳐서 하나의 막대한 통제 불능인 들불이 되었다. 그렇게 불붙은 그들의 행동은 헤아릴 수 없는 흉포함이었고 아무 거리낌 없는 잔혹함이었으며 거의 숭고할 정도의 말살이었다. 그들의 행동을 뭐라고 표현해도 좋지만 결코 '별일 아닌 일'은 아니었다. 그렇게 엄청난 연소가 오래 지속될 수는 없었다. 결국 모든 걸(혁명 자체도 포함하여) 소진하고 나서 들불은 꺼져야 했다. 하지만 그 불길은 얼마나 대단했던가! 2세기가 지난 지금도 우리는 그 열기를 느낄 수 있다.

볼셰비키 혁명은 다른 문제였다. 1917년 겨울 러시아 제국(주로 상트 페테르부르크 지역)에는 진정한 혁명의 순간이 있었다. 엄청난 자발적 봉기가 일어나 러시아의 구 정권을 효과적으로 종식시켰다. 그 결과 탄생한 연립정권은 러시아의 새로운 정치 상황을 잘 보여주었다. 이 단계에서 볼셰비키가 개입할 여지는 다소 제한적이었다. 레닌은 스위스에 있었고, 트로츠키는 미국에 있었으며 스탈린은 그리 중요하지 않았다. 그들은 벌어진 사건들과 연관이 없었을 뿐 아니라 그 사건으로 인해 놀라기도 했던 것 같다. 2월 혁명이 일어나기 몇 주 전이었던 1917년 1월, 취리히에서 열린 사회주의 청년 모임에서 연설하며 레닌은 체념 섞인 발언을 했다. "우리 구세대들은 다가오는 혁명의 결정적인 전투를 볼 때까지 살지 못할 수도 있다."라고 그는 성찰했다.[219] 날카로운 혁명적 비전도 여기까지였다. 2월 혁명으

---

219) Sean McMeekin, *The Russian Revolution: A New History* (New York: Basic Books, 2017), 129에서 인용.

로 인해 러시아로 돌아갈 수 있게 되자 망명자들은 몇 달 동안 분주히 음모를 꾸몄고, 새 정부가 한 일을 뒤엎기 위해 최선을 다했다.

10월에 볼셰비키가 전복시킨 것은 제정 러시아의 전제 군주제가 아니라 2월 혁명이 초래한 임시정부였다. 그들의 혁명은 혁명이 아니라 본질적으로 쿠데타였다. 역사학자 리처드 파이프^{Richard Pipes}의 말을 빌리자면 정부 권력이 '작은 소수'에 의해 '점령'된 것이었다.[220] 소련과 그밖의 지역에서 여러 세대에 걸친 역사가들이 '10월의 위대한 사회주의 혁명'에 대해 입에 침이 마르도록 말한다. 사실 볼셰비키 쿠데타는 너무 사소한 작전이라 국내 다른 지역은 말할 것도 없고 '페트로그라드 주민 대다수가 눈치도 못 채고 지나갔을 정도'였다. "볼셰비키가 정권을 장악하는 동안 극장, 식당, 트램 차량은 거의 정상적으로 작동했다."[221] 하지만 러시아인들은 이런 일이 일어날 것을 예견했어야 했다. 1917년 여름, 쿠데타를 준비하면서 레닌은 (정치적으로는 소수였던) 볼셰비키가 하려는 일에 대해 매우 분명하게 말했다. "우리는 더 잘 조직되고, 더 깨어 있고, 더 잘 무장된 소수가 어떻게 자신들의 의지를 다수에게 강요하고 그 다수를 정복했는지에 대한 무수한 사례를 알고 있다."[222] 자발적으로 일어나는 혁명적 변화는 이제 없는 것이었다.

볼셰비키가 권력을 장악한 러시아의 '노동자 계급'은 의례적으로

---

220) Richard Pipes, *The Russian Revolution*(New York: Vintage, 1991), 387.

221) Orlando Figes, *Revolutionary Russia, 1891-1991: A History*(New York: Henry Holt, 2014), 96.

222) Richard Pipes, *The Three "Whys" of the Russian Revolution*(New York: Vintage, 1995), 32에서 인용.

언급되고 편리하게 호출되었지만 실제로는 관여하지 않았다. 이는 아주 간단한 이유에서였다. 존재하지 않았기 때문이다. 당시 대부분 농경사회였던 러시아 제국에서는 이름에 걸맞은 '노동자 계급'을 가질 만큼 충분한 산업화가 이뤄지지 않았다. 볼셰비키 지도자들은 프롤레타리아가 없는 나라에서 프롤레타리아 혁명을 일으키는 기적을 행하고 있었다. 레닌이 상황의 어색함을 가장 먼저 인식했다. 레닌은 "우리는 프롤레타리아가 소수인 나라를 다루고 있다."라고 반성했다.[223] 물론 1917년 말에 산업 노동자들은 인구의 1.5퍼센트를 차지했고, 그중 약 5퍼센트만 공산당의 일원이었다.[224] 프롤레타리아 출신의 몇 안되는 혁명 지도자 중 하나였던 알렉산더 쉴리아프니코프Alexander Shliapnikov는 레닌이 '존재하지 않는 계급의 선봉장'이 된 것을 축하한 바 있다(나중에 그의 아이러니에 대한 대가를 목숨으로 치르긴 했지만).[225] 볼셰비키는 일반적인 프로파간다 수법을 시도했지만 이게 장기적으로 성공할 수는 없다는 걸 알았다. 그들의 유일한 희망은 일부 선진 유럽 국가(이를테면 독일)에서 공산주의 혁명이 승리를 거둬 어떻게든 자기들 혁명을 되살릴 수 있기를 바라는 것이었으나, 이 시점에서는 이미 가망 없어 보였다.[226] 뮌헨과 부다페스트에서의 혁

---

223) McMeekin, *The Russian Revolution*, 312에서 인용. "최초 사회주의 혁명을 시작하는 영예가 유럽에서 가장 뒤처진 나라의 국민에게 주어져야 했던 것은 끔찍한 불운이다"라고 Lenin은 다른 곳에서 불평한다(Victor Serge, *Memoirs of a Revolutionary*, Peter Sedgwick with George Paizis 번역[New York: New York Review Books, 2012], 133에서 인용).

224) Pipes, *The Three "Whys" of the Russian Revolution*, 32-33.

225) Pipes, *The Three "Whys" of the Russian Revolution*, 7에서 인용.

226) Victor Serge가 관찰하기에 "당시 농업국이고 (산업적 관점에서 볼 때) 후진국이었던 러시아가 자력으로 노력을 기울여 영속적인 사회주의 체제를 창출할 수는 없었으며 그 결

명 시도가 실패로 돌아갔을 때 볼셰비키 지도자들은 권력을 유지할 유일한 방법은 무력뿐이라는 것을 깨달았다. 가짜 혁명이 명분을 유지하는 데 절실히 필요한 것은 아주 유능하고 무자비한 비밀경찰이다. 후자의 성공만이 전자의 실패를 위장할 수 있다. 이렇게 해서 볼셰비키 정치 경찰인 체카Cheka가 생겨나게 되었다.

"체카의 창설은 1918년 볼셰비키 지도자들이 저지른 가장 중대하고도 용납할 수 없는 오류 중 하나라고 본다."라고 체카의 수많은 희생자 중 한 명이었던 마르크스주의 지식인이자 진정한 혁명가인 빅토르 세르게Victor Serge는 회고한다.[227] 비밀경찰의 창설은 세르게 같은 이상주의자가 볼 때는 '오류'였을지 몰라도 볼셰비키 정권에게는 정치적 천재성을 발휘한 일이었다. 이 아이디어는 레닌이 직접 낸 것이었다. 1918년 9월, 레닌은 '비밀리에—그리고 **긴급하게**—테러를 준비할 필요가 있다'고 썼다.[228] 볼셰비키는 자신들이 쉽게 전복할 수 있었던 임시정부가 저지른 실수에서 교훈을 얻어 방대한 감시와 탄압 장치를 구축했다. 1917년에 트로츠키는 "프랑스 혁명의 힘은 인민의 적들을 머리 하나만큼 짧게 만드는 기계에 있었다. 이것은 홀

과 유럽 혁명은…… 더 방대하고 더 실행 가능한 기반을 보장하지 않는한 머잖아 우리는 쇠망할 수밖에 없었다는 것은 일반적으로 받아들여지는 이론이었으며 Lenin이 여러 번 강조한 것이기도 했고…… 이는 더 방대하고 더 실현 가능한 기반을 가진 사회주의를 확약했다"(Serge, *Memoirs of a Revolutionary*, 112).

227) Serge, *Memoirs of a Revolutionary*, 94.

228) Memorandum to N. N. Krestinsky, September 1918, in Richard Pipes, 편집, *The Unknown Lenin: From the Secret Archive*(New Haven, CT: Yale University Press, 1996), 56(원문의 이탤릭체 부분).

류한 장치다. 모든 도시에 이 기계가 있어야 한다."고 말했다.[229] 이에 지지 않으려고 레닌은 "사격대 없이 어찌 혁명을 이룰 수 있겠는가?"라고 수사학적으로 물었다.[230] 트로츠키는 단두대를 가질 수 없었지만 체카의 사격대는 새 정권 아래 한시도 가만히 있지 않았다. 처음 두 달 동안만 거의 1만 5,000명이 처형되었는데, 이는 지난 세기 차르 통치 기간 동안 처형된 모든 종류의 죄수 합계(6,321명)의 두 배가 넘는 수치였다.[231]

그리고 새 정권은 사람을 처형하면 처형할수록 더욱 자신감을 갖게 되었다. 1920년에 레닌은 건방지게도 이렇게 관찰했다. "우리는 수천 명을 총살하는 데 주저하지 않았고, 그 일을 (다시) 하는 데에도 주저하지 말아야 한다."[232] 약 10년 후 시몬 베유가 통찰력 있게 관찰했듯 볼셰비키 정권은 차르 독재 체제의 연장선에 있는 게 아니라 차르 독재 체제의 완성이었다. '경찰, 군대, 관료제'와 같은 차르 정권의 '진짜 세력'은 '혁명으로 깨부숴지기는커녕 오히려 혁명 덕분에 다른 나라에서는 찾아볼 수 없는 권력을 획득했다'고 베유는 썼다.[233] 볼셰비키는 사업이었다.

소비에트연방의 국가적 테러 사업에서는 모든 것이 '인민의 적'이

---

229) Joshua Rubenstein, *Leon Trotsky: A Revolutionary Life*(New Haven, CT: Yale University Press, 2011), 90에서 인용.

229) Joshua Rubenstein, *Leon Trotsky: A Revolutionary Life*(New Haven, CT: Yale University Press, 2011), 90에서 인용.

230) Figes, *Revolutionary Russia*, 1891-1991, 217에서 인용.

231) McMeekin, *The Russian Revolution*, 267.

232) Richard Pipes, 편집, *The Unknown Lenin*, 183(brackets in original)에서 인용.

233) Simone Weil, *Oppression and Liberty*, trans A. Wills and J. Petrie(London: Routledge and Kegan Paul, 1958), 74.

라는 두 마디 말을 중심으로 이루어졌다. '인민의 적'으로 간주되는 것은 소비에트 연방에 사는 모든 사람에게 일어날 수 있는 일 중 최악의 일이었다. 살아남으려면 타협하고 비겁한 행동에 가담하고 친구와 가족을 배신하고 다른 사람을 먼저 '인민의 적'으로 분류하는 등 꼬리표가 붙는 걸 피하고자 가능한한 모든 방법을 동원해야 했다. 그렇다면 정확히 누가 인민의 적이었을까? 이 질문은 러시아에서 가장 대답하기 어려운 질문이었을지 모른다. 미래에 비밀 경찰 수장이 되는 라브렌티 베리아Lavrenty Beria는 '인민의 적이란…… [누구든] 당 노선의 정당성을 의심하는 사람'이라고 말했을 때, 그는 이게 의문점이 못 된다는 걸 보여주고자 해서가 아니라 정치적 통제의 도구라는 것을 보여주기 위해 그렇게 대답한 것이다.[234] '당 노선'(그것이 무엇이었든 간에)은 하루에서 다음 날, 점심과 저녁 사이에 언제든지 바뀔 수 있었기 때문이다. 사실 명확한 당 노선을 정하지 **않는** 것도 계획의 일부인 것 같았다—이렇게 하면 누구도 안전하다고 느낄 수 없다. 요점은 사람들에게 이것 또는 저것을 믿도록 강요하는 것이 아니라 말도 안 되는 것을—특히 터무니없는 것을 포함해 무엇이든 삼키도록 강요함으로써 사람들을 와해시키는 것이었다. 볼셰비키 정권이 반드시 사람들을 정치적으로 세뇌시키고자 했던 건 아니었다. 정권이 그 무엇보다 원한 것은 사람들을 정신적으로 감금하고 도덕적으로 마비시키는 것이었다. 이것이 조지 오웰의 소설 『1984』에서 끔찍할 정도로 자세하게 묘사한 중요한 구별점이었다.

---

234) Anne Applebaum, *Gulag: A History* (New York: Doubleday, 2003), 102에서 인용.

이 일을 하기 위해 체카는 방대한 네트워크를 이루는 밀고자, 스파이, 정보원, 협력자를 고용했다. 이들은 '공장과 사무실, 공공장소, 공동 아파트 등' 도처에 있었다. 대공포 시대가 절정에 달했던 1930년대 말에는 '수백만 명의 사람이 동료, 이웃, 친구를 제보하고 있었다.'[235] 그것만으로는 충분하지 않았는지 체카는 가족 내부로 잠입했다. 자녀들도 종종 모집되어 부모를 감시했다. '아내는 남편을 의심하고 남편은 아내를 의심했다.' 사람들은 '친인척이 체포되었을 때 무엇을 믿어야 할지' 확신하지 못했다.[236]

그리고 체포는 결코 멈추지 않았다. 체포되거나 체포될 것을 예상하거나 체포된 소중한 사람을 걱정하는 것은 스탈린 치하의 사람들 삶을 규정하는 특징이었다. 체포는 더 이상 사회적 사실이 아니었지만—정확히 국가 테러가 달성하고자 했던 바대로—사람들의 마음을 점령하고 의식과 무의식을 형성하고 주관성의 모든 측면을 채색하게 되었다. 심지어 유머 감각까지도 말이다. 1937년, 모스크바에서 유행하던 농담이 있었다고 마르가레테 부버-노이만Margarete Buber-Neumann은 회상한다.

"그들이 테루엘을 데려갔어요. 소식 들었어요?" 스페인 내전이 한창이던 때였다. "그런 말 마세요. 그러면 그 사람 아내는요?" "아뇨, 아뇨. 테루엘은 마을이에요." "맙소사! 이제 마을 전체를 체포한다고요?"[237]

---

235) Figes, *Revolutionary Russia*, 1891-1991, 199.
236) Figes, *Revolutionary Russia*, 1891-1991, 201.
237) Margarete Buber-Neumann, *Under Two Dictators*, Edward Fitzgerald 번역(New

간디의 유토피아

간디가 자아를 실현한 곳은 남아프리카 공화국에서부터 시작해 인도에서 완성된 공동체 생활의 한 형태인 아쉬람이었다. 불교의 절, 톨스토이풍 마을, 뉴에이지 공동체, 메시아적 유토피아가 전례 없이 결합된 이곳은 간디 고유의 공간이었다. 아쉬람을 통해서 간디는 완전 평등, **브라마차리아**, 진실성, 비폭력, 불가촉천민의 종식, 방적과 요리에서 화장실 청소에 이르는 육체노동의 고귀함 등 보다 급진적인 사상을 실천할 수 있었다.

좋은 유토피아 전통을 따르는 간디의 아쉬람은 있기 힘든 곳이었다. 계층적으로 관리인, 수련생, 학생의 세 계급으로 나뉘어 있었다. 마하트마가 꼭대기에 있었는데 더 나은 표현을 빌리자면 마하트마는 어디에나 있었다. 통제는 절대적이었고 규율은 군대식이었으며, 언제나 무조건 복종하도록 되어 있었다. 이곳은 사시사철 신병 훈련소나 다름없었는데 밥은 적게 나오고 기도는 많이 해야 했다. 과거나 지금이나 다소 유연한 시간 감각을 가진 나라에서 간디의 아쉬람은 스위스 시계처럼 정밀하게 돌아가야 했다. 오전 4시 기상, 오전 5시 기도, 오전 7시부터 8시 30분까지 수작업, 오전 11시 점심 식사 등등. 뭘 어떻게 해볼 여지도 거의 없었고 일반적 의미의 자유도 없었다. 아쉬람 규칙을 위반할 때는(이를테면 기도 시간에 늦는 식으로) 퇴출당할 수 있었다. 정보 수집을 전담하는 서비스가 없던 시절이라 아쉬

York: Dodd, Mead, 1950), 9.

람은 경계 감시와 풍성한 소문이라는 옛날 방식을 사용해야 했다.

간디의 아쉬람에서는 사생활 요구가 장소에 어울리지 않는 일로 보였을 것이다. 모든 일은 아무리 부끄러운 일이라도 공개적으로 이루어져야 했다. 간디는 아쉬람 사람들의 가장 내밀한 측면에 완전히 접근하기를 원했다. 최근에 성적 충동을 느낀 적 있나? 죄가 되는 갈망은 없나? 바푸Bapu에게 보고하라. 의도적으로나 무의식중에 속으로 동료 아쉬람인의 옷을 벗겼나? 가서 벌을 받으라. 바푸는 아쉬람 사람들의 화장실 활동에 특별한 관심이 있었다. 친한 두 여성 제자 아바와 수실라에게 매일 아침 인사하며 간디는 "자매님들, 오늘 아침 배변은 잘 보셨나요?"라고 물었다.[238] 그리고는—자신의 몸의 마지막 한 뼘까지 드러내—자신을 내어주며 간디를 조금이라도 더 보기를 갈망하는 아쉬람 사람들의 눈을 즐겁게 해주곤 했다. 훗날 한 여성 아쉬람인이 기억하듯 간디는 "소변과 대변을 볼 때 어린아이처럼 전혀 의식하지 않았다. 우리 중 누구라도 그와 이야기하고 싶으면 마음대로 드나들 수 있었다."[239] 아쉬람인이 바푸와 더 친밀해지고 싶다면 변비가 있는 척만 하면 되었다. 변비는 간디가 가장 좋아하는 증상 중 하나였기 때문에 모든 일을 제쳐두고 직접 나서서 관장을 해주었을 것이다. 그러나 간디의 목욕은 접근이 더 제한적인 일이었는데, 일부 여성 아쉬람인에게만 특별한 호의의 표시로 간디를 목욕시키도록 허락했다. 그 모든 유사성에도 불구하고 토머스 모

---

238) Adams, *Gandhi*, 210에서 인용.
239) Adams, *Gandhi*, 211에서 인용.

어의 유토피아에 사는 사람들이 간디의 공동체를 봤다면 얼굴을 붉혔을 것이다.

간디가 '지상 낙원'을 건설하고자 한 것은 이런 기묘한 환경 속에서였다.[240] 아쉬람은 간디가 파키리즘을 실천한 곳일 뿐 아니라 파키리즘을 극한까지 밀어붙인 곳이기도 했다. 이제 간디의 사명은 자아를 실현하고 주변 사람을 계몽하는 데 그치는 것이 아니라 인도 전체를 계몽하고 이를 통해 전 세계를 계몽하는 것이었기 때문이다. 그는 자서전에서 이렇게 적었다. "내가 지역사회 봉사에 전적으로 몰두할 수 있었다면 그건 자아실현에 대한 열망 때문이었다. 나는 봉사를 통해서만 신을 실현할 수 있다고 여겨서 봉사의 종교를 내 것으로 만들었다. 그리고 나에게 있어 봉사는 곧 인도에 대한 봉사였다."[241]

간디가 남아공에서 인도로 돌아온 후 그의 언어와 사고, 심지어 행동에서 메시아적 색조가 점점 더 짙어지는 걸 느낄 수 있다.[242] 아쉬람은 소박하고 다소 우스꽝스러운 외관에도 불구하고 인도의 이

---

240) Kathryn Tidrick은 이렇게 쓴다. "Mohandas Gandhi가 정치에 발을 들인 것은 Gandhi의 경력에 매료되어 주의를 기울이며 추종한 인도의 다른 지도자들과 서구 대중이 이해한 것처럼 조국을 해방하기 위해서가 아니라 Kingdom of Heaven을 지상에 세우기 위해서였다. Gandhi를 추종한 인도 대중은 이에 대해 어느 정도는 파악하고 있었다. 그들은 마하트마(mahatma)가 자신들과 함께 걸었고 아낌없는 헌신을 쏟아부었고 그 결과가 나오길 기다렸다는 것을 알았다."(Kathryn Tidrick, *Gandhi: A Political and Spiritual Life*[London: Verso, 2013], xi).

241) Gandhi, *An Autobiography*, 272.

242) Kathryn Tidrick는 흥미진진한 저서에서 Gandhi의 삶과 사상의 이런 측면을 따라간다.

상향이 연습되고 실현된 장소였다. 간디의 프로젝트는 정치적인 것이 아니라 인류학적인 것이었다. 간디가 구상한 것은 새로운 정치 제도가 아니라 **변화된 인류**였다. 아쉬람에서 성공하면 인도에서도 성공할 수 있을 것이고, 인도에서 성공하면 어디에서나 성공할 수 있을 거라고 간디는 믿었다. 간디는 '한 사람이 영적으로 성장하면 전 세계가 그와 함께 성장하고, 한 사람이 실패하면 전 세계가 그만큼 실패한다'고 썼다.[243] 간디가 궁극적으로 추구한 것은 전지구적 파키리즘이었다.

이는 간디가 **사티아그라하** 수행자들에게 요구한 최고의 순수성, 완전한 청빈, 이타심, 진실성, 그리고 무엇보다도 **브라마차리아**(절대적 순결)라는 특별한 요구를 설명하는 데 도움이 된다. 간디는 **브라마차리아** 없이는 **사티아그라하**가 불가능하다고 생각했다. "완전한 **브라마차리아**를 준수할 수 있는 사람만이 비폭력 훈련을 완성할 수 있다."[244] 정치적으로 의미 있는 행동은 성욕의 통로가 적절한 곳으로 연결될 때만 결실을 맺을 수 있다. 간디는 승화된 성적 욕망을 타인을 위한 봉사 효과와 연결시키는 권력 이론의 밑그림을 그렸다. 간디는 "모든 권력은 생명을 창조하는 역할을 하는 생명력의 보존과 승화에서 비롯된다."고 말했다. "생명력이 소멸되지 않고 보존되면 가장 높은 차원의 창조적 에너지로 전환된다."고 말했다.[245]

인도의 고전적 영성에 깊은 뿌리를 둔 간디의 이론은 성에 대한

---

243) Gandhi, *Collected Works*, 29:408.

244) Rajmohan *Gandhi, Mohandas*, 431에서 인용.

245) Gandhi, *Collected Works*, 67:195.

간디의 지나친 관심을 설명해줄지도 모른다. 이 이론에 따르면 가치 있는 일을 하려면 우리는 자신을 초월해야 한다—우리 안에 있는 생물학적 본성을 거부하고 부정해야 한다. 특히 정치에 있어서는 더욱 그렇다. 그래서 그는 이렇게 권고한다. "국가에 봉사하고자 하는 사람은······ 기혼이든 미혼이든 금욕적인 삶을 살아야 한다."[246]

사람과 사물

히틀러가 집권한 후 소련으로 망명한 독일 공산주의자 마르가레테 부버-노이만은 1938년 체포되었다. 그녀는 아무 잘못도 하지 않았고 그럴 필요도 없었지만 '인민의 적'의 아내라는 죄목으로 카자흐스탄의 수용소에 수감되었다. 히틀러와 스탈린의 협상 타결로 마르가레테는 곧바로 게슈타포에 넘겨져 나치 수용소로 끌려갔다. 그녀는 회고록 『두 독재자 아래서 *Under Two Dictators*』에서 당시를 회고한다.

원래는 정치적으로 바람직하지 않은 사람들을 무력화하기 위해 고안되었던 노동 수용소는 곧 소련의 주요 경제 세력이 되었다. 역사학자 앤 애플바움 Anne Applebaum 은 노동수용소가 '소련 경제의 핵심'이었다고 결론 내렸는데, 이렇게 평가한 사람이 비단 애플바움만은 아니었다.[247] 올란도 피게스 Orlando Figes 는 굴라크 Gulag 가 "노동 수용소와

---

246) Adams, *Gandhi*, 137에서 인용.
247) Applebaum, *Gulag*, 109.

건설 현장 광산, 철도 건설 현장으로 이루어진 광대한 군도이자 소련 전체에 그림자를 드리운 노예 경제였다."라고 설명한다.[248]

수용소는 공식적인 방침에서 말하듯 사람들을 '재교육'하기 위한 곳이 아니라 인간을 파괴하고 노예화하기 위한 곳이었다. 러시아 전역에 퍼져 있던 수백만 명의 수감자(젝스^zeks)들은 사실상 무료 노예 노동력의 거대 풀을 구성했고, 이를 소련 당국은 수익성 있게 활용했다.[249] 여기서 '노예'는 은유가 아니다. 이 사람들은 모든 의도와 목적에 따라 소련의 국유재산으로 활용되었고, 소련 정부는 이들을 자기 멋대로 부렸다. 『이반 데니소비치의 하루』에서 알렉산드르 솔제니친^Alexander Solzhenitsyn(그 또한 노예였다)은 주인공 슈코프^Shukhov에게 젝스에 속하는 시간을 정확히 계산하게 한다. '수면을 제외하면 수감자가 자신을 위해 사는 시간은 단지 아침 식사 10분, 저녁 식사 5분, 저녁 식사 5분뿐이다.'[250] 그 결과는 완전한 비인간화였다. 또 다른 젝스는 수용소에 한 번 들어갔으면 결국 풀려난다 해도 '다시는 자신을 온전하게 형성할 수 없다'고 관찰했다.[251]

또 다른 노예였던 유지니아 긴즈버그^Eugenia Ginzburg는 어느 수용소 간수가 자신에게 했던 말을 회상한다. "적들은 사람이 아니다. 우

---

248) Orlando Figes, *Just Send Me Word: A True Story of Love and Survival in the Gulag*(London: Penguin, 2012), 192-193.

249) 그 캠프에는 이천만 명까지 대부분 남성이 수용되었던 것으로 생각된다.(Figes, *Just Send Me Word*, 5).

250) Alexander Solzhenitsyn, *One Day in the Life of Ivan Denisovich*, Ralph Parker 번역(London: Penguin, 1998), 14.

251) Figes, *Just Send Me Word*, 86에서 인용.

리는 내키는 대로 그들을 다뤄도 된다고 허락받았다."[252] 그리고 그들은 그렇게 했다. 마르가레테는 수용소에서 당신은 '물건이며, 무례하게 짓밟혀야 할 대상이다'라고 쓴다.[253] 굴라크의 공식 문서에서 젝스는 사람이 아니라 '노동 단위'로 불렸다.[254] 친절한 예술적 영혼 막심 고리키Maxim Gorky는 그런 거친 표현을 쓰지 못하고 대신 '반동물'이라고 불렀다.[255] 러시아 최고의 인재와 최고의 지성들 중 일부는 결국 이렇게 되었다. 1929년부터 1951년 사이 약 17년 동안 러시아 전역의 여러 수용소에서 지냈던 뛰어난 작가 바람 샬라모프Varlam Shalamov는 물건처럼 다뤄지는 삶 또는─고리키의 표현을 빌리자면 '반동물'의 삶을 살았다. 서른 살이 되던 해에 그는 "굶주림으로 죽어가며 말 그대로 빵 한 조각을 위해 싸우고 있었다."고 회상한다.[256] 긴 수감 기간보다 더 놀라운 것은 거기서 그가 살아남았다는 사실이다. 아이작 바벨Isaac Babel, 파벨 플로렌스키Pavel Florensky, 오십 만델스탐Osip Mandelstam을 비롯한 수많은 이들은 그렇게 운이 좋지 않았다.

수용소 안에서의 생활과 밖에서의 생활의 차이가 과장되어서는 안 된다. 체포된 사람이 많았기 때문에 수용소 안팎으로 늘 분주히 수송이 이뤄졌다. 이 둘 간에는 또한 깊은 연속성과 일종의 대칭성

---

252) Eugenia Semyonovna Ginzburg, *Journey into the Whirlwind*, Paul Stevenson 및 Max Hayward 번역(New York: Harcourt, 1967), 63.

253) Buber-Neumann, *Under Two Dictators*, 27.

254) 비슷하게 나치 캠프 내에서 수용자들은 '조각(piece)'(*Stück*)이라고 불렸다. 캠프에서 처음 출석부르는 자리에서 Primo Levi는 자신이 더 이상 사람이 아니라 *pezzo*라는 것을 깨닫는다.(Primo Levi, *Se questo e un uomo* [Torino: Einaudi, 1986], 22).

255) Applebaum, *Gulag*, 102.

256) Varlam Shalamov, *Kolyma Tales*, John Glad 번역(New York: Penguin Books, 1994), 43.

이 있었는데 이런 점은 예민한 관찰자들의 눈을 피할 수 없었다. 바실리 그로스만Vasily Grossman은 이렇게 썼다. '수용소 안에서의 삶은 바깥에서의 삶이 과장되고 확대되어 반영된 것이라고 볼 수 있다. 이 두 가지 현실은 모순되는 것이 아니라 대칭을 이루고 있었다.'[257] 결국 온 나라가 하나의 거대 수용소가 되었고 거기서 볼셰비키 정부는 전멸 작업을 수행하고 있었다. 조셉 콘라드Joseph Conrad는 제정 러시아를 '무의 제국empire of nothingness'이라고 불렀다. 새로운 정부는 소련이 전임자의 뒤를 따르지 않을 것을 분명히 했다.

볼셰비키는 프랑스 혁명을 모델로 삼았는데 오만하게 굴 때는 프랑스가 중단한 부분을 자신들이 이어받은 것처럼 굴었다. 그러나 그보다 더 극명한 대조는 있을 수 없다. 프랑스에서 혁명적 폭력은 대체로 자발적으로 발생했으며, 잔인하긴 했어도 진정한 집단적 심판의 행위였던 반면, 러시아에서 공포는 대부분 당의 상층부에서 기획되었고 정치적 통제의 도구로 냉소적으로 사사로이 이용되었다. 프랑스 혁명은 수천 명의 희생자를 냈지만 어떻게든 희망을 꺾지는 못했다. 볼셰비키 혁명은 수백만 명의 희생자를 내면서 모든 희망을 없앴다. 역사는 그에 따라 이 두 사건을 다루는데, 전자는 무자비한 잔인성에도 불구하고 여전히 자유, 평등, 인권의 새로운 시대와 연관되어 있지만, 후자는 대규모 감시 장치, 수백만 명의 정보원, 임의 체포, 노동 수용소, 볼셰비키 정권이 러시아 전역과 그 너머에 남긴

---

257) Vasily Grossman, *Life and Fate*, Robert Chandler 번역(New York: Harper & Row, 1985), 845.

수백만 구의 시체는 말할 것도 없고, 전체주의 체제의 온갖 함정들과 구별이 안 될 정도의 잔인한 사건으로 되어 있다.

프랑스 혁명의 야만적인 불길에 비하면 볼셰비키 혁명은 꽤나 초라한 사건이었다. 보험금을 타기 위해 자기 집에 불을 지른 소규모 방화범들의 소행이었다. 하지만 시신은 그대로 쌓여갔다.

세 가지 악

간디가 아쉬람에서 계획했던 인도는 정확히 어떤 모습이었을까? 좋든 나쁘든 그 나라는 실현되지 않았고, 그래서 우리는 확실히 알 수 없다.[258] 하지만 『힌두 스와라지 *Hind Swaraje*』에서 그의 구상을 엿볼 수 있다. 미래의 인도를 설계하는 간디의 드높은 임무를 말하는 이 책은 짧다. 하지만 미래로 향하기 전에 간디는 현재의 인도에 대해 먼저 정리할 필요가 있었다. 인도는 명목상으로는 영국이 통치하고 있지만, 실제로는 훨씬 더 무서운 적의 폭압에 시달리고 있다. 간디는 '인도는 영국이 아니라 현대 문명의 발 아래 짓밟히고 있다'고 쓴다.[259] 따라서 이 책에서 간디가 목표로 삼는 것은 대영제국이 아니라 대영제국이 대표하는 문명 유형이다.

---

258) Gandhi의 허황된 아이디어가 이뤄질 가능성이 없다는 건 처음부터 많은 이에게 명백해 보였다. Gandhi의 "중세주의 프로그램(medievalist programme)은 사람들이 굶어 죽는 인구 과잉의 후진국에서 실행 가능한 일은 분명 아니었다"라고 오웰은 쓴다(Orwell, "Reflections on Gandhi," 172).

259) Gandhi, "Hind Swaraj," 21.

간디는 인도에 세 가지 악을 가져온 현대 문명을 용서할 수 없다. 이 세 가지 악은 전염병, 메뚜기, 독사보다 더 나쁘다. 이 세 가지 재앙은 '나라를 너무 가난하게 만들었고 우리가 제때 깨어나지 않으면 파멸할 것'이었다. 간디가 생각하는 세 가지 악은 철도, 변호사, 의사다. 이 악마 같은 정복의 도구들은 고유한 방식으로 인도를 무릎 꿇게 만들었다.

철도를 예로 들어보겠다. 간디는 철도가 '전염병을 퍼뜨렸다'고 선언한다. 어떻게 그런 일이 일어날 수 있었을까? 아주 간단한 이유에서다. 기차가 없으면 '대중은 이곳저곳으로 이동할 수 없었기 때문'이다. 따라서 철도는 '전염병 균의 매개체'다. 그것도 모자라 철도는 또한 기근을 더 자주 발생시킬 수도 있었다. 어떻게 그럴까? '이동 수단 시설'이 있기 때문에 사람들은 '곡물을 팔고 그 곡물이 가장 좋은 시장으로 보낼 수 있다'. 인도 농부들이 곡물을 팔지 않고 그대로 둘 수만 있다면 많은 재앙을 피할 수 있을 것이다. [260)]

변호사들이 인도 사회에 미치는 위험성도 그보다 덜하지는 않다. 그들의 거래는 사악하고, 그들의 기술은 모호하며, 그들의 죄는 셀 수 없다. 간디는 그들이 '인도를 노예화했고…… 힌두교와 마호메단 Hindu-Mahomedan의 불화를 심화했고…… 영국의 권위를 공고히 했다'고 주장한다. 무엇보다도 변호사는 쓸모가 없다. 런던에서 교육을 받은 이 변호사는 '변호사는 할 일이 거의 없는 사람들이다'라고 썼다. '게으른 사람들이 사치품에 탐닉하기 위해 그런 직업을 택한다.' 인도

---

260) Gandhi, "Hind Swaraj," 23-24.

변호사들이 직업의 유해성을 깨닫고 지금 하고 있는 일을 그만두면 인도의 상황이 갑자기 훨씬 더 나아질 것이다. "변호사가 자신의 직업을 매춘만큼이나 타락한 직업이라고 생각하고 그 직업을 버린다면 영국의 지배는 하루아침에 무너질 것이다."[261]

마지막으로 의사도 변호사보다 나을 게 없다. 물론 변호사와 달리 의사는 게으르진 않지만 그들의 행위가 그렇게 덜 불순한 것은 아니다. 무엇보다도 의료인이라는 직업이 '인류를 위해 봉사할 목적으로' 택해지고 있지 않기 때문에 우리는 의료 직업에 대해 깊은 의심을 가져야 한다고 간디는 충고한다. 사람들은 '명예와 부를 얻기 위해서만' 의술을 택한다.[262] (언제든 사람을 죽일 준비가 되어 있는 탐욕스러운 의사들!) 둘째, 의사라는 직업이 본질적으로 혐오감을 주기 때문이다. 현대 병원에서 벌어지는 가증스러운 일들을 생각해 보라.

> 병원은 죄를 전파하는 기관이다. 남자들은 몸을 덜 돌보고 부도덕이 증가한다. 그중에도 유럽 의사들은 최악이다. 그들은 사람 몸을 잘못 관리하느라 매년 수천 마리의 동물을 죽인다. 그들은 생체 해부를 자행한다.[263]

다른 곳에서 간디는 병원을 '악마의 도구'라고 쓴다. 현대 의학은 '흑마술의 농축된 정수'에 불과하다. 병원이 없었다면 우리가 어떻

---

261) Gandhi, "Hind Swaraj," 30-32.
262) Gandhi, "Hind Swaraj," 34.
263) Gandhi, "Hind Swaraj," 33.

게 되었을지 생각해 보라. "성병을 치료하는 병원이나 소비성 병원이 없다면 소비도 줄어들고 우리 사이에 성적 악습도 줄어들 것이다."[264] 간디는 매춘 업소를 방문했기 때문에 의사를 만나러 가지는 않는다고 말한다. 그 반대다. 의사를 만났기 때문에 매춘부를 만나러 가는 것이다.

간디는 현대 문명의 문제점이 인간의 신체에만 집중하는 데 있다고 생각한다. 서양 문명은 물질적 필요를 충족시키면서 발전해 왔고, 그 결과 이 문명은 지나치게 세속적이고 물질주의적이며 궁극적으로는 비도덕적이고 비종교적인 문명이 되었다. 간디가 보기에는 그 어떤 것도 그 문명을 구원할 수가 없었다. 인류가 이룩한 과학적 진보? 그것은 물질주의를 살찌울 뿐이다. 민주주의? 신이 금지한다! '다수의 행위가 소수를 구속한다고 믿는 것은 미신이며 불경스러운 일'이라고 간디는 『힌두 스와라지』에 썼다.[265]

이와는 대조적으로 인도 문명—과거와 미래의 인도—은 모두 정신 수양에 관한 것이다. 인도인은 과학적, 기술적으로 발전하지 못했을지는 몰라도 뛰어난 도덕성과 영성으로 다른 부족한 부분을 보완한다. "인도 문명은 도덕적 존재를 고양시키는 경향이 있고, 서구 문명은 부도덕을 전파하는 경향이 있다. 후자는 무신론이고 전자는 신에 대한 믿음에 기초한다."[266] 간디는 서구 문명뿐만 아니라 동양과 서양, 고대와 현대 등 거의 모든 문명에 대해 인도 문명의 절대적 우월

---

264) Gandhi, *Collected Works*, 10:168-169.

265) Gandhi, "Hind Swaraj," 49.

266) Gandhi, "Hind Swaraj," 36-37.

성을 주장한다.

> 인도가 발전시킨 문명은 세계 어디에 내놓아도 뒤지지 않는
> 다고 믿는다. 우리 조상들이 뿌린 씨앗과 비교할 수 있는 것
> 은 없다. 로마는 멸망했고 그리스·로마와 같은 운명을 맞이
> 했으며, 파라오의 권력은 무너졌고 일본은 서구화되었으며,
> 중국에 대해서는 말할 수 있는 게 없지만 인도는 그래도 어떤
> 식으로든 그 기반이 탄탄하다.[267]

간디는 인도를 떠나 있는 동안 이 글을 썼다. 간디는 아직 10대였
을 때 영국으로 떠났기 때문에 조국에 대해 알 기회가 전혀 없었다.
그런 다음 런던에서 돌아오자마자 남아프리카공화국으로 이주했다.
남아공에 머무는 동안 간디는 여러 차례 다양한 기간 동안 인도를
방문했지만 인도를 제대로 알지는 못했다. 간디는 해외에서 보내는
시간이 길어질수록 더 인도에 매료되었다. 멀리 떨어져 있으면 애정
의 대상에 대한 매혹을 불러일으킬 뿐만 아니라 그 대상을 재창조한
다. 모든 연인들처럼 간디도 바보 같은 말들을 할 수 있었다. 훗날
간디가 알게 되고 나서 슬퍼했던 것처럼 근거리에서 집중해서 보게
되면 모든 게 전혀 다른 모습이었다는 것이 드러난다.
　간디의 반서구적, 반근대적 입장은 아이러니가 아닐 수 없다. 간
디의 종교적, 정치적, 철학적 견해에 가장 결정적인 영향을 준 작가

---

267) Gandhi, "Hind Swaraj," 34.

들은 톨스토이에서 러스킨에 이르기까지 거의 근대 서구 출신밖에 없었기 때문이다. 런던에서 보낸 시간은 그가 지식인, 변호사, 활동가로서 성장하는 데 결정적인 역할을 했다. 간디가 인도 영성을 발견한 것도 서양 작가들 덕분이었는데, 그가 처음 읽은 『바가바드 기타(거룩한 자의 노래)』는 런던에서 에드윈 아놀드Edwin Arnold의 영어 번역본이었다.

최악의 상황

"타마라Tamara는 겨우 스물한 살이었고 이목구비가 섬세하고 팔다리가 가느다란 검은 눈의 미인이었다." 마르가레테 부버-노이만이 캠프에서 사귄 친구 중 하나에 대해 회상하며 한 말이다. 타마라는 젊고 아름답고 생기가 넘쳤다. 불행히도 타마라는 볼셰비키 정권에 헌신하며 충성을 다해 열심히 봉사했다. 다소 순진했던 건지는 모르지만.

타마라가 다니던 대학에는 문학 서클이 있었는데, 타마라는 그 서클의 주요 인물 중 하나였다. 학생들은 문학적인 문제에 대해 토론하고 자기가 쓴 작품을 낭독했다. 어느 날 타마라는 〈자유에의 찬가〉라는 제목의 자작시를 낭독했다. 얼마 지나지 않아 그녀는 '테러 준비' 혐의로 GPU에 체포되어 기소됐다. [268]

---

268) Buber-Neumann, *Under Two Dictators*, 115.

아무 잘못도 없는 타마라가 이내 체포돼 8년의 강제노동형을 선고받고 수용소로 보내져 젊은 시절이 거의 파멸에 이르렀다. 타마라는 "가장 나쁜 일은 아버지마저 체포되어 이제 어머니 혼자 남았다는 거다."라고 죄책감에 휩싸인 채 부버-노이만에게 말했다.[269] 용의자와 함께 그 가족도 함께 체포하는 것, 그것은 스탈린의 시그니처 제스처였다. 타마라의 드라마는 똑같은 일을 겪은 수백만 명의 드라마였다. 그 어떤 문학도 그런 무분별함을 제대로 포착할 수는 없겠지만 솔제니친에서 샬라모프, 부버-노이만에 이르는 수용소 문학은 우리로 하여금 어느 정도 감을 잡게 해준다.

그러나 그곳에서 또 다른 어떤 일이 일어났는데, 상당한 수치심이 수반되기 때문에 글로 쓰고 기록하기 더 어려운 일이었다. 타마라의 체포에 이르게 된 제보가 기록되어 있어서 제보자의 삶도 다른 방식으로 망가졌다. 비밀경찰은 제보자에 크게 의존했기 때문에 많은 사람이 정권이 자행한 공포의 공범이 되었다. 일부는 협박에 못 이겨 마지못해, 다른 일부는 인센티브를 받고 이득을 취하기 위해 제보했다. 누군가에 대한 복수, 사랑의 라이벌 제거, 용의자의 아파트 확보, 정권에 대한 호의, 커리어 발전, 사회적 지위 상승 등을 위해 자발적으로 공포에 가담한 사람들도 많다. 이처럼 스스로 타락한 것을 되돌릴 방법은 없다. 겉으로 봤을 때 이들은 살아남았고 일부는 번영하기까지 했지만, 너무 큰 대가를 치러야 했기에 내면은 완전히 파산했다.

---

269) Buber-Neumann, *Under Two Dictators*, 115.

장기적으로는 전체주의 정권과의 대대적인 협력은 공산주의 정권이 러시아, 동유럽을 비롯한 여러 나라에 미친 가장 파괴적인 영향력 중 하나였다. 이 체제는 사람들의 삶을 망치거나, 임의로 체포하거나, 자녀를 빼앗거나, 있지도 않은 범죄로 처형하거나, 노동 수용소에서 죽도록 일하게 만드는 것만으로는 충분하지 않았다. 이 체제는 뒤에 남아 있던 수많은 사람의 영혼을 죽였다. 자의든 타의든 공개 비난이 퍼부어질 때마다 제보자들은 한 단계 더 낮은 곳으로 내려갔다.

이걸로도 모자라 대규모로 협력이 이루어지다 보니 가해자와 피해자, 억압자와 압제를 받는 자 사이에 명확한 경계가 사라졌다. 거의 모든 사람이 가담하고 있었다. 하루에도 몇 번씩 자기도 모르게 그 선을 넘을 수 있었고, 오전에는 정권의 희생자가 되었다가 오후에는 무의식중에 협력자가 될 수도 있었다. 솔제니친은 '선과 악을 가르는 선'은 "국가 간, 계급 간, 정당 간을 통과하는 것이 아니라 인간 각자의 마음을 직통하고—모든 인간의 마음을 통과한다."고 지적했다.[270]

그로 인한 장기적 결과는 도덕적 지옥이었다. 지옥의 보다 미묘한 특징 중 하나는 우리가 지옥에 사는 것이 아니라 지옥이 **우리 안에 살고 있으며**, 우리가 의식하는 삶의 매 순간을 형성하고 결국 우리를 정의한다는 것이다. 공산주의 폴란드에서 공산주의를 경험한 영화 제작자 크쥐시토프 키에슬로프스키Krzysztof Kieslowski는 "공산주의는

---

270) Alexander Solzhenitsyn, *The Gulag Archipelago*, Thomas P. Whitney 번역(New York: Harper Perennial, 2007), 615.

에이즈와 같다."고 말한다.

> 당신은 그걸 안고 함께 죽어야 한다. 당신은 치료될 수 없다.
> 어느 편에 속했든 공산주의와 관련된 일을 겪은 모든 사람에
> 게 해당하는 말이다. 공산주의자였든 반공주의자였든 아니면
> 어느 쪽에도 속하지 않았든 상관없다. 모든 사람에게 적용된
> 다.[271]

『독일 이데올로기』는 1932년 모스크바의 마르크스-엥겔스 연구소
에서 처음 출판되었다. 그 무렵 모스크바는 소위 '과학적 사회주의'
라는 새로운 종교의 메카가 되었다. 거기에 레닌의 성스러운 유품도
보관되어 있었다. 러시아 전역과 그 너머에서 마르크스와 엥겔스의
이름이 하루에도 몇 번씩 의식을 거행하듯 외쳐졌고, 그들의 얼굴이
옛 성상처럼 전시되어 모두가 우러러보고 숭배했다. 신을 믿지 않는
이 두 선지자는 이제 그만 쉬러 무덤에 들어갔을 것이다.

'시대의 오물'을 제거한다는 대청소 실험을 마침내 벗어났을 때 우
리는 그 어느 때보다도 더러움을 뒤집어쓴 채였다. 프랑스 혁명에서
는 불이 특권적 요소였다면(아직도 불사조가 잿더미에서 떠오르는 모습을
상상할 수 있다), 볼셰비키 혁명은 진흙을 크게 선호했던 것 같다.

---

271) Danusia Stok, 편집, *Kieslowski on Kieslowski*(London: Faber and Faber, 1993), 125.

자기 초월?

간디는 자신의 모든 실패에 대해, 그리고 아들, 동료, 제자, 인도, 전 세계 등 타인의 실패에 대해 기꺼이 **자신을** 비난할 수 있었다. 스승으로서 간디는 자서전에서 자신이 맡은 일이 실패로 돌아간 것에 대한 책임은 자신에게 있다 생각한다고 말한다. 아쉬람에서 도덕적 실패가 발생할 때마다 간디는 범인을 징계하기 이전에 먼저 자신을 비난했다. 그런 경우에 간디는 이따금 도덕적 정화를 위해 단식을 하기도 했다. 비난을 자처하는 것이 간디에게는 단순한 교육 방법이 아니라(교육 방법이기도 했지만) 자아 실현 프로젝트의 중요한 부분이었다.

이에 대해 간디는 15세기 구자라트 시인이자 신비주의자인 나르신 메타^{Narsinh Mehta}의 가르침에서 영감을 받았는데, 그는 '타인의 고통을 이해하는 사람은 곧 신의 고통을 이해하는 사람'이라고 가르쳤다. 가장 높은 곳으로 가는 길은 항상 가장 낮은 곳을 통과하며, 다른 이들이 먼지로 여기는 모욕당한 사람들 속에 자신도 있다는 걸 먼저 알아보지 못한다면 신 가까이 갈 수 없다. '내가 다시 태어나야 한다면' 간디는 "내가 불가촉천민으로 태어나야 한다면, 그들의 슬픔과 고통, 그들에게 가해지는 모욕을 함께 나누고, 나 자신과 그들을 그 비참한 상태에서 벗어나게 하려고 노력해야겠다."고 말한 적이 있다. [272] 간디는 다른 사람들과 자신을 너무나 깊이 동일시해서 이 세상에 어떤 잘못이 저질러지면 종종 자신이 그 잘못에 기여하고

---

272) Gandhi, *Collected Works*, 23:45-47.

있다고 여겼다. 누군가 "어디선가 범죄를 저질렀을 때 나는 내가 범인이라고 느낀다."라며 간디는 반성했다.[273] 나중에 그는 이렇게 썼다. "나는 잘못을 저지른 사람을 볼 때마다 '나도 잘못을 저질렀다'고 자신에게 말하고, 음탕한 사람을 보면 '나도 한때 그랬었다'고 스스로에게 말하고, 이런 식으로 세상 모든 사람과 친밀감을 느낀다."[274] 간디가 괜히 마하트마(위대한 영혼)인 게 아니었다.

간디는 분할 이전과 이후, 그리고 분할에 수반된 공동체의 폭력으로 인해 고통스러운 자기 성찰—자기 비난의 기회를 충분히 얻었다. 1947년 1월 2일, 그는 일기에 이렇게 적었다. "나는 이 모든 일의 원인이 내 안의 어딘가에 있는 심각한 결함이라는 걸 알 수 있다. 내 주변은 온통 어둠뿐이다."[275] 1948년 1월 9일 펀잡, 콜카타 등지에서 학살이 벌어지고 있을 때 간디는 "이 모든 것은 내 책임이다."라고 인정했다.[276] 이것이 어린 소녀들을 대상으로 했던 그 실험의 배경이었다. 이 사건은 그 실험이 일으킨 추문으로 인해 간디와 가장 가까웠던 제자들조차 창피하게 만들었고, 동료들을 소외시켰으며(일부는 그만두기도 했다), 그 이후로도 전기 작가들을 당혹스럽게 만들었다. 간디에게 우호적이었던 전기 작가 라마찬드라 구하Ramachandra Guha는 이것을 간디의 '가장 이상한 실험'이라고 표현했다.

인도의 정치 상황이 악화되면서 간디의 머릿속에 간디 **주변에서**

273) Rajmohan Gandhi, *Mohandas*, 653에서 인용.
274) Rajmohan Gandhi, *Mohandas*, 300에서 인용.
275) Gandhi, *Collected Works*, 93:227.
276) Herman, *Gandhi and Churchill*, 578에서 인용.

벌어지는 공동체의 폭력이 자기 **내부**의 어떤 실패와 관련이 있다는 생각이 떠올랐다. 간디는 이런 일이 벌어지는 것을 자신의 삶에서 중요한 무언가가 빠져 있다는 신호로 받아들였고, 자신의 브라마차리아가 검증되지 않았다고 생각했다. 그가 시험을 통과할 수만 있다면 폭력은 멈출 수 있을 것이었다. 간디는 수십 년 동안 누구와도 성관계를 갖지 않았다거나 욕망을 느끼지 못할 정도로 자신을 완전히 통제했다는 것만으로는 충분하지 않았다. 간디는 마음의 개입 없이 욕망이 저절로 통제되기를 바랐다.[277] 검증되지 않았기 때문에 그의 순결함은 충분히 순결하지 않았고, 그의 도덕적 순결함은 위험에 처해 있다. 간디는 자신의 순결함을 시험하기 위해 추종자나 친척(적어도 두 명의 조카가 포함됨) 중에서 선택한 어린 소녀들과 침대를 같이 쓰기로 했다. 소녀들은 대개 옷을 벗은 채로 똑같이 옷을 입지 않은 간디의 옆에서 잠을 잤다. 성이 이 모든 것의 핵심이었음에도 불구하고 명시적으로 성적인 것은 없었다.

간디의 브라마차리아 실험은 자신을 초월하려는 평생 노력의 또 다른 표현이었다. 간디가 독특했던 건 자신만 자기 초월을 위해 산 게 아니라 이 프로젝트에 전 세계가 함께해야 한다고 생각했다는 거다. 나이폴V. S. Naipaul은 자신의 통찰력 있는 에세이에서 간디를 '실패

---

277) Gandhi가 *brahmacharya*에 대해 내린 상세 정의가 여기 있다. "결코 의도를 갖지 않는 자, 신을 끝없이 경배하여 의식적 혹은 무의식적 배출에 대한 반대증거가 된 자, 아무리 아름다운 여자들이 나체로 있더라도 어떤 식의 성적 흥분도 없이 그 옆에 벌거벗고 나란히 누울 수 있는 자다. 그런 자는 거짓말도 할 줄 모르고 전세계 남성이나 여성 단 한 사람도 해할 의도를 품거나 해할 수 없으며, 분노와 악의로부터 자유로운 Bhagavadgita라는 의미에서 분리되어 있다."(Gandhi, *Collected Works*, 87:107).

한 개혁주의자'라고 불렀다.[278] 그러나 그건 간디의 프로젝트를 잘못 읽은 것일 수도 있다. 간디는 단순히 세상을 '개혁'하려던 것이 아니라 완전히 다른 인류를 꿈꾸며 세상을 다시 만들고자 했다. 그리고 그렇게 함으로써 그는 실패했다. 어떻게 실패하지 않을 수 있겠나? 그 과제는 그에게 너무 큰 것이었다—누구에게나 큰 것이었으리라. 하지만 순전히 개인 차원에서가 아니라 이처럼 전 세계의 실패를 떠안고 실패하면 실패는 더이상 자신만의 것이 아니다. 라빈드라나드 타고르Rabindranath Tagore는 일찍이 간디가 처한 곤경을 잘 파악했다.

> 아마도 그는 성공하지 못할 것이다. 부처가 실패하고 그리스도가 인간을 불평등에서 벗어나게 하는 데 실패한 것처럼 간디도 실패할 수 있겠지만, 그는 자신의 인생을 모든 시대를 위한 교훈으로 삼았던 사람으로 영원히 기억될 것이다.[279]

그렇다면 간디는 실패를 급진적 자기희생을 통해 정반대 방향으로 전환시킨 것일까? 간디는 비극적인 영웅들이 흔히 그러하듯 인간 조건의 한계를 뛰어넘는 데 성공했고, 인간성이 무엇인지에 대한 새로운 지평을 열었다. 하지만 그 과정에서 비극적인 영웅들이 늘 그러하듯 비참한 최후를 맞았다. 그리고 비극적인 영웅이 가끔 그러하듯 우리에게 추측만 남겼다.

---

278) V. S. Naipaul, *The Indian Trilogy* (New Delhi: Picador India, 2016), 80.
279) Fischer, *The Life of Mahatma Gandhi*, 379-380에서 인용.

완벽에 대한 값비싼 대가

정치적 실패는 그 작용 방식이 물건의 실패보다 더 교묘하며—**폴리스**가 곧 우리 자신이기 때문에—더 치명적이다. 우리가 정치적 재앙을 목격할 때마다 그와 함께 우리의 일부분도 죽는다.

물리적 세계와 맺는 관계에서 겪는 실패에는 이상하게 활기를 북돋는 부분이 일부 있을 수 있지만, 정치적 실패는 종종 그 뒤에 시체 더미가 남을 뿐 아니라 우리를 지적으로 무력화시키고 타락시킨다.

무엇보다도 수치스러운 것은 모든 게 말해지고 행해지고 나서도 과거로부터 배우지 못한다는 것이다. 파괴적인 전쟁, 인종 청소, 대량 강간, 대량 학살 등 우리가 아는 최악의 잔학 행위를 생각해 보라. 이런 잔혹 행위가 다시 일어날 거라는 건 거의 확실하다. 인간은 모두 필멸하는 존재지만 이 세상의 히틀러와 스탈린은 결코 진정으로 죽지 않고 이름만 달라졌을 뿐이다. 우리는 그들의 잔학 행위에 대한 모든 것을 알고 있지만 그렇다고 해서 그런 일이 다시 자행되는 것을 막지는 못한다. 그 반대다. 스탈린은 로베스피에르의 공포 정치를 알았을 뿐만 아니라 그를 능가하기 위해 할 수 있는 모든 것을 했다. 그리고 결국 성공했다. 아르메니아 대학살에 대해 알았지만 히틀러가 자신의 대학살을 조직하는 데 방해가 되기는커녕 오히려 영감을 얻었다. 홀로코스트에 대한 자세한 역사적 지식이 보스니아, 르완다 등지에서 벌어진 대량 학살을 막지 못했듯이 말이다. 이 글을 읽는 지금 이 순간에도 홀로코스트는 다양한 모습으로 다시 일어나고 있다.

유일한 구원의 은총은 이런 종류의 실패가 초래한 잔인한 지식, 즉 권력에 굶주린 정치적 동물들이 서로를 상대로 바쁘게 주장하고 방해가 되는 건 모조리 짓밟는 세계의 계시에 있다. 이 계시에서는 생존 본능이 작동하여 훼손되고 만 인류의 광경이 펼쳐진다.

이것은 흔치 않은 귀한 지식으로 이런 걸 과감히 우리와 공유할 수 있는 교사는 거의 없지만, 그래도 우리가 진보를 이루려면 반드시 필요한 것이다. 권력의 영역에서 떨어져 나오는 것은 모든 영적 전통의 일부였으며, 그 전통이 종교적이든 세속적이든 철학적이든 그렇지 않든 상관없었다. 사람이 영적으로 깨달음을 얻으면서 동시에 정치적으로 얽혀 있을 수는 없다—병들어 있으면서 건강할 수는 없듯이. 간디의 사례는 현자와 정치가가 한 사람 안에 존재함으로 인해 분리될 수 없을 때 어떤 일이 일어나는지 극적으로 보여준다. 그의 영적 열망이 높아질수록 정치에 연류된 것이 점점 더 고통스러워졌다. 간디가 생의 마지막에 눈에 보이는 것이라고는 '어둠과 광기'일 뿐이라고 스스로 시인했던 지점까지 갔던 것도 놀랄 일이 아니다.

우리는 태어나면서부터 다른 사람들과 함께하기 때문에 정치적 통일체로부터 떨어져 나오려는 노력에는 우리의 본성에 역행하고 우리를 분해하는 일이 따른다. 그러나 우리가 치유되려면 반드시 해야 하는 일이다. 정치적 실패가 그 치료법을 우리에게 제공할 수 있다. 급진적 정치 프로젝트(유토피아 정부, 전체주의 국가, 피비린내 나는 혁명)가 실패했을 때 우리가 직면하는 상실과 파멸의 광경을 충분히 주의 깊게 들여다본다면 또렷한 경고를 듣게 될 것이다. "자신이 소망하는 바를 조심하라!" '미덕의 공화국' '계급 없는 사회' '이상적인 국가' '완벽한 지역사회'―이들은 모두 동경할만한 것이고 좋은 의도만큼이나 고매한 것이지만 우리는 그것들이 정치적 허구라는 사실을 볼 줄 아는 눈을 결코 잃어버려서는 안된다. 실제 세상을 좀 고친 버전이 아니라, 상상력이 과하게 발휘된 것이다―정치적 현실로부터 거의 완전히 떨어져 나와서 스스로를 무효로 만드는 세상이다.

유토피아의 문제점은 실현하기 불가능하다는 것이 아니라(엄밀히 말하면 가능할 수도 있다), 우리가 누구인지에 대해 근본적으로 이질적이라는 것이다. 우리는 심각하게 불완전한 피조물이다―결점이 있고 오류를 저지르기 쉽고 부패하기 쉽다. 체면상 우리는 이 개념을 우리가 세상에서 정치적으로 추구하는 모든 것 안에 놓아야 한다. 하지만 반복되는 정치적 실패와 그에 따른 시체 더미에서 알 수 있듯이 우리도 품위가 부족하기 때문에 대부분의 경우 그렇게 하지 않는다. 그래서 완벽함에 대한 강박적인 욕구와 순수성에 대한 잘못된 추구에서 우리는 결국 그 어느 때보다 불완전함 속에 뒤죽박죽이 된다. 허구를 현실로 착각하는 것은 순진할 뿐 아니라 매우 위험하다. 허구를 뭔가 다른 것으로 받아들일 때 허구는 앙갚음으로 와서 당신을 겁줄 것이다.

이러한 실패는 우리를 겸허하게 만들며, 우리는 다른 어떤 것보다 아무것도 아닌 것에 더 가깝다는 중요하고 단순한 교훈을 다시 한 번 강조한다. 완벽하고 모든 것이 되려고 노력하다 보면 우리는 실제로 우리 손이 닿을 수 있는 것을 성취할 수 있는 기회를 놓치게 된다.

In Praise Of Failure Four Lessons In Humility

제3장

위너와
루저

우리는 모두 그를 안다. 그는 우리가 자신에게 하는 많은 이야기 속에 등장한다. 우리는 심지어 이 사람을 한번 얼핏 봤을 수도 있지만 그를 보는 것은 그렇게 중요하지 않다. 그는 자리에 없을 때 자신의 기능을 어느 정도 더 잘 수행한다―그가 들먹여지거나 조롱당하거나 가십거리가 되거나 멸시당하기만 할 때 말이다. 그가 우리 삶 안에 생생히 존재함에도 불구하고 우리는 그와 가깝다고 말하지 않을 것이다. 사실 우리는 되도록이면 그를 피하려 한다. 그의 상황이 전염성 있어 보여서이고, 그의 곤경이 우리에게 전염되는 것을 신이 금지하기 때문이다. 우리는 분명 그를 필요로 하지만, 우리는 자신이 그와 다르다고 스스로를 규정해야 할 때만 그를 필요로 한다. 우리가 무엇이든 간에 우리는 그가 아니다. 이 단순한 정신 훈련 덕분에 우리는 우리가 어떤 문제를 가지고 있든 우리는 그의 문제를 가지고 있지 않으며, 우리의 고통이 아무리 심해도 우리는 그의 고통으로 고통받지 않는다는 기본적으로 더 나은 사람이라는 것을 스스로 확신할 수 있다. 그런데 그는 정확히 누구인가? 그는 사람이 될 수 있는 최악의 유형의 사람, 바로 루저다.

루저는 궁극의 사회적 실패다. 한 지역사회 안에서 루저와 실패를 규정하는 방식은 결코 순수하지 않다. 당신이 사회적 실패를 어떻게 규정하는지 내게 알려주면 나는 당신에 관해 몇 가지 알려 주겠다―당신의 가장 큰 꿈과 당신이 가장 두려워하는 것에 대해서 말이다. 미국인들은 특히 루저를 구축하는 데 능하다―국가단위 산업이라고도 볼 수 있다. 루저들은 아메리칸 드림과 함께 그 어둡고 수치스럽고 추한 면도 가지고 오는 것 같다. 아서 밀러 Arthur Miller는 노년에 한 인터뷰에서, 성공에 대한 미국인의 집착이 사회적으로 실패할 때 치러야 할 대가만 강조하는 방식을 반영하는 자신의 저서 『세일즈맨의 죽음*Death of a Salesman*』은 일종의 루저 찬가로 보일 수 있다고 말했다. "성공한 사람들이 사랑받는 것은 파멸을 막고 죽음을 피할 수 있는 마법 공식을 물씬 풍기기 때문이다."라고 그는 말한다. "기대에 미치지 못하는 사람을 버리는 것은 상상할 수 있는 가장 잔인한 삶의 방식이다. 그것은 그들을 파괴하고 싶어한다…… 도덕적 비난이 계속되고 있다. 이런 실패를 가까이 하고 싶지 않을 것이다."[280] 당신은 루저 근처에 있고 싶어하지 않지만 그럼에도 불구하고 루저의 실패가 없으면 당신의 성공은 아무 의미가 없다.

잘 조직된 사회에서는 저마다 고유한 '루저' 유형을 만들어 낸다－가끔 그 안에 일종의 마법 거울처럼 부지불식간에 루저가 투영되어서 정체가 드러난다. 예를 들어 고대 아테네인들이 시노페Sinope의 디오게네스Diogenes를 대하는 방식에는 뭔가 경쾌함이 있다. 그 냉소주의자는 사람들에게 가장 인기 있는 루저였던 듯하다. 대부분의 아테네인은 분명 디오게네스처럼 되고 싶어하지 않았지만, 디오게네스와 함께 시간을 보내는 일을 마다하지 않고 즐겼다. 누가 어떤 와인이 가장 맛있었냐고 물었을 때 디오게네스는 이렇게 재치있게 답한 것으로 알려져 있다. '다른 누군가의 와인.'[281] 그 특정한 빈티지 와인

---

280) Scott A. Sandage, *Born Losers: A History of Failure in America*(Cambridge, MA: Harvard University Press, 2005), 276-277에서 인용.

281) Diogenes the Cynic, *Sayings and Anecdotes, with Other Popular Moralists*, Robin Hard 번역(Oxford: Oxford University Press, 2012), 15.

을 즐길 기회를 아테네인들은 디오게네스에게 제공한 듯 보인다. 전설을 보면 아테네에 디오게네스가 와주길 바라는 사람이 어찌나 많았던지 어디로 갈지에 대해서 디오게네스가 까다롭게 굴 때도 있었다. 한번은 집주인 태도 때문에 저녁 초대를 거절했는데, 디오게네스가 설명하기를 지난번에 갔을 때 그 사람이 자신에게 '제대로' 감사 인사를 하지 않았다는 거였다.[282] 그런 사례들은 출처가 불분명하지만 적어도 디오게네스가 아테네인들을 필요로 했던 만큼 아테네인들도 디오게네스를 필요로 했다는 건 분명하다. 디오게네스는 루저였을지는 몰라도 스스로 원해서 철학적 소명의 문제로 루저가 된 것이었다. 디오게네스의 기이한 행동이 아무리 가증스러워도 아테네인들은 기꺼이 동조하는 시늉을 했다. 그것이 아테네인들이 사회적 실패를 규정하고 관여한 방식 중 하나였다.

오늘날 루저가 되는 건 완전히 다른 문제다. 우리는 루저들 가까이 가는 건 싫어하면서도 루저들에게 집착하는데, 아마도 우리 자신이 그렇게 될 수 있다는 가능성에 겁을 먹기 때문일 것이다. 루저가 되는 것은―부정적이지만 결정적으로―우리가 자신을 보는 방식과 사회 속에서 우리 자리를 보는 방식을 형성한다. 실패가 우리에게 무관심한 경우는 거의 없다. 실패는 우리를 동요시키고 불안하게 만든다―실패에는 어두운, 병적이기까지 한 무언가가 있다. 그리고 그 무언가는 우리 사회가 루저로 여기는 사람들과 우리가 관계를 맺는 방식에서 드러난다.

---

282) Diogenes the Cynic, *Sayings and Anecdotes*, 18.

약 2세기 전에 루저가 단순히 뭔가를 잃은 사람이던 시대가 있었다—예를 들어 화재가 나서 혹은 사업이 잘못돼서 등등. 그러나 이제 더이상 그렇지 않다. 오늘날 루저는 '멀리 떨어져'라는 보이지 않는 경고문을 달고 온다. 스콧 샌디지Scott Sandage가 『타고난 루저들. 미국에서의 실패의 역사*Born Losers. A History of Failure in America*』에서 제시하듯 실패는 "잃어버린 영혼의 생생한 이미지를 떠올리게 한다."며 "루저라는 말이 일반적으로 '사업 실패'를 의미하던 시절을 상상하기 어렵다."고 말한다.[283]

우리에게 있어 실패는 실패하는 사람이 아니다—실패가 크든 작든 이따금 일어나든 빈번히 일어나든 말이다. 이런저런 식으로 실패하는 사람도 아니다. 모두가 실패하지만 모든 사람이 실패자는 아니다. 실패자가 되는 건 실천이나 지능, 도덕의 문제가 아니라 존재의 문제다. 실패자라는 것은 당신이 누구냐의 문제지 당신이 무엇을 하느냐, 말하느냐, 생각하느냐의 문제가 아니다. 마치 당신이 그렇게 될 운명인 것처럼 실패는 떨쳐버릴 수 없는 아우라다. 특정 생활방식 선택의 요소가 수반돼야 할 수도 있으나, 북미, 유럽 등 오늘날 많은 '문명화된' 세계에서 루저가 된다는 건 저주받은 일이다. 당신이 무엇을 생각하고 말하고 행하는 지와는 상관없이 실패로부터 당신을 구할 수 있는 것이라곤 전혀 없다. 당신이 지옥불에 떨어지는 건 존재론적이다.

---

283) Sandage, *Born Losers*, 2. '실패'는 언어에서 마다 함축된 의미가 다르다. 이탈리아어를 예로들면 *fallimento*는 (무엇보다도) '실패'와 '파산' 둘 다를 뜻한다.

이전의 원—정치적 실패의 원—은 우리가 조직된 지역사회의 일부이기 때문에 우리와 좋든 싫든 관련되어 있다. 그런데도 우리는 원한다면 정치가 다다르지 못하는 멀찍이 떨어진 자리에 공간을 확보하고 거기 들어가 있을 수도 있다. 쉽지 않은 과제여도 가능은 하다—결국 많은 현자들이 과거에 달성하여 우리에게 그 방법을 보여준 일이다. 그에 비하면 사회적 실패의 원은 매우 비좁다. 다른 사람이 나를 루저로 규정할 때 느끼는 것과 마찬가지로, 내가 다른 사람을 루저로 규정하는 데 참여할 때 느끼는 감정도 마찬가지이다. 당신은 그것에서 벗어날 수 없다.

실패의 철학자

어떤 사람들에게 그는 당대의 가장 체제 전복적인 사상가 중 한 명으로 20세기 니체와 비슷하지만 좀 더 어둡고 유머 감각이 뛰어난 인물로 평가받는다. 많은 사람들은 젊은 시절의 그를 특히 위험한 미치광이로 여겼다. 다른 사람들은 그를 남에게 위험을 끼치지는 않는—어쩌면 그 자신에게만 위험을 끼치는 매력적이고 무책임한 젊은이로만 봤다. 신비주의에 관한 그의 책이 조판소에 갔을 때 (선하고 신을 두려워하는 사람이었던) 식자공은 그것이 얼마나 신성 모독적인지 깨닫고 그걸 만지지도 않았다. 출판사 대표는 그 일에서 손을 뗐고 저자는 자신의 신성모독을 다른 곳에 가서 자비로 출판해야 했다.

에밀 시오랑Emil Cioran은 루마니아에서 태어난 프랑스의 사상가며

야만적이면서 불안을 야기하는 미학을 가진 책을 스물다섯 권가량 쓴 저자다.[284] 시오랑은 최고의 프랑스 전통을 따르는 수필가로 프랑스어가 그의 모국어가 아님에도 일부는 그를 프랑스어로 쓰는 가장 훌륭한 작가 중 하나로 간주한다. 시오랑의 문체는 기발하고 비체계적이고 단편적이다. 시오랑은 격언의 대가로도 유명하다. 시오랑에게 있어 '단편성'은 단순한 글쓰기 스타일이 아니라 삶의 한 방식이었다. 시오랑은 자신을 **단편적인 사람**un homme de fragment'이라고 불렀다. 시오랑은 체계적 철학을 매우 의심했고 '철학 체제' 확립을 꿈꾸는 건 돌팔이들이나 하는 짓이라고 생각했다. 시오랑은 순수하고 단순한 사상가가 되고 싶었고 '철학자'가 아닌 더 나은 말을 찾아 스스로를 **사적인 사상가**Privatdenker라고 불렀다.

시오랑은 종종 자신이 했던 말과 모순되는 말을 했지만 시오랑에게 그건 신경 쓸 일 축에도 못 들었다. 시오랑에게 자기 모순은 약점이 아니었고 되레 정신이 살아있다는 신호였다. 글쓰기는 일관성에 관한 일도 설득이나 독자를 계속해서 즐겁게 하는 일에 관한 것도 아니기 때문이다. 심지어 문학에 관한 일도 아니다. 시오랑에게 글쓰기는 수 세기 이전에 몽테뉴Montaigne에게도 그러했듯 수행적인 기능이었기 때문에, 스스로에게 영향을 미치기 위해-개인적으로 끔찍한 일을 겪은 뒤 추스르기 위해, 심각한 우울증에서 벗어나기 위해, 치명적인

---

284) 이 인물 묘사를 위해 나는 Cioran이 직접 쓴 글(서신, 노트, 저널리즘, 인터뷰를 포함)에 크게 의존했으나 또한 Gabriel Liiceanu, Marta Petreu, Ion Vartic, and Ilinca Zarifopol-Johnson의 연구에도 의존했다. Cioran에 대한 아주 건설적인 대화에 대해 Dan Petrescu에게 특별히 감사드린다.

질병을 받아들이기 위해서나 가까운 친구를 잃은 일을 애도하기 위해 그는 글을 썼다. 미치지 않기 위해, 자신이나 타인을 죽이지 않기 위해 글을 쓴 것이다. 한 번은 스페인 철학자 페르난도 사바테르[Fernando Savater]와의 대화에서 시오랑은 이렇게 말한다. "글을 쓰지 않았더라면 나는 암살자가 됐을지도 모른다."[285] 인간 존재의 핵심은 끊임없는 비통과 절망이며 글쓰기가 그것을 좀 더 참을 만하게 만들어 주기도 한다. 단지 살아 있기 위해 죽음으로부터 등을 돌리기 위해 글을 쓰는 것이다. '책은 자살의 지연이다[un livre est un suicide différé]'라고 시오랑은 1973년에 출판된 『태어났음의 불편함[De l'inconvénient d'être né]』에서 쓴다.[286]

시오랑은 글을 쓰면서 죽음을 벗어나기를 계속 반복했다. 시오랑은 스물세 살 때인 1934년 처녀작인 『절망의 끝에서[Pe culmile disperării]』를 한 차례 심각한 불면증을 겪는 동안 단 몇 주 만에 썼다(불면증은 '내 삶의 가장 위대한 드라마'였다고 시오랑은 반복해서 말했다).[287] 그 책은―시오랑의 가장 훌륭한 작품으로 남았는데―글쓰기와 수면 부족 사이의 강렬하고 친밀한 연계의 시작을 알렸다.

불면증이 이어지던 밤들로 인한 우울증에 빠져들었을 때가

---

285) E. M. Cioran, *Entretiens*(Paris: Gallimard, 1995), 17. 달리 명시되지 않은 한 이 장에 있는 모든 번역문은 저자가 번역한 것이다.

286) E. M. Cioran, *The Trouble with Being Born*, Richard Howard 번역(New York: Seaver Books, 1976), 99. Cioran은 다른 곳에서 이렇게 말한다. "모든 것은 …… 표현이 되면 강렬함이 퇴색된다. 이것이 글쓰기를 통해 얻는 치유의 의미다."(Gabriel Liiceanu, *Itinerariile unei vieți: E. M. Cioran: Apocalipsa după Cioran*[Bucharest: Humanitas, 2011], 94).

287) Ilinca Zarifopol-Johnston, *Searching for Cioran*, Kenneth R. Johnston 편집 (Bloomington: Indiana University Press, 2009), 47에서 인용.

아니면 나는 전혀 글을 쓸 수 없었다. 7년 동안 나는 거의 잠을 이루지 못했다. 우울증이 심해서 지금도 글을 쓰기 전에는 헝가리 집시 음악 디스크를 틀어놓는다.[288]

시오랑이 비체계적인 사상가였다고 그의 작품에 통일성이 결여되었던 건 아니다. 사실 시오랑의 작품은 고유한 문체뿐 아니라 일련의 독특한 테마, 모티프, 기이함으로 단단히 뭉쳐져 있다. 그 가운데 실패는 현저히 중요한 부분이다. 시오랑은 실패와 사랑에 빠져 있었다. 실패의 유령은 시오랑의 초기 저서들부터 모든 작품에 출몰한다. 시오랑은 평생 동안 실패로부터 벗어나는 일이 결코 없었다. 시오랑은 진정한 감정가들처럼 다양한 각도에서 다양한 순간에 다양한 화신들을 연구했고, 가장 예상치 못한 곳에서 그 모습을 찾아냈다.

끝내 실패로 남는 건 개인에게만 국한되는 일이 아니라 사회, 민족, 국가 또한 그럴 수 있다고 시오랑은 믿었다. 특히 국가를. 그는 언젠가 이렇게 말했다. "나는 스페인에 매료되었다. 스페인은 가장 극적인 실패의 사례를 보여주기 때문이다. 세계에서 가장 위대한 나라가 그렇게 쇠락의 길로 접어들다니!"[289] 시오랑에게 실패는 도교 신자들의 물과 같다. 도처에 스며들고 모든 것 속에 침투한다. 위대한 개념은 실패에 흠뻑 젖을 수 있으며 책도 철학도 기관도 정치 체제도 마찬가지다.

---

288) Cioran, *Entretiens*, 10.
289) Liiceanu, *Itinerariile unei vieți*, 124.

인간 조건 자체도 또하나의 실패한 프로젝트다. 시오랑은 『태어났음의 불편함』에서 '더 이상 인간이고 싶지 않다'며 '실패의 또 다른 형태를 꿈꾸고' 있다고 쓴다.[290] 우주는 하나의 큰 실패이고 삶 자체도 그렇다. "근본적 실패가 되기 전의 삶은 죽음과 시조차 제대로 바로잡아줄 수 없는 취향의 실패다."라고 시오랑은 말한다.[291] 실패는 세상을 구약성서의 변덕스런 신처럼 다스린다. 시오랑의 경구들 중 하나는 이렇게 읽힌다. "'나를 믿은 건 잘못한 거야' 누가 그런 말을 할 수 있을까요? **신과 실패**."[292]

루저로 태어나다

루저가 루저인 것은 그러면 판정을 통해서다. 이런 상황이 불안하게 여겨질 수는 있겠지만 새로운 일은 아니다―이 심연 속을 우리는 전에도 들여다본 적이 있다. 오래된 신학 교리인 예정설은 지옥행과 관련된 존재론을 구체적으로 다룬다. 우리 사회 안에서 성공한 사람들이 루저들과 관계 맺는 방식은 '선택된 자들'이 '버려진 자들'을 취급하던 방식을 떠오르게 한다. 예정설의 교리를 살펴보면 우리가 성공과 실패가 작용하는 방식을 이해하는 법의 토대를 알 수 있으므로, 예정설의 역사적 발달의 핵심적 순간은 밀접하게 살펴볼 만한

---

290) Cioran, *The Trouble with Being Born*, 168.

291) E. M. Cioran, *All Gall Is Divided*, Richard Howard 번역(New York: Arcade, 1999), 19.

292) Cioran, *The Trouble with Being Born*, 79(italics in the original).

가치가 있다.

성 바오로Saint Paul의 로마인들에게 보낸 편지에는 서로 다른 유형의 예정설 지지자들 모두가 근본 문서로 간주하는 어떤 구절(로마서 9:18–24)이 있다. 신의 전능함과 자유에 관한—그 전제는 충분히 순수하고 합리적인 것으로 보인다.

> 그래서 그때 [신께서] 자비를 내리고자 하는 자에게는 그게 누구든 자비를 내리셨고 마음을 단련시키고자 하는 자는 그게 누구든 마음을 단련시키셨다. 그때 너는 나에게 이렇게 말할 것이다. "신께서는 왜 잘잘못을 보십니까? 누가 신의 뜻을 거역할 수 있겠습니까?" 하지만 인간인 당신이 신에게 대답할 수 있을까요? 주조된 것이 주조자에게 "왜 나를 이렇게 만드셨습니까?"라고 말할 수 있습니까?[293]

바오로의 다음 조치는 우리를 진짜 무서운 영역으로 데려간다. 바오로는 자신이 말한 은유를 한계까지 밀어붙이며 이제 신을 장난기 많은 예술가, 극적 효과를 좋아하는 어떤 **유희하는 신**Deo ludens처럼 말한다. 그 문구는 요약하자면 엉뚱한 장인이 창조물에 접근하는 방식과 아주 흡사하게 신이 그저 파괴하는 기쁨을 누리기 위해 인간을 만드는 방식에 관한 것이다.

---

293) 성경 인용문은 미국 그리스도 교회 전국 협의회(National Council of the Churches of Christ in America)의 개정 표준 성경(Revised Standard Version of the Bible, copyright © 1946, 1952, 1971)에서 인용. All rights reserved worldwide.

옹기장이에게 점토 덩어리를 미학을 위한 그릇으로, 또는 하찮은 용도의 그릇으로 만들 권한이 없겠느냐? 신이 분노를 보이고 권세를 떨치기 위하여, 영광을 위해 미리 준비하신 자비의 그릇의 그 풍요로운 영광을 알리기 위하여, 파멸을 위해 만들어진 그릇을 많은 인내로 견디셨다면 어떨까요?

'파멸을 위한 분노의 그릇'—그런 운명을 누가 마다할까? 이 세상에서뿐만 아니라 영원토록 '하찮은 용도'로 쓰일 그릇 역할에 누가 유혹을 느끼지 않을까? 인정하는데, 우리가 바오로의 문구를 너무 과하게 해석하려 드는 건지도 모른다. 바오로는 다른 것을 염두에 두고 있었는지도 모른다. 그럼에도 바오로의 반추는 역사를 창조했다.

이 역사 속에서 장 칼뱅Jean Calvin은 특별한 자리를 차지했다. 칼뱅은 이 바오로의 문구를 이용해 자신의 고유한 예정설로 발전시켰는데 이는 무서운 일관성과 길이 남을 영향력을 지닌 것이었다. 칼뱅은 자신의 저서 『기독교강요』의 여러 부분에서 예정설에 관해 이야기한다. 하나의 장 전체가(3권의 20장) '영원한 선택, 이로 인해 신께서 일부는 구원으로 다른 일부는 파멸의 길로 예정하셨다'는 내용에 할애되고 있다. 바로 이 교리가 오랜 세월 칼뱅주의를 그토록 두려움의 대상이 되게, 그토록 사랑받게, 역겨우면서도 동시에 매력적이게 만든 것이었다.

우선 먼저 칼뱅은 '예정설의 고결한 신비'에 대해 말하며 소심한 자나 정신이 박약한 자들이 읽을 내용이 아니라고 독자에게 경고한다.[294) 이 주제는 매력적으로 보일 수 있지만 조금만 비틀어보면 우리를 영원한 지옥의 형벌로 이끄는 것일 뿐이다. 이 영역은—칼뱅이 '신성한 지혜의 신성한 영역'이라 칭하는—가장 열성적인 추종자마저 파멸에 이르게 할 수 있다. 칼뱅은 여기서 "이는 일종의 지식이고 그에 대한 열렬한 욕망은 어리석고 위험하다, 아니, 심지어 치명적이다."라고 했다.[295)

이렇게 예방책을 세웠으니 이제 칼뱅은 예정설을 제대로 다룰 수 있었다. 예상대로 칼뱅은 성 바오로의 은유를 사용한다. 영광을 위해 준비된 '자비의 그릇'과 '파멸을 위해 만들어진 분노의 그릇'의 이미지가 그의 글에서 도드라진다. 칼뱅이 묘사하는 인간 조건은 종종 파멸의 현장처럼 보인다. 먼저 예정설의 정의가 나온다.

> 우리는 예정설을 신의 영원한 판결이라 부르며, 신은 그 판결에 의해 인간 각자가 무엇이 되게 만들지에 대해 스스로와 계약을 맺었다. 모두가 동등한 조건으로 창조된 것이 아니라, 그보다는 일부에게는 영생이, 다른 일부에게는 영원한 지옥의 형벌이 정해져 있음이니라. 따라서 모든 사람은 이 결말들 중에 이것 아니면 저것을 맞게끔 창조되었으니, 이를 우리는 그 사람이 살도록 아니면 죽도록 예정되었다고 한다.[296)

---

294) Jean Calvin, *Institutes of the Christian Religion*, 2 vols., John T. Mc-Neill 편집 (Louisville, KY: Westminster John Knox Press, 1960), 1:469.

295) Calvin, *Institutes of the Christian Religion*, 2:923.

296) Calvin, *IInstitutes of the Christian Religion*, 2:926.

칼뱅의 글에는 바오로의 구별법이 그대로 남아 있을 뿐 아니라 심지어 바오로의 언어까지 일부 차용하고 있다. 가끔은 그 두 목소리가 서로 메아리치고 또 가끔은 거의 구별이 안 될 정도로 섞이고 그럼에도 또 어느 때는 신의 **무서운 교령**(敎令, decretum)에 의해 부서져 버리는 인류를 그리는 대목에서 바오로의 목소리보다 더 강력한 칼뱅의 목소리가 나오기도 한다.

"신께서 살아서는 불명예를 겪고, 죽어서는 파멸을 위해, 신의 진노의 도구로 쓰이고 신의 엄중함을 보여줄 사례가 되도록 창조하신 자들은 누구인가?"라고 칼뱅은 묻는다.[297] 그중 대체 무엇이란 말인가? 그들은 물론 파괴될 운명이지만 그들의 파멸을 위해 신은 악마적인 발명품을 사용한다. 그 보기 흉한 그릇들을 깨트려 버릴 작정으로 신은 그들이 그 운명을 벗어날 기회를—이를테면 실수로 '자비의 그릇들' 안에 숨어든다거나 해서—얻지 못할 것을 확실시한다. 그 두 유형은 오염이 두려워 각자 분리된 길을 가야 한다.

운명 예정설적 사고의 상당 부분의 원동력은 순수함에 대한 집착적인 추구이며, 알곡이 쭉정이로부터 안전하게 분리되어 있도록 보장하는 데 칼뱅의 신은 크게 도움을 준다. "그들이 종말에 이르도록 [신께서는] 때때로 그들에게서 신의 말씀을 듣는 능력을 박탈하시고 때로는 오히려 그 말씀을 전파하여 눈을 멀게 해 기절시키신다." 이 고상한 대학살은 신성한 정의의 문제이며, 칼뱅은 우리에게 이렇게 장담한다. "한 번 정죄하여 신의 빛에 참여 못 하게 하신 자를 눈먼

---

297) Calvin, *Institutes of the Christian Religion*, 2:978.

상태로 둘 때 예정된 바에 따라 길을 정하는 분은 '최고 심판자'이신 신이다."[298] 여기서 바오로의 유희하는 신의 흔적은 볼 수 없다. 칼뱅의 신은 게임을 하지 않는다.

이 책에서 칼뱅은 급진적 신학자로 등장하며 칼뱅의 급진주의는 대단한 볼거리였다. 칼뱅이 무슨 말을 하든 간에 거기엔 뭔가 소름 끼칠 정도로 이질적인 것이 스며 있었다. 칼뱅은 철학적 방법론과 개인적 소명 둘 다의 문제로, 인간 세상을 무한히 멀리 떨어진 관점에서 바라본다. 그 관점에서 칼뱅이 건네는 판결은 그 자신의 것이 아닌 신의 것이다. 무엇이 달린 문제든 간에 칼뱅은 신의 편을 든다. 신은 반드시 옳아야 하기 때문에 언제나 옳지만 그 반면 인간은 언제나 그르다. 막스 베버Max Weber는 "버림받은 자들이 자기 운명에 대해 불평하는 건 동물이 사람으로 태어나지 않았다며 한탄하는 거나 진배없다."고 관찰한다. "육체의 모든 것은 신과의 사이에 건너지 못할 만을 둔 채 분리되어 있으며, 그분께서 당신의 영광을 위해 달리 선언하지 않는 한 영원한 죽음의 자격만 주어지기 때문이다." 칼뱅의 관심은 '인간에게 있지 않고 전적으로 신에 있었다.' 신은 '인간을 위해 존재하지 않으나 인간은 신을 위해 존재한다.'[299]

칼뱅의 급진적 방법론은 그의 신학에 두 가지 효과를 부여한다. 첫째, 칼뱅이 자기 사상을 논리적으로 궁극의 결과까지 밀어붙일 수 있게 해준다. 칼뱅과 동의하지 않거나 칼뱅의 결론을 싫어할 수

---

298) Calvin, IInstitutes of the Christian Religion, 2:978-979.
299) Max Weber, The Protestant Ethic and the Spirit of Capitalism, Talcott Parsons 번역 (London: Routledge, 2005), 60, 59.

는 있지만, 그가 무서울 정도로 일관된 사상가라는 건 인정해야 한다. 많은 칼뱅의 비평가가 생각하고 싶어한 대로 칼뱅이 미친 거였다면 칼뱅의 광증에는 엄격함과 규율이 있었다. 둘째, 칼뱅의 방법론은 칼뱅의 사상을 괴물처럼 만들었는데 여기서 괴물은 '끔찍스럽다'는 원래 뜻을 담고 있다. 칼뱅은 법을 공부했기에 자신의 교리를 쉽게 설파할 수 있었을 것이다. 자본주의적 징벌에 대해 이보다 더 열정적인 사례가 생겨난 적은 없다—이 세상에서뿐 아니라 영원 속에서 파괴당하는 징벌 말이다. 주어진 모든 상황에서 칼뱅은 검사의 역할을 맡지 절대 피고측 변호사의 역할은 맡지 않는다. 그러고 나서 그 검사는 부지불식간에 집행자—신의 뜻을 받들어 몰살을 수행하는 천사로 변모한다. 그 과정에서 희생자는 발언권이 없다. 희생자가 뭘 할 수 있기도 전에 희생자가 존재하기도 전에 신이 그 희생자에게 부과한 일일지라도—스스로를 지키기 위해 희생자가 할 수 있는 발언은 전혀 없다. 오히려 지옥의 형벌에 처해진 자들은 오히려 신성한 정의의 그 장대한 체제의 일부가 되었음을 축복으로 여겨야 한다. '신의 숨겨진 판결은 끝까지 밝혀낼 대상이 아니라 복종하며 경이로워해야 할 대상이기 때문이다'라고 칼뱅은 쓴다.[300)]

칼뱅의 신성한 '광증'은 어디에서 나오는 것인가? 궁금할 것이다. 분명 압도적인 은총의 경험을 하면서 시작됐을 것이다. 그런 경우 '그 은총이 전적으로 객관적인 권능의 산물이며 개개인의 가치는 기여하는 바가 조금도 없다는 확신'이 강하게 든다는 것을 베버는 관

---

300) Calvin, *Institutes of the Christian Religion*, 2:952

찰했다. 그 일을 담당하는 건 오로지 그 권능이다. 지배받는 사람은 너무 약하고 죄를 너무 많이 지었으며 대개 너무 중요하지 않기 때문에 그 같은 재능을 부여받을 자격이 없고, 분에 넘치는 그 '은총의 선물'은 그 원인이 사람의 '협력'에 있지 않고 사람의 '믿음과 의지', '성취나 자질'과도 관련이 있을 수 없다.[301] 다스림 받는 사람은 근본적으로 무가치하며 그 권능에 복종하는 정도까지만 무언가가 될 수 있다. 예정설에 대한 칼뱅의 이해는 인간이라는 종을 그렇게 다루긴 했지만 이는 신에 대한 아주 개인적인 경험에 뿌리를 두고 있다.

칼뱅의 글을 처음부터 끝까지 읽어나가다 보면 인간 이성이 한계까지 밀어붙여졌을 때는 자신에게 불리한 쪽으로 변한다는 생각을 하지 않을 수 없다. 칼뱅의 사고에서 의심의 흔적이나 뉘앙스 혹은 달리 읽을 여지를 찾아봐도 소용이 없다. 어쩌면 신은 일부를 구원받도록 예정해두었을 뿐이지 굳이 다른 이들을 지옥에 빠뜨려 벌줄 생각은 없는 게 아닐까? 그렇지 않다고 칼뱅은 답한다. 예정설은 이중으로 작용한다. "신은 일부를 선택해 삶의 희망을 주고 그밖의 사람에겐 영원한 죽음의 형벌을 내린다."고 칼뱅은 말한다. 혹은 어쩌면 신이 우리의 지옥행을 직접 야기한 건 아니고 단지 우리 중 일부가 지옥에 가도 된다고 '허락'한 건 아닐까? 아니, 그런 일은 없다. "신은 아담의 타락뿐 아니라 버려진 자들이 거부당하는 것을 허락했다." 우리의 선택 받음이나 지옥행에 있어 개인의 장점은 그게 무엇이든 간에 아무런 차이도 만들지 않는다는 게 정말 가능한가? 그건

---

301) Weber, *The Protestant Ethic*, 58-59.

가능할 뿐 아니라 수학적으로 확실하다.

> 이 선택받은 자들에 대한 계획은 신이 자신의 뜻대로 내린 자
> 비에 따른 것일 뿐 인간의 가치와는 무관하다고 우리는 단언
> 하지만, 지옥불의 형벌을 내린 사람들이 생명의 문으로 들어
> 가지 못하게 빗장을 걸어 잠근 것은 정당하면서 비난할 수 없
> 는, 하지만 이해할 수도 없는 신의 판결에 의한 것이다.[302]

우리는 칼뱅의 예정설 신학의 가장 파괴적인 것에 속하는—가장
잔인한 신학에 이르렀다. 신이 일부 인간을 파멸당할 운명에 처하게
만들었다는 게 가혹할지 몰라도 어떤 징벌의 형태로 보면 그래도 말
이 될 거다. 우리가 생각과 말과 행위로 신의 심기를 거슬렀을 수 있
다는 등의 생각이 따라올 수도 있고, 그 징벌이 불공평해 보일진 몰
라도 신에게는 우리를 벌할 권한이 있다고 생각될 수도 있다. 그런
데도 칼뱅은 버려진 자들이 파멸할 운명에 처한 것은 정의의 문제
라고 보면서도 우리의 개인적 가치와는 무관하다는 것 또한 분명히
밝힌다. 칼뱅은 야곱Jacob이 "거부당한 에서Esau와는 달리 신의 예정
에 따라 선택받았고 차별화되었던 반면 가치에서는 차별화되지 않
는."고 쓴다. 우리가 무엇을 하든 얼마나 부지런하든 간에 행동이
우리를 선택받게 해주지는 않을 것이며, 마찬가지로 우리가 얼마나
나쁜 죄를 저지르든 간에 우리를 지옥에 떨어뜨릴 만큼은 아닐 것이

---

302) Calvin, *Institutes of the Christian Religion*, 2:926, 956, 931.

다. 거부는 '하는 일에 기반해서가 아니라 전적으로 신의 의지에 기반해서 발생한다'고 칼뱅은 쓴다.[303]

그렇다면 우리가 하는 모든 노력은 다 허사다. 신은 우리를 지옥에 떨어뜨리기로 이미 마음먹었다. 버려진 자는 생각이나 말이나 행동 때문이 아니라 누구인지 때문에 버려진 자인 것이다. 타락은 개인의 청렴이나 실천의 문제가 아니라 존재의 문제다. 타락한 사람은 우리 언어로 말하자면 완전한 루저다.

루저 나라의 위너

시오랑은 실패를 속속들이 알았기에 실패에 대해 잘 말할 수 있었다. 시오랑은 모국 루마니아에서 동료들과 함께 있으면서 실패를 처음 경험했다. 시오랑은 트란실바니아에서 나고 자랐는데, 트란실바니아는 오랫동안 오스트리아-헝가리 제국의 일부였고, 1918년에 들어서야 루마니아 왕국에 포함되었다. 이곳 사람들은 늘 강한 직업윤리를 보였으며 진지함, 규율, 자제력을 높이 평가했다. 트란실바니아 사람들은 타고난 칸트학파였다. 이들은 좋든 싫든 인정이나 보상에 연연하지 않고 묵묵히 겸손하게 자신이 해야 할 일을 했다. 하지만 1920년대 말에 부쿠레슈티Bucharest에 있는 대학에 갔을 때 시오랑은 사실상 다른 나라에 발을 들여놓게 되었다. 이곳에서 잘나가는

---

303) Calvin, *Institutes of the Christian Religion*, 2:939, 947.

기술은 달랐다. 게으름, 미루기, 아무것도 안 하는 훌륭한 기술이 그것이었다. 인생을 낭비하는 게 천직이었다. 부쿠레슈티에서 가장 성공한 사람들은 도시의 카페에서 궁중 회의를 열고 고상하지만 말도 안 되는 말을 재빠르게 늘어놓고 인상적인 아가페를 남기는 수다쟁이들이었다.

처음에 시오랑은 어안이 벙벙했다. "이곳 부쿠레슈티에서는 아첨과 자기 비하를 통해서만 성공할 수 있다."고 그는 고향에 있는 어느 친구에게 전했다.[304] 하지만 이내 시오랑은 부쿠레슈티 지식인 무리가 지닌 최고 수준의 게으름의 진가를 알게 된다. 게다가 시오랑은 자신이 그들과 어떤 선택적인 친연성이 있다는 것을 알게 됐다. 철학을 공부하는 학부생이었던 시오랑은 도시의 최고 퍼포머들 중 일부와 조우했다. 그들 중 몇몇이 보여준 지적 명석함과 개인적 실패에 대한 놀라운 감각이 혼합되어 있는 그의 모습에 감탄이 절로 나왔다. 미래의 허무주의자에게는 아무것도 하지 않는 삶에 대한 이 사람들의 깊은 헌신이 경외심을 불러일으켰다:

부쿠레슈티에서 많은 사람을 만났다. 흥미로운 사람들, 특히 루저들, 카페에 나와 끝없는 대화를 나누고 아무것도 안 하는 사람들. 이 사람들이 내게는 부쿠레슈티에서 가장 흥미로운 사람들이었다 하겠다. 평생 아무것도 안 하면서도 다른 방면

---

304) Zarifopol-Johnston, *Searching for Cioran*, 61에서 인용.

224

으로는 명석한 사람들이었다.[305]

　시오랑은 자신의 조국인 이 실패의 나라에 평생 고마워했다. 루마니아인들은 실패와 특별한 관계가 있는 듯했다. 이누이트족에게 눈에 대한 수많은 단어가 있다고 알려져 있듯 루마니아어에는 실패에 관한 말이 많이 있다. 루마니아에서 가장 자주 쓰이는 동사 구문 중 하나는 시오랑이 소중히 여기는 n-a fost să fie−직역하면 '그럴 예정이 아니었다'라는 뜻으로 예정설을 강하게 암시하는 말이었다. 어떤 좋은 프로젝트가 헛물만 켜고 말면 루마니아인들은 분노하는 일도 없고 다시 시도하겠다고 결심하는 일도 없이 그저 아무렇지 않게 포기하고는 n-a fost să fie 한다. 다리가 무너지고 배가 가라앉고 침입하는 군대를 막지 못했어도 그들의 반응은 똑같이 n-a fost să fie다.

　루마니아인들에게는 '철학적 행운'이라 부를 수도 있는 것이 있었는데, 그들의 언어가 제대로 된 실패의 철학, 무언가의 비존재도 존재와 마찬가지로 괜찮다는 유연한 존재론을 탑재하고 나오기 때문이다. 그 어떤 영적 전통에서도 이르기 너무나 어려운 초연함의 궁극적인 경지가 루마니아인들에게는 그들 언어를 말하는 것만으로도 자연스럽게 온다. 시오랑은 자신의 동포 루마니아인들에게 실패에 관한 자원이 많았던 점을 쉼없이 동경했다. 몇 년 뒤 그곳에 또 다른 외국 군대의 밀접 감시 하에 공산당 독재가 시작되었을 때 시오랑은 어느 친구에게 이렇게 전했다. "수많은 병적인 실패를 겪은 뒤 이 나

---

305) Liiceanu, *Itinerariile unei vieți*, 105.

라는 궁극적이고 완전한 실패를 경험할 기회를 얻었다. 오웰보다 나은 것이었다."[306]

시오랑은 인간혐오자였던 것으로 유명하지만 그가 끝없는 이해심을 가졌던 인간 유형이 하나 있었으니 바로 루저였다. 1941년 파리에서 시오랑은 이미 어느 루마니아인 친구에게 이렇게 고백했다. "나는 『실패의 철학*Philosophy of Failure*』이라는 책을 '루마니아인 전용'이라는 부제를 달아 쓰고 싶지만 할 수 있을 것 같지 않다."[307] 시오랑은 자신의 젊은 시절을 되돌아볼 때면 늘 부드러움과 황홀함이 섞인 기분으로 자신이 로마에 있을 때 숙고했던 위대한 루저들과 끝없는 극적인 실패를 떠올렸다. 시오랑은 자신이 태어난 곳인 라시나리*Rășinari*의 마을 술꾼을 결코 잊지 못했는데, 남들은 모두 살기 위해 열심히 일하는데 그 친구는 아무것도 안 하고 죽도록 술만 마셨다. 그걸 시오랑은 괜찮은 형이상학적 저항으로 여겼고, 그 술꾼은 평범한 루저가 아니고 허무주의자로서의 삶을 실천하고 있는 것이었다. 시간이 가면서 그는 많은 술꾼과 루저들과 친구가 되었으며 그 사람들을 결코 지루하게 여긴 적이 없었다. 떠오르는 작가였던 시오랑은 분명 문학적 영감을 주는 시골의 풍경에도 이끌렸을 테지만 그런 실패의 장면에 이끌린 것에 비할 바는 아니었다. "루마니아에서 내가 사귄 최고의 친구들은 작가들이 아니라 루저들이었다."라고 그는 나중에

---

306) Marta Petreu, *An Infamous Past: E. M. Cioran and the Rise of Fascism in Romania*, Bogdan Aldea 번역(Chicago: Ivan R. Dee, 2005), 173(원문의 이탤릭체 부분)에서 인용.
307) Marta Petreu, *An Infamous Past*, 197에서 인용.

고백했다.[308]

시오랑에게 특히 감명을 준 어느 루마니아인 루저는 스타 철학 교수, 나에 이오네스쿠Nae Ionescu였다. 시오랑은 이오네스쿠의 제자 중 하나였고 부쿠레슈티 대학교에서 미르체아 엘리아데Mircea Eliade, 미하일 세바스티앙Mihail Sebastian, 콘스탄틴 노이카Constantin Noica와 소수의 다른 사람들과 수업을 들었다. 루마니아인 기준으로 볼 때도 이오네스쿠는 탁월한 루저였다. 그의 강연은—매력적이고 빠져들 것 같고 고유의 독창적인 느낌을 풍겼는데—남의 것을 도용해 자기 것인 양 내놓는 경우가 잦았다. 가끔 이오네스쿠는 수업에 나오지 않았고 나중에 '할말이 하나도 없었기' 때문이라고 핑계를 댔다. 수업에 나왔을 때는 이따금 청중에게 강의할 주제를 달라고 청해서 그냥 그 자리에서 임의로 강의하기도 했다.

한번은 그가 시오랑을 지목해 강의할 주제를 요청했다. 이 미래의 종교 배척가는 과감히 '천사'라고 말했다. 시오랑은 아마도 그를 골려 주려는 의도였을 것이다. 이오네스쿠의 영향력은 일부 지식인들 무리에서 '악마적'이라고 여겨졌고 최근에는 부쿠레슈티에 있는 어느 새롭게 리노베이션된 성당의 벽에 그려진 〈최후의 심판Last Judgement〉 그림에 못생긴 악마역을 맡아 카메오로 나오기도 했다. 스승은 이 무례한 요청에도 당황하지 않고 몇 시간 동안 천사의 존재론에 대해 가장 기억에 남을 강연을 즉석에서 진행했다.

---

308) Ion Vartic, *Cioran naiv și sentimental* (Cluj-Napoca: Biblioteca Apostrof, 2000), 54-55에서 인용.

이오네스쿠의 게으름은 전설적이었다. "그분은 게으름뱅이 천재였다."고 미하일 세바스티앙은 관찰했다.[309] 그럼에도 우리가 이오네스쿠의 말을 믿는다면 그가 그 분야에서 아무것도 쓰지도 출판하지도 않은 것은 게으름 때문이 아니었다. 그는 원칙의 문제로 출판하지 않았다. 그렇게 하는 게 자신을 부패시킨다는 이상한 사고방식이 머릿속에 들어와 있었다. 그는 '자신이 철학책을 하나도 출판하지 않아야만' 정직한 사람으로 남을 수 있다고 생각했다. 그의 이론에 따르면 '정직하고 자신을 알고 존중받는 루저가 되는 것이 악당이 되는 것보다' 더 나았다.[310]

그를 알던 많은 사람들에 따르면 이오네스쿠는 사실 일등급 악당이었다. 그는 가면을 무수히 바꿔 쓰며 수많은 거래를 하는 사람이었는데, 철학과 교수이자 지적 구루, 왕을 보필하는 조신이자 언론인, 사교계 명사이자 카사노바, 정치적 음모자이자 때때로 킹 메이커였다. 그는 출처가 분명하지 않은 상당한 돈을 보유하게 되었는데, 횡령을 했을 거라고 하는 사람들도 있었고 그보다 더 나쁜 일을 했을 거라고 하는 사람들도 있었다.

이오네스쿠를 '변덕스럽다'고 하는 것은 그를 과소평가하는 말이었을 것이다. 지적으로 유대교 카발라Jewish Kabbalah, 교회 신부들의 금욕주의 저술, 마키아벨리의 『군주론』, 이냐시오 데 로욜라Ignatius de Loyola

---

309) Mihail Sebastian, *For Two Thousand Years*, Philip O Ceallaigh 번역(London: Penguin, 2016), 149.

310) Tatiana Niculescu-Bran, *Seducătorul Domn Nae: Viața lui Nae Ionescu*(Bucharest: Humanitas, 2020), 60, 87.

의 『영적 연습』, 괴테의 『파우스트』 등 다양한 고전 사이를 자유로이 옮겨다닌 것과 같이 실용적인 문제에서도 그는 가장 양립하기 어려운 것들 사이를 자유로이 넘나들었다. 어느 날은 관대한 유대인 은행가로부터 돈을 받을 수 있고, 그다음 날은 반유대 극우주의 운동 이론의 수석 지도자가 되는 것이었다. 아침이면 기도에 완전히 빠져들고 그날 오후엔 자기 아내를 두고 외도를 하는 것이었다. 많은 사람이 나에 이오네스쿠를 신을 두려워하는 기독교인이자 당대의 가장 명석한 사람 중 하나로 보았다—몇몇에 따르면 그는 '천재'였다.

항상 철학자였던 이오네스쿠는 작은 실패의 이론을 하나 개발했다—적절하게도 그는 이걸 출판하지 않는 쪽을 선호했다.

위너 나라의 루저

그렇다면 칼뱅의 버려진 자들은 궁극적인 루저—우리가 말하는 사회적 실패의 원형이다. 오늘날 우리가 실패자와 루저에 대해 어떻게 생각하는지는 칼뱅 예정설 교리의 늦은 메아리인 것으로 보인다—약할 수는 있으나 그래도 메아리다. 어느 정도까지 그 연결성은 계보학적이다. 일례로 막스 베버는 그런 계보를 찬성하는 주장을 강하게 펼쳤다. 칼뱅 신학에 의해 위험에 처한 자본주의 정신과 개신교 윤리 사이의 관계에 대한 그의 고전적 연구는 여전히 설득력이 있다.

초기 칼뱅주의자들로부터 우리는 경제 유형과 더불어 이 세상에서 성공이란 무엇인지에 대한 이해와 암묵적으로 성공하지 못한 사람들을 보는 특정 방식을 물려받은 듯하다고 베버는 제안한다. 이 모든 것의 중심에 있는 것은 생산적인 일―모든 것을 포괄하고 모든 죄를 면죄받는 노동에 대한 헌신이며, 이는 정량적인 부와 가시적인 사회적 품격으로 번역된다. 일과 품격은 한데 묶여 있으므로, 전자에 대한 헌신을 포기하는 것은 후자의 부재를 의미할 수밖에 없다. '일할 의지가 없는 것은 품위가 없다는 징후'라고 베버는 관찰한다.[311] 이에 대한 사회적 반응은 무자비할 수 있다. 청교도를 믿는 뉴잉글랜드에서 스스로 선택된 자라고 주장하는 사람들(그들은 스스로를 '눈에 보이는 성인들'이라고 불렀다)의 지역 사회는 자신들의 교회에서 버려진 자들을 추방하는 것 이하의 일은 원치 않았다. '외부의 교회'가 선택된 자들과 버려진 자들을 모두 포함하고 있으므로 전자는 후자와 같은 물리적 공간을 공유하기조차 싫어했다. 버려진 자들이 와 있는 것은 선택된 자들의 순수성에 흠집을 낼 수 있었다. 이 사람들에게 '진정으로 인정되는 유일한 종교는 신의 뜻에 따른 은혜 언약Covenant of Grace이었고, 그에 따라 신의 선택을 받은 사람들에게는 구원이 예정되는 것이다'라고 개리 윌스Garry Wills는 쓴다. '이런 방식으로 의식적인 구원을 받지 않는' 그 밖의 사람들은 '교회 안에서 소통하는 구성원'으로 여겨질 수 없었다.[312]

실패에 대한 우리 태도의 상세 계보보다 더 중요한 것은 아마 그 형태론일 것이다. 초기 칼뱅주의자들과 우리 후기 자본주의자들의

---

311) Weber, *The Protestant Ethic*, 105.

312) Garry Wills, *Head and Heart: A History of Christianity in America* (New York: Penguin, 2008), 19.

사고방식은 그 둘 사이의 역사적 거리에도 불구하고 근본적으로 같은 패턴을 보인다. 언어의 미세한 차이를 빼면 오늘날의 성공한 사람들이 자신을 사회적·경제적 게임의 패배자들과 연관시키는 방식은 선택받은 신도들이 자기들 가운데 있는 버려진 자들을 대하던 방식과 크게 다르지 않다. 지옥불 형벌과 똑같은 가정이 이 두 경우를 규정하는데, 당신의 운명을 결정짓는 것은 당신이 누구냐이지 당신이 무엇을 하는지나 무엇을 생각하는지가 아니라는 것이다.

그 패턴은 차별화에 대한 일차적 욕구, 상당한 정도의 독선, 순수성에 대한 집착과 오염에 대한 두려움, 배제에 대한 강박, 개인으로서의 가치에 대한 엄청난 불안감 등 여러 중요점들을 보여준다. 가장 중요한 것은 두 경우 모두에서 한 집단을 다른 사람들이 사회적으로 공인된 행위를 통해 '나쁜' 인간으로 규정하고 배척한다는 동일 가정이 존재한다는 점이다. 우리의 루저들이 어느 날 거리에서 칼뱅의 버려진 자들을 만나게 된다면 그 만남은 가장 파란이 적은 만남이 될 것이다. 그들은 상대 집단을 봐도 자기들이 지나가는 모습이 어느 상점의 창문에 비치는 게 분명하다 여기고 알아보지도 못할 수도 있다.

선택받은 자들과 버려진 자들, 성공한 사람들과 실패한 사람들은 사랑은 식었지만 이혼은 논외인 결혼생활에 영원히 속박된 사람들처럼 한데 묶여 있다. 칼뱅이 사람 미치게 만드는 엄격함으로 보여주었듯이 예정설은 이중적이다. 선택된 자들이 버려진 자들을 필요로 하듯 성공한 사람들은 실패한 사람들을 필요로 한다. 성공한 사람들은 루저를 맹렬히 경멸하지만 그럼에도 그들이 세상 다른 무엇보다 필요로하는 것이 있다면 그건 주위에 루저들을 두는 것이다. 현자들이 말하듯이 내가 성공하는 것만으로는 충분치가 않다—남들이 실패해야 한다.[313] 내가 구원받는 것은 정확히 남이 **구원받지 못하기** 때문이다. 남들이 비참해하는 광경이 없으면 내 성공은 결코 완전하지 않을 것이다. 내 구원은 그 모든 어두운 화려함 속에서도 다른 사람들의 지옥행이 수반된다는 생각을 할 수 있어야 비로소 달성되는 것이다. 그들의 참담함이 없다면 내 승리의 빛은 덜할 것이고 내 성공은 충만하지 않을 것이다. 루저들이 어느 날 갑자기 사라진다면 성공한 사람들은 치명타를 맞을 것이다.

이 패턴은 분명 칼뱅을 앞서갔다. 지옥행에 대한 칼뱅의 생각이 중요한 것은 꼭 자본주의 정신이 칼뱅주의 윤리에서 탄생했기 때문만은 아니고, 칼뱅이 다른 몇몇 사람들과는 달리 예정설의 논리를 가장 극단적인 결과까지 밀어붙였으며 그러면서 우리 자신에 관한 아주 많은 것들을 드러냈기 때문이다. 그가 어느 정도라도 동정심을 보여주었더라면 일이 뒤죽박죽되었을 것이다. 대신 그의 극단주의 덕에 우리에게는 그 메커니즘의 내부 작용에 대한 완전한 접근권이 주어졌던 것이다.

---

313) 이 말의 정확한 출처를 확실히 하기가 매우 어렵다는 것은(La Rochefoucauld, Somerset Maugham, Gore Vidal, Iris Murdoch 등 각양각색의 후보자들과 심지어 Genghis Khan have도 언급되었다) 그 말의 깊이와 보편적 연관성을 증명해줄 뿐이다.

실패에 대한 진지한 연습

시오랑은 실패를 멀리서 관찰하는 것만으로는 만족하지 않았다. 일찍부터 시오랑은 실패를 직접 심지어 꽤 거창하게 실천했다. 1933년에 대학을 갓 졸업하고 그는 베를린에 있는 프리드리히 빌헬름 대학교Friedrich Wilhelm University의 장학생 자격을 얻었다. 그곳에 도착하자마자 시오랑은 새로 수립된 나치 정부에 흠뻑 빠져버렸다. 그해 11월에 시오랑은 자신의 친구 미르체아 엘리아데에게 이렇게 썼다. '독일인들이 이곳에 세운 정치적 질서에 나는 완전히 사로잡혔다'.[314] 시오랑은 상대적으로 여전히 민주적이었던 루마니아에서 찾을 수 없던 모든 것을 히틀러의 독일에서 발견했다. 그 나라에는 정치적 히스테리와 대중 동원이 엄습해 있었는데, 시오랑은 그것을 훌륭한 일로 여겼다. 루마니아의 민주주의는 결코 할 수 없을 역사적 미션에 대한 자각을 나치 정부가 일으킨 것이었다.

다른 사람들은(예를 들어 시몬 베유) 1933년 나치 점령을 역사적 재앙의 시작으로 보고 있었지만 시오랑에게는 오직 희망만 보였다. 정확히 무엇이 히틀러를 그렇게 희망적인 인물로 만들었을까? 독일국민들의 '비이성적 충동'을 불러일으키는 그의 능력에 대해 시오랑은 전문가처럼 들리려고 노력하며 대답했다. 1933년 12월에 쓴 또다른 편지에서는 루마니아 출신의 민주주의적 생각을 가진 어느 친구에게 독재주의의 덕목을 설교하고 그에게 너무 늦기 전에 회개하

---

314) Petreu, *An Infamous Past*, 4에서 인용.

라고 촉구했다. "독재 정부만이 그래도 관심을 받을 가치가 있다. 사람들은 자유로울 자격이 없다. 그리고 나는 당신과 다른 이들이 사실상 루마니아에 전혀 도움이 안 되는 민주주의를 맹목적으로 좋아한다는 사실이 다소 슬프다."[315] 겨우 스물두 살에 시오랑은 실패를 진심으로 실천하기 시작했다.

1933년 가을경에 학부생으로서 놀라울 만큼 독창적인 한 줌의 수필을 그 나라 몇몇 문학 잡지에 낸 시오랑은 루마니아 문학계의 스타였다. 이제 이 정기간행물들은 그에게 더 많은 것을 원했고, 특히 시오랑이 독일의 정치적 상황에 대해 코멘트하기를 원했다. 시오랑은 기꺼이 응했다. 1933년 12월에 시오랑이 「브레미아Vremea」라는 주간지에 보낸 급보에서 그는 손에 펜을 단단히 쥐고 이렇게 썼다. "내가 히틀러리즘에 대하여 뭔가 좋아하는 게 있다면 그것은 **비이성적 숭배**, 순수한 활력의 고양, 그 어떤 비판 정신이나 구속이나 통제 없는 힘의 열정적인 표현이다."[316] 시오랑은 모든 곳의 자유 민주주의의 적들이 많이 좋아하는 진부한 표현을 남용하여, '퇴폐적'이고 '여성스러운' 유럽을 자랑스럽게 '남성적인' 독일과 대결시킨다—모든 근육, 소음, 분노가 포함된다. 히틀러는 분명 마땅한 책임자였고 그에 시오랑은 적절하게도 감명받았다. 몇 개월 뒤 1934년 7월에 또 다른 급보에서 시오랑은 배짱이 있는 사람에 대한 무한한 존경심을 표현하는 데 주저하지 않았다. "오늘날 모든 정치인들 중 히틀러는 내

---

315) Petreu, *An Infamous Past*, 8에서 인용.
316) Petreu, *An Infamous Past*, 9(원문의 이탤릭체 부분).

가 가장 좋아하고 동경하는 정치인이다."[317] 하지만 최악의 상황은 아직 오지 않았다.

　시오랑은 독일에서 히틀러가 확립한 '정력적인' 질서에 매료되어 그 질서를 고국에 이식하고 싶어한다. 다른 친구에게 보낸 편지에 시오랑은 이렇게 쓴다.

> 나는 우리 고유의 선량함이 독재 정권에 의해 근절되지는 않더라도 억압될 수는 있다고 확신한다. 루마니아에서는 공포와 잔인성, 무한한 불안만이 변화를 이끌어낼 수 있다. 모든 루마니아인은 체포되어 매를 맞아야 하고, 그렇게 매를 맞아야만 그 피상적인 국민들은 역사를 만들 수 있다.

　공공 이익과 관련된 문제는 사적인 성격의 문제와 섞여 있을 때가 많다. 동료 루마니아인들이 '역사를 만들도록' 도울 이 비법을 소개한 직후에, 시오랑은 "루마니아인이 된다는 건 끔찍한 일이다."라는 다소 개인적인 말을 남긴다. "루마니아 사람으로서는 어떤 여자에게도 신뢰를 얻을 수 없고, 진지한 사람들은 당신을 무시하고 비웃고 당신이 똑똑하다고 생각되면 사기꾼으로 본다."[318] 어떤 일이 있었는지 자세한 내용은 모르지만 추측이 되긴 한다.

　이 고백은 다소 비뚤어지긴 했어도 우리를 젊은 시오랑의 드라마

---

317) Petreu, *An Infamous Past*, 11에서 인용.
318) Zarifopol-Johnston, *Searching for Cioran*, 99에서 인용.

속으로 곧장 안내한다. 이는 여러 층위로 전개된다. 먼저 자신의 개인적인 가치와 자신이 속한 민족 공동체의 역사적 공로를 분리해서는 안 된다는 독특한 관념이 시오랑의 머릿속에서 깨어난 듯하다. 다음으로 그 공동체의 가치를 평가한 결과 시오랑은 부족함을 발견한다. 시오랑은 역사적으로 루마니아는 '실패한 국가'였으며 그 실패는 모든 루마니아인에게 영향을 미칠 수밖에 없다고 생각한다. 이것만으로도 충분치 않아서 출생 국가와 분리되면 실패로 이어지기 때문에 루마니아인이기를 그만두는 것도 선택 사항이 아니다. 실패가 안으로 들어오고 더 많은 실패가 밖으로 나온다. 비교적 어린 나이에 시오랑은 심각한 존재론적 교착 상태에 빠져들었고 이 드라마가 대부분 자신이 만들어낸 것이라고 해서 덜 고통스럽지는 않았다.

시오랑이 독일에서 돌아온 직후인 1936년에 출간한 이 책의 배경에는 바로 이 드라마, 즉 그가 훗날 '무의미함의 드라마'라고 부르게 될 드라마가 있다. 『루마니아의 변신 *Schimbarea la față a României* 』은 시오랑이 치료 목적으로 다시 쓴 책이다. 이 책은 무엇보다도 고의적으로 자존심을 치료하기 위해 쓴 책이다. 그게 '작은 문화'에서 태어난 사람들에게 일어나는 일이다. 그들의 자존심은 언제나 상처받은 상태다. 시오랑은 '2류 국가에서 태어났다는 게 전혀 편안하지 않다'고 쓴다. '명료함이 비극이 된다'. 그는 조국의 변변찮은 문화적 지위에 짓눌려 그 고통을 덜기 위해 영혼을 파는 일도 주저하지 않았다. "가장 보잘것없는 그리스인, 로마인, 프랑스인이 역사의 절정에서 잠시라도 경험했던 것과 같은 강렬함을 경험할 수 있다면 인생의 절반을 기꺼이 포기할 수 있다.”[319]

루마니아인이라는 절망감le désespoir d'être roumain을 다루는 하나의 방법으로 자신을 재창조하고 다른 사람으로 변신하는 것은 시오랑이 평생 동안 하게 될 일이었고 자기 소외는 그의 두 번째 본성이 될 것이다. 『태어나는 것의 어려움*The Trouble with Being Born*』에 나오는 그의 경구 중 하나는 이렇게 읽힌다. “내 조상에 대한 끊임없는 반항으로 나는 평생을 스페인 사람, 러시아 사람, 식인종 등 내가 아닌 다른 존재가 되기를 원하며 살아왔다.”[320] 시오랑은 (자신을 이 세상에 태어나게 한 것을 비롯한 많은 일에 대해) 신을 용서할 수 있었지만, 자신을 루마니아인으로 만든 일은 결코 용서할 수 없었다. 루마니아인이 된다는 것은 어떤 전기적인 우연이 아니라 말할 수 없는 수치이며 우주적 규모의 비극이다. “어떻게 루마니아 사람이 될 수가 있나?” 시오랑은 격분하며 묻는다. 『루마니아의 변신』에서 그는 동료 루마니아인들을 너무 ‘평범하고 느리고 체념이 일상인 데다 이해심이 많고’ 끔찍하게 행동하는 사람들로 묘사한다.[321] 평생동안 시오랑은 그런 사람들을 자기 민족으로 받아들일 수가 없었다. 믿을 수 없을 정도로 수동적이고 자기중심적인 루마니아 사람들은 세상에 흔적을 남길 기회를 놓쳤다. 루마니아는 역사 속에서 잠들어 있었다. 루마니아가 갑자기 사라진다고 해도 아무도 그리워하지 않을 것이고, 사실 그걸 눈치채는 사람도 거의 없을 것이다.

---

319) Emil Cioran, *Schimbarea la față a României*(Bucharest: Humanitas, 1990), 30, 34.

320) Cioran, *The Trouble with Being Born*, 69.

321) Cioran, *Schimbarea la față a României*, 53.

하지만 시오랑은 자기 모순을 빼면 아무 것도 아니다. 책의 다른 부분에서 그는 '루마니아의 과거를 무거운 증오심을 가지고 사랑하며' 루마니아의 미래에 대한 큰 꿈을 가지고 있다. 그는 '중국의 인구와 프랑스의 운명을 가진 루마니아'를 상상한다. 이 나라는 괜찮다─ 단지 여기저기에 약간의 변화가 필요하고, 무엇보다도 역사 속으로 '떠밀려 들어가야' 한다. 그것이 정확히 무엇을 의미하는지 시오랑은 말하지 않지만, "정신착란 상태의 루마니아를 사랑할 수밖에 없다." 는 그의 말에서 힌트를 얻을 수 있다. 그런 고상한 목적을 위해서는 어떤 것이든 정당화될 수 있다. 그는 '세계 안에 스스로 길을 열어가는 민족'이 되기 위한 '모든 수단은 합법적'이라고 썼다. '테러, 범죄, 수간, 배신은 타락 안에서만 천박하고 부도덕하다…… 만약 그것이 민족의 고양을 돕는다면 그것은 미덕이다. 모든 승리는 도덕적이다.'[322] 시오랑이 본 독일에서 이뤄지고 있는 것과 같은 비이성적 독재만이 국가를 자멸로부터 구원할 수 있다.

몇 년 후, 1940년 9월부터 1941년 1월까지 4개월 동안 루마니아의 파시스트 운동, 즉 폭력적인 반유대주의 철위대(Iron Guard, 시오랑의 스승인 나에 이오네스쿠가 한동안 수석 이론적 지도자로 활동한 단체)가 집권하게 되자 시오랑은 자신만의 모호한 방식으로 이들을 지지하게 된다.

시오랑이 꿈꾸던 '정신착란의 루마니아'가 마침내 구체화되고 있었고 그 광경은 추악하기 그지없었다. 루마니아의 유대인들은 무참

---

322) Cioran, *Schimbarea la față a României*, 42, 99, 91, 42.

히 살해당하고 그들의 재산은 약탈당하고 불태워졌으며, 수동적인 이방인들은 잔인한 동방정교회 근본주의 세뇌를 당하고 있었다. 그 무렵 시오랑은 프랑스에 있었다. 그러나 잠시 고국으로 돌아간 시오랑은 이 운동의 창립 지도자인 코르넬리우 젤레아 코드레아누Corneliu Zelea Codreanu(일명 캡틴)를 추모하는 기고문을 국영 라디오에서 낭독하며 다음과 같이 말했다.

> 코르넬리우 코드레아누 이전 루마니아는 사람이 살지 않는 사하라 사막에 불과했다……나는 코르넬리우 코드레아누와 몇 번 대화를 나눴을 뿐이었다. 처음부터 나는 인간 찌꺼기의 나라에 사는 사람과 대화하고 있다는 것을 깨달았는데…… 캡틴은 '똑똑한' 사람이 아니라 심오한 사람이었다. [323]

이 심오한 캡틴은 무엇보다도 정치적 모험가이자 광적인 반유대주의자였으며, 공개적으로 정치적 암살을 옹호했고 그 자신이 정치적 암살자였다. 코드레아누는 1, 2차 세계 대전 사이의 기간에 루마니아의 불안정한 민주주의 문화를 배경으로, 양심의 가책을 느끼지 않는 독단적인 태도와 개인적 카리스마로 거의 혼자서 1930년대 후반 루마니아를 정치적 혼란으로 몰아넣었다. 그런데 그를 시오랑은 칭송하고 있었다.

실패하는 일에 있어서 사상가가─젊은 시절 시오랑처럼 용서가 안

---

323) Petreu, *An Infamous Past*, 192에서 인용.

될 만큼 무책임한 사상가라도—이보다 더 나락으로 떨어질 수는 없을 것이다. 이 사람은 대체 뭐가 문제였을까? 당시 민주적 사고를 가진 시오랑의 친구들이 그랬듯 당신도 궁금할 것이다. 다가올 몇 년 동안 시오랑 자신도 그 질문을 받게 될 것이고, 그로 인해 너무 비참해진 나머지 방향 전환이 시급하다고 느끼게 될 것이었다.

전쟁이 끝나고 얼마 지나지 않아 자신이 친파시스트적인 정치적 입장을 취했던 것의 결과와 처음으로 직면했을 때, 시오랑은 『루마니아의 변신』과 정치 저널리즘 안의 자신을 거의 알아보지 못했다. 전쟁의 공포와 홀로코스트의 참혹함, 그리고 그 안에서의 유대인 친구들의 죽음은 그를 갑작스럽게 깨어나게 했다. 그리고 시간이 흐르면서 그는 일들을 좀 더 명확하게 볼 수 있게 되었다. 시오랑은 1973년 동생에게 보낸 편지에서 '가끔씩 사람들이 계속 인용하는 글들을 쓴 사람이 정말 나였는지 궁금해진다'라고 쓴다. '열정은 섬망의 한 형태다. 우리는 한때 이 병에 걸렸고, 우리가 이제는 완치되었다고 아무도 믿고 싶어하지 않는다.'[324] 다른 곳에서 그는 '내 젊은 시절은 절박하고 열정적이었지만 심지어 오늘날도 나는 그로 인한 결과를 겪고 있다'고 쓴다.[325] 사후에 출판된 글인 『나의 나라My Country』에서 그는 『루마니아의 변신』을 '거친 광인의 폭언'이라고 언급한다.[326] 자신이 아닌 다른 누군가가 그 폭언을 만들어냈을 것이라고 더 나이든 시오랑은 결론을 내렸다.

---

324) Petreu, *An Infamous Past*, 240에서 인용.

325) Zarifopol-Johnston, *Searching for Cioran*, 41(원문의 이탤릭체 부분)에서 인용.

326) Emil Cioran, *Mon Pays / Țara mea*(Bucharest: Humanitas, 1996), 10.

때로는 이것이 격렬하게 실패를 실천한 결과다. 어느새 전혀 다른 사람을 세상에 데려오게 되는 것이다. 어느 날 거울을 보았더니 모르는 사람이 자신을 바라보고 조롱하고 미친 사람처럼 비웃고 있는 것이다.

시오랑을 단정 짓는 것은 결코 쉬운 일이 아니지만 그의 정치적 과거에 관한 한 그렇게 하기란 거의 불가능에 가깝다. 젊은 시절의 '격찬'과 '열정'에 대한 모호한 언급을 제외하고는 나중에 시오랑이 '그 시절'에 대해 이야기하기를 꺼려 했다는 것도 도움이 되지 않는다. 그도 그럴 것이 시오랑은 그 당시 상황을 너무 잘 알고 있었기 때문이다. 실패는 혼자 여행하는 것을 싫어한다. 실패는 보통 부끄러움이라는 동반자를 좋아한다. 동생에게 보낸 또 다른 편지에서 시오랑은 "데뷔하자마자 젊은 치기로 어리석은 짓을 한 작가는 부끄러운 과거를 가진 여자와 같다. 결코 용서받지 못하고 잊혀지지 않는다."[327] 시오랑의 생애 마지막까지 양 대전 사이에 루마니아에 정치적으로 개입한 것은 그의 가장 큰 치욕이자 가장 큰 실패로 남을 것이다. 다른 모든 일들은 그에 비하면 아무것도 아니었다. 언제나 허무주의자였던 시오랑은 실패를 즐기고 자신의 실수에 쉽게 부끄러워하지 않는 사람이었지만, 이번 실패는 그에게조차 너무 과했던 듯하다.

1935년 미르체아 엘리아데에게 보낸 편지에서 시오랑의 독특한 정치적 사고방식을 좀 더 엿볼 수 있다. "정치적인 모든 것에 대한

---

327) Petreu, *An Infamous Past*, 4에서 인용.

나의 공식은 다음과 같다. 믿지 않는 것을 위해 온 마음을 다해 싸운다."[328] 이 고백이 시오랑의 정치 참여에 대해 명확하게 설명해 주는 것은 아니지만, 그의 '광기'와 '광증'을 특정한 심리적 관점에서 바라볼 수 있게는 해준다. 이러한 분열된 성격은 말년의 시오랑의 특징이 되기도 한다. 세상을 거대한 실패로 보는 철학자에게는 의미가 없는 곳에 의미가 있는 것처럼 가장하여 우주의 질서를(그리고 그 과정에서 자신을) 조롱한 것이 어느 정도 이해는 될 수 있다. 당신은 모든 것이 무의미하다는 것을 알고 있지만, 그렇지 않은 것처럼 행동함으로써 당신은 반대를 분명히 하고 '악한 데미우르고스'의 설계를 훼손한다. 당신은 많은 아이러니와 유머로써 그렇게하는데 이는 신성한 희극에 대항하기 위한 것이다. 마지막에 웃는 자가 가장 크게 웃는다.

예술가적 방랑 생활

1927년 9월, 영국에서 휴가 중이던 미얀마공화국의 인도 제국 경찰에 근무하던 한 젊은 경찰관이 좋은 보수를 받는 직장에 복귀하지 않고 사직서를 냈다. 그가 진정으로 원한 것은 제대로 된 전업 작가가 되는 것이었다. 그는 자립할 수단이 없었고 그때까지 한 문학적 시도가 별다른 성과를 거두지 못했기 때문에 문학적 성공(그는 성공

---

328) Petreu, *An Infamous Past*, 182(원문의 이탤릭체 부분).

할 것이라고 확신했다)을 알기 전에 가난을 더 잘 알게 될 것이란 사실을 깨달았을 것이다.

그 청년은 두 가지 측면 모두에서 옳았다. 에릭 블레어Eric Blair는 실제로 중요한 작가가(많은 사람들에 따르면 가장 위대한 작가 중 한 명) 되었지만 가난하기 전에는 아니었다. 향후 몇 년간 그는 어떻게 해서든 글쓰기와 빈곤 두 가지를 밀접하게 연결했다. 처음에는 어쩔 수 없어서 가난해졌지만, 결국 그는 가난을 미덕으로 삼고 가난을 직업적 의무로 받아들였다. 그에게는 뭔가 근본적으로 정직한 면이 있었는데, 그는 가난의 상황에 대해 글을 쓰려면 짧은 기간 동안, 혹은 더 긴 기간 동안이라도 자신이 가난해져야 한다고 믿었다.

그 가난은 블레어에게 일어난 가장 좋은 일 중 하나가 되는데—어쨌든 그가 받은 최고의 문학적 교육이었다. 엘리트 이튼 칼리지를 졸업한 뒤로는 학교 교육을 많이 받지 않은 블레어는 미얀마 시절을 통해 많은 것을 배웠지만 충분하지는 않았다. 런던과 파리의 거리, 다리 밑, 부랑자 숙소, 저임금 일자리에서 블레어가 배운 것은 작가이자 사상가로서 블레어가 성장하는 데 결정적인 역할을 했다. 결국 이 '탐사 보도'와 그에 수반되는 글쓰기는 에릭 블레어를 조지 오웰로 만들었다. 1933년에 출간된 그의 첫 번째 저서인 『파리와 런던 거리의 성자들Down and Out in Paris and London』은 그의 떠돌이 시절을 기록한 책으로 사회적 실패가 어떻게 작동하는지 직접 체험하고 표현한 최고의 작품으로 남아 있다.

오웰은 부랑 생활을 시작하자마자 가난에 대해 이상한 점이 있다는 것을 발견했는데, 그것은 가난은 대부분 진정으로 가난하지 **않**

은 사람들의 관심사였다는 것이다. 사람들은 일반적으로 빈부 격차의 밝은 쪽에 있을 때 빈곤에 집착한다. 가난은 '평생 두려워했던 것, 조만간 자신에게 일어날 줄 알았던 것'이다. 그러나 오웰은 빈곤이 실제로 발생하면 "완전히 그리고 따분하게 달라진다."고 말한다. 인생의 많은 일이 그러하듯 가난도 낭만주의와 환상의 희생양이 된다. "끔찍할 거라고 생각했던 가난은 그저 지저분하고 지루할 뿐이다. 가난이 주는 변화, 복잡한 비열함, 껍질을 벗기는 것 등 가난이 주는 특유의 **초라함**을 가장 먼저 발견하게 된다."[329] 한 사회에서 성공한 사람들이 패자를 비방할 때 그들은 자신도 모르게 패자를 아낌없이 칭찬하고 패자의 궁핍함에서 화려하고 끔찍한 무언가를 발견하게 된다. 조지 오웰은 가난에 대해 무서운 것이 있다면 그것은 바로 가난의 진부함이라고 말한다.

오웰은 편안한 배경에서 자랐다. 그가 태어났을 때는 집안의 재산이 예전만 못했을 수도 있지만, 그래도 그는 상대적으로 풍요로운 환경에서 자랐다. 그러나 더 낮은 사회적 계층으로 내려오기 시작하면서(대부분 자의에 의한 추락이었지만 그렇다고 덜 극적이진 않았다) 그는 가난에 대해 가능하리라고 상상조차 못했던 것들을 발견했다. 가난은 사람들이 자신을 보는 방식, 사회적 관계에 참여하는 방식, 그리고 일반적으로 세상에서 활동하는 방식에 완전히 새로운 차원을 부여한다. 무일푼일 때는 모든 것이 달라지며 아주 사소한 사고도 치

---

329) George Orwell, *Down and Out in Paris and London*(New York: Harcourt, 1961), 16-17(원문의 이탤릭체 부분).

명적인 결과를 초래할 수 있다. 그리고 수치심이라는 새로운 재료가 삶에 양념을 치기 시작한다. 판매 도우미와의 상호작용을 예로 들어 보겠다.

> 식료품점에 가서 감자 1킬로그램에 1프랑을 쓰려고 한다. 하지만 그 1프랑을 구성하는 조각 중 하나가 벨기에산인데 가게 주인이 이를 안 받겠다고 한다. 당신은 가게를 슬그머니 빠져나와 다시는 그곳에 갈 수 없게 된다.[330]

가을이 오기 전에는 가난이 명료한 문제라고 생각했다. 당신은 무일푼이고 그게 전부다. 이제 당신은 그것이 완전히 순진한 생각이라는 것을 알게 된다. 가난은 무수히 많은 색조와 음영을 띠고 온다. 그들이 배제된 사회와 마찬가지로 가난한 사람들도 자기들을 계층적으로 조직화한다. 그들 사이에는 더 잘 사는 사람들, 평균인 사람들, 정말 가난한 사람들이 있으며 각 범주는 자체적으로 다시 세분화되어 있다.

파리에서 여러 가지 가난의 그늘을 헤매던 오웰은 어느 날 바닥을 치고 새로운 발견을 하게 된다. '하루 6프랑으로 사는 삶'. 그는 그런 삶이 이론적으로 가능하다고 생각조차 하지 못했을 뿐더러, 자신이 그런 삶을 받아들일 것이라고는 상상조차 하지 못했다. 알고 보니 이 빈곤의 그늘은 붐비고 활기찬 곳이었다. "파리에서는 예술가와

---

330) Orwell, *Down and Out*, 19.

제3장 | 위너와 루저   245

학생, 운이 나쁘면 매춘부, 모든 종류의 실직자 등 수천 명의 사람들이 그 가난을 살고 있다. 이곳은 말 그대로 빈곤의 변두리다."[331]

그의 말을 들어보라. '빈곤의 변두리', 즉 빈곤 속의 빈곤 속의 빈곤이다. 영국의 최고 명문 대학에서도 이런 세밀한 구분을 오웰에게 가르쳐 주지는 못했을 것이다.

기생충의 삶

1936년 독일에서 돌아왔을 때 시오랑은 루마니아 중부의 브라쇼브Brașov시에서 고등학교 철학 교사로 잠시 일했다. 또 한 번의 완전한 실패. 시오랑은 교사의 일상적인 업무에는 별로 관심이 없었고, 그의 수업에는 체계도 방법도 없었다. 그는 성적을 매기는 것을 싫어했고 지나치게 성취도가 높은 학생들을 견디지 못했다. 대신 그는 게으른 학생에게 매력을 느꼈고, 그 모든 걸 비웃으려는 의도로 그런 학생에게 일관되게 높은 성적을 줬다. 당연히 시오랑의 수업은 끊임없는 혼돈의 연속이었고 동료 교사들만큼이나 학생들도 이 선생님 같지 않은 선생님을 의아해했다. 예를 들어 논리 수업 중에 시오랑은 동일성의 원리를 포함하여 우주의 모든 것이 치유할 수 없는 병에 걸렸다고 말하곤 했다. 한 학생이 "선생님, 윤리가 뭐예요?"라고 물은 적이 있다. 시오랑은 그런 건 없으니 걱정하지 말라고 대답

---

331) Orwell, *Down and Out*, 19.

했다. 결국 그가 교직을 떠났을 때 교장은 이를 축하하기 위해 인사불성이 될 때까지 술을 마셨다. 시오랑의 짧은 교직 생활은 그가 정규직으로 일하려고 해본 중요한 마지막 시도였다.

1937년, 시오랑은 실패의 땅에서는 결코 두각을 나타낼 수 없다는 사실을 깨닫고, 루마니아를 영원히 떠나 다른 곳에서 이제 자신의 천직으로 여기게 된 실패에 대한 정규 경력을 쌓기로 결심했다. 그는 이 결정을 자신이 살면서 한 일 중 '가장 현명한 결정'이라고 늘 생각했다. 그의 첫 번째 선택지는 스페인이었는데-기억하겠지만 스페인은 가장 '화려한 실패 사례'였으므로-그는 부쿠레슈티에 있는 스페인 대사관에 펠로우십을 지원했다. 하지만 스페인 내전이 시작되기 직전이었기 때문에 아무런 답도 듣지 못했다. 결국 그는 파리가 자신과 같은 포부를 가진 사람에게 적합한 곳이라고 판단했다. "전쟁이 일어나기 전에 파리는 인생의 실패를 맛보기에 이상적인 곳이었으며, 특히 루마니아 사람들은 그것으로 유명했다."고 그는 회상한다. 시오랑과 같은 인생 계획을 가진 사람에게 파리는 '부끄럽지 않고 복잡하지 않고 극적인 상황 없이 가난할 수 있는 세계 유일의 도시'라는 추가적인 이점이 있다.[332]

그래서 그는 루마니아와의 연을 끊고 새로운 삶을 살기로 결심했다. 게다가 E. M. 시오랑이라는 새 이름도 지었다. "어떤 경험을 한 후에는 우리 자신이 더 이상 전과 같지 않기 때문에 이름을 바꿔야

---

332) Liiceanu, *Itinerariile unei vieți*, 111, 67.

한다."³³³⁾ 어느 순간부터 그는 거의 전적으로 프랑스어로만 글을 쓰고 말하기 시작했다. 루마니아어는 욕할 때만 사용했는데 그가 보기에 프랑스어에는 그 기능이 제대로 갖춰지지 않았기 때문이다. 인생후반에 언어를 바꾸는 건 고통스러운 경험이었지만 그는 새로운 언어가 글쓰기뿐만 아니라 그의 삶에까지 가져다준 절제된 감각에 감사하게 되었다. 그는 프랑스어가 그 말을 쓰는 사람들에게 한계를 부과하고 그들을 '문명화'한다는 사실을 발견했다. 시오랑은 "나는 프랑스어로는 미쳐버릴 수가 없다."고 말해, 그가 프랑스어로 쓴 글의 문체적 완성도에 매료된 여러 세대의 독자들을 당혹스럽게 만들었다. 장기적으로 보면 프랑스어 덕분에 시오랑은 자신을 구원했을지도 모른다. "프랑스어는 나에게 한계를 설정해 주었고 나를 구해주었으며 과장하는 것을 늘 막아 주었다."라고 그는 말했다. "이 언어적 절제를 받아들인 덕분에 내 정신착란이 완화되었다."³³⁴⁾

그렇다고 해서 시오랑이 프랑스인이 된 것은 아니다—어림도 없는 소리! 그는 다른 정체성을 수용하기 위해 집단 정체성을 버린 것이 아니다. 파시즘에 유혹당했던 그 비참한 경험은 그러한 관계가 얼마나 까다로운지 그에게 가르쳐 주었을 것이다. 루마니아와의 연애가 실패한 후 그가 원했던 것은 다른 나라가 아니라 국가가 없는 상태였다. **Je n'ai besoin de patrie, je ne veux appartenir à rien**(나는 국가가 필요 없고, 그 어떤 것에도 속하고 싶지 않다).'³³⁵⁾ 프랑스는 시오랑에게 시

---

333) Cioran, *The Trouble with Being Born*, 78.
334) Liiceanu, *Itinerariile unei vieți*, 120.
335) Cioran, *Entretiens*, 34.

민권이 아닌 망명 자격을 부여했다. 다시 태어난 시오랑이 가장 가깝게 느꼈던 정체성이 있다면 그것은 바로 '떠돌이 유대인'의 정체성이었을 것이다. '형이상학적으로 말하자면 나는 유대인이다'라고 그는 쓴다.

1946년에 파리에서 집으로 보낸 편지에서 시오랑은 자신이 새로 처한 상황에 대해 거의 자랑하듯 말했다. "나는 다락방에 살고 학생 식당에서 밥을 먹고, 직업도 없고, 당연히 돈도 벌지 못한다. 35세까지 사회의 변두리에서 자유롭게 살 수 있게 만든 운명에 대해 불평할 수는 없다."[336] 이 허무주의자가 처한 상황은 나아지기 시작했다.

이론적으로 시오랑은 파리에 대학원 장학금을 받고 온 것이었다. 그는 소르본 대학에서 수업을 듣고 철학적 주제에 관한 박사 학위 논문을 작성하게 되어 있었다. 하지만 장학금을 신청하면서도 그는 자신이 그런 논문을 결코 쓰지 않을 거라는 것을 잘 알고 있었다. 그는 마침내 자신이 무엇을 추구하는지 깨달았다. 그건 바로 기생충의 삶이었다. 프랑스에서 안전하게 생활하는 데 필요한 것은 저렴한 대학 식당을 이용할 수 있는 학생증뿐이었다. 그는 영원히 그렇게 행복하게 살 수 있었다. 그리고 잠시 동안만일지 몰라도 그는 그렇게 살았다.

> 나는 마흔이 되어서도 여전히 소르본 대학에 재학 중이었고 학생 식당에서 식사를 하고 있었으며, 이 상황이 죽을 때까지

---

336) Petreu, *An Infamous Past*, 191에서 인용.

지속되기를 바랐다. 그런데 27세 이상 학생의 등록을 금지하는 법이 통과되었고. 그 법은 나를 이 낙원에서 쫓아냈다.[337]

기생충의 낙원에서 쫓겨난 시오랑은 창의력을 발휘해야 했다. 그는 현대적 의미의 냉소주의자였다. 이제 그에게도 고대의 다양성을 실천할 기회가 생겼다. 파리는 곧 디오게네스를 만나게 될 것이었다. 고대의 그 냉소주의자처럼 시오랑은 도움을 요청하는 걸 부끄러워하지 않았다. 조금 더 잘 사는 루마니아인 친구들이 도움이 되었다. 한 전기 작가는 "1940년대와 1950년대에 시오랑은 엘리아데 같은 부유한 친구들이 물려준 옷을 입곤 했으며, 파리에서는 '이오네스쿠의 친구'로 소개되곤 했다."라고 말한다.[338] 다른 때 시오랑은 낯선 사람들의 친절에 의존해야 할 때도 있었는데, 공짜 저녁 식사를 제공하겠다는 제안을 하는 사람이라면 누구와도 친구가 되었다. 그렇게 해서 그는 파리의 부유한 여성들을 잘 알게 되었다. 시오랑이 철학에 대해 엄격한 훈련을 받은 것이 도움이 되었을 것이다. 그는 저녁을 얻어먹기 위해 유려한 대화를 하고 노래를 들려주곤 했다.[339] 마침내는 파리 교회에 발을 들였고 이 무신론자는 기회가 있을 때마다 루마니아 정교회에 기꺼이 나타나 무료 식사 기회를 얻곤 했다. 이 모든 과정에서 시오랑은 자신이 인간 혐오를 숨기지는 않더라도

---

337) Cioran, *Entretiens*, 10-11.

338) Zarifopol-Johnston, *Searching for Cioran*, 160.

339) 그 시절 Cioran은 "늘 빈곤의 끝자락에 있었고, 좌담가로서의 재능에 대한 대가로 저녁에 초대해줄 사람을 늘 찾고 있었다"(Zarifopol-Johnston, *Searching for Cioran*, 119).

그걸 적어도 조금은 더 재미있게 만드는 놀라울 정도로 예의 바르고 유연한 사람임을 증명했다. 굶어 죽을 정도로 인간을 혐오하는 사람은 없으니 말이다. 결국 선하고 이타적인 영혼인 시몬 부에^{Simone Boué}가 이 떠돌이 철학자를 입양하여 그가 생을 마감할 때까지 세속적 존재로서 가지는 필요를 채울 수 있도록 도와주었다.

하지만 이것은 일종의 지적 매춘이 아니냐고 항의할 수도 있다. 시오랑은 그 질문을 오히려 아첨으로 여겼을 것이다. '지적 매춘'은 그에게 항상 소중했던 두 세계를 아주 깔끔하게 한데 모아주기 때문이다. "아주 어렸을 때 나는 매춘 업소와 도서관에만 매료되었다."라고 그는 회상했다.³⁴⁰⁾

그의 격언 중 일부는 시오랑이 가난에 대한 훌륭한 감정가임을 드러낸다. 예를 들어 그는 이렇게 쓴다. "가난한 사람들은 끊임없이 돈에 대해 생각함으로써 무소유로부터 얻을 수 있는 정신적 이점을 잃고 부자들처럼 나락으로 떨어진다."³⁴¹⁾ 시오랑은 노파 접대부터 구걸에 가까운 일까지 생존을 위한 일은 뭐든 했다. 직업을 구하는 것만 빼고 말이다. 직업을 구했다면 그의 인생은 실패로 끝났을 것이다. "나에게 가장 중요한 것은 자유를 지키는 것이었다. 생계를 위해 사무직에 취직했다면 실패했을 것이다."라고 나이 든 시오랑은 회상한다. 실패하지 않기 위해 그는 대부분의 사람들이 실패로 간주하는 길을 선택했다. 하지만 시오랑은 실패가 복잡한 문제라는 것을 알고

---

340) Liiceanu, *Itinerariile unei vieți*, 19.
341) Cioran, *The Trouble with Being Born*, 182.

있었다. "어떤 대가를 치르더라도 직업의 굴욕은 피하고 싶었다……
직업을 유지하면서 자신을 파괴하는 것보다 기생충처럼 사는 것이
더 낫다고 생각했다."[342] 위대한 게으름뱅이와 신비주의자들은 언제
나 알고 있었듯(시오랑은 동시에 이 두 가지를 다 하고 있었던 듯하다), 무
위에는 완벽함이 있다—행동을 안 하면 안 할수록 절대성에 가까워
지는 것이다.

시오랑은 나에 이오네스쿠에게서 이 개념을 처음 배웠을지 모르
지만, 훌륭한 제자가 늘 그렇듯 스승을 능가했다. 전설적인 게으름
뱅이임에도 불구하고 이오네스쿠는 여전히 수상한 사업 거래도 있
었고, 표절하고 즉흥적으로 하는 강의는 물론이고 여자 문제와 정
치 문제 개입, 젊은 파시스트 양성에도 신경을 써야 했다. 하지만 시
오랑은 파리에 있으면서 아무것도 하지 않았다. 한 인터뷰어가 그의
일과에 대해 묻자 그는 이렇게 대답했다. "대부분의 시간 동안 나는
아무것도 하지 않는다. 나는 파리에서 가장 게으른 사람이다…… 나
보다 일을 적게 하는 사람은 고객이 없는 창녀뿐이다."[343]

그는 농담하는 게 아니었다. 무의미한 세상에서는 아무것도 할 이
유가 없다는 것이 그의 신념이었다. '모든 행동은 근본적으로 쓸모
가 없다'고 이 현대의 성인은 생각했다. "역사상 유일하게 옳았던 순
간은 사물을 다루지 않고 바라보는 것만으로 만족하는 관조의 삶을
살았던 고대 인도 시대라고 나는 믿는다."[344] 시오랑은 실패한 우주

---

342) Liiceanu, *Itinerariile unei vieți*, 111.
343) Cioran, *Entretiens*, 10-11.
344) Cioran, *Entretiens*, 35.

에서는 루저의 삶만이 살 가치가 있는 유일한 삶이라는 깊은 신념이 있는 사람이었다.

다른 면에서와 마찬가지로 이런 측면에서도 시오랑은 위대한 사색가의 자격을 갖추고 있었다. 사색가가 다른 인간 유형과 차별화되는 점은 사물이 존재로 타락하기 전의 풍부한 가상성, 사물의 실현에 있어서의 근본적인 불안정성, 그리고 허공으로 돌아갈 수밖에 없는 필연성 등 사물의 비존재에 머물 수 있는 훈련된 능력에 있다.

우주의 혼란에 얽매이는 대신 사색가는 세상이 아직 발생하지 않은 순간으로 스스로 옮겨 갈 수 있는 특별한 능력을 가지고 있다. 이 연습은 적어도 세 가지 이유로 인해 할만한 가치가 있다. 첫째로 순전히 형이상학적인 수준에서 가상은 실제보다 앞설 뿐만 아니라 더 가치 있고 탁월하다. 흠잡을 데 없는 원본에 접근할 수 있는데, 왜 불완전한 사본에다 시간을 낭비할까? 언어 자체가 때때로 행동보다 사색을 우선시하기도 한다. 라틴어 negotium을 예로 들어보겠다. 이 단어는 무엇보다도 비즈니스, 무언가에 대한 적극적인 참여를 의미한다. 그러나 이 단어는 원래 부정적 의미의 용어였다. otium—여가 시간, 세상으로부터 물러남, 학문적 후퇴, 관조 등을 부정하는 의미에서 탄생한 단어다. 둘째로 사색은 존재에 대한 더 정확한 그림을 제공한다. 사탕 발림도 속임수도 회전도 없다. 위대한 사색가들은 언제나 똑같이 위대한 현실주의자였다. 마지막으로 사물의 허무함에 머무는 것은 보다 실존적인 차원에서 인간을 풍요롭게 하는 경험이 될 수 있으며, 이를 통해 우리는 더 나은 삶을 살 수 있고 더 명료한 삶을 살 수 있다. 그런 관점에서 세상을 바라보면 유쾌하고 편안하며 가벼운 마음으로 세상을 대할 수 있다. 시오랑의 농담이 좋았던 것은 허무주의적 관점 때문이 아니라 바로 그 때문이었다.

게으름을 실천하는 사람은 평판이 나쁘지만 이는 대부분은 게으른 사고에서 비롯된다. 게으름을 제대로 추구한다면 게으름은 첫 번째 단계의 철학적 경험이 될 수 있다. 버트런드 러셀Bertrand Russell은 게으름을 찬양하는 긴 에세이를 썼다. 멜빌Melville의 바틀비Bartleby나 곤차로프Goncharov의 오블로모프Oblomov(시오랑의 친구이자 동료 게으름뱅이 사무엘 베케트를 매료시켰던)와 같은 문학의 위대하고 완벽한 게으름뱅이들은 형이상학적 탐구를 하는 인물로, '행동하는 사람'은 결코 접근할 수 없는 다른 존재 방식을 보여 준다. 시오랑은 자신의 게으름을 자랑할 만한 충분한 이유가 있었다.

게으름뱅이는 '아무것도 하지 않는' 게 아니라, 그 과정에서 존재의 고양된 형태에 도달하고– 그 성취에 대해 당연히 자부심을 갖는다. "그것은 어쩐 조용한 자부심이었다."며 곤차로프의 오블로모프가 "9시부터 3시까지, 8시부터 9시까지 침대에 누워 있을 수 있는 자유를 생각하며 보고서를 제출하거나 문서를 작성하지 않아도 된다는 사실을 스스로 축하했다."고 관찰한다. 덕분에 그는 "자신의 감정과 상상력을 최대한 발휘할 수 있는 에너지를 자유롭게 사용할 수 있었다."345) 바틀비도 마찬가지로 새로 찾은 게으름뱅이의 소명에 몰두했다. 그는 조금의 일정 변경도 감당할 수 없다. 그는 다른 일을 하기에는 너무 바빠서 아무것도 하지 않는다. 게으름은 모든 것을 흡수하는

---

345) Ivan Goncharov, *Oblomov*, Stephen Pearl 번역(Richmond, UK: Alma Classics, 2015), 26-27.

포괄적인 직업, 즉 소명이다. 부업으로 다른 일을 할 수가 없다.

죽은 고양이

조지 오웰은 부랑자 생활을 통해 모든 것—다른 동료 인간들, 사회 전반, 사회의 위계, 가치, 금기 등—을 새로운 시각으로 바라볼 수 있는 입장에 놓인다. 수년간 아시아에 거주하며 여러 문화적 경계를 넘나들었던 조지 오웰은 이미 사회를 비교적 폭넓게 바라보는 시각을 기르고 있었다. 그러나 그는 부랑자 생활 실험을 통해 다른 방법으로는 접근할 수 없었을 사회 계층과 집단에 접근할 수 있었다. 그와 함께 훌륭한 지식도 얻었다. 이를테면 사회적 구분이란 대단찮은 것이라는 통찰력이었다. 부랑자들 사이에 있으면서 오웰은 부자인지 가난한지에 관계 없이 사람은 결국 근본적으로 동일하다는 것을 이해한다. "부자와 가난한 사람 사이에 어떤 신비하고 근본적인 차이가 있다."는 생각은 잘못된 것이며 '미신'이다. 현실에서 "그런 차이는 존재하지 않는다."는 것을 그는 발견한다.[346] 사회적 구분은 극복할 수 없는 일처럼 보이지만 하나의 착시 현상이다. 이러한 착각을 일으키는 요인은 세상에서 가장 단순한 것일 수도 있다. 예를 들어 옷이 그렇다.

가난의 격차와 음영을 넘나들며 조지 오웰은 외모의 치명적 중요

---

346) Orwell, *Down and Out*, 120.

성을 깨닫게 된다. 영국 상류층의 일원이었던 그는 옷을 주로 어떤 계급에 속해 있다는 외적인 표시로 받아들였을 것이다. 그저 사회적 관습에 불과한 것. 이제 그는 그렇지 않다는 것을 알게 된다. 그는 훌륭한 배우와 스파이가 항상 알고 있던 것을 배운다. 당신은 당신이 입은 옷이라는 것. 당신은 변장한 것이 되는 것이다. 타인은 거의 항상 가면만 보지 결코 사람은 보지 못한다. 사실 사람은 자신이 쓰고 있는 가면(라틴어로 페르소나persona)이다. 부랑자의 옷을 입었을 때 오웰의 첫 번째 반응은 자신의 옛 모습에 집착하는 것이었다. "그렇게 옷을 입으니 나는 경찰이 나를 부랑자로 체포할까 봐 절반쯤은 두려웠고, 내 억양과 옷차림의 차이를 알아차릴 것이라고 상상하면서 감히 아무에게도 말을 걸지 못했다."[347]

이 가정은 오웰이 세상 돌아가는 일에 대해 얼마나 몰랐는지를 보여준다. 순진하게도 그는 자신이 입은 옷이 보여주는 모습과 자신은 다른 존재라고 가정했다. 즉, 자신에게는 더 깊고 실체적인 자아가 있으며, 사람들은 그를 만나면 그 자아에 주목하여 가난한 외모 뒤에 숨어 있는 진짜 에릭 블레어를 발견할 것이라 생각했던 것이다. '이런 일은 결코 일어나지 않았다는 것을 나중에는 알게 되었다'라고 그는 쓴다. 사회적으로 우리는 우리가 생각하는 모습이 아니라 다른 사람들이 만들어낸 모습일 뿐이다. 부랑자의 외모를 가진 부유한 사람은 부랑자다. 부랑자의 옷을 입으면 모든 점에서 부랑자가 된다. 오웰은 '옷은 강력한 것'이라고 결론내린다. "부랑자의 옷

---

347) Orwell, *Down and Out*, 129.

을 입으면…… 자신이 진정으로 타락했다고 느끼지 않기란 매우 어렵다."[348]

부랑자의 세례를 받자 오웰은 사회학적–문학적 탐구를 본격적으로 시작할 수 있게 된다. 그가 발견하는 사실들은 끝없는 경이를 선사하고, 이제 그에게는 완전히 새로운 차원에서 자신의 사회적 존재가 드러난다. "새 옷은 나를 순식간에 새로운 세계로 안내했다. 모든 사람의 태도가 갑자기 달라진 것 같았다." 그는 깨달았다. "어느 행상인이 뒤집힌 수레를 세우는 일을 도왔다. 그가 웃으며 '어이, 고마워'라고 했다. 내 인생에서 아무도 나를 '어이'라는 말로 부른 적이 없었는데 옷이 그렇게 만들었다."[349] 항상 옷 때문이었다. 행상인은 오웰이 아니라 그가 입고 있던 옷에 말하고 있었던 것이다.

하지만 오웰의 발견이 즐거운 일만은 아니었다. 오웰은 '남자의 옷차림에 따라 여성의 태도가 어떻게 달라지는지'를 충격적으로 깨닫는다. "남루한 옷을 입은 남자가 지나가면 마치 죽은 고양이 보듯 혐오스러워하고 몸서리치며 피한다."[350] 오웰은 놀라지 말았어야 했다. 그는 죽은 고양이었다.

패자의 모습은 악취 나는 주검을 보는 것만큼이나 혐오감을 준다. 그 혐오감은 너무나 강렬해서 아무리 훌륭한 매너라도 약화시킬 수 있다. 그 광경은 우리가 가진 최선의 의도와는 달리 갑자기 모든 가면극을 꿰뚫게 만들어, 보통의 사회적 상호 작용에 수반되는 즐거운

---

348) Orwell, *Down and Out*, 129.
349) Orwell, *Down and Out*, 129.
350) Orwell, *Down and Out*, 129.

소음 뒤에 가려진 치명적 침묵을 직면하게 만든다. 루저의 모습은 우리에게 닥칠 수 있는 최악의 상황, 즉 타락, 해체, 파멸을 떠올리게 하기 때문에 불안하다. 의식적이지는 않더라도 본능적으로 우리는 사회 질서가 항상 불안정하기 때문에 그런 일이 항상 일어날 수 있다는 것을 알고 있다. 심연은 언제든지 저편에서 우리를 찌를 수 있다. 루저는 분명히 존재해야 하며 어딘가에는 있어야 하지만 너무 가까이 있으면 안심할 수 없다.

성공의 불행

게으름과 그렇게 몰입적인 관계를 맺은 사람인 시오랑이 성공을 의심한 것은 당연한 일이다. 우선 그는 성공이 영적으로 건강하지 않다고 생각했다. "어떤 영역에서든 모든 성공에는 내면의 빈곤이 따른다. 그것은 우리가 누구인지 잊게 만들고, 우리가 가진 한계에 대한 고통을 박탈한다."고 그는 주장했다.[351] 성공은 우리를 허영심 많고 피상적인 사람으로 만든다. 성공은 저속할 뿐만 아니라 순전히 사기다. 인간 존재는 너무나 지저분한 일이기 때문에 누군가가 너무 쉽게 길을 찾을 때마다 우리는 사기를 의심해야 한다.

시오랑은 '어떤 영역에서든 승리를 거두는 사람에게는 돌팔이 기

---

351) Cioran, *The Trouble with Being Born*, 175-176.

질이 있다'고 썼다.[352] 문학적 '승리'는 그에게 감동을 주지 못했고, 프랑스의 문학계는 그에게 공포심만 가득 안겼다. 초기의 한 가지 경우를 제외하고 그는 프랑스 문학계가 그에게 수여하는 모든 상을 거부했는데, 그중에는 재정적으로 큰 도움이 될 만한 상도 있었다. 비교적 생의 늦은 시기에 그의 작품이 영향력을 갖기 시작했을 때, 그는 인터뷰를 거의 하지 않고 계속해서 몸을 낮췄다. **'Je suis un ennemi de la gloire**(나는 영광의 적이다)'라고 그는 힘주어 말했는데, 그것은 그 자체만으로도 어떤 불안감을 내비치는 행동이었다. 그런 일이 없어야 하겠지만 만약 그가 '성공'하게 된다면 그와 그의 진실성은 어떻게 되겠는가?

시오랑은 호르헤 루이스 보르헤스Jorge Luis Borges에게 성공이 끼친 피해를 보고 그를 동정했다. 시오랑은 '인정을 받는다는 불운이 그에게 닥쳤다'라고 쓴다. "그는 더 나은 대우를 받을 자격이 있었다. 그는 모호함 속에, 지각할 수 없는 곳에, 뉘앙스 자체만큼이나 무능하고 인기 없는 상태로 남아 있어야 마땅했…… 축성은 최악의 형벌이다." 무엇보다도 용서할 수 없는 것은 보르헤스가 학계에서 인기를 얻었다는 점이다. 유명 대학들이 그를 초빙 강사로 모시기 위해 경쟁적으로 스타로 대우를 하고 화려한 직함을 부여했다. 이 얼마나 어리석고 슬픈 운명인가! "대학들이 그렇게 하는데 우리가 그를 기념하는 일이 다 무슨 소용일까?" 시오랑은 의아해한다.[353]

---

352) E. M. Cioran, *Anathemas and Admirations*, Richard Howard 번역(New York: Arcade, 1991), 12.

353) Cioran, *Anathemas and Admirations*, 223.

그는 대학을 단지 나쁜 기관이 아니라 확실한 악―'영혼의 죽음', 내면의 삶을 소중히 여기는 사람이라면 도망쳐야 할 곳이라고 생각했다. 그곳에서 이루어지는 최고의 교육조차도 독성이 있었다. 그는 말년에 한 인터뷰에서 "내 인생에서 가장 잘한 일 중 하나는 대학과 완전히 단절한 것이다."라고 말했다.[354] 이런 점에서 다른 사람들과 마찬가지로 그는 자신이 소속된 유일한 교회, 즉 믿지 않는 교회에 충실했다. "나의 유일한 종교는 자유와 독립성, 그리고 직업에 주로 의존하지 않아도 된다는 사실이었다."[355]

『태어났음의 불편함』에서 시오랑은 '실패를 통해 끊임없이 변화하는 존재'로 사는 것을 부러워할 만한 인생 프로젝트라고 이야기한다.[356] 그러한 삶은 풍성한 지혜의 삶일 것이다. 실패는 시오랑의 가까운 동반자이자 충실한 뮤즈다. 시오랑은 사람, 사건, 상황 등 세상을 흔들림 없는 눈으로 바라본다. 예를 들어 시오랑은 어떤 사람이 실패에 접근하는 방식을 보고 그 사람 내면의 깊이를 측정할 수 있다. "이것이 우리가 내면의 탐구를 추구하는 경향을 가진 사람을 알아보는 방식이다. 그런 사람은 그 어떤 성공보다도 실패를 더 우선시할 것이다." 어떻게 그럴까? "실패는 언제나 필수적인 것으로 우리를 우리 자신에게 드러내고 신께서 우리를 보시는 대로 우리가 자신을 볼 수 있게 하는 반면, 성공은 우리를 자신과 모든 것의 가장 내적

---

354) Cioran, *Entretiens*, 40.

355) Liiceanu, *Itinerariile unei vieți*, 111.

356) Cioran, *The Trouble with Being Born*, 48.

인 것으로부터 멀어지게 하기 때문이다."[357] 실패에 어떻게 대처하는지 보여주면 나는 당신이 누구인지 알 수 있을 것이다. 실패를 통해서만, '재앙의 위대함 속에서만' 누군가를 알 수 있기 때문이다.[358]

시오랑은 성공에서 실패를, 모든 성취에서 실패를 읽어내는 습관을 기르게 되었다. 시오랑이 가장 자랑스러워한 것은 전 세계적으로 유명세를 타고 번역된 자신의 저서나 철학적 취향을 가진 사람들 사이에서 영향력이 커진 것이 아니었다. 프랑스어 대가로서의 지위도 아니었다. 그는 이렇게 말했다. "내 인생의 가장 큰 성공은 직업 없이도 살 수 있었다는 점이다. 결국 나는 인생을 잘 살아왔다. 실패한 것처럼 살아왔지만 사실은 그렇지 않다."[359] 좋은 삶을 영위한다는 것은 실패를 피하는 것이 아니라 실패를 최대한 활용하는 방법을 아는 것이다. "중요한 것은 단 한 가지, 패자가 되는 법을 배우는 것이다."[360]

여기서 시오랑은 실패의 가장 중요한 교훈 중 하나이면서 가장 신비로운 교훈을 알려준다. 실패를 잘하고 자연스러운 목적을 추구할 때, 실패는 더이상 못생긴 쌍둥이처럼 성공에 묶여 있지 않다는 것이다. 이 시점에서 실패는 완벽하게 투명한 유리와 같아서 더는 보이지 않고 그것을 **통해** 안이 들여다보인다. 루저는 자신을 초월한 것이다.

---

357) Cioran, *The Trouble with Being Born*, 17(원문의 이탤릭체 부분).
358) Liiceanu, *Itinerariile unei vieți*, 124.
359) Liiceanu, *Itinerariile unei vieți*, 78.
360) Cioran, *The Trouble with Being Born*, 121.

작은 떠돌이

『파리와 런던 거리의 성자들』이 출간된 지 3년이 채 지나지 않아 예술적 부랑자 생활의 역사 상 또다른 중요한 순간이 왔다. 바로 찰리 채플린의 〈모던 타임스〉다. 오웰과 달리 채플린은 떠돌이가 되는 법을 배울 필요가 없었다. 집시들이 사는 이동식 주택에서 태어났기 때문이다. 그는 상류층 오웰이 학업을 마치기 위해 스스로를 속여야 했을 정도로 극심한 빈곤의 런던에서 태어났다. 오웰이 이튼에서 공부하는 동안 채플린은 일터로 보내졌다. 채플린은 7살 때 이미 가족을 부양하고 있었다. 채플린은 이미 철이 들어 있었기 때문에 성년이 되지 못했다. "배고프다는 것이 어떤 것인지 발견하게 된다."면서 오웰은 떠돌이 생활 실험을 시작할 때 놀라움을 금치 못했다.[361] 채플린은 배고픈 상태로 태어났기 때문에 그런 발견을 하지 못했다.

채플린은 출생과 어린 시절의 환경을 고려할 때 그는 떠돌이가 되고 싶지 않았을 텐데도 결국 가장 유명한 떠돌이가 되었다. 작은 떠돌이가 된 것이다. 1914년 경부터 수많은 영화에서 그는 사람들을 웃기기 위해 떠돌이 캐릭터를 사용했다. 〈모던 타임스〉가 이전의 작품들과 다른 점이 있다면, 예술적으로 훌륭한 작품일 뿐만 아니라 현대 사회에 대한 설득력 있는 비전을 담았다는 점이다. 채플린의 가장 큰 업적은 편협하고 전투적인 정치에서 벗어나 자신을 둘러싼 사회의 전체 구조를 탁월한 솜씨로 폭로하고, 이를 통해 사람들에게

---

361) Orwell, *Down and Out*, 19.

웃음을 줄뿐 아니라 생각을 하게 만드는 예술가로서의 면모를 보여 준 것이었다. 〈모던 타임스〉가 정치적으로 큰 영향을 미쳤다면 채플린의 정치적인 성향 때문이 아니라 그의 예술적, 철학적 힘 때문일 것이다. 영화가 개봉됐을 때 그레이엄 그린Graham Greene은 "채플린의 영화는 정치적 해결책을 제시하지 않는다."고 평했다.[362]

자신도 모르게 채플린에게 영화 제작의 영감을 준 사람은 마하트마 간디였다. 두 사람은 1931년 런던에서 만났다. 채플린은 간디에 대해 모든 것을 알고 있었고, 그를 만나고 싶었을 뿐만 아니라 학생처럼 긴장하고 안절부절못했지만 간디는 채플린이 누군지조차 모르는 듯했다. 그의 영화는 물론이고 다른 어떤 영화도 본 적이 없었기 때문이다. 짧은 만남이었지만 채플린은 이 만남을 통해 근대성과 기술에 대한 간디의 비판적 견해를 배울 수 있었고, 이는 채플린 자신의 생각을 바꾸어 놓았다.

영화의 초반 장면에서 우리가 보았듯이 작은 떠돌이는 기계에 삼켜져 통째로 뱉어진다. 그곳에서 그는 정신을 회복하기 위해 병원으로 옮겨지지만 결국 일자리를 잃게 된다. 영화의 초반 기계 장면은 가장 기억에 남는 장면 중 하나지만 나머지 스토리도 마찬가지로 관련성이 있다. 시몬 베유는 이 영화가 산업화된 서구 세계의 민낯을 볼 수 있는 거울이라고 생각했다. 〈모던 타임스〉에는 정적인 프레임이 거의 없으며, 모든 프레임이 우리가 보통 무지하거나 침묵으로

---

362) David Robinson, *Chaplin: The Mirror of Opinion* (Bloomington: Indiana University Press, 1983), 100에서 인용.

일관하는 걸 더 선호하는 중요한 일들에 대해 설득력 있게 이야기한다. 채플린은 베유만큼이나 그들이 속한 사회가 (그리고 우리 사회가) 언급하려 들지 않는 문제를 관찰하고 고려하기 위해 열심이다.

이 영화의 부제는 채플린의 아이러니가 가장 잘 드러나는 문구다. '산업 이야기, 개별 기업 이야기—행복을 추구하는 인류의 십자군 전쟁에 관한 이야기'. 그걸 전부 다루는 영화일 수는 있지만 소외된 사람들 입장에서 이야기하기 때문에 만성적인 실업, 사회적 타락, 불행에 대한 슬픈 이야기가 된다. 결국 우리가 스크린에서 보게 되는 건 살아남기 위해 최선을 다하지만 결국 처지가 달라지지 않는 한 남자의 모습이다.

이상하게 보일지 모르지만 영화에는 틀림없는 평온함이 스며들어 있는데, 이는 오웰이 가난에서 발견한 '큰 위로'의 반영일 수 있다. 오웰은 '마침내 진정으로 자신을 알고 있다는 안도감, 거의 쾌감에 가까운 느낌이다.'라고 썼다. "당신은 개에게 가겠다고 자주 말했었는데—자, 여기 개가 있고, 당신은 개에게 다가갔으니 견딜 수 있어요. 그로 인해 불안감이 많이 사라졌어요."[363]

이러한 평온함은 작은 떠돌이가 가진 희생양이라는 기묘한 역할과도 관련이 있다는 것을 우리는 깨닫게 된다. 조립 라인, 감옥, 카페, 고급스러운 동네에서 휴식을 취하거나 거리를 산책하는 등, 그가 어디에 있든 루저의 사회적 초상화인 작은 떠돌이는 사회의 최악의 두려움과 불안을 구현한다는 동일한 기능을 수행한다. 일과 부의

---

363) Orwell, *Down and Out*, 20-21.

추구에 중독된 사회에서 게으름뱅이의 모습보다 더 불안한 것은 없다. 톰 루츠Tom Lutz는 게으름뱅이는 "우리가 가장 좋아하는 환상과 가장 심오한 두려움을 상징한다."[364] 실업, 노숙자, 기아, 광기, 범죄, 해체, 실패—작은 떠돌이는 이 모든 것을 몰아내야 하는 것이다.

융의 관점에서 보면 작은 떠돌이는 사회의 그림자다. 채플린의 캐릭터는 우리가 스스로 인정하기를 거부하고 부끄럽고 비열하다고 생각하며 자신의 것으로 인정하지 않는 모든 것을 의인화한다. 부에 집착하는 사회가 스스로에 대해 인정하고 싶지 않은 것이 너무 많기 때문에 작은 떠돌이는 상당한 임무를 맡았다. 그는 비록 백수지만 다른 사회 구성원들이 자신의 존재감을 잃지 않도록 하는 가장 어려운 일을 하고 있다. 감옥에서 조기 출소한다는 소식을 들었을 때 그가 차라리 갇혀 있기를 원했던 것은 당연한 일이다. "조금 더 있으면 안 되나요?" 그가 묻는다. "전 여기 있는 게 너무 행복해요."

작은 떠돌이는 어떤 일을 하든 그것을 통해 자신이 타인을 배려하고 애정이 넘치고 신사적이고 재능과 에너지, 상상력이 넘치는 괜찮은 사람임을 보여준다. 그는 사회의 일부가 되고 싶지만 그럴 여력이 없을 조건을 두루 갖추고 있다. 사실 그가 성공과 실패의 구분에서 잘못된 편에 서게 된 것은, 그가 품위 있어서가 아니라 근본적으로 제자리를 벗어났기 때문이다. 그는 사회가 우리에게 원하는 것과 상충되는 예술가적 면모를 너무 많이 지니고 있다. 그는 순응적이지

---

364) Tom Lutz, *Doing Nothing: A History of Loafers, Loungers, Slackers, and Bums in America*(New York: Farrar, Straus and Giroux, 2006), 102.

않고, 몸의 움직임이 충분히 기계적이지 않으며, 무엇보다도 경제적으로 불편한 세상에서 내면의 자유를 어느 정도 유지해 왔기 때문이다. 이는 사회가 그를 뱉어내기에 충분한 이유다. 비록 그렇게 함으로써 영혼을 잃게 되더라도 말이다.

조지 오웰은 트램핑 프로젝트에 착수할 때 문학적 영감뿐만 아니라 일종의 사회적 구원을 추구했다. 그는 자신이 하고 있는 일이 특별히 힘든 일이라는 것을 알면서도 반드시 해야만 했다. 그는 '지적이고 교양 있는 사람들, 자유주의적 의견을 가질 것으로 예상되는 바로 그 사람들이 가난한 사람들과 결코 어울리지 않는다는 것'이 문제라고 생각했다.[365] 선량한 자유주의자 시민으로서 우리 모두는 빈곤에 대해 걱정하고 선의로 해결책을 찾으려고 노력할 수 있다. 그러나 우리는 우리의 고상한 마음가짐의 안전함을 바탕으로 이 일을 할 것이다. 우리의 고귀한 원칙, 선진 문화, 지적 세련미는 대부분 우리와 가난 그 자체 사이에서 보호막 역할을 할 것이다. 우리는 '빈곤 문제' 또는 '노숙자 위기'를 다룰 뿐, 결코 더러운 가난한 사람들 살과 피로 경험하는 노숙 그 자체를 다루지 않는다. 그것이 우리가 고상한 척 비겁하게 손을 털고 이 세상의 더럽고 가난한 사람인 작은 떠돌이를 떠나는 방식이다. 그리고 그것은 그를 우발적 희생자가 아닌 **영원한 희생자**로 만든다.

이 모든 게 채플린의 코미디를 미국 영화 역사상 가장 슬픈 코미디 중 하나로 만든다.

---

365) Orwell, *Down and Out*, 120.

"노력이 다 무슨 소용이죠?" 부랑자의 여자 동반자는 물에 뜨기 위한 모든 노력이 실패로 끝나자 묻는다. 이 질문에 대한 대답은 말하진 않았지만 명백하다. 답이 없다는 것이다. 아무리 열심히 노력해도 실패로 끝날 뿐이다. 이것이 이야기의 논리적 결론– 즉 영화를 끝냈어야 하는 그 대사여야 한다.

채플린은 이 뻔한 결론을 예상치 못한 '해피 엔드'로 뒤섞어버리는 긴 몇 초 동안 사회의 기대에 대한 압박을 견디지 못한다. 작은 떠돌이와는 다르게.

현대의 그노시스주의자

시오랑의 반우주적 사고에는 뚜렷한 그노시스주의적인 요소가 있다. 학자들이 알아차린 것처럼 그노시스주의적 통찰력, 이미지, 은유가 그의 작품에 스며들어 있다. 라카리에르는 『부패의 짧은 역사 *A Short History of Decay*』『존재의 유혹 *The Temptation to Exist*』과 『새로운 신들 *The New Gods*』을 '그노시스주의 사상의 가장 고상한 순간과 일치하는 문서'라고 말한다.[366] 옛날 그노시스주의자들과 마찬가지로 시오랑은 세상의 창조를 신이 실패한 행위로 본다. 인류의 역사와 문명은 악마의 다른 이름인 '악마의 작품'에 불과하다. 『부패의 짧은 역사』에서 그는 이 세상의 신은 '무능하다'고 쓴다.[367] 시오랑의 가장 영향력 있는 작

---

366) Jacques Lacarrière, *The Gnostics*(New York: Dutton, 1977), 127.
367) E. M. Cioran, *A Short History of Decay*, Richard Howard 번역(Oxford: Basil Blackwell,

품 중 하나인 『*Le Mauvais Demiurge*』('사악한 데미우르'라는 뜻으로 영어 제목은 '새로운 신들'로 출판됨)는 이 모든 것을 말해준다. 시오랑은 숨길 수 없는 동정심으로 그노시스주의자들을 '신성한 허무의 광신자'라고 부르며 '타락한 세계의 본질을 잘 파악했다'고 칭송한다.[368] 그의 루마니아 뿌리는 그의 인생에서 그를 계속 괴롭혔다. 발칸반도 출신이라는 사실은 트라키아인Thracians과 보고밀파도 그곳에 살았다는 사실만 빼고 무엇으로도 씻을 수 없는 부끄러운 일이었다. "나는 그들과 같은 곳에서 귀신 들린 적이 있으며, 하나님을 정당화하기 위해 전자는 신생아를 위해 울고 후자는 창조의 불명예에 대해 사탄에게 책임을 물었던 것을 잊을 수 없다."[369]

시오랑의 가장 큰 집착 중 하나는 '탄생의 재앙'으로, 『태어났음의 불편함』의 많은 부분이 여기에 할애되어 있다. 그는 이 재앙의 심각성을 아무리 강조해도 지나치지 않다. "우리가 죽어서 잃는 것만큼을 우리는 태어나면서 잃었다. 모든 것을." 그노시스주의자들과 마찬가지로 그는 "세상은 실수를 통해 생겨났다."고 확신했다. 그에게 있어 우리가 존재하게 된 것은 실수를 넘어 형이상학적인 **모욕**이다. 노년이 되어서도 그는 '태어났다는 모욕감'을 소화할 수 없었다. 진정한 자유는 태어나지 않은 자의 자유다. "나는 자유로워지기를 간절히 원한다. 사산아들이 자유롭듯이 나는 자유롭고 싶다." 시오랑

2012), 142.

368) E. M. Cioran, *The New Gods*, Richard Howard 번역(Chicago: University of Chicago Press, 2013), 8-9.

369) Cioran, *The Trouble with Being Born*, 20.

의 태아에 대한 매혹은 섬뜩한 격언을 만들어낸다. "예전에는 관을 바라보며 '이 사람이 태어난 것이 무슨 소용이 있었을까'라고 자문하곤 했다. 이제 나는 살아있는 모든 사람에게 역시 같은 질문을 던진다."[370] 이 사람이 어렸을 때 마을의 무덤 파는 사람과 친구가 되어 갓 파낸 두개골을 제공한 바로 그 사람이다. 그는 그들과 함께 축구하는 것을 좋아했다.

훌륭한 그노시스주의 전통에서 우주는 '타락한' 상태지만 사회 및 정치의 세계도 마찬가지다. 아마도 젊은 시절의 정치적 실패를 초월하기 위해 나중에 시오랑은 더 깊은 의미를 이해하고 그 이해를 그의 사고의 결에 통합하고자 노력했다. 그 결과 시오랑은 더 미묘한 철학적 사유를 하게 되었고 더 인간적인 사상가가 되었다. 실패에 대한 그의 개인적인 실험은 시오랑을 그 실험이 아니었다면 접근할 수 없었을 인류의 영역에 더 가까이 다가서게 했다. 바로 부끄러워하는 자들과 겸손한 자들의 영역이다. 그의 프랑스어 책에서 술에 취해 영감을 얻은 지혜에 대한 구절을 발견하게 된다.

실패의 절정에서 수치심이 우리를 무너뜨리려는 순간, 우리는 갑자기 우리를 지치게 하고, 에너지를 고갈시키고, 우리 힘으로 수치심의 강도를 낮출 수 있을 만큼만 지속되는 교만의 광란에 휩쓸린다.[371]

---

370) Cioran, *The Trouble with Being Born*, 56, 116, 9, 18.

371) Cioran, *The Trouble with Being Born*, 34.

자신의 한계에 대한 평생의 고민은 결국 시오랑을 변화시켰다. 나이가 들면서 그는 다른 사람들의 어리석음과 기이함을 더 관대하게 받아들이게 된 것 같았다. 그렇다고 해서 시오랑이 '긍정적인 사상가'가 된 것은 아니다. 그는 마지막까지 퇴폐의 예언자, 어둡고 종말론적인 불안에 대한 사상가로 남을 것이다. 그는 『역사와 유토피아 *Histoire et Utopie*』에서 이렇게 쓴다.

> 나는 어떤 규모의 도시에 가 있든 언제나 학살, 형언할 수 없는 대학살, 종말의 혼돈과 같은 폭동이 매일 일어나지 않는다는 사실에 놀라움을 금치 못한다. 어떻게 그렇게 많은 사람이 좁은 공간에서 서로를 파괴하지 않고, 죽도록 미워하지 않고 공존할 수 있을까? 사실 그들은 서로를 미워하지만 그 미움과 동등하지는 않다. 그리고 이 평범함, 이 무력함이 사회를 구하고 그 지속과 안정을 보장한다.[372]

아니다. 시오랑은 자유민주주의의 옹호자가 되지는 못했다. 그러나 그는 세상의 희극을 즐기는 법을 배웠을 수도 있고—물론 우주의 실패를 훼손하는 데 동참하는 법을 배웠을 수도 있다. 그의 후기 사상은 더 나은 표현을 찾자면 즐거운 절망이라고 할 수 있다(시오랑은 자신을 유쾌한 비관주의자 un pessimiste joyeux라고 부른다). 같은 패턴이 끊임없

---

372) E. M. Cioran, *History and Utopia*, Richard Howard 번역(New York: Arcade, 2015), 80(원문의 이탤릭체 부분).

이 반복된다. 존재는 터무니없고 끔찍한 것으로 드러나지만 그 끔찍함 속에는 어떻게든 구원의 약속이 숨겨져 있다는 것이다. 삶은 견딜 수 없고 불면증은 살인자이며 우울함은 서서히 당신을 갉아먹고 있지만, 이는 글쓰기를 통해 감당할 수 있는 것이다. "표현되는 모든 것이 좀 더 견딜 만해진다."[373] 글쓰기는 글쓰기를 하는 사람에게 작용하여 삶을 조금 더 살기 좋게 만들어 주는 장엄한 주술이다. 재앙은 서술할 수 있는 한도 내에서 그 자체로 구원의 씨앗을 품고 있다.

차별화의 원리

초기 기독교 신학에서 우리에게 내려온 개념 중 가장 흥미로운 (어쩌면 사소한) 개념 중 하나는 **apokatastasis tôn pantôn**이다. '보편적 구원' 또는 '만물의 회복'(라틴어로 **restitutio omnium**)을 뜻한다. 대략적으로 말하자면, 선인과 악인, 성자와 죄인 등 모든 것과 모든 사람이 결국에는 구원받거나 '회복'될 것이라는 생각이다. 그 과정에서 어떤 일이 일어나든 결국에는 모든 것을 구원한다는 것이다.

알렉산드리아의 오리겐(Origen, 기원전 185~254년)은 **아포카타스타시스**의 대표적인 주창자였는데, 그는 '끝은 시작과 비슷하기 때문에' 모든 것이 결국 타락 이전의 오염되지 않은 상태로 돌아갈 것이라고 생각했다. 사도행전(사도행전 3장 21절)에서 유래한 이 문구를 보면 알

---

373) Liiceanu, *Itinerariile unei vieți*, 94.

수 있듯이, 그런 생각을 하는 사람이 오리겐만은 아니었다. 하지만 역사에겐 다른 계획이 있었다. 오리겐은 이단적 견해로 정죄를 받고 옆으로 밀려났다. 그의 주요 이단적 견해? 바로 '보편적 구원'이라는 개념이다. 예리한 통찰력, 신학적 탁월함, 방대한 학문에도 불구하고 오리겐은 서양 신학에서 주변적인 인물로 남아 있었다.

고귀한 개념이긴 하지만, 아포카타스타시스 개념은 인간의 가장 근본적인 본능 중 하나인 차별화 본능에 반하는 것이었다. 더 강한 동물은 더 약한 동물과 자신을 차별화하기 위해 항상 자신을 내세워야 한다. 그게 모든 생명의 법칙이다. 다시 말하지만 한쪽이 성공하는 것만으로는 충분하지 않고 다른 쪽이 실패해야 한다. 루저의 낮추어진 눈빛에 비춰질 때만 당신의 승리가 안전해 보인다. 타인이 하는 사회적 기능 중 하나는 바로 나 자신의 승리를 반영하고 향상시키고 불안감을 해소하는 것이다. 결국 상대방도 자신보다 (약간만이라도) 수준이 낮은 또 다른 타인이 필요하게 된다. 차별화는 결코 멈추지 않고 미러링 과정은 끝없이 재생산된다. 사회가 아무리 엄격하게 계층화되어 있더라도(모든 사회는 계층화되어 있다), 각 계층 안에는 또 다른 계층이 있고, 또 다른 계층이 있고, 또 다른 계층이 있을 것이다. **호모 사피엔스**는 차별화를 발명할 필요가 없었다. 호모 사피엔스는 차별화를 가지고 태어났을 뿐만 아니라 차별화 덕분에 살아남았다. 차별화는 사회를 하나로 유지하고 구성원들이 서로를 잡아먹지 못하게 하는 원리다. 위대한 영장류학자 프란스 드 발이 말한 것처럼, "위계적 구조는 갈등의 필요성을 없애준다."[374)]

차별을 감추거나 덜 모욕적으로 표현하기 위해 더 모호한 언어를 선택할 수도 있지만 차별이 없으면 할 수 없다. 인도의 전통적인 카스트 제도에서는 네 개의 큰 카스트로는 충분하지 않았고, 각 카스트는 수많은 자티(Jātis, 하위 카스트)로 세분화되었다. 약 2만 5,000개의 하위 카스트가 있다. 오늘날 미래 지향적인 인도인들은 이 제도가 구시대적일 뿐만 아니라 혐오스럽다고 생각하며 이를 폐지하고 싶어 한다. 그러나 아이러니하게도 이들 대부분은 소득과 지위에 기반한 새로운 계층화를 인식하지 못하고 있고, 두 카스트 제도가 실제로 얼마나 비슷한지 인식하지 못하고 있다. 두 제도 하에서 사람들은 서로 다른 공간에서 살고, 서로 다른 일을 하고, 서로 다른 말을 하고, 서로 다른 음식을 먹고, 서로 다른 행동을 하고, 스스로를 다르게 생각하는 것이다.

사회가 진화함에 따라 우리가 차별을 없애기를 바라는 것은 훌륭하지만 순진한 생각일 수 있다. 우리가 아는 모든 인간 사회는 사회 계층, 권력 구조, 명성 시스템, 경제적 계층화 등 고유한 형태의 차별화를 만들어냈다. 역사적 진보(그것이 무엇을 의미하든)는 차별화를 없애는 것이 아니라 그 표식을 더 교묘하게 만들 뿐이다. 수사적 수준에서 평등에 대한 찬사를 멈추지 않는 우리와 같은 현대 사회는 실제 사회적 차별을 증가시키기 위해 무엇이든 할 것이다. 특히 미

---

374) Frans de Waal, *Mama's Last Hug: Animal Emotions and What They Tell Us about Ourselves*(New York: Norton, 2019), 181.

국에 대해 폴 퍼셀Paul Fussell은 수십 년 전에 통찰력 있는 관찰을 했다. "미국은 민주주의 국가이기 때문에 계급 구분이 다른 곳보다 더 엄격하게 발전해 왔다."[375]

그렇기 때문에 **apokatastasis**가 아니라 **praedestinatio**가 역사적으로 승리를 거두게 된 것이다.[376] 신학적으로 논란의 여지가 있고, 지적으로 모호하며, 윤리적으로도 바람직하지 않지만, 예정설은 큰 차이로 승리했다. 예정설에 내재된 사회적 비전에는 완벽하게 야만적일지라도 역동적인 무언가가 있다. 즉, 사람들이 다른 사람들과 자신을 구별하고 그들과의 관계에서 자신을 유리하게 정의('선택된 자' 대 '버려진 자')할 수 있게 해주며, 그 다른 사람들이 차례로 다른 '버려진 자'와의 관계에서 자신을 '선택된 자'로 간주할 수 있게 해준다는 것이다. 상대방과 비교하여 자신을 형편이 더 나은 사람으로 식별할 수 있는 한 이 시스템은 작동한다. 그 결과 복잡한 위계질서와 권력 관계 체계가 형성되고, 이 체계가 없으면 어떤 사회도 생존과 영속을 보장받을 수 없다. 프란스 드 발은 침팬지에 대해 말하며 "안정적인 위계질서는 집단의 평화와 조화를 보장한다."라면서, 이는 침팬지의 친척인 인간에게도 엄격히 해당한다고 말한다.[377]

---

375) Paul Fussell, *Class: A Guide through the American Status System*(New York: Simon and Schuster, 1992), 152(원문의 이탤릭체 부분).

376) '보편적 구원(universal salvation)'에 대한 훌륭한 사례가 최근 David Bentley Hart의 A *That All Shall Be Saved: Heaven, Hell, and Universal Salvation*(New Haven, CT: Yale University Press, 2019)에서 나왔다.

377) Frans de Waal, *Chimpanzee Politics: Power and Sex among Apes*(Baltimore, MD: Johns Hopkins University Press, 2007), 111.

현재의 자본주의 시스템과 (그에 따른 문명은) 이러한 비전을 완벽하게 보여준다. 자본주의의 가장 중요한 원칙은 '자유 시장'이나 '사적 주도권', '사업 수행의 자유'가 아니라 훨씬 더 겸손한 것, 즉 **순위**일 수 있다. 자본주의의 본질은 부의 축적이 아니기 때문이다. 토르슈타인 베블렌Thorstein Veblen이 1세기도 전에 말한 '축적이 추구하는 목적'은 '다른 공동체에 비해 금전적 힘에서 높은 순위를 차지하는 것'이다.[378] 개인과 기업, 도시와 국가, 학교와 대학, 교사와 의사, 책과 아이디어, 노래와 시 등 세상의 모든 것은 같은 범주에 속하는 다른 개체와의 관계에서 판단되고 그에 따라 '순위가 매겨진다.' 순위가 매겨지지 않은 것은 사회적 게임에 진정으로 참여할 수 없으므로 따라서 실제로 존재하지 않는 것이다.

순위를 매길 수 없는 것은 거의 없다. 돈을 벌고 쓰고, 계약을 맺고 빚을 갚는 능력뿐만 아니라 생각하고, 자신을 표현하고, 세상이 어떻게 돌아가는지 이해하는 능력 등 인간의 능력은 엄격하게 정량화될 뿐만 아니라 같은 일을 하는 다른 사람의 능력과 비교하여 순위가 매겨진다. 우리는 우리가 생각하는 우리가 아니라 **순위**(표준화된 시험 결과, 졸업 시 학급 순위, 다녔던 대학교의 순위, 학점 등등)에 매겨진 숫자가 말하는 우리가 된다. 정의에 따르면 엘리트는 순위가 가장 높은 사람들이고 그들은 그걸 너무 잘 알고 있다. 윌리엄 데레시에비치William Deresiewicz는 '엘리트로 성장한다는 것'은 다음과 같은 의미라고 관찰한다. "성적, 점수, 트로피 등 엘리트로의 진급을 표시하는 성공의 척

---

378) Thorstein Veblen, *The Theory of the Leisure Class*(New York: Penguin, 1994), 31.

도에서 자신을 소중히 여기는 법을 배우는 것이다."라고 말한다. [379]

칼뱅은 자신의 신학에서 잔인하리만치 정직한 덕분에 차별화에 대한 우리 사고의 역사에서 중요한 역할을 하게 되었다. 그는 자신의 추종자들에게 그들이 선택받은 사람 아니면 배척받는 사람이라고 분명하게 말했다. 그들은 신의 은혜를 받**거나** 영원한 저주를 받을 것이다. 신학적으로 볼 때 그것은 구원에 대해 생각하는 방식으로는 가혹했지만 칼뱅은 그보다 더 잘 알았다. 그는 자신의 급진적인 제안이 실제로 효과가 있을 것이라는 것을 모호하게나마 감지했다. 이 문제는 모든 칼뱅주의 신자들의 삶의 중심이 되었고, 그들의 삶을 완전히 뒤바꿔 놓았다. "나는 선택받은 사람인가?" 베버는 이 중요한 질문이 "조만간 모든 신자에게 제기되어 다른 모든 관심사가 뒷전으로 밀려나야만 했다."고 말한다. [380] 그리고 그 질문은 또 다른 질문을 요구했다. "내가 선택되었는지 어떻게 확신할 수 있는가?"

칼뱅은 자신의 선택받음을 의심할 여지가 없었는데, 왜냐하면 그는 '은혜받은 자의 믿음의 간증'을 신뢰했기 때문이다. [381] 그러나 종교적 불안의 미묘함을 잘 알지 못하는 평범한 칼뱅주의 신자들에게 그러한 간증은 불안정한 것이었고 더 확고한 무언가가 필요했다. 그들은 심리적 미묘함이 아닌 주변 세계에서 자신이 선택되었다는 확실한 신호를 찾을 수 있기를 바랐다. 그리고 그 사람들은 열렬한 신

379) William Deresiewicz, *Excellent Sheep: The Miseducation of the American Elite and the Way to a Meaningful Life* (New York: Free Press, 2014), 15.

380) Weber, *The Protestant Ethic*, 65.

381) Weber, *The Protestant Ethic*, 66.

자들이었기 때문에 결국 부지런함과 사업의 성공으로 인한 측정 가능한 개인적 번영을 그러한 징조로 간주했다. 행동을 통해 신의 영광을 높인다면 이러한 '성공한 일'은 '선택의 표징'에 해당한다. 베버의 말을 빌리자면, 그러한 행위는 '구원을 사는 것이 아니라 저주에 대한 두려움을 없애기 위한 기술적 수단'이었다.[382] 그리고 '저주에 대한 두려움'을 없애는 것은 구원 자체만큼이나 좋은 것이다. 동일한 해석학적 노력의 일환으로, 이 신자들은 '일하기를 꺼리는 것'이 '은혜가 부족하다'는 표시라고 결정했다. 천국에 게으름뱅이를 위한 자리는 없다. 사색가들은 그곳이 아니라 다른 곳에 가야 한다.

사람들은 구원을 구했고 그때 그들은 돈을 발견했다. 그리고 그들은 구원을 간절히 원했기 때문에 점점 더 많은 돈을 벌었다. 그들이 충분히 부자가 되었을 때, 그들은 멈춰서 주위를 둘러보고 자신들이 큰돈을 버는 동안 다른 사람들은 몰락하고 있음을 깨달았을 것이다. 칼뱅이 말한 대로 어떤 사람은 선택받지만 어떤 사람은 파멸할 것이라는 징후가 분명했다. 이렇게 해서 신을 믿지 않는 자본주의가 바로 신의 은혜를 찾고자 하는 강한 충동에서 탄생한 것이다.

시간이 지남에 따라 이 패턴은 순전히 세속적인 패턴으로 변모했다. 칼뱅주의로부터 받은 충동은 분명 도움이 되었지만, 이제 자본주의는 독자적인 생각을 가진 자율적인 시스템이 되었다. 더 이상 특정한 종교적 맥락이 필요하지 않으며, 인간 본성이 있는 곳이라면 어디에서나 작동한다. 그래서 수출하기가 쉽다. 예를 들어 아시아

---

382) Weber, *The Protestant Ethic*, 69.

에서 자본주의가 (명목상 공산주의 국가인 중국을 포함하여) 잘 작동하는 것은 위계질서가 심한 아시아 사회에(유교의 인내와 끈기를 증명하듯) 잘 맞을 뿐만 아니라 이미 발전이 완전하게 이뤄진 상태로 그곳에 왔기 때문이기도 하다. 현대 아시아 자본주의는 서구와 같은 실수를 할 필요가 없었다. 곧장 성공의 공식으로 나아갈 수 있었다.

더 나은 실패

시오랑의 후기 저술의 가장 신선한 점 중 하나는 사회 비평가로서의 목소리다. 『역사와 유토피아』에는 '멀리 있는 친구에게 보내는 편지'라는 장이 있다. 이 공개 서한은 1957년 『라 누벨 레뷔 프랑세즈La Nouvelle revue Française』에 처음 실렸다. 철의 장막 뒤에 살고 있는 '먼 친구'는 루마니아의 철학자 콘스탄틴 노이카였다. 시오랑처럼 노이카도 나에 이오네스쿠의 제자였고, 분명 그것이 그들을 가깝게 만들었을 것이다. 이 글에서 시오랑은 중요한 철학적 사상을 조롱하기 위해 붉은 군대가 동유럽에 부과한 정치 체제에 작살을 던진다. "당신의 정권에 대해 할 수 있는 가장 큰 비난은 그것이 제도와 민족 양쪽의 쇄신의 원칙인 유토피아를 망쳤다는 것이다."[383] 선량한 그노시스주의자였던 시오랑은 모든 권력은 본질적으로 악하다고 믿었고, 어떤 정치 체제에 대해서도 동정심이 없었지만 기반과 영속을 다지는 데 소

---

383) Cioran, *History and Utopia*, 10.

런 탱크와 비밀 경찰이 필요한 정권은 도리를 벗어났다고 생각했다.

시오랑은 편지에서 서구에 대해 거의 똑같이 가혹한 비판을 가한다. "우리는 두 가지 유형의 사회를 마주하고 있는데, 둘 다 참을 수 없는 사회다."라고 그는 쓴다. "그리고 그중 최악은 당신들 사회 안에서 벌어지는 학대가 이 사회 자체 내의 학대를 참을 수 있게 만들고, 당신들 사회의 교양있는 사람들에게 이 사회 고유의 공포를 대응책으로 제공한다는 것이다."[384] 서양은 문명을 '구원'했다고 자축해서는 안 된다. 시오랑은 이미 쇠퇴가 너무 진행되어 외형적인 것을 제외하고는 더 이상 아무것도 구할 수 없다고 믿는다. 두 '사회 유형'은 서로 크게 다르지 않은데, 최종 분석 결과 단지 뉘앙스의 문제일 뿐이다.

> 정권의 차이는 생각보다 중요하지 않다. 당신은 강제로 우리는 제약 없이 홀로 존재하기 때문이다. 지옥과 황폐한 낙원 사이의 격차가 그렇게 큰가? 모든 사회는 나쁘지만 그 정도는 다르다는 것을 인정하며, 내가 이 사회를 선택했다면 그것은 하찮은 것들의 뉘앙스를 구별할 수 있기 때문이다.[385]

분석적이고 문체가 유려했던 그 모든 장점에도 불구하고 시오랑의 개방적인 편지는 큰 실수였던 것으로 판명되었다. 루마니아 시골

---

384) Cioran, *History and Utopia*, 10.

385) Cioran, *History and Utopia*, 12.

에서 조용히 지내려고 애쓰고 있던 수신자는 매우 예의 바른 사람으로 편지가 어디에서 온 것인지, 그리고 개봉 여부와 상관없이 답장하는 습관이 있었다. 또한 매우 순진했던 노이카는 에세이로 답장을 완성한 후 파리에 있는 친구의 주소를 적고 봉투를 길거리 우체통에 넣었다. 루마니아의 모든 우편함을 포함해 사방에 손을 뻗고 있던 루마니아 비밀경찰은 이를 놓치지 않았고, 노이카는 정치범 감옥에서 몇 년을 보내며 그 대가를 치러야 했다.

접시닦이와 백만장자

인간은 근본적으로 동일하지만 서로 구별하기 위해 무엇이든 할 것이다─겉모습뿐일지라도 말이다. 차별화에 대한 본능이 그들을 그렇게 만든다. 런던에서 분주하게 부랑자 생활을 하던 중 조지 오웰은 놀라운 사실을 발견했다. '부유층과 빈곤층은 소득으로만 구분되며, 보통의 백만장자는 새 양복을 입은 평범한 접시닦이에 불과하다'는 것이다.[386] 조지 오웰의 직관은 자본주의 맥락에서 차별화가 어떻게 작동하는지 이해하는 데 있어 중요하다. 당신은 돈을 더 많이 벌고 그것을 보여줘야만 다른 사람들과 차별화할 수 있다. 다른 사람들도 똑같이 할 것이기 때문에 당신은 그들보다 더 많이 벌어야 할 것이다. 더 많이 벌수록 더 많이 지출할 수 있으므로 더 수준 높

---

386) Orwell, *Down and Out*, 120.

은 차별화를 확보할 가능성이 높아진다. 그러나 차별화를 추구하는 사람들이 다 똑같이 하고 있기 때문에 멈출 여유가 없다.

옛날 칼뱅주의자들은 신의 선택받은 자들에 속하고 싶어서 돈을 벌었는데—구원보다 더 나은 차별화가 어디 있겠나? 오늘날 우리는 사회의 선택을 받기 위해 돈을 벌고 있다. 그리고 사회적 구원에 대한 우리 갈증은 끝이 없기 때문에 그 어떤 금액도 그 갈증을 해소하기에 충분하지 않을 것이다. 한편으로는 돈을 벌고 쓰는 데 한계가 없다는 점, 다른 한편으로는 차별화를 위한 모든 노력에도 불구하고 근본적으로 동일하게 유지된다는 점이 시스템을 끊임없이 움직이게 하는 원동력이다. 우리는 죽을 때까지 일하더라도 항상 다른 사람과 차별화하려고 노력할 것이다. 베블렌은 "부에 대한 욕망은 어떤 개별적인 사례에서도 거의 충족될 수 없으며, 평균적 또는 일반적인 부의 욕망을 충족시키는 것은 명백히 불가능하다."고 말한다.[387]

이 게임의 일부로 오늘날 자유주의 서구 세계에 사는 우리가 평등주의 정신이라는 가식을 받아들여야 한다는 사실은 게임을 더 정교하고 악랄하게 만든다. 퍼셀은 "우리는 정치적, 사법적 평등을 정치적으로 수용하고 있지만, 개인의 인식과 이해에 있어서는(대부분 공개를 자제하고 있지만) 사물을 수직적으로 배열하고 가치의 결정적인 차이를 고집하고 있다."고 말한다.[388] 이전 사회들에서는 사회적 차별이 항상 공개적으로 드러나고, 충분히 전시되고, 엄격하게 강요되

---

387) Veblen, *The Theory of the Leisure Class*, 32.
388) Fussell, *Class*, 21.

며, 적절하게 내면화되었다. 오늘날에도 세계 곳곳에서 여전히 그렇다. 그러나 문명화된 서구에서는 사회적·경제적 사다리가 높을수록 더 겸손한 모습을 **보여야** 한다. 이것은 기독교의 가장 예상치 못한 승리 중 하나일 것이다. 사후 승리라서 좀 그렇지만서도 말이다. 베블렌의 발자취를 따라서 퍼셀은 이를 '과소 평가 원칙the understatement principle'이라고 부른다. 즉, 당신은 드러내지 않는 법을 아는 정도까지의 계급을 가진다는 것이다. '지위가 불안정한' 사람만이 과시를 한다. "여성과 남성의 엘리트 룩은 모두 유행하는 것, 과시적인 것, 불필요한 것을 거부하는 과정을 통해 달성된다."고 퍼셀은 말한다.[389]

겸손한 단순성의 가면은 정치, 비즈니스 또는 그 밖의 모든 분야에서 착용자가 자신의 게임에서 한 단계 더 나아갈 수 있게 돕기 위한 것이다. 이 가면은 역설적인 기능을 수행하는데 착용자의 차별성을 드러내는 동시에 감추는 역할을 한다. 그의 평범한 정장은 남들과 비슷해 보이지만 알아보면 10배나 비싸고 다른 소재로 만들어졌으며, 독점 매장에서만 구할 수 있다는 사실을 알게 될 것이다. 경쟁자들은 그를 능가하기 위해 무엇이든 할 것이며, 적어도 겸손해 보이지만 훨씬 더 비싼 옷을 찾을 것이다. 그들이 할 수 **없는** 것은 게임을 종료하고 정말 저렴한 아이템을 착용하는 것이다. 주어진 순간에 모든 사람이 자신의 지위를 알 수 있게 상태 신호를 보내야 한다. 프란스 드 발은 "상태 신호의 빈번한 교환은 상사가 억지로 자신의 위치를 강조할 필요가 없다고 안심시켜주며, 이는 모두에게 휴식을

---

389) Fussell, *Class*, 54.

제공한다."라고 말한다.[390]

이것은 한마디로 말해 자본주의의 사회적 본질이며 가장 큰 게임이자 거의 유일한 게임이다. 대부분의 사람들은 자본주의를 성공을 위한 군비 경쟁이라고 말하지만, 자본주의는 '실패 게임'이라고도 부를 수 있다. 실패는 자본주의 사상의 핵심이기 때문이다. 실제 재산과 관계없이 다른 사람이 나만큼 부를 축적하지 못하는 한도 내에서만 다른 사람과 차별화할 수 있다. 나는 매우 가난할지라도 나보다 더 가난한 사람과 차별화할 수 있다. 그리고 그것이 나를 계속해서 나아가게 한다. 전체 시스템도 마찬가지다.

이 시스템은 누구든 다른 사람을 보고 스스로 이렇게 생각할 수 있다는 것을 전제로 설정되어 있다. "저 사람은 나보다 수입이 적고 나보다 더 가난하다. 정말 루저다!" 베블런은 "악의적인 비교는 비교를 하는 당사자에게 결코 유리하게 작용할 수 없다. 금전적 평판을 얻기 위한 투쟁에서 경쟁자들에 비해 상대적으로 자신을 더 높게 평가하는 일을 기꺼이 하지는 않을 것이다."라고 쓴다.[391] 아무리 성공 못 한 사람이라 할지라도 자신보다 덜 성공한 사람은 항상 존재한다. 실제든 상상한 것이든 아주 사소한 차이도 중요하다. 조지 오웰이 파리와 런던에서 발견한 수많은 빈곤의 그늘, 즉 '빈곤한 교외'를 떠올려 보라.

헨리 데이비드 소로Henry David Thoreau는 일찍이 이러한 상황을 이해하

---

390) De Waal, *Mama's Last Hug*, 181.
391) Veblen, *The Theory of the Leisure Class*, 31-32.

고 무엇이 쟁점인지 깨달은 듯하다. 『월든*Walden*』에서 그는 수사학적으로 이렇게 묻는다. "왜 우리는 성공하기 위해 그렇게 필사적으로 서둘러야 하고, 그렇게 필사적으로 사업에 뛰어들어야 하는가? 만약 어떤 사람이 동료들과 보조를 맞추지 못한다면 그것은 아마도 다른 북소리를 듣기 때문일 것이다."[392] 그러나 소로는 동조하지 않는 자였고, 그의 북소리에 귀를 기울이려고 발걸음을 멈춘 소수의 사람도 마찬가지였다. 그 대신에 널리 퍼진 것은 '성공에 대한 필사적인 조급함'과 그에 따른 실패에 대한 불안이 관공서에서 개인의 방에 이르기까지, 일용직 노동자의 삶에서 대기업 총수의 삶에 이르기까지, 문학의 걸작에서 유서에 이르기까지 모든 걸 구성하는 세상이었다.

모든 자본주의 성공의 원동력은 기쁨이 아니라 공포, 즉 실패에 대한 두려움이었다. 지위 하락보다 더 큰 비극은 없으며 이를 피하기 위해서라면 우리는 무엇이든 할 것이다. 그리고 그것이 우리를 죽이지 않는다면 우리는 죽을 때까지 과소비할 것이다. 그게 바로 체제가 우리에게 바라는 것이다.

"나는 한때 시오랑이었다"

시오랑은 1995년 6월 20일에 사망했다. 하지만 어떤 의미에서 그는 그보다 훨씬 전에 세상을 떠났다. 지난 몇 년 동안 알츠하이머

---

392) Henry David Thoreau, *Walden and Civil Disobedience*(New York: Signet, 2012), 109.

로 파리의 브로카 병원에 입원해 있었기 때문이다. 그런 상태로 맞을 자신의 마지막이 두려웠던 그는 오랜 파트너인 시몬 부에와 함께 자살할 계획을 세웠다. 코스틀러Koestler 부부처럼 함께 죽을 예정이었다. 하지만 병은 예상보다 빠르게 진행되었고 계획은 실패로 돌아갔다. 시오랑은 가장 치욕적인 죽음을 맞이해야 했는데, 그 죽음은 몇 년에 걸쳐 서서히 진행되었다.

처음에는 염려스러운 징후만 있었는데, 고향처럼 잘 알고 지내던 도시에서 어느 날 그는 (걸어 다니는 데 능숙한 사람이었음에도) 집으로 돌아가는 길을 찾지 못했다. 그러고 나서 그는 기억을 일부 잃기 시작했다. 놀라운 유머 감각도 잃은 듯했다. 어느 날 한 행인이 길거리에서 그에게 "혹시 시오랑이세요?" 하고 물었다. 그의 대답은 "한때는 그랬죠."였다.[393] 누군가 새로 출간된 『태어났음의 불편함』 영어 번역본을 가져와 읽어 주었을 때, 그는 주의 깊게 듣다가 이렇게 외쳤다. "Ce type écrit mieux que moi!(이 사람은 나보다 글을 더 잘 쓴다!)[394] 그러나 무시하기에는 징후가 너무 심각해져서 놀라운 속도로 잊어버리기 시작했고 결국 정신병원에 입원해야 했다. 결국 그는 더 이상 가장 기본적인 것들의 이름조차 말할 수 없게 되었다. 그다음에는 마음의 차례였다. 결국 그는 자신이 누구인지 완전히 잊어버렸다.

길고 긴 고통의 마지막 순간, 잠시 정신을 차린 시오랑은 혼잣말을 속삭였다. "C'est la démission totale!(이게 바로 완전한 죽음이다!)"[395]

---

393) Vartic, *Cioran naiv și sentimental*, 334.

394) Zarifopol-Johnston, *Searching for Cioran*, 170-171.

395) Cioran의 마지막 나날에 대해서는 Zarifopol-Johnston, *Searching for Cioran*, 169을 참조.

그것은 웅장하고 궁극적인 실패였고, 그는 그것이 무엇인지 알아차리는 데 실패하지 않았다.

아무것도 하지 않는 것에 대해

스콧 샌디지는 19세기 미국에서 실패에 대한 불안이 어떻게 탄생했는지 연구했다. 그는 '실패'와 '루저'의 시작은 소박했다고 관찰한다. 이 단어들은 원래 특정한 사건과 상황을 의미했다. 예를 들어 1852년에 나온 아동 도서에 따르면 실패는 '빚을 갚지 못하는 것'이었고, '루저'는 무언가를 잃은 사람 이상의 극적인 의미는 아니었다. 샌디지는 "루저는 한때 도난이나 자연재해로 인해 재산을 잃은 사람을 가리키는 중립적인 단어였다."라고 말한다. 이 점을 설명하기 위해 1820년 보스턴 화재가 발생한 후의 신문 기사를 인용한다. "호텔 관리인은 특히 가구와 주류에서 큰 손실을 입었다."[396]

모든 것이 빠르게 달라졌다. 수십 년 만에 '실패'는 '파산으로 인한 자본 손실'에서 '낭비된 인생의 기회 상실'로 그 의미가 바뀌면서, 살면서 겪는 하나의 사건보다 훨씬 더 크고 위협적인 것을 의미하게 되었다.[397] 비즈니스 세계를 재편한 실패는 사회 전반과 사람들의 정신과 마음속으로 스며들어 자신과 자신의 위치를 바라보는 시각을

---

396) Sandage, *Born Losers*, 11, 130-131.
397) Sandage, *Born Losers*, 4.

형성했다. 실패라는 단어는 칼뱅주의의 메아리를 간직하고 있었지만 대부분의 경우 실패는 이제 신과 무관한 문제였다.

이 모두가 100년도 더 된 일이다. 그 이후로 상황은 더욱 악화되었다. 실패는 정상화되고 내면화되었다. 우리는 단지 그것에 익숙해졌을 뿐만 아니라 다른 사람들의 실패, 즉 그것에 긍정적으로 중독되어 버렸다. 정작 우리 자신의 실패는 잘 보지 못한다. 다른 사람의 실패를 주시하느라 바쁘기 때문이다.

하지만 우리 자신의 실패가 가장 심각하다. 이 이야기 속에서 유일하게 진짜 실패가 아니라면 말이다. 그것은 아주 단순하게 말해 애초에 타락해서 게임에 임하게 된 것, 그런 다음 그 게임을 계속하겠다고 한 것으로 이루어져 있다. 우리는 목숨이 달린 것처럼 무자비하게 게임을 벌인다. 그런데 이상하게도 그렇다. 중독된 사람의 삶이 또 다른 약물을 찾는 데 달려 있는 것과 같은 방식으로, 당장은 우리를 구해준다. 토마스 베른하르트Thomas Bernhard의 〈콘크리트Concrete〉의 주인공 루돌프의 말처럼 "우리는 우리보다 더 불행한 사람을 통해 다시 일어설 수 있다는 사실을 깨닫게 된다."[398] 우리가 다시 쓰러질 때까지.

그것이 우리 실패의 원인이다. 사회적 성공에 대한 우리의 채워지지 않는 갈증, 순위 매김과 서열에 대한 우리의 집착, 최대한 많은 돈을 벌려고 하는 우리의 강박은 쓰면 쓸수록 우리 내면을 파산시킬

---

[398] Thomas Bernhard, *Concrete*, David McLintock 번역(London: Faber & Faber, 2013), 154(원문의 이탤릭체 부분).

것이다. 걸어 다니는 껍데기들. 우리의 삶은 화려한 만큼 속이 비어 있다. 우리는 심각하게 병들었고 치료가 절실하다.

이론적으로 치유는 비교적 간단한 일이어야 한다. 많은 것을 할 필요가 없어야 한다. 더 정확히 말하면 **아무것도 하지 말아야** 한다. 바로 이 점이 특별성을 더하는 것이다. 오스카 와일드^{Oscar Wilde}가 관찰한 것처럼 "아무것도 하지 않는 것은 세상에서 가장 어려운 일, 가장 어렵고 가장 지적인 일이다."[399] 시오랑이 이를 마스터하는 데 평생이 걸렸던 것도 당연하다.

어떤 차원에서는 시오랑, 오블로모프와 바틀비, 다른 위대한 게으름뱅이들이 극히 다채로운 인물들로 보여 현실보다는 소설 속에서 (아니면 루마니아에서) 더 찾기 쉬울 것 같다. 하지만 그들은 보이는 것처럼 기이하지는 않다. 이름값을 하는 모든 영적 전통은 이런저런 형태로 이런저런 기간 동안 계몽으로 가는 하나의 길로써 무위를 권유한다. 우리가 진보를 이루려면 우리는 우선 완전히 멈추어야 한다. 강박적으로 바쁜 상태로는 결코 우리 자신을 실현하기는커녕 발견하지도 못할 것이다. 우리가 아는 건 많지 않다—우리는 우리가 어디로 가고 있는지도 모른다.

아무것도 안 하는 것은 우리가 뒤로 한 걸음 결정적인 발걸음을 옮겨 그대로 서서 우리 자신을 제대로 바라보게 해준다. 우리의 고요함과 거리 두기 덕분에 우리는 우리가 처한 상황을 보다 진실된 관

---

399) Oscar Wilde, *The Complete Work of Oscar Wilde*, vol. 4, Josephine M. Guy 편집 (Oxford: Oxford University Press, 2007), 174.

점에서 볼 수 있을 것이다. 우리가 내면에 가지고 다니는 그 끔찍한 공허감을 이해했을 때 우리는 회복되기 시작했음을 알게 될 것이다.

In Praise Of Failure Four Lessons In Humility

제4장

궁극의
실패

우리가 아무리 사람들로부터 도망치거나 혼자만의 고독에 빠져들어도 사회는 항상 우리를 따라잡을 것이다. 고독은 다른 사람과의 관계에서 이해되는 것일 뿐 아니라, 혼자서 생각하거나 말하기 위해서조차도 고도로 사회적 산물인 언어를 사용해야 하기 때문이다. 루저, 사회적 추방자 또는 비실체가 되는 것은 참으로 내밀한 경험이지만 그보다 더 내밀한 실패의 형태, 즉 다른 누구와도 공유할 수 없을 정도로 심오한 '우리 것'이 있다. 궁극적인 실패, 즉 우리 자신의 죽음에 직면했을 때 경험하는 실패에 비할 것은 없다.

이 마지막 원은 매우 촘촘하고 개인화된('맞춤 제작'이라고 부를 수 있을 정도로), 세상에서 오직 한 사람, 즉 당신에게만 맞는다. 가족, 친구, 의사 등 다른 사람들이 동행할 수 있지만 인생의 마지막 순간에는 그 어느 때보다도 혼자가 된다. 문고리를 잡으려고 손을 뻗을 때 고개를 돌려서 마지막으로 한 번 더 보고 싶을지 몰라도 거기에는 아무도 없다.

사실 이 유형의 실패는 우리가 태어나는 순간부터 우리와 아주 가까운 우리 몸의 세포들 속에서 죽는 순간까지 끊임없이 일어난다. 우리가 일반적으로 '자연사'라고 잘 정의하여 부르는 것은 세포 수준에서 일생에 걸쳐 일어난 과정의 끝일 뿐이다. 시대와 문화를 막론하고 우리가 어떻게 죽는가는 우리가 어떻게 사는가, 그리고 우리 삶이 무엇을 의미하는가에 대해 많은 것을 말해준다.

우리는 실패하도록 설계되었다

　의사들은 환자의 사망 원인을 파악할 때 종종 '장기 부전'을 언급한다. 이는 '신체의 필수 시스템'(심혈관, 신장 등)의 기능 부전을 말하고, '다발성 장기 부전'은 이러한 시스템이 두 개 이상 작동을 멈출 때 발생하는 것이다. 나이가 아무리 많아도 노화로 죽는 것이 아니라(엄밀히 말하면 나이 자체가 사망 원인이 될 수는 없다), 신체 내에서 일어나는 특정 장애로 죽는다는 것이다. 그건 언어에서도 드러나고 있다. 우리 장기가 무한정 작동하도록 되어 있으며, 암묵적으로는 우리도 무한정 지속되어야 한다는 입 밖에 내지 않은 (어쩌면 무의식적인) 믿음을 암시한다. 이런 사고방식에 따르면 우리는 '소모성'(잠시 탔다가 사라지는) 존재가 아니라 영원히 살도록 설계된 존재다. 어떻게든 더 나은 부품을 찾거나 더 전문적인 유지 보수를 받을 수 있다면 우리의 수명 문제는 거의 다 해결될 것이다. 트랜스휴머니즘 프로젝트의 배경에는 이러한 믿음이 깔려 있다.

　이러한 믿음이 드러내 주는 것은 더 깊게 봤을 때 우리가 죽음에 대해 제대로 생각하도록 되어 있지 않다는 것이다. 중요한 의미에서 우리는 **죽음을 이해하지 못한다.** 물론 그렇게 하도록 스스로 훈련할 수 있고 우리 중 일부는 성공할 수도 있겠지만 저절로 되는 건 아니다. 대부분의 경우 자연은 우리가 죽음을 무시하도록 미리 프로그램해 놓았다. 원하지도 않는데 존재하게 된 우리의 주된 임무는 생존하고 번성하고 번식하는 것이지, 죽음과 허무와 소멸처럼 불안한 문제에 대해 고민하는 것이 아니다. 삶은 스스로를 돌보는 방법을 알고 있다. 괴테가 이런 말을 했을 때는 그걸 염두에 두었을 것이다. "생각하는 존재가 자신의 비존재, 사고와 삶의 종말을 생각하는 것은 전적으로 불가능하다."[400] 블라디미르 장켈레비치에게 죽음을 생각한다는 것은 '생각할 수 없는 것을 생각하는 것(penser l'impensable)'이다. 장 아메리Jean Améry도 비슷한 맥락으로 '죽음에 대해서는 생각할 수 있는 것이 전혀 없다'라고 썼다. 천재와 바보 모두 "이 주제에 직면함에 있어 똑같이 좌절감을 느낀다."[401] 죽음을 적절한 방식으로 생각하는 것, 즉 죽음을 온전히 받아들이는 것은 생명체로서 우리가 근본적으로 가진 본능에 어긋나는 일이다.

그러나 죽음은 결코 **우리를** 받아들이지 않는다. 우리 삶이 결국 아무리 만족스러워도 똑같은 종말이 우리 모두를 기다리고 있다. 궁극적인 생물학적 실패. 이러한 실패의 실존적 위협은 항상 우리와 함께 해왔지만, 우리 대부분은 상대적 만족감을 느끼며 살기 위해 이를 인식하지 못하거나 최소한 모른 척하고 있다. 톨스토이의 이반 일리치Ivan Ilyich가 전문가처럼 하는 표현대로 우리는 '죽음으로부터의 거리의 제곱에 반비례하여' 점점 더 빠르게 목적지를 향해 나아가는 과정을 결코 멈추지 않는다.[402]

---

400) "Es se einem denkenden Wesen durchaus unmoeglich, sich ein Nichtsein, ein Aufhoeren des Denkens und Lebens zu denken." 이 중요한 통찰력은 괴테 작품의 본문에서 이렇게 표현된 것을 찾기가 쉽지 않으나 C. A. H. Burkhardt's *Goethes Unterhaltungen mit dem Kanzler Friedrich v. Muller*(Stuttgart: J. G. Cotta, 1904)에서 찾아볼 수 있다. 이 인용문 출처의 위치를 파악하는 데 도움을 준 Anthony Adler에게 감사드린다.
401) Jean Améry, *On Aging: Revolt and Resignation*, John D. Barlow 번역(Bloomington: Indiana University Press, 1994), 104.
402) Leo Tolstoy, *The Death of Ivan Ilyich*, Lynn Solotaroff 번역(New York: Bantam Dell,

죽음과 임종에 관한 한 레오 톨스토이는 먼 관찰자가 아닌 완벽한 내부자였다. 톨스토이가 『고백록』에서 말했듯이 평생 그를 괴롭힌 큰 질문은 바로 "필연적으로 나를 기다리고 있는 죽음이 파괴하지 못할 삶의 의미가 나에게는 있을까?"였다.[403] 그 답을 찾기 위해 톨스토이는 죽음에서 결코 눈을 떼지 않았고, 다양한 각도에서 다양한 상황에서 끊임없이 관찰했으며, 그의 글, 특히 『이반 일리치의 죽음』이 이를 증명한다. 톨스토이는 평생 동안 죽음이 우리 존재에 미치는 특별한 힘, 즉 죽음을 두려워하는 것이 우리의 삶과 행동 방식을 어떻게 형성하는지 이해하고자 노력했다. 톨스토이에게 죽음은 단순한 관조가 아니라 자신의 죽음에 대한 두려움을 치유할 수 있기를 바랐던 산산이 부서지는 몰입적인 경험이었다. 톨스토이는 모든 등장인물과 함께 죽고 또 죽으며 궁극적인 실패에 대비했다. 그는 그들의 두려움을 두려워하고 그들의 고통을 느끼고 그들의 불안에 마비되었다. 1910년 어느 이름 모를 기차역에서 자신의 죽음을 맞기 훨씬 전, 그는 안드레이 볼콘스키Andrei Bolkonsky 왕자, 안나 카레니나 Anna Karenina, 하지 무라트Hadji Murat, 이반 일리치처럼 절묘하게 묘사된 죽음을 직접 경험한 적이 있었다.

삶은 힘들지만 죽음은 더 힘들다는 진부한 말이 있다. 『이반 일리치의 죽음』은 우리에게 그 어려움에 대한 통찰력을 제공한다. 원인을 알 수 없는 불치병에 시달리던 이반 일리치는 많은 자기 기만 끝

2004), 105.

403) Leo Tolstoy, *Confession, in The Death of Ivan Ilyich & Confession*, Peter Carson 번역(New York: Norton, 2013), 140.

에 결국 '새롭고 끔찍한 일이 자신에게 일어나고 있으며, 그의 인생에서 그 어떤 것과도 비교할 수 없을 정도로 중요한 일'임을 스스로 인정한다.[404] 이 늦은 시간에도 그는 죽음의 이름을 부르는 것이 두려웠다. 죽음의 이름을 부르면 죽음을 떠올리고 죽음에 생명을 불어넣게 될까 봐 두려웠을 것이다. 죽음이 늘 존재해온 게 아니기라도 한듯 말이다. 한때 그는 죽음을 '내 안에서 움직이기 시작하여 밤낮으로 자신을 갉아먹으며 어쩔 수 없이 어딘가로 끌고 가는 끔찍하고 끔찍한, 들어본 적도 없는 그 무엇'이라고 표현하기도 했다.[405]

모든 생명체가 그렇듯 삶에 굳건히 뿌리를 내린 이반 일리치는 자신이 존재하지 않게 된다는 사실을, 그것이 임박했고 불가피한 것임에도 불구하고 받아들일 수 없었다. 톨스토이는 이렇게 관찰한다. "마음속 깊은 곳에서 그는 자신이 죽어가고 있다는 것을 알고 있었지만, 그런 생각에 익숙하지 않았을 뿐만 아니라 그것을 이해할 수도 없었…… 그가 죽어야 한다는 것은 단순히 불가능했다."[406] 이반은 자신의 죽음을 받아들일 준비가 되어 있지 않았다. 그런 일을 해야 한다는 것은 그에게 마지막까지 이질적인 일로 남았다.

이반 일리치는 우리 모두가 그러하듯 홀로 죽었다. 톨스토이는 영웅의 죽음에 자신과 자신만을 위한 좁고 맞춤 제작된 공간으로 자신을 끌어들이기에는 너무 훌륭한 작가였다. "그는 숨을 들이마시다가

---

404) Tolstoy, *The Death of Ivan Ilyich*, 69.

405) Tolstoy, *The Death of Ivan Ilyich*, 70.

406) Tolstoy, *The Death of Ivan Ilyich*, 79-80.

중간에 숨을 끊고 몸을 쭉 뻗은 후 사망했다."[407] 이반 일리치가 죽기 전에 겪어야 했던 모든 모욕에 비해 그의 마지막은 조용하고도 엄숙했다. 톨스토이가 그의 죽음을 기록하는 방식에는 전문 장의사의 벨벳 같은 예의가 담겨 있다.

『이반 일리치의 죽음』은 죽음이 그를 앗아가는 상황에서도 삶을 고수하려는 한 남자의 필사적인 몸부림에 대한 이야기다. 이 책의 대부분은 죽음에 관한 것이지만, 이 위대한 마지막 실패에 어떻게 접근해야 하는지 어떻게 직면하고 받아들여야 하는지 알고 싶다면 불쌍한 이반이 당신에게 해줄 말은 많지 않다. 그보다 약간 더 나은 모델은 잉마르 베리만Ingmar Bergman의 영화 〈제7의 봉인The Seventh Seal〉의 안토니우스 블록Antonius Block이다. 십자군 전쟁에서 돌아와 신앙의 위기에 빠진 스웨덴 기사 블록은, 검은 옷을 입은 남자의 모습으로 나타난 죽음이라는 거대한 실패와 마주하게 된다. 이 용감한 기사는 주저하지 않고 죽음과 정면으로 맞선다. 도망치지도 않고 울지도 않고 자비를 구걸하지도 않고 죽음과 체스 한 판을 벌인다. "조건은 내가 당신을 상대로 버티는 한 내가 살 수 있다는 것이다. 내가 이기면 넌 나를 풀어주겠지. 동의하는가?" 기사가 대담하게 묻자 당황한 죽음은 동의한다.

블록은 죽음과의 게임에서 승리할 수 없다. 그 누구도 승리할 수 없다. 하지만 승리가 중요한 것은 아니다. 이기기 위해서가 아니라 지는 법을 배우기 위해 마지막 대결을 벌이는 것이기 때문이다. 베

---

407) Tolstoy, *The Death of Ivan Ilyich*, 112.

리만은 여기서 우리에게 큰 교훈을 준다. 우리는 모두 죽을 것이지만 그게 가장 중요한 것은 아니다. 정말 중요한 것은 우리가 어떻게 죽고 그 과정에서 무엇을 얻는가 하는 것이다. 블록은 죽음과 짧은 만남을 통해 다사다난했던 인생보다 더 많은 것을 경험했을 것이다. 그는 자신의 삶과 양심을 돌아보고 지상 존재의 한계에 부딪히며 자신을 조금 더 잘 알게 된다. 그는 그 탐구하는 것이 대개 헛된 일임을 알면서도 계속 의미를 찾는다. 새로운 친구를 사귀고 죽음과도 친구가 되는데 이는 결코 작은 일이 아니다. 마지막 체스 게임이 없었다면 기사의 존재는 훨씬 더 빈약해졌을 것이다. 결국 블록은 비록 패배했지만 실패를 예술로 승화시키고 실패를 삶의 예술로 승화시키는 귀한 성취를 이루어 낸다.

그러나 이반 일리치의 경우와 마찬가지로 안토니우스 블록의 대실패와의 만남은 생존 본능을 거스르고 죽음을 받아들인다는 게 얼마나 어려운 일인지 보여준다. 블록은 도전적이고 철학적이며 보는 즐거움을 선사하지만, 그가 이 세상을 평화롭게 떠나는지는 전혀 분명하지가 않다. 그가 죽음으로부터 얻고자 하는 것은 무엇보다도 불타는 실존적 질문에 대한 해답이며, 마침내 죽음이 그를 데리러 왔을 때 그는 질문에 대한 답을 얻지 못한 채 마지못해 떠난다. 그의 마지막 기도가 모든 것을 말해준다. "어둠 속에서 주님, 주님을 부르짖나이다. 작고 겁 많고 무지한 저희에게 자비를 베푸소서." 우리가 아는 한 이 기도는 블록이 믿을 수 없거나 믿을 준비가 되어 있지 않은 신을 향한 기도다.

하지만 누가 죽는 것이 쉽다고 했나? 쉽고 은혜롭게, 후회와 고통

없이 현존에서 벗어나는 것은 어쩌면 가장 어려운 일일지도 모른다. 오랜 시간과 노력, 그리고 혹독한 자기 훈련이 필요하다. 이러한 훈련이 헛된 것은 아니다. 죽는 법, 죽음을 준비하는 법을 배우는 것이 모든 영적 전통의 중심이 되어 온 데는 다 이유가 있다.

바카야로! 바카야로!

일본 자위대 동부 사령부 지에이타이Jieitai의 도쿄 본부인 이치가야 캠프Ichigaya Camp의 퍼레이드장은 그해 11월 아침 최후의 날을 위한 리허설처럼 보였다. 구급차와 경찰차가 경광등을 번쩍이고 사이렌을 울리며 빠른 속도로 도착했다. 갑작스럽게 소집된 수용소 병사들은 혼란에 빠졌다. 아무도 정확히 무슨 일이 일어났는지 알려주지 않았고 흉악한 소문이 돌고 있었다. 누군가 연설을 할 것 같았고, 그 연설을 그들은 들어야 하는 것 같았다. 경찰차와 오토바이가 더 많이 오자 사람들은 무슨 일인지 영문도 모른 채 사방으로 도망쳤다. 마침 TV 헬리콥터가 상공을 선회하며 시끄럽게 촬영하고 있어 혼란을 더했다.

마침내 연설자가 발코니에 모습을 드러냈다. 그는 창문을 통해 사령관 집무실 밖으로 나와 아래에 모인 병사들에게 무언가를 말하려는 듯했다. 40대의 작은 체구에 운동선수처럼 보였지만 이상한 비율의 몸매를 가진 그는 군복(그들의 군복은 아니지만)을 입고 고대 사무라이의 모토인 시치쇼 호코쿠(Shichishō hōkoku, '일생을 국가에 봉사한다')가

검은색 먹물로 새겨진 머리띠를 착용하고 있었다. 그 구호는 사람들을 긴장시켰는데, 우익 군국주의자들이 전쟁 중에 사용했기 때문이었다. 지난 20년 동안 지에이타이는 이 구호를 피하고자 최선을 다했다.

어차피 그는 자신이 뭘 하려는 건지 잘 아는 사람처럼 보였다. 사실 그는 무슨 일이 벌어지고 있는지 아는 유일한 사람이었다. 병사들은 곧 군복 차림을 한 이 다리 짧은 남자가 나타났기 때문에 자기들이 그곳에 모였다는 사실을 알게 되었다. 그의 움직임은 정확하고 경제적이어서 주변의 혼란과는 극명한 대조를 이루었다. 그 남자는 분명히 계획을 가지고 왔고 그 계획에 충실하고 있었다. 그는 말을 시작하자마자 자신이 숙련된 수사학자임을, 실제로 노련한 연설가임을 드러냈다. 시끄러운 와중에도 발코니 밑에 있는 사람은 그가 무슨 말을 하는지 알아들을 수 있었다.

"이런 상황에서 지에이타이 사람들과 이야기해야 한다는 것은 비참한 일입니다."라고 그는 말문을 열었다. 상공에서 들려오는 헬리콥터 소음은 줄어들 기미가 보이지 않았지만, 연사는 계속 말을 이어갔다. "지에이타이는 일본 정신의 마지막 보루이자 일본의 마지막 희망이라고 생각했습니다…… 오늘날 일본인은 돈만 생각합니다. 오늘날 우리의 민족 정신은 어디에 있습니까?…… 지에이타이는 일본의 정신이어야 합니다."[408]

처음에 병사들은 불신과 호기심이 뒤섞인 표정으로 귀를 기울였

---

408) Henry Scott-Stokes, *The Life and Death of Yukio Mishima*(New York: Moonday Press, 1995), 25.

다. 일본에서 그런 일을 목격하는 게 흔한 일은 아니었기 때문이다. 그러나 곧 그들은 적대감을 보이기 시작했다. "당장 그만둬!" 어떤 이들은 소리쳤다. "거기서 내려와!" 연설자는 전혀 개의치 않았다. 그는 그들의 주의를 요구했다("들어봐요! 내 말 끝까지 들어봐요! 들어봐요! 내 말 좀 들어봐요!"). 그는 계속했다. "우리는 지에이타이가 국가 명예의 정신이라고 생각했습니다…… 국가는 정신적 기반이 없습니다. 이게 당신들이 내 의견에 동의하지 않는 이유입니다."[409]

처음에는 병사들의 적대감이 겉으로 드러나긴 했지만 통제되고 있었으나 결국 병사들은 폭발했다. '바카야로! 바카야로!'라는 외침이 들리기 시작했다. 바카야로는 특히 불쾌감을 주는 일본식 모욕으로, 가장 친절한 (뻔한) 번역은 '이 멍청아!'이다. 병사들은 화낼 만한 충분한 이유가 있었다. 연설자가 그들에게 제안한 것은 쿠데타를 하자는 것이었고, 쿠데타가 일어나면 자신이 지도자가 되고 병사들은 그를 충성스럽게 따라야 했기 때문이다. "일본을 지키기 위해! 당신들은 일본을 지켜야 한다!…… 일본의 전통을! 우리의 역사를! 우리의 문화를! 천황을!"[410]

일본 헌법은 1945년 일본 패전 후 점령군인 미군이 제정한 것으로 평화주의를 명시적으로 표방하고 있다. 제9조는 '정의와 질서에 기초한 국제 평화를 진심으로 열망하면서, 일본 국민은 국가의 주권자로서 전쟁과 국제 분쟁을 해결하기 위한 수단으로서의 무력 위협 또

---

409) Scott-Stokes, *The Life and Death of Yukio Mishima*, 25.
410) Scott-Stokes, *The Life and Death of Yukio Mishima*, 26.

는 사용을 영원히 포기한다'고 명시하고 있다. 이는 실제로 일본이 자국의 군대를 보유할 권리를 스스로 부정하고 대신 미군의 보호에 의존한다는 것을 의미했다. '군대'와 관련된 모든 단어는 공식 언어에서 삭제되었다. 그래서 이 군인들은 일본의 육군이 아닌 '자위대'에 소속된 것이었다. 군대에 속하는 것이 헌법상 불가능한 일이었으니 말이다. 역사, 문화, 정체성이 무사 정신에 의해 형성된 국가에 이같은 법적 조항은 지나치다고 연사는 생각했다. 헌법을 개정하자는 운동이 있었지만 지금까지 해온 모든 노력은 헛수고였다. 연설자는 지에이타이가 캠페인에 참여하기를 거부한 것에 분명히 화가 났다. 그렇게 함으로써 지에이타이는 자신들이 중요하지 않다는 데 동의한 거라고 보고 남자는 제안했다. "한 남자가 여러분께 호소합니다!…… 나를 따르겠습니까? 나와 함께 일어나지 않으면, 지에이타이가 일어나지 않으면 헌법은 결코 개정되지 않을 것입니다!…… 당신들은 그저 미국의 용병이 될 것입니다."[411]

그가 제안한 것은 간단히 말해 민주적으로 선출된 정부를 전복하고 천황(덴노)의 모든 권력을 회복하며 옛 일본 전사 정신(무사도)으로 돌아가자는 거였다. "당신은 무사입니까? 당신들이 남자입니까? 당신들은 군인입니다! 그런데 왜 그런 헌법을 옹호합니까? 당신들은 당신들 존재 자체를 부정하는 헌법을 지지하는 겁니다!…… 그럼 당신들의 미래는 없습니다! …… 당신은 위헌입니다!"[412]

---

411) Scott-Stokes, *The Life and Death of Yukio Mishima*, 27.
412) Scott-Stokes, *The Life and Death of Yukio Mishima*, 27.

전쟁이 끝난 지 수 년이 지나서 태어난 병사들은 연설자가 무슨 말을 하는지 어렴풋이 알 뿐이었으나 전혀 동요하지 않았다. 광대 같은 인물이 눈앞에서 손짓하는 것을 따라서 전쟁터로—아니 그 어떤 것으로든—끌려가야 할지도 모른다는 생각은 그다지 매력적이지 않았기 때문이다. 하지만 그 광대는 쉽게 포기하지 않을 것이었다. "헌법을 수호해야 하는 당사자가 바로 당신들이라는 것을 모르십니까? …… 왜 일어나지 않습니까? 당신들은 당신들만의 작은 세상 속에 있습니다. 당신들은 일본을 위해 하는 일이 아무것도 없습니다!"[413] 병사들은 잠자코 있었다. 그 남자는 병사들에게 마지막 기회를 주며 "나와 함께 일어나겠습니까?"라고 묻고 나서 몇 초 기다렸다. 아무 반응이 없었다. 그가 받은 건 반복되는 바카야로 공격뿐이었다! "이 멍청아!" 그는 30분 동안 연설할 계획이었지만 7분 만에 연설을 중단해야 했다. 아무도 설득하지 못할 거란 게 분명해졌다. 바카야로! 바카야로!

신문에서 그의 사진을 본 사람도 있었을지 모른다. 불과 몇 주 전만 해도 도쿄 중심부의 고급 시설인 도부 백화점에서 수천 명이 몰려든 대규모 전시회의 주인공으로 그를 정하기도 했다. 그가 유명했다고 말하는 것은 그를 과소평가하는 것이었으리라. 그 바카야로는 널리 유명세를 떨친 천재였다. 많은 사람이 미시마 유키오를 당대 최고의 일본 작가로 꼽았다.[414] 보기 드문 재능을 타고났고 많은 일

---

413) Scott-Stokes, *The Life and Death of Yukio Mishima*, 27.
414) Yukio Mishima의 이러한 초상화를 스케치하면서 나는 Damian Flanagan, John Nathan, Andrew Rankin, Henry Scott-Stokes, Naoki Inose와 Hiroaki Sato 등 Mishima를

에 능했던 그는 소설, 단편 소설, 희곡(전통과 현대 모두), 철학적 에세이, 심지어 스포츠 르포까지 거의 모든 장르를 섭렵하며 최고의 작품을 썼다. 마흔 살이 될 때까지 그는 약 40편의 소설, 18편의 희곡, 20권의 단편 소설 외 다수의 에세이를 집필했다. 그의 작품은 전 세계에 번역되었고, 그의 연극은 일본과 해외에서 큰 호평을 받으며 공연되었다. 보디빌더, 복서, 모델로도 활동했다. 영화에 출연하기도 했고 (결과는 엇갈렸지만) 일부 영화는 감독까지 맡았다. 한때 오케스트라를 지휘하기도 했다. 그는 일본 전통 검술(검도)의 뛰어난 수련자였다. 그는 소규모 사병 부대를 창설하기도 했다. 이쯤 되면 미시마가 하지 않은 게 무엇이었는지가 궁금해질 정도였다.

일반적인 기준에서 미시마는 당대의 다른 어떤 일본 작가보다도 성공한 인물이었다. 그러나 그가 최근 실패의 환심을 사기로 한 것이었다—물론 실패와 결혼하기 위해서. 군인들이 연단에 있는 그에게 야유를 보냈을 때 그는 전혀 놀라지도 화가 나거나 기분이 상하지도 않았다. 이 결과를 1년 동안 준비해 왔기 때문이다. 그는 완전한 이상주의자였을지 몰라도 현실에 대한 감각은 결코 잃지 않았다.

미시마가 계획해왔던 이 대작은 '고귀한 실패'라는 일본 고유 전통의 일부였다. 이 전통에서 영웅은 시작부터 실패할 운명에 처해 있지만 중요한 건 그 과정, 즉 실패의 순수한 수행이다. 이 영웅들은 자신이 죽을 운명임을 충분히 알고도 계속 싸우기 때문에 그들의 실

연구하는 많은 학자들의 작품에 의존했다. Dazai 에 대해서는 Phyllis I. Lyons의 작품이 큰 도움이 되었다. 이 장을 쓰는 데 도움을 준 William Brecher에게 특별히 감사를 전한다. 나를 처음 Dazai에게 이끌어 준 Peter Cheyne에게도 감사드린다.

패는 특히 '고귀한 실패'가 되는 것이다. 굴복함으로써 그들은 자신을 초월하고 따라서 인간이라는 것이 무엇을 의미하는지에 관한 중요한 무언가를 드러낸다. 이반 모리스Ivan Morris는 그의 저서 『고귀한 실패The Nobility of Failure』에서 "그들의 모든 노력이 실패로 끝난다는 사실이 인간 노력의 일반적인 허무성을 규정하는 파토스를 부여하고, 가장 추앙받는 영웅들을 떠올리게 한다."고 지적한다.[415]

미시마는 이러한 전통을 다른 누구보다 잘 알고 있었고 그 매력에 매료되어 있었다. 물론 미시마의 번역가였던 모리스는 미시마로부터 이 책의 아이디어를 얻고 그를 기리기 위해 이 책을 헌정한 것인지도 모른다. 미시마는 그러한 '고귀한 실패'의 한 사례에 대해(메이지 정부의 급격한 서구화 정책에 반대하는 1874년 봉기) "그것은 실패할 수밖에 없는 실험이었지만, 실패한 것은 우리가 일본과 일본인에 대해 말할 때 의미하는 순수성과 정통성, 그리고 핵심이라고 할 수 있는 본질을 드러내고 나서였다."고 말했다.[416]

일본에서 이러한 '고귀한 실패'는 일반적으로 영웅이 '배를 가르는 것(하라키리hara-kiri)', 즉 할복에 의한 의식을 치르며 자살을 하는 것으로 끝난다. 이것이 정확히 미시마가 사령관 사무실로 돌아가서 하려던 것이었다. 그는 병사들을 설득하는 데 실패했다. 그가 예상했던 것처럼 말이다. 모든 것은 계획대로 진행되고 있었다.

---

415) Ivan Morris, *The Nobility of Failure: Tragic Heroes in the History of Japan*(New York: Noonday, 1975), xxii.

416) John Nathan, *Mishima: A Biography*(Cambridge, MA: Da Capo Press, 2000), 214에서 인용.

'긴 실패의 역사를 산 삶'

우리가 어떤 대가를 치르더라도 죽음을 피하려는 본능을 가지고 세상에 태어났다면, 자발적인 종결 행위인 자살을 실행에 옮기는 건 불가능해야 한다. 스스로 목숨을 끊기로 하는 것은 정상 범주를 완전히 벗어난 것이다. 우리는 자발적으로 죽음을 초래하는 건 말할 것도 없고, 죽음을 제대로 생각하도록 설계되어 있지도 않기 때문이다. 우리의 전체적인 생물학적 설정이 그렇게 하는 걸 막아야 하는 것이다. 생명은 스스로에게 반란을 일으킬 수 없다. 그렇기 때문에 철학적 관점에서 볼 때 자살은 늘 흥미로운 의문을 제기했다.

무엇보다도 우리가 우리 자신의 존재를 처분할 수 있다는 사실은 그 자체로 우리 인간을 결정적으로 차별화한다. 다른 종들은 그러지 않는다. 스스로를 죽일 수 있는 능력은 '인간 고유의 특성 중 하나다'라고 시오랑은 쓴다. "그 어떤 동물도 자살을 할 수 없고 천사들은 그런 동물의 존재를 거의 믿지 않는다."[417] 그렇다고 우리가 특별히 우쭐할 필요는 물론 없다. 오히려 이 능력은 인간 드라마의 일부이며 우리의 상태를 더욱 복잡하게 만드는 것이다. 사이먼 크리클리 Simon Critchley는 호모 사피엔스는 "자기 인식에 대한 대가로 지불하는 자기 학살의 능력으로 구별된다."고 말한다.[418]

자살은 우리를 인간답게 만들 뿐만 아니라 자유를 얻는 게 거의

---

417) E. M. Cioran, *A Short History of Decay*, Richard Howard 번역(Oxford: Basil Blackwell, 2012), 38.

418) Simon Critchley, *Notes on Suicide*(London: Fitzcarraldo Editions, 2020), 12.

불가능해 보이는 상황에서조차 우리를 자유의 주체로 만들어 준다. 선택의 여지가 없어 보이는 실존적 막다른 골목(예를 들어, 불치병에 걸려 죽어가고 있거나 독재자를 제거하려던 음모가 실패하여 즉각 체포돼 비참한 죽음을 맞이할 상황)에 처했을 때 자살은 그래도 우리에게 명예로운 탈출구를 제공할 수 있다. "일반적으로 삶의 공포가 죽음의 공포를 능가하는 지점에 도달하면 인간은 스스로 목숨을 끊는다는 사실을 발견할 수 있다."고 아서 쇼펜하우어Arthur Schopenhauer는 2세기 전에 관찰했다.[419] 그것이 존엄하게 죽기가 불가능해 보이는 상황에서도 우리가 여전히 '존엄한 죽음'을 맞이할 수 있는 방법이다.

자살은 종종 실패와 연관돼 있고 자살자는 '루저'로 간주된다. 알 알바레즈Al Alvarez는 친구 실비아 플라스Sylvia Plath의 자살에서 부분적으로 영감을 받아 쓴 『야만의 신The Savage God』에서 실패와 자살의 관계를 심도 있게 탐구한다. 그는 '자살은 한 인생을 실패의 긴 역사로 규정하는 파산 선언일 수 있다'라고 쓴다. 하지만 자살하기로 결심함으로써 당신은 자신의 상황을 어느 정도 통제할 수 있음을 보여주는 것이다. 그러한 결정은 '바로 그 돌이킬 수 없다는 점 때문에 전부 실패는 아닌 것'이다. 당신은 행동을 통해 말이 전혀 안 되는 상황에 힘들게라도 의미를 부여할 수 있다. 알바레즈는 "혼란에서 벗어나고 머리를 비우기 위해 스스로 목숨을 끊는 자살자 부류가 있다."고 말한다. 사회에 복수하거나 다른 사람에게 죄책감을 주기 위해서가 아니라 자신

---

419) Arthur Schopenhauer, *Studies in Pessimism*, T. Bailey Saunders 번역(Cosimo Classics, 2007), 28.

의 삶을 정리하기 위해서다. 밧줄에 의한 명료함. 자살의 전기는 '하나의 긴 실패의 역사'로서 그 행위 자체로 인하여 구원받는다. 패배는 다른 무언가로 바뀌었다. 정확히 그것은 실패가 아니다. "아마도 이것이 전체주의 국가들이 자기들이 희생시킨 자들이 스스로 목숨을 끊을 때 속았다고 느끼는 이유일 거다."라고 알바레즈는 덧붙인다. [420]

이러한 경우 자살은 자유로운 행위이면서도 외부 상황에 의해 형성된다. 말기 암에 걸렸다면 나중에 천천히 비참한 죽음을 맞이할 수도 있고 지금 당장 목숨을 끊을 수도 있다. 후자의 경우 당신이 선택한 것을 결정하는 것은 암이다. 독재자를 죽이려는 음모에 연루되어 의심받게 되었다면, 독재자의 부하들이 올 때까지 기다리거나 그들이 도착하기 전에 스스로 목숨을 끊을 수 있도 있다. 후자를 선택한다면 당신은 전체 상황에 의해 그곳으로 밀려난 것이다. 자살은 당신이 자유롭게 선택한 일련의 과정의 끝 단계에서 이루어지며, 이 모든 과정이 당신을 지금의 위치로 이끈 것이다. 당신이 자유롭게 선택하지만 당신이 처한 상황이 당신 자유의 한계를 결정한다.

삶의 이 지점에 도달한 사람에겐 대개 그렇게 하는 데 대한 심각한 이유가 있다. 다른 사람들이 보기에는 쓸데없는 것처럼 보일지라도 말이다. 그렇기 때문에 이런 사람들이 사회의 이해를 받을 자격이 있는 것이다. 하지만 그 대신 그들이 받는 건 대부분 조용한 비난이다. 우리가 사는 세속화된 사회에서는 스스로 목숨을 끊는 사람들이 더 이상 지옥에서 불타야 할 용서받지 못할 죄인이나 범죄자(자

---

420) Al Alvarez, *The Savage God: A Study of Suicide*(London, Bloomsbury, 2013), 107, 154.

기 살인자)로 간주되지 않을지 모르지만, 집단적 상상력이 그만의 방식으로 그들을 별준다. 우리는 자살자와 자살 시도자를 내재적으로 병적인 사람, 다른 사회 구성원이 멀리해야 하는 사람으로 간주하는 경향이 있다.

거기에는 이유가 있다. 수천 년에 걸친 진화의 역사는 우리에게 생존하려면 한 데 뭉쳐야 한다는 개념을 심어주었다. 홉스의 기억에 남을 만한 표현을 빌리자면, 집단 밖의 삶은 '고독하고, 가난하고, 지저분하고, 잔인하고, 짧다.' 한 사람이 집단에 등을 돌리고 자신의 삶을 처분하기로 결정할 때 불안감을 느끼도록 우리는 프로그램되어 있고, 다른 사람들이 그러한 행동을 모방하기 시작할 때는 집단의 존립이 위태로워진다. 집단이 생존하려면 그러한 행동을 억제해야 한다. 그래서 낙인을 찍는 것이다. **호모 사피엔스**는 종교나 법적 제도가 자살을 명시적으로 금지하기 훨씬 이전에 이러한 사실을 깨달았고, 뒤늦게 이를 비준한 것일 뿐이다.

스스로 목숨을 버리려는 결정은 너무 심각한 행동이기 때문에 사회의 본능적 반응의 처분에 내맡길 수는 없다. 정신과 의사 토마스 사스Thomas Szasz는 죄악이나 범죄나 반사회적 행동이라기보다 '자살은 기본적인 인권'으로 간주되어야 한다고 관찰했다. 그렇다고 해서 자살이 바람직하다는 뜻은 아니다. 이는 "자살하기로 한 사람의 결정에 강제로 간섭할 도덕적 권리를 사회가 갖지 않았다는 것을 의미할 뿐이다."[421] 사스가 하는 것처럼 자살에 대해 동정적으로 이야기하는

---

421) Andrew Solomon, *The Noonday Demon: An Atlas of Depression*(New York:

것은 자살에 대한 사과의 말이 아니다. 인간이 내릴 수 있는 가장 어려운 결정 중 하나인 자살을 내면으로부터 이해하려는 시도다. 자살하는 사람들을 돕기 위해 더 많은 일을 할 수 없다면, 최소한 이 정도 이해는 해주어야 한다.

죽는 것의 즐거움

어린 시절 히라오카 기미타케Hiraoka Kimitake(미시마의 본명)는 호전적인 용감한 행동을 타고나지 않은 것 같았다. 그는 약하고 병약했고 어린 시절의 대부분을 과잉 보호하는 친할머니, 히라오카 나츠코 Hiraoka Natsuko의 세심한 감독 아래 실내에서 보냈다. 외출이 허용된다 해도 마스크를 착용한 채 나가야 했고 움직임도 심하게 제한되었다. 소년의 부모가 살던 2층에서 아이를 키우는 게 너무 위험하다는 구실로 나츠코는 태어난 지 몇 주 만에 어머니의 품에서 아이를 '납치'했다. 그는 『가면의 고백Confessions of a Mask』에서 "내 침대는 할머니 병실에 있었는데, 병과 노화의 냄새가 났고 항상 닫혀 있어 답답했다. 나는 할머니의 병상 옆에서 자랐다."고 회상한다.[422]

나츠코는 미시마의 건강을 핑계 삼았지만, 이 모든 일에서 중요한 역할을 하게 되는 것은 바로 그녀의 건강이었다. 나츠코는 여러 가지

<hr>

Scribner, 2001), 247에서 인용.

422) Yukio Mishima, *Confessions of a Mask*, Meredith Weatherby 번역(New York: New Directions, 1958), 5-6.

질병을 앓고 있었고, 어린 미시마는 간병인이 되어 약을 투여하고 상처에 드레싱을 하고 화장실에 동행했으며, 그녀의 참기 힘든 성격을 견뎌냈다. 횡포하고 독단적인 나츠코는 항상 대하기 힘든 여자였으며 나이가 들어도 상황은 나아지지 않았다. 여자 드레스를 입으라는 할머니의 변덕스런 요구도 미시마는 성실하게 수행했다. 할머니는 미시마의 건강을 염려했고 그가 '나쁜 짓'을 배우지 않게 하려고 동네 남자아이들과 노는 것을 금지했다. 그는 '하녀와 간호사를 제외한 유일한 놀이 친구는 할머니가 동네 여자아이들 중에서 골라준 세 명의 여자아이뿐이었다'고 썼다.[423] 나츠코는 쉽게 히스테리를 일으켰고 쉽게 이성을 잃었으며 사소한 구실로 주변 사람들을 때리기도 했다. 미시마는 그녀를 사랑했기 때문에 이 모든 것을 참아냈다. "여덟 살 때 나에게는 60세 연인이 있었다." 그는 훗날 이렇게 말하곤 했다. "그렇게 시작해서 많은 시간을 절약할 수 있었다."라고 미시마에 관한 책에서 마거리트 유르세나르Marguerite Yourcenar는 말했다.[424]

유년기와 어린 시절의 상당 부분을 그렇게 비정상에 가깝게 보낸 일은 미시마의 인격 형성에 심각한 영향을 미쳤다. 나츠코의 '요정 영혼'이 미시마에게 '한때 천재성에 필요한 것으로 여겨지던 광기의 씨앗'을 심어주었다고 유르세나르는 생각했다.[425] 귀족 가문 출신인 나츠코는 서양식과 동양식 교육을 모두 받고 교양도 쌓았다. 그녀는

---

423) Mishima, *Confessions of a Mask*, 25.
424) Marguerite Yourcenar, *Mishima: A Vision of the Void*, Alberto Manguel 번역 (Chicago: University of Chicago Press, 2001), 14.
425) Yourcenar, *Mishima*, 13-14.

일본의 과거에 대해 들려줄 이야기가 무궁무진했고, 노Noh와 가부키 Kabuki 등 일본 연극에 대한 열정을 키워서 손자에게 유익하게끔 물려주었다. 기미타케가 일본어와 그 역사적 층위에 대한 특이한 이해력을 가진 작가, 세련되고 귀족적인 모든 것의 감정가, 변함없는 신사, 완벽한 가면을 가진 미시마가 된 것은 그 어린 시절이었을 것이다.

1940년대 후반에 도널드 리치Donald Ritchie가 그를 만났을 때 가장 먼저 눈에 들어온 것은 그의 '변치 않는 예의'였다. 미시마는 '내가 만난 사람 중 가장 훌륭한 사교 매너를 가진 사람'이었다.[426] 그를 그렇게 만든 건 나츠코였다. 만성적으로 아프고 완전히 제정신이 아니었던 이 노파는 일본의 과거에 대한 미시마의 강렬한 감정적 애착을 구현했고, 그녀의 악화되는 증상은 그에게 병, 질환, 노쇠에 대한 혐오감을 심어주었다.[427] 이 두 가지 감정은 미시마를 평생 따라다니게 되었고 그의 최후의 치명적인 연기에 등장하게 되었다.

그는 자신을 사람으로 인식하기 시작하자마자 죽음에 대해 생각하기 시작했다. 그는 자신이 아주 어린 나이에 자신의 '마음이 죽음과 밤과 피를 향하고 있음을' 발견했던 일을 회상한다. 이건 다른 사람의 피가 아니라 대개 자신의 피였다. 그는 '자신이 전투에서 죽거나 살해당하는 상황'을 상상하면서 강렬한 쾌감을 느꼈다. 한번은 가끔 하듯이 여자아이들과 전쟁놀이를 하다가 전투에서 죽은 시늉

---

426) Donald Ritchie, *The Japan Journals*, 1947-2004, Leza Lowitz 편집(Berkeley: Stone Bridge Press, 2004), 47.

427) Mishima는 노년과 노년이 우리에게 무엇을 하는지에 집착하게 되었다. Mishima는 나중에 이렇게 말한다. "내가 가진 치유불가능의 신념 중 하나는 노인은 영원히 추하고 젊은이는 영원히 아름답다는 믿음이다"(Scott-Stokes, *The Life and Death of Yukio Mishima*, 136).

을 하며 절뚝거리다 쓰러진 적이 있었다. 그 쾌감은 압도적이었다. "나는 뒤틀리고 쓰러진 나 자신의 모습의 환상에 사로잡혔다."라고 그는 회상한다. "총에 맞아 죽음의 문턱에 섰을 때는 말로 표현할 수 없는 기쁨이 있었다."[428] 총알을 맞아 쓰러지고 화살에 관통 당하고 칼에 조각조각 잘리고 팔다리가 잘리고 살이 찢기고 온통 선혈이 낭자한 장면—그것은 그가 가장 좋아하는 환상이었던 것 같다.

사춘기에 접어들었을 때는 새로운 재료가 추가되었는데, 바로 성이었다. 이제부터 그의 삶에서 성과 죽음은 떼려야 뗄 수 없는 관계가 되었다. 프로이트 학파가 아니더라도 에로스와 타나토스 간의 연관성은 추측할 수 있는 것이지만, 그는 그 연결성을 한계점까지 밀어붙였고 그렇게 하면서 자신을 위태롭게 했다. 열두 살 때 그는 '신기한 장난감'을 소유하고 있다는 사실을 발견했는데, '기회가 있을 때마다 부피가 커지는' 장난감이었고 이는 '올바르게 사용하면 큰 즐거움을 주는 물건'이 될 수 있다는 뜻이었다. 그는 또한 장난감을 동작시키는 것은 결코 이성과 관련된 것이 아니라 '여름 해변에 있는 젊은 남성들의 알몸'이나 '메이지 수영장에서 본 남성 수영팀', 혹은 '사촌 중 하나가 결혼한 거무스름한 젊은이'의 모습이라는 걸 깨달았다. 그런 광경도 욕구를 돋우기는 했지만 그다지 자극적이진 않았다. 그의 말대로 장난감이 '고개를 들게' 전적으로 강요한 것은 '피바다와 근육질의 살덩어리'의 형상을 한 죽음의 약속이었다. 그것만이 그 청년을 제대로 자극할 수 있었다.

---

428) Mishima, *Confessions of a Mask*, 21, 24, 28.

모험 이야기 잡지의 첫 페이지에 실린 잔혹한 결투 장면, 배를 가르는 젊은 사무라이의 사진이나 총알에 맞은 병사들이 이를 악물고 카키색 옷을 입고 있는 가슴을 움켜쥔 손 사이로 피를 뚝뚝 흘리는 사진…… 그런 것들을 보면 그 장난감은 그 호기심에 가득 찬 머리를 즉시 들곤 했다.[429]

『가면의 고백Confessions of a Mask』에서 미시마는 첫 사정의 경험을 매우 자세하게 묘사한다. 이 책은 모든 것을 말하겠다고 약속하고 있었는데, 그는 그 이상을 제공한다. 그는 모든 것을 말한다—어쩌면 너무 많은 말을 하는 것일 수도 있지만 환상을 털어놓고 있다. 자아를 만드는 요소에 관한 한, 무언가를 경험했든 발명했든 실제로 행동을 했든 하고 싶기만 하든 그것은 그다지 의미가 없다. 실제든 상상만 한 것이든 모든 것은 이야기하는 과정에서 현실이 된다. 결국 우리가 엮어내는 자아는 우리가 경험한 것 뿐 아니라 갈망했지만 얻지 못한 것, 보답받지 못한 사랑, 지키지 못한 약속, 놓친 기회, 상상이나 환상만 했거나 감히 꿈도 꾸지 못했던 모든 것 등 긴 **부재**를 다 합친 총합이다. 어쩌면 놓친 부분이 실제보다 더 중요할지도 모른다.

다시 미시마의 사정으로 돌아가자. 그 경험은 사춘기 시절 성 세바스찬Saint Sebastian을 재현한 귀도 레니Guido Reni의 작품과 조우하면서 촉발되었다. 레니의 표현에서 그 성인은 미시마가 훗날 '아름다운 죽음'이라고 생각한 순교를 당하고 있다. 젊고 잘생긴 세바스찬은

---

429) Mishima, *Confessions of a Mask*, 34, 35.

(기능을 제대로 못하는) 로인클로스 하나만 빼면 완전히 벌거벗은 채로 자신을 희생 제물로 바치고 있었다. 성자의 몸은 눈에 띄게 만개했지만 그 몸은 똑같이 낭비될 것이다. 그 모든 삶의 충만함에도 불구하고 죽음은 가까워지고 있다. 일본에서 매년 봄 벚꽃을 감상하는 것은 삶과 죽음의 연결고리를 정확히 인식하고 축하하는 것을 의미하며 미시마는 이를 너무 잘 알고 있었다. 미시마가 레니의 그림을 만난 것은 복잡하고 다층적인 경험이다. 어느 차원에서 그는 순전히 미학적 용어로 성인의 육체적 존재를 고려한다.

> 그의 하얗고 독보적인 누드가 어스름한 배경을 뒤로하고 빛을 발한다. 활을 쓰고 검을 휘두르는 데 익숙한 근위병의 팔처럼 근육질인 그의 팔은 우아한 각도로 들어 올려져 있고, 묶인 손목이 머리 바로 위에서 교차하고 있다. 얼굴은 약간 위로 향한 채 두 눈을 크게 뜨고 깊은 평온함으로 하늘의 영광을 응시하고 있다. 그의 탄탄한 가슴과 팽팽한 복부, 약간 뒤틀린 엉덩이를 맴도는 것은 고통이 아니라 음악과도 같은 우울한 쾌락의 깜박임이다.[430]

하지만 그는 단순한 구경꾼으로 그리 오래 머물지는 않는다. 탁월한 예술적 재능 덕분에 그는 그림 속 인물에 공감하며 그와 자신을 동일시할 수 있다. 그는 이제 마치 성인의 몸속에서 사는 것처럼 그

---

430) Mishima, *Confessions of a Mask*, 39.

몸의 온기를 느끼고 냄새를 맡고 고통을 겪으며 그 몸 안에서 글을 쓰고 있다. 그는 자기 몸에 대해 말하는 것처럼 화살이 어떻게 이미 성인의 '팽팽하고 향기롭고 젊은 육체'를 '좀먹었는지', 그리고 '어떻게 안으로부터 그의 몸을 지극한 고통과 황홀경의 불길로 삼키려고 했는지' 묘사한다.[431] 그토록 즐거운 고통에 사로잡힌 사람에게 걸맞게도 이 글을 쓰는 동안 그의 손은 떨리고 있었던 것 같다.

그런 다음에는 또 다른 층위가, 여러 단계의 더 어두운 음영이 있는데 정확히 관조할 수가 없다. 여기서 미시마는 더 이상 예술 작품의 무관심한 심미적 관찰자가 아니라 성적으로 제대로 흥분한 한 남자다. 레니의 그림은 이제 그에게 원초적이고 원시적인 반응을 불러일으킨다. 그는 그림 속 나체와의 친밀한 만남을 통해 '자신의 전 존재가 이교도적인 기쁨으로 전율했다'고 쓴다.

> 내 피가 솟구쳐 오르고 나의 허리가 분노에 휩싸인 듯 부풀어 올랐다. 내 몸의 터지기 일보 직전의 괴물 같은 부분이 전례 없는 열정으로 나의 사용을 기다리며, 나의 무지를 꾸짖으며 분노에 차 헐떡거렸다. 내 손은 무의식중에 배운 적도 없는 동작을 시작했다. 내 안에서 비밀스럽고 빛나는 무언가가 일어나 재빨리 공격 태세를 갖추는 것을 느꼈다. 갑자기 그것이 터져 나오면서 눈부신 중독을 일으켰다.[432]

---

431) Mishima, *Confessions of a Mask*, 39.
432) Mishima, *Confessions of a Mask*, 40.

혹시 생길지 모를 혼동을 없애기 위해 그는 친절히 덧붙인다. "이 것이 나의 첫 사정이었다."[433] 그 성인은 이제 포르노 스타가 된 것 이다. 그런 불경스러운 의도를 일본의 독자들은 대개 모르고 지나쳤 을 것이다. 일본에서는 지금과 마찬가지로 당시에도 기독교인은 미 미한 소수에 불과했기 때문이다. 하지만 충격을 주고 싶은 욕망은 무시하기 힘들었다.[434] 그러나 미시마가 성인을 바라보면서 잠재적 인 성적 파트너로서의 환상을 가졌다고 하는 것은 요점을 놓치는 것 이다. 성 세바스찬은 그가 상상한 파트너가 아니라 미시마 자신이었 다. 이제 일체화는 완전해졌고 그것은 단순한 작가의 공감 그 이상 이었다. 미시마는 그 순교자의 잘생긴 몸으로 들어가 세바스찬이 되 는 데 성공했다. 그리고 세바스찬으로서 그는 이제 폭력적인 죽음을 맞이하고 있었고, 그 경험이 그에게 강렬하고 에로틱한 쾌감을 준다 는 것을 알게 되었다.

그 경험은 잘 아다시피 짧았으나 그를 변화시키기에 충분히 길었 다. 어떤 의미에서 그의 삶 전체는 그 오르가슴의 순간에 다시 도달 하고 그것을 영구적으로 만들기 위한 길고 지속적인 노력에 불과했 다. 병약했던 소년 기미타케는 훗날 유명한 작가 미시마, 천재, 도발 적인 작가, 문화 현상의 주인공이 되었다. 그러나 그가 앞으로 수십 년 동안 할 일의 대부분은 성 세바스찬의 '아름다운 죽음'을 재현하

---

433) Mishima, *Confessions of a Mask*, 41.
434) Mishima를 잘 알았던 Henry Scott-Stokes에 따르면, "Mishima의 목적―Mishima가 평생 추구한 근원적 목적은 이거였다고 볼 수 있다―충격을 주는 것"(Scott-Stokes, *The Life and Death of Yukio Mishima*, 121).

고, 일본어로 번역하여 영원히 자신의 것으로 만드는 것이었다. 그렇게 오르가슴과도 같은 죽음을 맞이하기 위해서는 평생을 바칠 가치가 있다고 그는 생각했을 것이다.

철학의 근원적 문제

『법화경 *Lotus Sutra*』에는 불을 이용해 세속에서 벗어나기로 결심한 약왕보살 Bodhisattva Medicine King이 자신을 불태우고 연기 속으로 사라지는 이야기가 나온다. 시몬 베유가 탈출을 위해 사용한 전략 역시 분명한 영적인 차원임을 가졌다. 자신의 '탈창조'를 통해 베유는 신에게 온전히 신의 것을 돌려주기를 바랐다. 도스토옙스키의 『악령 *Demons*』에서 사회적 실패자인 키릴로프 Kirillov는 '철학적 자살'이라는 행위를 저지른다. 결정적인 순간에 다가갈수록 키릴로프는 기쁨에 취한다. 스스로 목숨을 끊음으로써─순전히 그것을 행함으로 인해─그는 인간성을 초월하고 신성을 공유하게 된다. 존재에 등을 돌릴 수 있다는 사실은 그를 신처럼 느끼게 한다. "나는 자유 의지를 선포할 것이다. ⋯⋯내 신성의 속성은─자유 의지다! 자유 의지만 있으면 된다. 나의 자유 의지로 나는 불복종과 새로이 얻은 두려워할 만한 자유를 보여줄 수 있다."[435] 이러한 행위를 통해 키릴로프는 자신의 방식으

---

435) Fyodor Dostoevsky, *Demons*, Richard Pevear 및 Larissa Volokhonsky 번역(New York: Vintage, 1995), 619.

로 거대한 실패에 맞서고 그것을 물리칠 수 있다.

이 모든 사례들에서 자살은 그 한계점, 즉 인간이 급진적으로 다른 타자와 만나는 지점까지 밀려난다. 우리 중 많은 사람은 그렇게 하지도 않고 할 수도 없지만 그 제스처의 자기 초월적 차원은 부인할 수 없다. 겉으로 보기엔 오만하게 보이지만 이 철학적 자살에는 말 그대로 세상으로부터 아무것도 **원하지 않는다**는 근본적 겸손함이 있다. 혼자 있고 싶을 때 우리는 "날 내버려 둬!"라고 말한다. 철학적 자살을 하는 사람은 더 급진적인 조치를 취한다. "내가 존재하지 **않게** 해줘!"

카뮈는 『시지프스의 신화*The Myth of Sisyphus*』에서 '진정으로 심각한 철학적 문제는 단 하나, 바로 자살이다'라고 썼다. "삶이 살 가치가 있는지 없는지를 판단하는 것은 철학의 근본적인 질문에 답하는 것과 같다."[436] 이 말은 한 세대 이상의 독자들에게 충격을 주었다. 존경받는 학자들은 이 말을 철학적 철부지의 과장된 말이라고 일축했다. 하지만 카뮈는 인간의 정신이 숙고할 수 있는 가장 어려운 문제 중 하나를 다루었다. 그리고 자살에 그런 중요성을 부여한 것은 그가 처음이 아니다. 그 이전에 쇼펜하우어는 자살을 일종의 철학적 '실험', 즉 인간이 자연에 던지는 '질문'으로 간주하고 자연에게 답을 '강요'하려고 했다.

죽음은 인간의 존재와 사물의 본질에 대한 통찰에 어떤 변화

---

436) Albert Camus, *The Myth of Sisyphus*(New York: Vintage, 2018), 3.

를 가져올 것인가? 그것은 질문을 던지고 그 대답을 기다리
는 의식의 파괴를 수반하기 때문에 서투른 실험이다."[437]

쇼펜하우어의 철학적 실험은 평범한 인간의 시도가 아니다. 그것
은 급진적인 겸손의 실험이다.

터프 가이

사령관실로 돌아가는 길에 미시마는 자신이 애초에 왜 그곳에 있
었는지, 무엇이 자신을 그 구석으로 몰아넣었는지 잠시나마 생각했
을 것이다. 그는 자신의 화려한 문학 경력이 어떻게 시작되었고 얼
마나 성공적이었는지, 그 후 어떻게 위축되기 시작했는지를 떠올렸
을 것이다. 미시마는 1949년, 스물네 살의 나이에 『가면의 고백』을
발표하여 큰 호평을 받았다. 이 책으로 미시마는 일본에서 가장 중
요한 젊은 작가 중 한 명으로 명성을 얻었을 뿐만 아니라 하나의 문
화 현상으로도 자리매김했다. 전쟁이 끝난 직후 문학 잡지 「문예」의
편집자 노다 우타로[Noda Utarō]가 '독창적인 소설가가 되고 싶은지, 아니
면 유명한 대중 작가가 되고 싶은지'를 물었을 때 미시마는 이렇게
대답했다, '단언컨대' 후자가 되고 싶다고 대답했다.[438] 그것은 놀랄

---

437) Schopenhauer, *Studies in Pessimism*, 50.
438) Scott-Stokes, *The Life and Death of Yukio Mishima*, 88에서 인용.

일이 아니다. 미시마는 타고난 연기자였고 그가 그 무엇보다도 원했던 것은 무대였다. 『가면의 고백』의 극적인 성공은 바로 그런 무대를 그에게 가져다주었다.

과장된 그의 연극조를 큰 규모로 연습할 수 있는 기회와 유명세는 미시마에게 많은 독자층과 좋은 수입원을 제공했다. 그는 재무성의 화려한 관료직을 포기하고 전업 작가가 되었으며, 이제부터는 자신의 재치로 먹고살아야 했다. 실제로 이것은 그의 '진지한' 문학(소설, 에세이, 희곡)과는 별개로 수준은 낮지만 높은 소득을 안겨주는, 대량 발행되는 잡지에 정기적으로 연재되는 싸구려 통속 소설을 만들어야 한다는 것을 의미했다. 이 두 가지 문학 경력을 쌓기 위해서는 매일 빡빡한 일정을 소화해야 했지만 자기 조절력 덕분에 이를 잘 관리할 수 있었다.

미시마에게 시간 엄수는 삶의 모든 것을 계획하고 통제해야 한다는 강박만큼이나 중요했다. 그는 계획한 대로 생의 마지막 날 아침에 마지막 책의 마지막 페이지 작업을 마쳤다. 그는 마지막 줄을 적고 원고에 서명한 후 편집자에게 전달할 봉투에 넣었다. 그러고는 그날 일정의 다음 항목인 죽음과의 약속으로 넘어갔다. 데드라인을 이보다 더 문자 그대로 지킨 사람은 드물 것이다.

한동안 이 야심 찬 프로그램은 효과가 있었고 성과를 거두었다. 『가면의 고백』출간 후 10년 동안 그는 『파도 소리*The Sound of Waves*』『금각사*The Temple of the Golden Pavilion*』 등 연이어 성공작을 내놓았고, 그중 일부는 전 세계에 즉시 번역되었다. 그 책들은 일본에서는 즉시 고전의 반열에 올랐고 똑같이 성공적인 영화들로 만들어졌다. 미시마는 다양한 스타일을 추구한 만큼이나 지적으로도 과감했고, 새로운 작품마다 새로운 영감의 원천과 스토리텔링 기법을 제시했다. 『파도소리』는 롱구스의 『다프니스와 클로이Daphnis and Chloe』를 훌륭하게 각색한 작품이다(미시마는 최근 그리스에 다녀온 후 '고전'과 '지중해'에 빠져 있었다), 『금각사』는 1950년 교토의 한 젊은 불교 신자가 유명한 불교사원을 불태운 사건을 모티브로 삼았다.

빡빡한 일정을 소화하면서 밤낮을 가리지 않고 집필에 몰두했지만 그는 문학적 성취감을 느끼지 못했다. 미시마의 삶 에는 여전히 중요한 무언가가 빠져 있었다. 그는 자신이 너무 머릿속에만 집중한 탓에 몸을 소홀히 한다고 생각해 이를 바로잡고 싶었다. 하지만 미시마는 육체적인 일을 하는 데 서툰 편이었다. 시몬 베유만큼은 아니었으나 스스로 창피함을 알 정도로는 서툴렀다. 수영을 시작할 때면 "돌덩이처럼 수영장 바닥에 가라앉곤 했다."고 한 친구는 회상했다. 복싱을 시작했을 때 그는 너무 '구제불능'이고 '두들겨 맞기 일쑤'였기 때문에 친구들의 걱정을 받으며 포기하라는 부탁을 듣기도 했다.[439] 그러나 그는 서툴렀음에도 불구하고 자신이 하는 일이 무엇이든 간에 결연한 의지로 임했고, 결국 어느 정도 성공을 거둘 수 있었다. 그것이 전형적인 미시마였다. 미시마에게는 모든 것이 의지의 문제였다.

1955년, 미시마는 보디빌딩을 시작하게 되었고 평생 이를 종교처럼 수행하게 되었다. 그 결과 그는 근육질 몸매를 갖게 되었고 기회

---

439) Nathan, *Mishima*, 123(인용), 124.

가 있을 때마다 뽐내고 싶어 했다. 하지만 상체 운동에만 전념하고 다리 운동은 소홀히 했기 때문에 전체적인 모습은 성냥개비 한 쌍 위에 위태롭게 지탱되는 무거운 근육 덩어리처럼 불안정해 보였다. 일부 사람들, 특히 여성들은 그의 외모에서 '역겨운' 느낌이 든다고 생각했다.

결국 보디빌딩으로도 미시마는 성취감을 느끼지 못했다. 그래서 1960년 그는 야쿠자 영화에 출연하기로 했다. 이제 일본 사람들은 그의 기이함에 익숙해졌지만 이번에는 모든 기대치를 뛰어넘었다. 영화는 특색이 없고 형편없이 만들어졌다. 미시마는 영화 제목이 〈터프 가이〉인 별 볼 일 없는 깡패 역할을 맡아 마지막에 총에 맞아 길고 촌스러운 죽음을 맞이한다. 미시마는 이 역할을 즐겁게 연기했지만 그의 연기는 평범하다는 것이 중론이었다. 동료 작가와 예술가, 친구, 팬들은 실망감을 감추지 못했다. 마치 미시마가 일부러 자신의 명성에 흠을 내서 스스로를 타락시키려는 것 같았다. 그들은 그에게 무슨 일이 일어난 거냐고 묻기 시작했다.

그것은 미시마가 처음으로 실패를 맛본 순간이었다. 그의 전기 작가 헨리 스콧-스톡스Henry Scott-Stokes는 미시마가 〈터프 가이〉에 출연하기로 결정한 것을 '당시 그의 정신 상태가 불안정했음을 보여주는 것'이자 '그가 통제력을 잃고 있다는 신호'라고 말하며, 그의 소설 『교코의 집Kyoko's House』의 반응이 매우 저조했기 때문이라고 설명한다. 미시마 성격의 각 측면을 대변하는 네 명의 등장인물(일종의 4중주)의 상호작용을 기록한 다섯 작품인 이 소설은 작가에게 특히 애착이 가는 작품이었다. 그는 이 작품에서 하나의 페르소나가 아니라 길고 힘든 가면극을 통해 자신을 드러냈다. 한 가면을 벗으면 또 다른 가면이 나오고, 또 다른 가면이 나오면서 궁금증을 자아낸다. 어느 것이 진짜 미시마일까? 권투선수 캐릭터는 그의 운동선수적 면모를, 배우라는 직업은 그의 노출증을, 화가는 예술가 미시마를, 마지막으로 가장 흥미로운 사업가 캐릭터는 허무주의자 미시마의 얼굴이다. 『가면의 고백』이 나온 지 10년 후, 미시마는 더욱 철저하게 자신을 다시 한번 드러내기로 결심했다. 약간 비스듬하긴 하지만.

돌이켜보면 『교코의 집』은 한 비평가의 말처럼 '불안하고 심지어는 끔찍한 책'이다.[440] 이 소설은 당시 미시마의 정신세계를 엿볼 수 있게 해주었고, 앞으로 일어날 일들에 대한 불길한 징조도 보여주었다. 우익 정치, 민족주의, 허무주의, 심지어 폭력적인 죽음에 이르기까지 향후 10년간 미시마가 보여준 진화(혹은 혁명)의 상당 부분이 이 책에 '예언'되어 있다. 그러나 비평가들의 평가는 거의 만장일치로 실패였다.[441] 스콧-스톡스는 이 평가가 미시마에게 '매우 깊은 흔적'을 남겼다고 결론지었다. 이 전기 작가는 "미시마는 실패 경험이 거의 없었고, 동시에 성공에 엄청난 프리미엄을 걸었다는 사실을 기억해야 한다."라고 덧붙인다.[442] 그 미시마가 자신을 노출했는데도 대부분의 사람들은 쳐다보지도 않았다. 실패는 그보다 더 깊은 상처를 줄 수 없었다.

이제 미시마는 자신이 무엇을 하며 살고 있는지 다시 생각해 봐야

---

440) Nathan, *Mishima*, 160.
441) Nathan, *Mishima*, 169.
442) Scott-Stokes, *The Life and Death of Yukio Mishima*, 127.

할 때였다. 그렇게 하면서 미시마는 자신이 가장 좋아하는 집착 중하나인 죽음으로 돌아갔다. 그의 세계관 전체가 죽음으로 물들었다. '죽음을 포함하지 않는 아름다운 것은 없다'고 그는 쓴다.[443] '어딘가에서 죽음을 느끼지 않으면 예술적 작업을 할 수 없다'는 그의 예술적 비전에는 죽음이 핵심이었다.[444] 하지만 이 모든 것은 다소 추상적이었다. 이제부터 미시마는 죽음을 좀 더 현실적인 측면에서 생각하기 시작한 것 같다. **가장 좋은 출구**는 무엇일까?

그때 다자이Dazai가 있었다.

실험

쇼펜하우어의 철학적 실험은 단순하게 들릴 수 있지만, 이를 실천에 옮기는 것은 다른 문제다. 쇼펜하우어 자신도 자살에 반대했고 카뮈도 마찬가지였다. 시오랑은 평생 우주를 꾸짖고 자기 소멸에 대한 찬사를 아끼지 않았지만, 정작 때가 되었을 때는 자살하는 것을 잊어버렸다. 그러나 그 실험을 설정하고 그것을 거친 사람이 있다. 그는 우리에게 보고서까지 남겼다. 중요한 것은 이 실험은 실패에 대한 더 큰 실험의 일부였다는 거다.

---

443) Andrew Rankin, *Mishima, Aesthetic Terrorist: An Intellectual Portrait*(Honolulu: University of Hawaii Press, 2018), 22에서 인용.

444) Naoki Inose 및 Hiroaki Sato, *Persona: A Biography of Yukio Mishima*(Berkeley: Stone Bridge Press, 2012), 601.

장 아메리는 실패를 누구보다 잘 알고 있었다. 사회적으로 그는 인생의 대부분을 실패자로 살아왔고 스스로도 그렇게 생각했다. 홀로코스트에서 살아남고 수천 편의 신문 기사를 썼지만 별다른 영향력 없이 지내던 50대 중반에 그는 농담 삼아 자신을 '유망한 초보자'라고 표현했다. 실패는 분명히 아메리에 대한 깊은 관심을 가졌고, 이에 아메리는 보답했다. 그는 불행, 불운, 고통, 육체적 쇠퇴, 죽음 등 실패와 관련된 모든 것에 매료되었다. 그는 패자, 주변인 및 기타 불행한 사람들에게 부드럽게 매료되어 그들에 대해 장황하게 글을 썼다. 1978년에 출간된 『찰스 보바리, 시골 의사*Charles Bovary, Landarzt*』는 유럽 문학의 가장 유명한 실패자 중 한 명인 엠마 보바리*Emma Bovary*의 남편에게 헌정되었다. 소설-에세이 『*Lefeu, oder der Abbruch*』는 실패한 파리의 화가인 'Unglücksvogel(불행한 새)'의 삶과 불행을 이야기한다. 참으로 적절하게도 이 책이 나왔을 때 그것은 잘 받아들여지지 않았고 실패작으로 여겨졌다.

1974년 아메리는 자살을 시도했지만 실패했다. 그 후 그는 『자살에 관하여: 자발적 죽음에 관한 담론*On Suicide: A Discourse on Voluntary Death*』을 썼다. 1978년 그는 다시 시도했고 성공을 했다. 두 번의 자살 시도 사이에 제작된 『자살에 관하여』는 내부자의 보고서라는 사실성을 지니고 있다. 저자는 서문에서 "자발적 죽음을 외부에서 바라보는 대신, 스스로를 자살자 또는 자살자라고 부르는 사람들의 내부에서 바라보려고 노력했다."고 설명한다.[445] 이들은 모두가 "예."라고 말할

---

445) Jean Améry, *On Suicide: A Discourse on Voluntary Death*, John D. Barlow 번역

때 대세를 거스르고 "아니오."라고 말한다. "장기적으로 보면 살아야 한다."고 지혜로운 대중은 말한다. "하지만 **꼭 살아야 하나?**"라고 아메리가 반문한다. "한 번 그곳에 있었다고 해서 항상 그곳에 있어야 하나? 자살은 도약하기 직전의 순간에 자연의 처방을 갈기갈기 찢어 보이지 않는 처방자의 발 앞에 던져버린다."[446] 사회는 그들의 죽음을 '부자연스러운 죽음'으로 규정하지만, 자살자들은 자기들이 억압적으로 여기는 삶을 그만둘 권리를 주장한다. 그들의 선언은 가장 급진적인 종류의 독립 선언이다. 그들은 세상의 이것이나 저것이 아니라 세상의 존재 자체로부터 자신을 분리하기를 원하며, 이는 실패한 경험이라고 생각한다. "자연스러운 죽음으로서의 자살이란 무엇인가? 존재를 짓밟고 산산조각 내는 장기말로 **장군**échec을 외치는 것에 대한 단호한 거절이다."[447] 이들은 자신이 하고 있는 일을 통해서 거대한 실패 자체에 맞서 강력한 도전을 던진다. "보라, 그 일을 내가 직접 하고 있다. 그밖에 또 무슨 짓을 나에게 할 수 있겠는가?"

아메리의 『자살에 관하여』는 이 세상에 '넌더리가 난' 한 영혼의 생생한 증언이다. '삶에 대한 혐오'와 '죽고 싶은 마음'을 충분히 경험한 사람은 허무함을 받아들이고 싶어한다. 우리는 '죽음으로 도망친다'고 아메리는 쓴다. "우리는 어디로 도망칠까? 아무도 모른다. 우리는 상상할 수 없는 지점에 도착하기 위해 여행을 시작한다." 하지만 충동이 너무 강렬해서 '상상할 수 없는 것'이 비참한 존재보다 낫

(Bloomington: Indiana University Press, 1999), xxii.

446) Améry, *On Suicide*, 13(원문의 이탤릭체 부분).

447) Améry, *On Suicide*, 60.

다. 자살하는 사람의 삶은 죽음보다 더 나쁘기 때문에 '짐'이며 그에 수반되는 모든 것들도 마찬가지다. "우리 자신의 몸은 무게이다. 우리를 지탱하는 몸이면서 동시에 우리가 짊어져야 하는 몸이기도 하다…… 일도 부담이고, 여가도 부담이다."[448] 모든 것이 그를 무겁게 짓누른다.

『자살에 관하여』는 전통적인 의미의 자전적 작품은 아니지만, 모든 문장 뒤에는 내밀하고 강렬한 삶의 경험이 담겨 있다. 어느 순간 글은 대놓고 개인적인 것이 된다. 아메리가 자신의 첫 번째 자살 시도 실패를 이야기할 때다.

족쇄를 채우고 튜브가 들어갈 구멍을 뚫고 양쪽 손목에 인공 영양을 공급하는 고통스러운 장치를 장착했다. 간호사 두 명이 왔다 갔다 하면서 나를 씻기고, 침대를 청소하고, 체온계를 입에 넣어주는 등 일을 아주 당연하게 해주었고 나는 거기 몸을 맡긴다. 내가 이미 물건une chose이기라도 한 것처럼. 땅은 아직 나를 갖지 못했고, 세상이 나를 다시 가졌고 나도 세상을 가졌으며, 그 세상 안에 나는 다시 한번 나 스스로가 온통 세상이 되기 위해 나 자신을 투영해야 했다. 나는 나에게 이런 불명예를 안겨준 선의를 가진 모든 사람을 보며 깊은 괴로움으로 가득 차 있었다.[449]

---

448) Améry, *On Suicide*, 12, 130.

449) Améry, *On Suicide*, 78-79.

두 번째 자살을 시도하면서 그에게는 자신이 가장 온전하다고 느낀 순간이 있었을 것이다. '나는 죽는다, 고로 나는 존재한다'라고 그는 『자살에 관하여』에서 기대에 차서 썼던 것이다.[450] 이로써 '질문을 던지고 그 대답을 기다리는 바로 그 의식'이 파괴되는 독특한 철학적 실험이 끝났다.

죽기 위해 태어난 남자

미시마가 전후 일본 문단에서 성공을 꿈꾸던 무명 작가였을 때, 왕좌에 오르지 못한 왕은 다자이 오사무*Dazai Osamu*였다. 다자이는 1947년 7월, 38세의 나이에 『석양*The Setting Sun*』을 발표하며 문단에 센세이션을 일으켰다. 불안하면서도 참신하며 충격적인 직설성이 돋보이는 이 책은 그의 문학 경력에서 가장 빛나는 업적이었으며, 그 누구도 상상이나 기대하지 못했던 성취를 이루었다. 그러나 불과 1년 후 다자이는 모든 면에서 훨씬 더 충격적인 『인간 실격*No Longer Human*』을 출간했다. 이 책으로 다자이는 스스로를 뛰어넘었고, 많은 이들은 이 새로운 업적 이후에는 그보다 더 놀라운 일을 들고 나올 수 없을 것이라고 생각했다. 하지만 그는 해냈다. 『인간 실격』을 마무리하자마자 다자이는 내연녀 중 한 명인 야마자키 토미에와 함께 도쿄의 한 운하에서 익사했다. 두 사람이 함께 살기 시작한 건 다자이가

---

450) Améry, *On Suicide*, 27(원문의 이탤릭체 부분).

세 자녀를 둔 아내와 아이를 임신한 다른 내연녀를 모두 버린 후 얼마 지나지 않아서였다. 다자이와 토미에는 자살 협정을 맺은 상태였다. 우리 대부분은 함께 살 누군가가 필요하지만, 토미에는 함께 죽을 파트너를 원했고 그녀에게 다자이는 이상적인 후보로 보였다.

죽기 위해 태어난 사람이 있다면 다자이 오사무가 그런 사람이었기 때문이다. 존재의 얽힌 실타래에서 탈출하는 것이 인생의 사명인 것 같았다. 그리고 그는 살아가면서 모든 것을 기록했다. 다자이의 글은 한쪽 발이 항상 심연에 위태롭게 매달린 채 삶의 가장자리에서 삶을 관찰할 운명을 타고난 사람의 산산이 부서지는 증언이다. 다자이는 비인간적인 정직함과 광기 어린 정밀함으로 그 시점에서 보고 느낀 모든 것을 기록했다. 그의 글은 날것 그대로의 본능적이고 거의 생리적이다. 그는 상상이나 소문이 아닌, 평생 자신이 실수로 존재하게 되었다고 느끼고 돌아갈 길을 찾으려 애쓰는 누군가의 고통에서 글을 썼다.

일본에서 가장 자주 사용되는 문구 중 하나는 **스미마센**이다. 문맥에 따라 다른 의미를 가질 수 있지만 일반적으로 정중한 사과와 겸손의 의미를 담고 있다. **스미마센**은 다른 사람에게 방해가 되었거나 사소한 것이라도 불편을 끼쳤다고 생각될 때 사용한다. 그런 일이 없더라도 선제적으로 사과하기 위해 이 말을 한다. 다자이 오사무는 그의 가장 강력한 작품 중 하나인 '20세기의 기수'에서 **우마레테 스미마센**, 즉 '태어난 것을 용서해 주십시오'라는 형식을 사용했다. [451]

---

451) Phyllis I. Lyons, *The Saga of Dazai Osamu: A Critical Study with Translations*(Stanford,

그는 자신이 특별히 누군가를 방해한다고 생각하지 않았고 **모든 사람**을 방해한다고 생각했다. 다자이는 자신이 무엇을 하든 심지어 아무것도 하지 않더라도 자신이 존재 자체로 불편을 끼치는 존재라고 생각했다. 그의 꿈은 가능한 한 조용히 퇴장하는 것이었다. 그러기 위해서는 오랜 시간과 상당한 노력이 필요했다.

다자이의 불행은 자살로 시작되었다―다자이 자신이 아니라 그의 문학적 우상이었던 아쿠타가와 류노스케^{Akutagawa Ryūnosuke}의 1927년 자살로 시작되었다. 어떤 이유에서인지 그 자살은 다자이에게 해체와 소멸, 자기 비하와 자기 파괴의 삶을 향한 성향을 촉발시켰고, 이는 이후 그의 전기를 특징짓는 계기가 되었다. 그는 2년 후인 1929년에 처음으로 자살을 시도했지만 수면제가 충분히 강하지 않아 실패했다. 이듬해 그는 도쿄 제국 대학에서 프랑스 문학을 공부하게 된다. 왜 프랑스 문학일까? 안 될 이유 있는가! 당시 그는 프랑스어를 한마디도 몰랐고 프랑스어를 배울 계획도 없었다. 학부 공부를 시작하자마자 그는 학업을 그만둬야 했다. 고향에서 온 게이샤와 얽힌 일로 인해 가족으로부터 버림받았기 때문이다. 이로 인해 그는 위태로이 균형을 잃고 두 번째로 자살을 시도했다.

이번엔 다자이에게 동행자가 있었다. 도쿄의 세련된 쇼핑 거리인 긴자의 바를 둘러보던 중 그와 사랑에 빠진 19살의 바 여주인이었다. 그는 나중에 편지를 썼다. "나는 그녀에게 가마쿠라^{Kamakura}에서 나와 함께 바다로 뛰어들자고 설득했다. 패배했다면 죽을 때가 된

CA: Stanford University Press, 1985), 55.

거라 생각했다."[452] 그녀는 죽었지만 그는 죽지 않았다. 그는 또다시 실패했고, 살아남아 이 이야기를 전했을 뿐만 아니라 (소녀의 자살에 대한 공범으로) 기소를 당했다. 한편, 새로운 자살 시도에 당황한 그의 가족은 그가 게이샤와 결혼하는 것을 허락했고, 수업에 출석하고 정치에 관여하지 않는 조건으로 다시 용돈을 지급했다(그는 불법 공산주의 단체에 기부하는 습관이 있었다).

다자이는 정치를 그만두기는 쉬웠지만 수업에 참석하는 것은 더 어려웠다. 그는 용돈을 계속 받기 위해 가족들에게 졸업할 수 있다고 거짓말을 했고 마땅히 죄책감을 느꼈다. '당신을 신뢰하는 사람을 속이는 것'은 '당신을 미쳐버리게 할 지옥으로 들어가는 것'이라고 그는 썼다.[453] 하지만 죄책감이 다자이의 글쓰기를 막지는 못했다. 오히려 죄책감이 그를 더 창의적으로 만들었다. 그는 1인칭 자전적 산문으로 유명해진 자신의 스타일을 계속 발전시켜 나갔다.

죄책감은 혼자 여행하는 것을 좋아하지 않기 때문에 죽음에 대한 생각은 다자이의 머릿속을 떠나지 않았다. 스물네 살이 되던 해 가을, 그는 죽음에 대해 특히나 강렬히 생각했다. "나는 살 이유가 하나도 없었다."라고 그는 회상한다. "나는 어리석은 자, 저주받은 자로서 운명이 나에게 던져준 역할, 필연적으로 패배할 수밖에 없는 슬프고 굴종적인 역할을 충실히 수행하겠다고 결심했다."[454] 1935년

452) Osamu Dazai, *Self-Portraits: Tales from the Life of Japan's Great Decadent Romantic*, Ralph F. McCarthy 번역(Tokyo: Kodansha 1991), 151-152.

453) Dazai, *Self-Portraits*, 156.

454) Dazai, *Self-Portraits*, 155.

도쿄의 한 신문사에 기자로 지원했지만 학위가 없다는 이유로 거절 당했다. 또다시 자살을 시도할 때였다. '3월 중순에 나는 혼자 가마 쿠라로 갔다'라고 그는 기록한다. '그곳 산에서 목을 매려고 했다'.[455] 도쿄 바로 남쪽에 있는 바닷가 마을 가마쿠라는 약 5년 전 다자이가 술집 여주인과 함께 투신 자살을 시도했던 곳이다. 그는 새로운 시도를 할 때마다 기술을 향상시켜왔지만 성공은 더디게 다가왔다.

> 수영을 할 줄 아니 익사하는 것은 쉽지 않았고 결국 안전하다고 들었던 교수형을 선택했다. 하지만 굴욕적이게도 실패했다. 나는 다시 살아났고 숨을 쉬고 있었다. 아마도 내 목이 다른 사람보다 더 두꺼웠나 보다…… 나는 내 운명을 스스로 정하려 했지만 실패했다.[456]

여기서부터 상황은 더 나아질 것 같지 않았다. 다자이는 건강상의 문제로 병원에 입원해 있던 중 헤로인 성분의 진통제를 투여받았고 심각한 약물 중독에 빠졌다. 처음에는 통증을 없애기 위해 약물을 사용했지만, 점차 '수치심을 없애고 고통을 완화하기 위해' 약물을 사용했다. 예상대로 중독은 그의 삶을 더욱 비참하게 만들었고 경제적 상황은 더욱 절망적인 지경에 이르렀고 그는 거지나 다름없었다.

---

455) Dazai, *Self-Portraits*, 160.
456) Dazai, *Self-Portraits*, 160.

나는 남루하고 반쯤 미친 부랑자의 모습을 보였다…… 나는
일본에서 가장 초라한 파충류 같은 청년이었다. 도쿄에 가는
이유는 항상 10엔이나 20엔을 빌리기 위해서였다. 한 번은 잡
지 편집자와의 회의에서 눈물을 흘린 적이 있다. 편집자들이
내게 소리를 질렀다.[457]

다자이는 불안한 심리 상태에도 불구하고 모든 것을 기록했고, 극
도의 명석함으로 그는 자신의 처지를 더욱 처참히 느꼈다. 그는 외
부 세계와 사람들이 자신의 존재에 어떻게 반응하는지 기록하는 것
을 멈추지 않았다. 바닥을 쳤을 때 그는 모든 잔인한 상황을 기록했
다. "나는 이미 스물아홉 살이었고 아무것도 가진 것이 없었다. 입을
수 있는 도테라(dotera : 솜을 넣은 소매가 벌어져 있는 방한 잠옷) 하나뿐
이었다."[458] 결국 다자이는 정신병원에 수용되어 가장 잔인한 치료를
받아야 했는데, 방에 갇혀 혼자만의 공간에 방치되었던 것이다. 트
라우마로 가득 찬 그의 인생에서 가장 충격적인 사건 중 하나였지만
가혹한 치료는 효과가 있었다. 중독증상이 사라진 것이었다.

병원을 나온 후 다자이는 자신이 없는 동안 아내가 친구 중 한 명과
바람을 피웠다는 사실을 알게 되었다. 그래서 다자이는 1937년 3월에
또다시 자살을 시도하고 싶은 기분이 들었다. 그는 불충실했던 아내
와 '함께 죽어야 했다'고 회상한다. "신께서도 우리를 용서하실 것이

457) Dazai, *Self-Portraits*, 161, 162.
458) Dazai, *Self-Portraits*, 164.

다. 형제자매 같은 동지애로 우리는 여행을 떠났다. 미나카미 온천으로. 그날 밤 산 속에서 우리는 자살을 시도했다."[459] 또다시 실패한 자살 시도, 이번에는 수면제가 잘못되었다. 가까스로 목숨을 건진 부부는 헤어졌고 두 번 다시 서로를 보지 않았다.

그 후 몇 년 동안 일본은 군국주의, 전쟁, 광범위한 파괴, 그리고 마침내 완전한 패배라는 일련의 재앙을 겪었지만 다자이에게는 그게 그렇게 나쁘지 않았다. 처음으로 재난이 그에게 직접적으로 닥친 것이 아니라 주변의 세계에 닥친 것이었기 때문이다. 그는 재혼했고 한동안은 평범한 삶을 살았다. 그는 계속 글을 썼고 대부분의 일본 작가들이 그러지 못하던 시기에 출판할 수 있었다.

전쟁이 끝나자 폐허가 된 나라는 평생을 폐허로 살아온 다자이에게서 자신을 발견했다. 다자이가 작품에서 묘사했던 광활한 폐허의 풍경, 끝없는 불안, 영혼을 갉아먹는 굴욕은 이제 많은 일본인의 필수품이 되었다. 집단 자살 시도에서 간신히 살아남은 새로운 일본은 선지자를 찾았다. 그리고 일본이 그의 말에 제대로 귀를 기울이기 시작할 무렵 예언자는 또다시 자살을 시도했다. 이번에는 성공했다.

다자이 오사무와 야마자키 토미에는 1948년 6월 13일 다마가와 운하에서 익사했다. 당시 도쿄는 장마철이었고 두 사람의 시신은 며칠 후인 6월 19일에 인양되었다. 그날은 그의 서른아홉 번째 생일이었다. 무정부 상태였던 다자이의 삶에 마침내 죽음이 질서를 가져다준 것처럼 보였다.

---

459) Dazai, *Self-Portraits*, 165.

'좋은 죽음'을 맞이하는 법

순전히 이론적인 문제로서의 죽음(존재의 소멸로서의 죽음, 급진적인 자기 초월의 행위로서의 죽음 등)에 대한 철학자들의 관심은 죽음에 대한 두려움 때문에 삶을 망치지 않고 어떻게 살아야 하는지, 우리의 유한성과 불안정성에 어떻게 대처해야 하는지, 어떻게 하면 '좋은 죽음'을 맞이할 수 있는지 등 다소 실용적인 문제로서의 죽음에 대한 관심에 가려져 있다.

플라톤은 **파이돈**(Phaedo, 플라톤이 소크라테스의 죽음을 서술하고자 쓴 철학적 대화편 : 옮긴이)에서 소크라테스가 철학이란 '리허설' 또는 '죽음에 대한 준비preparation for death'에 지나지 않는다고 말하게 한다. 철학을 한다는 것은 죽음을 연습하는 것이며, 더 많이 사유할수록 자신의 죽음을 더 잘 받아들일 수 있게 된다. 이 말을 했을 당시 소크라테스의 상황을 생각해 볼 필요가 있다. 그는 사형 집행을 몇 시간 앞두고 친구와 제자들에 둘러싸인 채 감옥에 갇혀 있었다. 이 정의를 소크라테스는 무엇보다도 기지 넘치는 발언으로 하려고 의도했을 것이다. 그의 철학이 있었기에 지금의 자리에 오를 수 있었다는 피할 수 없는 결론에 도달한 것이었다. 죽음과 철학의 강력한 연관성은 그 좁은 감방에서 모두가 볼 수 있었다. 게다가 대화 후반부에 소크라테스는 자신의 정의가 실제로 어떻게 적용되는지 직접 보여주는데, 다른 사람들이 산책하러 나가듯 두려움이나 망설임, 고민 없이 자연스럽게 죽음을 향해 걸어가는 모습을 보여준다. 철학이 '죽음에 대한 준비'라면 그가 어떻게 죽었는가를 봤을 때 그는 실로 위대한 철학자였다.

소크라테스의 유명한 마지막 음독 이후 그의 결말은 철학자가 자신의 사상과 삶, 죽음 사이에서 일관성을 유지해야 한다는 것의 모범으로 끊임없이 추앙받고 있다. 세네카에서 보에티우스, 몽테뉴, 시몬 베유에 이르기까지 서양 사상은 뚜렷한 **치료적** 기능을 획득했다(동양에서는 오랫동안 치료적 기능이 있었다). 이 노선은 가치 있는 철학이라면 세상을 이해하는 데 도움을 줄 뿐만 아니라 더 나은 삶을 사는 방법과 죽음을 더 평온하게 맞이하는 방법을 가르쳐야 한다고 말한다. 그렇게 함으로써 철학은 때때로 피에르 아도^{Pierre Hadot}의 용어를 빌리면 '영적 운동'으로 성장하기도 한다.

스토아 철학에서 획기적인 이론적 명제를 찾는다면 실망할 것이다. 하지만 치료법으로서 스토아 철학은 타의 추종을 불허한다. 스토아 학파는 철학을 엄격하게 지적인 차원에서 준수해야 할 일련의 이론적 진술이 아니라, 매일 실천하고 삶에서 구체화해야 할 '연습'이라고 명시적으로 언급했다. 아도는 스토아 학파에게 "철학은 추상적인 이론을 가르치는 것이 아니라 오히려 '삶의 기술'로 구성되었다."고 말한다. 철학이 "우리를 더 온전하게 만들고, 더 나은 사람이되게 한다."는 것이다. 이러한 관점에 따르면 철학은 무엇보다도 그것을 실천하는 사람에게 변화를 일으키는 것이다. 아도는 철학이 제대로 실천되면,

우리의 삶 전체를 뒤집어엎는 전환이 일어나고, 그 전환을 겪는 사람의 삶이 바뀐다고 말한다. 철학은 개인을 무의식에 의

해 어두워지고 걱정으로 괴롭힘 당하는 비진정한 삶의 상태에서 자의식, 세계에 대한 정확한 비전, 내면의 평화, 자유를 얻는 진정한 삶의 상태로 끌어올린다. [460]

'진정 살아있는 상태'란 우리의 필멸적 조건의 핵심을 인식하는 것이다. '삶의 기술'에는 죽음의 기술도 수반된다. 잘 산다는 것은 우리의 유한성을 받아들이는 방법, 죽음에 대한 두려움을 극복하는 방법, 그리고 우리의 근본적인 무無에 가까운 상태를 고려할 때 심연의 가장자리에서 중심을 잃지 않고 머무는 법을 아는 것이기 때문이다. 이 전통에서 철학한다는 것은 겁에 질린 육체에 행동을 가하고, 흔들리는 영혼에 확고함을 심어주고, 소멸에 대한 두려움을 없애는 것이다. 우리의 삶을 지배한다는 것은 무엇보다도 우리의 죽음을 지배하는 것이다. "죽음이 우리 손아귀 안에 있을 때 우리는 그 누구의 손아귀에도 들어가지 않는다." 최고의 치료 철학자 중 한 명인 스토아 학파 세네카는 이렇게 썼다. [461]

루키우스 안나이우스 세네카Lucius Annaeus Seneca의 사례는 죽음에 대해 이보다 더 깊이 고민한 철학자는 드물다는 점에서 더욱 주목할 필요가 있다. 세네카는 병약한 체질과 다사다난했던 삶에서 겪은 몇 가지 불쾌한 에피소드로 인해 에밀리 윌슨Emily Wilson이 말한 것처럼 '죽

---

460) Pierre Hadot, *Philosophy as a Way of Life: Spiritual Exercises from Socrates to Foucault*, Arnold I. Davidson 편집, Michael Chase 번역(Oxford: Blackwell, 1995), 82-83.
461) Lucius Annaeus Seneca, *Letters on Ethics*, Margaret Graver 및 A. A. Long 번역 (Chicago: University of Chicago Press, 2015), 340.

음에 몰두하는 철학자'가 되었다.[462] 세네카는 어릴 때부터 그가 '작은 죽음'이라고 불렀던 극심한 천식 발작으로 고통받았다. 나이가 들면서 호흡기 질환은 더욱 악화되었다. 결핵의 일종으로 추정되는 병을 치료하기 위해 알렉산드리아에서 약 10년을 보냈다. 장기간의 이집트 휴가는 도움이 되었을지 모르지만 큰 도움이 되지는 못했다. 세네카는 계속 살아가지만 죽음의 그림자는 항상 가까이 있었다. 훗날 세네카는 친구 루실리우스에게 보낸 편지에서 로마 의사들이 '죽음에 대한 준비'라고 불렀던 질식 직전 상태에서 자신에게 일어난 일과 머릿속에서 일어난 일들을 자세히 묘사한다.

이러한 독특한 의학 기록을 가진 세네카는 잔인할 정도로 자연주의적인 방식으로일지 몰라도 치료로서의 철학의 핵심에 서게 되었다. 플라톤은 파이돈에서 '죽음에 대한 준비'를 고귀한 철학적 이상으로서 권장했지만, 세네카는 건강이 좋지 않기 때문에 명상을 반복해서 해야 했다. 그가 또 다른 편지에서 '우리는 매일 죽는다 cotidie morimur'고 말했을 때는 거창한 철학적 개념을 발전시킨 것이 아니라 숨을 쉬려고 할 때마다 고통스럽게 느끼는 내밀한 진실을 말한 것이었다. 그에게 있어 산다는 것은 죽음의 발톱에서 삶의 순간을 낚아채는 것이었다. 세네카가 작품 전반에 걸쳐 살아 있다는 사실에 대한 철학적 찬사를 아끼지 않은 것도 바로 이 때문일 것이다. 만성적인 건강 문제를 겪었던 세네카가 고대 기준으로는 장수인 60대까지

---

462) Emily Wilson, *The Greatest Empire: A Life of Seneca*(Oxford: Oxford University Press, 2014), 191.

살았고, 그가 죽었을 때 건강이 좋지 않아서 죽은 게 아니라는 것은 거의 아이러니한 일이다.

세네카는 그의 작품 중 일부는 전적으로 죽음에 관한 글(예를 들어, Ad Marciam과 De Consolatione을 썼다)이었지만, 이 주제는 예상치 못한 곳에서도 나타난다. 날씨, 정치, 역사, 로마의 최신 유행에 대한 글을 쓰다가도 죽음이라는 주제가 불쑥 튀어나올 수 있었다. 『루실리우스에게 보내는 도덕적 편지*Epistulae Morales ad Lucilium*』가 그 대표적인 예다. 이론적으로는 친한 친구에게 보낸 사적인 편지였지만 이 편지는 모두가 볼 수 있게 열려 있었다―다른 사람들의 시선을 의식만 한 게 아니라 읽으라고 적극적으로 장려하는 것을 보여준다.

세네카의 다른 작품들과 마찬가지로 그의 '도덕적 편지'는 자기 브랜딩의 정교한 실천이다. 현자의 특정 이미지(imago)를 형성하고 대중의 마음에 투영하기 위한 것이다. 독자는 그의 일상과 여행, 습관, 좋아하는 것과 싫어하는 것, 그리고 지나가다 던져주듯 말해주는 수천 가지의 사소한 일들에 대한 세부 사항 등 그의 일상이 어땠는지 마지막 세부 사항까지 알 수 있다. 하지만 모든 것은 아무리 사소한 세부 사항이라도 세심하게 걸러지고 배열되고 특정 대중의 인식을 유도하도록 설계되어 있다. 세네카는 자신의 일상이 세속적이든 아니든 세상의 방식에 무관심하고 영향을 받지 않는 완전한 철학자로 보여지기를 무엇보다도 원했다. 그에게 사회적 성공과 돈과 권력이 있었다면 그것은 우연에 불과했다. 이런 것들이 없었다 해도 '그는 똑같은 사람이었을 것이다'라는 식으로 우리가 믿기를 바랐을 것이다. 철학자이자 (다작 작가였던) 세네카의 수많은 창작물 중에서도 이

imago는−세네카가 작품 속에 문학적 인물로 등장한 것−그의 가장 훌륭하고 뛰어난 작품 중 하나다.[463]

죽음에 대한 관심(죽음에 대한 생각, 죽음에 대한 두려움 극복, 죽음에 대한 숙달)은 세네카의 자기 형성 프로젝트에서 중요한 역할을 했다. '죽음에 대한 준비'로서의 철학적 실천은 세네카의 자기 표현에 반드시 필요한 것이었다. 죽음은 서간집 초반에 등장한다. 첫 번째 서신에서 세네카는 자신의 생각의 많은 부분을 차지하는 개념을 명확하게 표현한다. 즉, 인생이 끝날 때 죽음이 발생하는 것이 아니라 태어나자마자 죽기 시작한다는 것이다. 그는 "죽음이 우리 앞에 있다고 생각하는 것은 잘못된 생각이다."라고 말한다. "우리의 모든 삶은 죽음의 손아귀에 있기 때문에 이미 많은 부분이 우리를 지나갔다."[464] 우리가 죽을 때쯤이면 우리는 이미 너무 많이 죽어서 큰 차이를 만들지 못한다. 편지 24에서 그는 우리가 세상에 존재하는 것과 시간의 흐름 사이에 분명한 연관성을 제시한다.

> 우리는 매일 삶의 일부를 빼앗기기 때문에 매일 죽는다. 우리가 아직 성장하고 있을 때에도 우리의 삶은 줄어들고 있다. 우리는 유아기를 잃고, 어린 시절을 잃고, 젊음을 잃었다. 어제까지 우리의 모든 시간은 지나가는 순간에 사라졌고, 오늘

---

463) 이에 대한 더 많은 내용은 James Romm, *Dying Every Day: Seneca at the Court of Nero*(New York: Knopf, 2014)을 참조.

464) Seneca, *Letters on Ethics*, 25.

도 시간이 지날수록 죽음과 함께 나뉘어진다. [465)

    수 세기 후 하이데거는 이 통찰로써 놀라운 일을 해냈다. 그는 암울했던 중세의 격언을 인용하기를 좋아했는데, "인간은 태어나자마자 죽기에 충분한 나이가 된다."는 것이었다. [466) 하이데거는 이 격언을 자신의 사유의 발판으로 삼아 인간 존재를 근본적으로 '죽음을 향하는 존재Sein-zum-Tode'라는 이론으로 엮어내면서 그 개념을 한계점까지 밀어붙였다. 하지만 세네카는 이론에는 관심이 없었다. 세네카의 목표는 치료 철학의 전통에 따라 자신과 다른 사람들에게 죽음에 대한 두려움에 흔들리지 않는 좋은 삶을 사는 방법을 가르치는 것이었다. '죽음에 있어 최악인 것은 죽음 이전에 오는—두려움'이기 때문이다. [467) 그가 하고자 했던 일은 사람들이 자신의 죽음을 새로운 시각으로 바라보도록 유도하고 그 결과 사람들의 삶을 변화시키는 것이었다. 그는 사람들에게 더 이상 존재하지 않을 거란 것에 익숙해지고 삶에 집착하려는 본능적인 경향을 극복하라고 촉구했다.

---

465) Seneca, *Letters on Ethics*, 89.

466) Marin Heidegger, *Being and Time*, John Macquarrie 및 Edward Robinson 번역 (Oxford: Blackwell, 1962), 289.

467) Seneca, *Letters on Ethics*, 414.

"다자이 씨, 나는 당신의 문학이 싫어요"

미시마는 사령관실로 돌아가는 길에 자신이 다자이와 거리를 두기 위해 얼마나 많은 노력을 기울였는지, 그리고 그게 얼마나 고통스러웠는지를 순간적으로 떠올렸는지도 모른다.[468] 그가 문학 데뷔를 계획하고 있을 때 일본에서는 다자이가 길게 그림자를 드리우고 있었고, 미시마는 다른 사람의 그림자에 가려질 사람이 아니었다. 미시마는 다자이와 단 한 번 만났다. 미시마는 용기를 내어 이 유명한 작가에게 이렇게 말했다. "다자이 씨, 나는 당신의 문학이 싫어요."[469] 술에 만취한 다자이는 거의 알아차리지 못했다.

미시마의 발언은 솔직하지 못한 것이었다. 다자이에 대한 그의 감정은 좀 더 복잡했다. 우선 다자이가 자신을 돌보는 데 그 정도로 소홀했던 점을 이해할 수 없었다. 어린 시절 자신의 신체적 약점에 집착했던 미시마는 신체를 자아의 진정한 장소, 즉 있는 그대로의 진정한 자기 모습으로 간주하게 되었다. 당신은 당신의 모습인 것이다. 미시마는 다자이의 신체가 더 건강했다면 그의 마음과 영혼이 다르게 작용했을 것이라고 생각했다. 1955년에 그는 일기에 다자이에 대해 이렇게 썼다. "그의 성격 결함 중 절반 정도는 냉수 마사지,

---

468) Mishima는 "Dazai 와 자신의 유사성으로 인해 불안해 했는데, 당시 그 유사성은 개인적인 것이었을 뿐 분명 문학적인 것은 아니었다. 두 남자는 모두 우월 의식에 빠져 있었는데, 두 사람 다 센세이션을 일으키길 원했고 일반 대중의 영웅이 되고 싶어 했으나, 두 사람 다 자살에 집착하고 있었다"라고 Scott-Stokes는 관찰한다.(Scott-Stokes, *The Life and Death of Yukio Mishima*, 90).

469) Inose and Sato, *Persona*, 162에서 인용.

기계식 운동, 규칙적인 생활로 치료할 수 있었을 것이다." 이 암묵적인 질책은 점차 혐오감으로 발전했다. "나는 그와 처음 접촉했을 때 이후로 그토록 격렬한 생리적 혐오감을 느끼게 한 작가를 본 적이 없다." 미시마는 다자이의 '뻔뻔한 자기 풍자'와 '절망의 미화'에 반발했다.[470]

그러나 그는 이러한 혐오감이 "다자이가 내 안에서 가장 감추고 싶은 것을 정확히 드러내려고 애쓰는 작가라는 직감 때문이다."라고 인정할 수밖에 없었다.[471] 미시마가 다자이에게서 발견한 것은 어릴 적부터 자신에게서 발견했던 심연에 대한 억누를 수 없는 이끌림이었다. 그에게 심연은 궁극의 황홀경을 약속했지만, 다자이는 더 겸손하게도 심연에서 휴식에 대한 약속을 보았을 것이다. 미시마는 다자이가 동료 여행자임을 알아보고 부끄러워했다. 그렇게 중요한 회의에 무릎을 꿇고 누더기 옷을 입고 초라한 모습으로 나타날 수는 없다.[472] 할머니의 충실한 하인이었던 미시마는 모든 일에는 의식이 있어야 한다고 믿었다. 죽음을 포함해서. 특히 죽음에는 더더욱.

---

470) Nathan, *Mishima*, 123, 920에서 인용. Mishima는 이렇게 좀 더 구체적으로 말할 수도 있었다. "Dazai Osamu의 문학에 대해 내가 품는 역겨움은 어쩌면 맹렬하다"(Inose and Sato, *Persona*, 163에서 인용).

471) Nathan, *Mishima*, 92-93에서 인용.

472) John Nathan는 달리 해석한다. 그는 이렇게 쓴다. "이 [고백]이 제시하는 것은…… Mishima가 Dazai에게서 본 자기파괴적 충동을 자기 안에 들이기 시작하면서, 이에 대한 자각에서 오는 공포심을 상대에 대한 증오심으로 전환시키고 있었다는 것이다."(Nathan, *Mishima*, 93).

매력적인 철학자

세네카의 철학은 진술, 묘사, 설명이 아닌 실천을 목적으로 하는 최고의 수행적 철학이다. 철학의 대상은 독자의 마음뿐만 아니라 그들의 존재 전체이며, 그들의 감정, 상상력, 내밀한 신념, 심지어 신체에까지 영향을 미친다. 아도는 이런 종류의 철학 저작은 "독자에게 교리적인 내용을 알려주기 위해서가 아니라 독자를 형성하고, 그 과정에서 영적 진보를 이룰 수 있는 일정한 여정을 통과하게 하기 위해 쓰여진다."고 말한다.[473] 이를 위해 철학에는 가장 넓은 의미의 수사학이 필요하다. 세네카가 재능 있는 작가였다는 점은 분명 도움이 되었다. 세네카가 얼마나 많은 동시대 사람들을 죽음을 덜 두려워하게끔 설득했는지는 알 수 없지만, 세네카의 작품이 20세기 동안 충분히 설득력이 있었다는 사실은 알 수 있다.

『도덕적 편지』는 그 이유를 잘 보여준다. 읽기 시작하자마자 시선을 사로잡는다. 산문은 일관되게 훌륭하고 유려하며 재치가 넘치지만, 세네카는 기교에 의존하기에는 너무 훌륭한 작가다. 폴 베인Paul Veyne은 '단순성에도 불구하고' 세네카는 '철학자로서 진지하게 받아들여야 한다'고 말한다.[474] 매혹적인 스타일 아래에는 깊이와 실체, 진정한 사고가 있다. 세네카가 그토록 매혹적인 글을 쓰는 가장 큰 이유는 지적인 내용을 전달하는 데 그치지 않고 그가 독자에게 영향

---

473) Hadot, *Philosophy as a Way of Life*, 64.
474) Paul Veyne, *Seneca: The Life of a Stoic*, David Sullivan 번역(London: Routledge, 2003), ix.

을 미치고 있기 때문이다. 그의 글이 매혹적이고도 매혹적이어서 독자의 방어벽을 내리게 하여 독자를 사로잡는 것이다. 철학이 우리에게 어떤 영향을 미치려면 우리는 철학의 포로가 되는 시간이 어느 정도 필요하다.

세네카가 이 모든 것을 통해 얻고자 하는 건 우리에게 '잘 죽는 법'을 가르치는 거다. 역설적으로 들릴지 모르지만 이걸 배운다면 우리는 더 나은 삶을 살게 될 것이다. "일찍 죽느냐 늦게 죽느냐가 문제가 아니라 잘 죽느냐 못 죽느냐가 문제다. 그리고 잘 죽는다는 것은 나쁜 삶을 살게 될 위험에서 벗어난다는 뜻이다."[475]

좋은 삶이란 대중문화에서 말하는 것처럼 '최선을 다해 살았다'거나, 불쾌하거나 우울한 모든 것에 무지한 채 행복하게 보내는 삶이 아니다. 우리의 연약함과 죽음을 핵심에 두고 한계를 인정하고 받아들이며, 우리가 심연의 가장자리에서 삶을 보낸다는 사실을 충분히 인식할 때 진정으로 좋은 삶을 살 수 있다. 세네카는 편지 26에서 "죽음이 당신을 기다리는 지점을 알 수 없으므로 모든 지점에서 죽음을 기다려야 한다."고 썼다.[476] 대실패에 대처하는 최선의 방법은 실패가 존재하지 않는 척하는 것이 아니라 그것을 받아들이는 것이다. 세네카는 편지 114에서 "인생은 짧고 우리가 가진 것은 불확실하다는 반성만큼 모든 일에서 자제력을 키우는 데 도움이 되는 것은 없다. 모든 행동에서 죽음을 주시하라."고 쓴다.[477] 죽음을 바라보면

475) Seneca, *Letters on Ethics*, 210.

476) Seneca, *Letters on Ethics*, 94.

477) Seneca, *Letters on Ethics*, 457.

바라볼수록 죽음은 덜 낯설게 보인다. 죽음을 일상으로 받아들이고 때때로 미소를 지으면 죽음이 점점 더 편안하게 느껴질 것이다. '잘 죽는다는 것은 기꺼이 죽는 것'이라는 선의를 보여라.[478] 친구가 된 죽음은 길들여진 죽음이며, 자신을 믿고 맡길 수 있는 죽음이다. 그리고 그것은 잘 살아온 삶이 될 것이다.

이 주장이 설득력을 발휘하지 못하면 세네카는 다른 주장을 시도한다. '위에서 내려다보는 관점'을 채택하고 어느 정도 거리를 두고 우리의 실존적 곤경을 바라본다면 훨씬 더 잘 이해할 수 있다. 세네카의 건강 문제가 여기서 도움이 되었다. 그는 질식할 뻔한 경험 중 하나를 회상한다. 그는 편지 54에서 "숨이 막힐 것 같은 상황에서도 밝고 용감한 성찰을 통해 평화를 찾았다."고 말한다. 자신이 죽음의 시험을 받고 있다는 사실을 깨달은 철학자는 존재의 끝자락에 위험할 정도로 밀려나면서 자신이 이미 이 상태를 알고 있었다는 계시를 받는다. 정확히 언제부터?

> 내가 태어나기 전부터. 죽음은 그저 존재하지 않는 것이다. 나는 그것이 어떤 것인지 이미 알고 있다. 내 뒤에 존재할 것은 내 앞에 존재했던 것과 동일하다. 만약 이 세상에 고통이 있다면, 우리가 빛을 보기 전에도 고통이 있었을 것이다. 그러나 우리는 그 당시에는 아무런 불편함을 느끼지 않았다."[479]

---

478) Seneca, *Letters on Ethics*, 178.

479) Seneca, *Letters on Ethics*, 156.

인생의 많은 것들과 마찬가지로 죽음도 관점의 문제다. 각도와 준거의 틀을 바꾸면 사물이 다르게 보일 뿐만 아니라 때로는 완전히 다른 것을 발견하게 될 것이다.

세네카처럼 죽음을 강렬하게 생각하면 삶의 주인이 된다는 것은 죽음의 주인이 되는 것, 죽음을 기꺼이 받아들일 뿐 아니라 필요한 경우 죽음을 선택하고 관리할 수 있는 것이라는 개념에 머지않아 도달하게 된다. "위대한 사람은 단순히 자신의 죽음을 명령하는 사람이 아니라 실제로 자신에게 맞는 죽음을 찾는 사람이다."라고 그는 70번째 편지에서 쓴다.[480]

세네카 자신이 죽음의 순간에 이르렀을 때 무엇을 했는지는 별개의 문제다. 세네카가 처한 상황과 죽음의 방식은 그가 선택한 것이 아니었다. 이는 세네카의 전기 아니 모든 사람의 전기에서의 가장 극적인 면 중 하나를 지적한다. 바로 우리가 아무리 열심히 삶을 지배하려고 노력해도 통제할 수 없는 것이 항상 존재한다는 것이다. 그리고 우리는 그것에 대비해야 한다.

미시마의 사무라이화 프로젝트

미시마는 겸손한 사람이 아니었고 이를 본인도 잘 알고 있었다. 그는 또한 겸손이 불교, 신도, 무사도가 혼합된 일본 전통을 포함하

---

480) Seneca, *Letters on Ethics*, 213.

여 모든 정신적 전통의 핵심이라는 것을 알고 있었으며, 이러한 전통에 큰 매력을 느꼈다. 이러한 영성에 참여하기 위해서는 자신을 낮춰야 했고, 죽음의 경험이 바로 그런 겸손을 제공할 것이라고 생각했다. 그는 항상 죽음이 매력적이라고 생각했고, 이제 유용성과 즐거움을 결합할 수 있는 기회를 얻었다. 그는 이것 역시 의지력의 문제라고 생각했을 것이다. 미시마는 자신의 삶의 모든 것에 '미시마 방식'을 적용했다. 미시마는 **의지로 스스로를 겸손하게 만들고자 했는데**, 이는 교만이 지나쳤다는 명백한 증거일 수 있다. 그는 그렇게 할 수 있다고 생각했다.

미시마는 다자이의 죽음을 '문인의 자살'이라고 일축했는데, 그의 말투를 보면 불쾌감을 주려는 의도였다. "다자이와 같은 종류의 '문인'은 힘이 아니라 나약함 때문에 자살한다." 미시마는 인터뷰에서 "자살에는 두 가지 종류가 있다."고 말했다. "하나는 나약함과 패배로 인한 자살이다. 하나는 힘과 용기로 인한 자살이다. 나는 전자를 경멸하고 후자를 찬양한다."[481] 그는 다자이의 결말을 실패한 죽음의 대표적 사례로 간주했다. 1955년 1월 14일 서른 번째 생일을 맞이한 미시마는 두 명의 친구에게 자살을 고려하고 있지만 서른 이후의 자살은 '다자이만큼 보기 흉할 것'이라고 말했다.[482] 충격을 받은 손님들에게 그는 그 나이에는 '아름다운 죽음'으로 죽기에는 이미 너무 늙었다고 알렸다. 과연 그랬을까?

---

481) Inose and Sato, *Persona*, 506에서 인용.
482) Nathan, *Mishima*, 122에서 인용.

미시마는 아름답게 죽는다는 것은 성 세바스찬처럼 젊고 건강하게 전성기의 몸으로 죽는 것이라는 신념을 가지고 있었다. '아름다운 사람은 젊어서 죽어야 한다'고 그는 선언했다. [483] 어느 순간 그는 자신의 규칙에 허점을 발견했거나 만들어냈는데, 사무라이의 죽음으로 죽으면 나이가 들어도 아름답게 죽을 수 있다는 것이다. 어느 문인의 죽음과 정반대인 이러한 죽음은 실제 나이와 상관없는 구원적 죽음이었다. 이 구분이 이루어지자 미시마는 "나는 사무라이가 자신의 칼로 스스로 목숨을 끊는 것 외에는 아무것도 인정하지 않는다."며 사무라이의 죽음을 추구하기 시작했다. [484]

조금 불편한 점이 한 가지 있었다. 사무라이의 죽음을 맞이하려면 사무라이가 되어야 하는데 미시마는 사무라이가 아니었기 때문이다. [485] 또한 일본에서 사무라이 계급이 거의 한 세기 전에 폐지된 것도 도움이 되지 않았다. 하지만 미시마는 기술적인 문제에 굴하지 않았다. 그는 스스로 사무라이 전설을 만들어냈고(할머니와 함께 보낸 어린 시절이 도움이 되었다), 검도를 배우고, 일본의 전통 의식을 생활 속에서 수행했으며, 옛 사무라이들이 살았던 방식으로 살려고 노력했다.

미시마가 10대 시절부터 꾸준히 읽었던 한 권의 책은 그의 '사무라이화 프로젝트'에 결정적인 역할을 하게 된다. 야마모토 쓰네토모의

---

483) Rankin, *Mishima*, 42에서 인용. 그는 다른 곳에서 이렇게 쓴다. "아름다운 소년을 볼 때마다 그에게 석유를 끼얹고 불을 붙이고 싶다."(in Rankin, *Mishima*, 42).

484) Inose and Sato, *Persona*, 503에서 인용.

485) Yukio Mishima는 "그가 창조한 자신에 대한 전설에도 불구하고 그는 '사무라이로 태어난' 것은 아니었다. 사실 그의 아버지 쪽은 소작농이었고 신분이 너무 누추해서 19세기 초까지는 성 조차 없었다"라고 Nathan은 쓴다. (Nathan, *Mishima*, 3).

하가쿠레는 18세기 사무라이 생활에 대한 해설집으로, 영적 지도와 전쟁의 기술부터 단순한 실용성에 이르기까지 모든 것을 다루고 있다.[486] 하가쿠레가 미시마를 매료시킨 이유는 어렵지 않게 알 수 있다. 폭력적인 죽음을 인생 프로젝트의 핵심으로 삼았던 그에게 이 책은 좋은 삶을 위한 비결에 다름 아니었기 때문이다. 미시마가 이 책을 읽었을 때 느꼈을 기쁨을 상상해볼 수 있을 뿐이다.

> 전사의 길(무사도)은 죽는 데서 찾을 수 있다. 삶과 죽음이라는 두 가지 선택지에 직면했다면 그냥 죽음에 안주하라. 특별히 어려운 선택이 아니니 당당하게 죽음을 맞이하면 된다…… 매일 아침저녁으로 죽음을 연습하라. 끊임없이 이미 시체가 된 것처럼 살아야만 무술의 길에서 자유를 찾을 수 있고 일생동안 잘못 없이 의무를 다할 수 있다."[487]

그런 길을 택한다면 미시마는 벚꽃 같은 나이를 지났음에도 불구하고 아름다운 죽음을 맞이할 수 있었다. 그는 선례가 있다는 사실을 알고 기뻐했다. 1868년 막부Shogunate를 전복하는 데 결정적인 역할을 했던 사이고 다카모리Saigō Takamori는 10년도 채 지나지 않아 자신이 섬기던 바로 그 정부에 반기를 들었다. 정부군의 우위를 고려할 때 사이고의 반란은 실패할 운명이었고, 수학적으로 패배가 확실시되

---

486) 1967년에 Mishima는 *Hagakure*에 대한 풍부한 해설(*Hagakure Nyūmon*)을 썼다.
487) Yamamoto Tsunetomo, *Hagakure: The Secret Wisdom of the Samurai*, Alexander Bennett 번역(Tokyo: Tuttle, 2014), 42-43.

었지만 그는 끝까지 용감하게 싸웠다. 사이고가 죽음을 막고자 하는 일을 전혀 하지 않았기 때문에 그의 죽음은 가치 있는 것이었다. 따라서 사이고는 일본의 전통인 '고귀한 실패'의 대표적인 예다. 결국 패배했지만 그는 오늘날 일본 최고의 사무라이 중 한 명으로 추앙받고 있으며, 일부에서는 그를 '마지막 사무라이'라고 부르기도 한다. 오늘 도쿄의 우에노 공원에 들어서면 그의 다소 어울리지 않는 모습을 놓칠 수가 없다. 동상의 일부인 그의 발밑에 있는 개는 하가쿠레에서 언급된 '개의 죽음'으로 죽어간 사무라이들을 은근히 떠올리게 한다. 미시마는 사이고가 '50세에 영웅으로 죽었다'고 안도하며 그에게도 아직 희망이 있다고 생각했다. 그도 비슷한 대담한 일을 해낼 수 있다면 '영웅이 될 수 있는 마지막 나이에 도달하기 전에 해낼 수 있을 것'이라고 생각했다.[488]

미시마는 상상력과 결단력, 순수한 의지력을 통해 사무라이가 추억에 불과했던 시대에 사무라이로 재탄생할 수 있었다. 이제 그에게 필요한 것은 죽음을 무릅쓰고 싸워야 할 대의를 발명하는 것이었다. 대의를 **발명**한다고? 당신은 미시마를 모른다.

두 세네카

세네카가 저술 활동을 통해 만들어내고 대중의 마음에 투영하고

---

488) Inose and Sato, *Persona*, 508에서 인용.

자 했던 자신에 대한 이미지는 동시대 사람들과 역사가들로부터 얻은 이미지와 극적인 대조를 이룬다. 한편으로는 코르도바^{Cordoba} 출신의 겸손한 지혜의 애호가, 영원한 아웃사이더, 가난을 찬양하고 소박한 삶을 사는 사람, 입에 겨우 풀칠하는 금욕주의자, 궁정에서 결코 편안함을 느끼지 못하고 대신 도서관의 평화와 고요를 선호하는 우연한 궁정인, 병들고 다른 세상 사람 같이 사는 세네카가 있다. 반면에 우리는 최고 입찰자에게 펜을 팔 준비가 되어 있는 다재다능한 지식인 세네카, 유능한 내부자이자 뻔뻔한 직업인, 갈색 코와 폭군 교사(카시우스 디오^{Cassius Dio}의 독설에 따르면 티라노디다스칼로스_{tyrannodidaskalos}), 사기꾼이자 모략가, '더러운 부자'였던 고리대금업자 세네카 프레이디브^{Seneca Praedives}(마샬이 그를 부르는 말)를 발견할 수 있다. 세네카의 이야기는 서양 철학에서 전례가 없는 지킬과 하이드의 이야기다. 많은 철학자가 비순응주의를 맹세하며 놀라운 전기를 남겼지만, 세네카보다 더 놀라운 전기는 거의 없다.

　로마 궁정에서 세네카는 종종 가십과 비방의 대상이 되곤 했다. 시기심은 어느 사회에서나 넘쳐나는 것이니 당연한 일이다. 하지만 사실은 끔찍하다. 세네카는 거의 10년 동안(서기 54년부터 62년까지) 네로의 개인 가정교사, 연설문 작가, 고문으로 활동했다. 그의 공식적인 궁정 직함은 amicus principis(왕자의 친구)였다. 특히 네로 통치 초기에 그의 영향력은 상당했다. 네로가 원로원 앞에서 한 즉위 연설과 클라우디우스^{Claudius}의 장례식에서 발표된 황제의 추도사를 쓴 것도 세네카였다. 그는 또한 로마 원로원 앞에서 네로의 정치적 살인을 정당화하는 서한을 고안하기도 했다. 네로가 점점 더 불안정해지자 세네카는 주군의 정치적 혼란에 더욱 얽히게 된다. 세네카는 네로의 최악의 악행을 직접 실행하는 데 관여하지 않았더라도 그들의 계획을 알고 있었을 것이다. 그리고 그는 이를 막기 위해 별다른 조치를 취하지 않았다. 네로의 궁정에서 그의 임무 중 하나는 홍보를 관리하는 것이었기 때문에 세네카는 원로원, 로마인, 후손들에게 사후에 홍보를 정당화하기 위해 할 수 있는 모든 일을 했다.

그리고 그는 그 일을 창피할 정도로 잘했다. 스토아 철학자였던 세네카는 훌륭한 홍보맨이었다. 예를 들어 네로가 이복형 브리타니쿠스Britannicus를 죽인 후 세네카는 『데 클레멘티아De Clementia』라는 주옥같은 작품을 남겼다.

> 카이사르, 당신은 우리에게 피로 얼룩지지 않은 국가의 선물을 주었다. 전 세계에서 단 한 방울의 인간 피도 흘리지 않았다는 당신의 자랑이 더욱 놀랍고 대단한 것이다. 왜냐하면 아무도 일찍이 그에게 검을 맡기지 않았기 때문이다.[489]

네로가 '사람의 피를 한 방울도 흘리지 않았다'는 말은 문자 그대로 보면—문자 그대로 봐야만—사실이다. 브리타니쿠스는 독살당했다. 세네카의 펜은 친구들에게 '도덕적 편지'를 쓸 때나 네로의 피에 물든 행위를 하얗게 씻어낼 때나 기적을 발휘할 수 있었다. 불행한 존재가 있다면 그건 유능한 철학자를 곁에 두지 못한 폭군일 것이다!

---

489) Wilson, *The Greatest Empire*, 121에서 인용.

사과 자르기

미시마가 1968년에 출간한 『태양과 강철*Sun and Steel*』은 특이한 책이다. 우선 이 책은 미시마가 책 쓰기 자체에 도전한 책으로, 그의 '반문학적 선언문'으로 읽을 수 있다. 더 중요한 것은 이 책이 지난 몇 년 동안 작가에게 무슨 일이 일어났는지 뿐만 아니라 그가 다음에 무엇을 하려고 했는지 설명한다는 것이다. 그 자신의 피비린내 나는 결말이 예고되어 있으며―행간을 읽을 필요조차 없다. 『교코의 집』이 실패한 후 독자들에게 마지막 기회를 주고 싶었던 것 같다.

『태양과 강철』의 핵심은 '말을 만지는 자는 비극을 창조할 수는 있지만 비극에 참여할 수는 없다'는 미시마의 생각이다.[490] 미시마는 이제 글만으로는 더 이상 충분하지 않았고, 자신의 연기를 완전히 새로운 영역으로 끌어올릴 수 있는 액션을 갈망했다. 미시마는 일본어를 능숙하게 구사했지만 그것만으로는 부족함을 느꼈다. 더 높은 숙달은 '몸의 언어'에 대한 숙달이었다. 다른 언어와 마찬가지로 이러한 숙달에 도달하려면 연습과 시간, 그리고 노력, 더 정확하게는 운동이 필요하다. 다시 말해 일광욕과 역도라는 '태양과 강철'이 필요하다. 작가로서 미시마의 야망이 일본어의 가장 위대한 스타일리스트 중 한 명이 되는 것이었듯이 이제 그는 '육체의 언어'의 대가로서 최고를 뛰어넘는 연기를 펼칠 것을 원했다.

---

490) Yukio Mishima, *Sun and Steel*, John Bester 번역(Tokyo: Kodansha International Ltd., 1970), 14.

미시마는 유럽 미학에서 차용한 용어를 사용하여 두 가지 다른 충동을 구분한다. 첫째로 '고전적인' 완벽함을 향한 충동이 있다. 그는 자신의 근육이 어째서인지 '점차 고전 그리스와 비슷한 모습으로 변해가고 있다'고 말한다. 미시마는 최근 고전 그리스어 수업을 들었고, 고대 그리스인들이 플라톤에 따르면 악기 연주, 스포츠 연습, 심지어 죽음(멜레테 타나토우$^{melet\bar{e}\ thanatou}$)까지 끊임없는 노력과 집중을 통해 주어진 일을 점점 더 잘하게 되는 과정을 설명할 때 '멜레테'라는 단어를 사용했다는 사실을 알고 있었을 것이다. 플라톤에 따르면, 이 '고전적인' 순간은 파이데이아와 깨달음에 관한 것, 건설적인 결과에 관한 것이다. 그는 '불룩한 근육, 팽팽한 배, 단단한 피부'가 '용감한 투지, 냉철한 지적 판단력, 강인한 기질'에 해당한다고 생각했다.[491]

두 번째 충동은 '낭만적'이면서 정반대의 정신을 수반한다. "소년 시절부터 내 안에 저류처럼 흐르던 낭만적 충동은 고전적 완벽주의의 파괴로만 이해될 수 있는 것이었고 내 안에 잠재되어 있었다." 이 파괴적인 충동은 결국 미시마를 정의하게 된다. '나중에 작품 전체에 걸쳐 등장하게 될 오페라 서곡의 주제처럼', 낭만적 충동은 "실제로 무언가를 성취하기도 전에 나에게 결정적인 패턴을 제시했다." 미시마에게 있는 '고전적'이고 '빛나는' 것은 무엇이든 이제 더 강하고 어두운 추진력에 복종해야 한다. '고전적' 충동이 그에게 아름다운 몸을 만들라고 명령했다면 '낭만적' 충동은 정반대의 계명을 내렸

---

491) Mishima, *Sun and Steel*, 26-27.

다. "그 모든 아름다움을 내게 바쳐야 한다!" 미시마는 다음과 같이 설명한다.

> 나는 죽음에 대한 낭만적 충동을 소중히 여기면서도 동시에 그 수단으로써 엄격하게 고전적인 육체를 요구했다. 특이한 운명 의식은, 죽음에 대한 낭만적 충동이 현실에서 충족되지 않은 이유가 요구되는 신체적 자격이 부족하다는 지극히 단순한 사실 때문이라고 믿게 만들었다. 낭만적이고 고귀한 죽음을 위해서는 강력하고 비극적인 골격과 조각같은 근육이 필수 불가결했다.[492]

미시마는 오래전부터 심연에 매료되어 있었다. 그것은 비이성적인 충동이었다. 『태양과 강철』에서 그는 자신의 죽음의 욕구를 합리화하고, 철학적 존경을 표하며, 왜 그것이 추구할 가치가 있는지를 보여준다. 그가 추구했던 것은 최고의 기쁨이 아니라 궁극적인 지식과 이해라는 전혀 다른 것이라고 그는 지금 우리에게 말한다. 여기서 겸손하지 않은 미시마는 겸손에 가장 가까운 사람일지도 모른다. 미시마가 아름답고 '건강한 사과'라고 상상해 보자.

> 사과의 속은 원래 잘 보이지 않는다. 따라서 사과의 중심부, 과육 속에 숨어 있는 사과의 핵심은 희미한 어둠 속에 숨어

---

492) Mishima, *Sun and Steel*, 27-28.

있으며, 자신이 완벽한 사과라는 것을 스스로 확신할 수 있는 방법을 찾기 위해 떨리는 마음으로 불안해하고 있다. 사과는 분명히 존재하지만 사과의 핵심에게 이 존재만으로는 아직 불충분해 보인다⋯⋯ 핵심에게 유일한 확실한 존재 방식은 존재하고 동시에 보는 것이다.[493]

무언가가 보이지 않는 채로 남는 한 그것은 존재하지 않으며, 그것이 존재하기 위해서는 관통하는 시선과의 만남이 필요하다. 비록 그것이 동시에 그것을 파괴하는 것을 의미하더라도 그러한 관통만이 그것을 존재하게 할 것이다. 이 모순을 해결할 수 있는 수단은 단 하나, 칼뿐이다. 칼이 '사과를 깊숙이 찔러서 사과가 쪼개지고 중심부가 빛에 노출되도록' 하는 것이다. 그러나 '잘린 사과의 존재는 파편 속으로 떨어지고 사과의 핵심은 보는 것을 위해 존재를 희생'한다.[494]
사과와 사무라이의 비교가 끝나면 미시마는 자신의 죽음에 대해 이야기한다. 그의 비유에 나오는 사과처럼 사무라이도 자신의 궁극적인 의미에 접근하기 위한 잔인한 침투 행위가 필요하다. 그렇지 않으면 그는 결코 진정한 존재가 될 수 없다.

물론 거울을 통해 내 근육을 볼 수는 있었다. 하지만 보는 것만으로는 내 존재감의 근본적인 뿌리와 접촉하기에는 충분하

---

493) Mishima, *Sun and Steel*, 65.
494) Mishima, *Sun and Steel*, 65.

지 않았고, 순수한 존재감의 행복감과 나 사이에는 헤아릴 수 없는 거리가 남아있었다. 그 거리를 빠르게 좁히지 않는 한 그 존재감을 다시 되살릴 수 있는 희망은 거의 없었다.[495]

미시마가 여기서 하고 있는 일은 미학적이기만 한 게 아니다—설득력이 있다. 이 구절이 설득력 있는 이유는 이 구절이 아니라면 글이 고르지 못했을 책에 있는 미학적으로 뛰어난 구절이기 때문이다 (마거리트 유르세나르는 이 구절을 '거의 정신이 나간 것 같다'고 표현한다). 그리고 미시마의 통찰은 화려한 철학적 옷을 입고 있지만, 그가 성 세바스찬에 의해 유발된 첫 사정을 했을 때 발견한 에로스와 타나토스 사이의 연결고리에 관한 것이기 때문에 더욱 흥미롭다. 칼, 관통, '사과의 살을 자르는 것, 아니 오히려 몸을 자르는 것'과 같은 이미지와 상징은 심오하게 성적인 것이다. 한 번에 관통하고 관통당하는 것, 그것은 궁극의 에로틱한 경험이다. 좋은 측정을 위해 미시마는 항상 그를 위해 에로틱하게 충전되었던 감각과 피의 산산조각을 혼합물에 추가한다. "피가 흐르고, 존재가 파괴되고, 산산조각 난 감각은 존재……그에 대한 첫 번째 지지를 부여하며 보는 것과 존재하는 것 사이의 논리적 간극을 좁힌다…… 그리고 이것이 죽음이다."[496]

'이보다 더 많은 예언이 말해진 죽음은 없었다'고 『태양과 강철』을 다 읽고 나면 당신은 스스로에게 말한다. 그것으로 충분하지 않다

---

495) Mishima, *Sun and Steel*, 66.

496) Mishima, *Sun and Steel*, 67.

면, 미시마는 자신의 삶을 성공적으로 마무리하기 위해 여러 가지가 음모를 꾸미는 '어떤 사건'에 대해 조롱하는 듯한 언급을 하기도 한다. "격렬한 죽음의 고통과 잘 발달한 근육이 능숙하게 결합되어 있는 어떤 사건이 있다면, 그것은 운명의 미적 요구에 대한 응답으로만 일어날 수 있다는 느낌을 지울 수 없었다."[497]

유르세나르가 관찰했듯이 미시마는 자신의 이야기뿐만 아니라 자신의 삶–"나는 내 인생의 시를 만들고 싶다"–에 대해서도 뛰어난 플롯 작가였기 때문에 적절한 시기에 '사건'이 일어날 것이다.[498] 일본에서는 미시마 지켄, 즉 '미시마 사건'으로 알려지게 된다. 공교롭게도 미시마는 자신의 가장 야심 찬 문학 프로젝트인 4부작 대하소설 『풍요의 바다*The Sea of Fertility*』의 줄거리를 구상하던 중 이 '사건'을 계획했는데, 그는 이를 '세계를 설명하는 소설'이라고 불렀다. 미시마의 더 큰 실존적 플롯의 요점은 4부작과 그의 삶을 동시에 완성하는 것이었다. 그는 4부작의 마지막 소설을 완성하려고 할 때 도널드 리치에게 "할 말은 다 한 것 같다."라고 말했다.[499] 글쓰기가 끝나자 삶도 끝이 났다.

---

497) Mishima, *Sun and Steel*, 43.

498) Yourcenar, *Mishima*, 4. "poem" 인용문은 Scott-Stokes, *The Life and Death of Yukio Mishima*, 96, 제명에서 인용했다.

499) Ritchie, *The Japan Journals*, 1947-2004, 151. 그 보다 이른 어느 시점에선가 그는 글 쓰기를 중단하기로 했던 듯하다. 1967년이 끝날 무렵 그는 이렇게 말했다. "나는 이미 글 쓰기를 포기했다. 노벨상 같은 것에는 일말의 관심도 없다."(Inose and Sato, *Persona*, 544 에서 인용).

더럽고 부유한 도덕 철학자

세네카의 직업에는 보상이 따랐다. 브리타니쿠스가 죽자 네로는 그의 재산을 압수해 친구와 동료들에게 아낌없이 나눠줬다. 세네카도 그 수혜자 중 한 명이었다. 이 철학자는 부유한 집안 출신이었지만 네로 밑에서 일한 덕분에 '엄청난 부자'가 되었다. 황제는 그에게 땅, 정원, 포도나무, 별장, 영지를 주었다. 가난을 찬양하던 철학자는 너무 많은 곳에 너무 많은 땅을 소유하게 되었고, 그 수를 헤아리기 힘들 정도였다. 그는 제국의 여러 지역에 한 번도 본 적 없는 땅을 소유하고 있었다. 에밀리 윌슨은 '오늘날의 기준으로 보면 적어도 수백만 달러의 자산가'였다고 결론 내린다.[500] 또 다른 전기 작가에 따르면 세네카는 "당대 최고의 재산 중 하나인 7천 5백만 데나리온을 가지고 있었다. ……로마 국가 연간 수입의 10분의 1 또는 5분의 1에 해당하는 액수였다."라고 말한다.[501]

많은 돈에는 많은 문제가 따르기 마련인데 어떻게 해야 하나? 문제를 해결하기 위해 그는 이자를 붙여 다른 사람에게 돈을 빌려주기로 결심했다. 그렇게 세네카는 고리대금업에 뛰어들었다. 분명히 그는 그 일에 꽤 능했다. 현대의 자료들은 그를 영리하고 공격적인 사업가로 묘사한다. 카시우스 디오Cassius Dio는 브리타니아Britannia에서 일어난 부디카의 반란Boudica uprising의 원인 중 하나로 세네카의 무모한

---

500) Wilson, *The Greatest Empire*, 127.
501) Veyne, *Seneca*, 10-11.

돈 빌려주기를 지적한다. 세네카가 갑자기 불합리한 조건으로 영국 부족 지도자들에게 대출을 요청하자 브리타니아의 많은 부족이 파산했다는 것이다. 이에 대한 대응으로 브리타니아 지방은 로마에 반란을 일으켰다.

자신이 주장하는 것과 행동하는 것 사이의 심각한 불일치는 어떤 도덕 철학자에게도 치명적일 수 있지만, '철학은 우리에게 말하는 방법이 아니라 행동하는 방법을 가르친다'고 주장하고, 개념이 구체화되지 않으면 아무것도 아니라고 생각한 사람에게는 그러한 단점이 치명적일 수밖에 없다. 세네카의 가르침을 가장 먼저 무시한 사람이 세네카라면 누가 세네카의 말을 듣거나 그의 가르침을 따르겠는가? 그의 철학 프로그램은 전부 독자와 후손을 상대로 한 정교한 농담인 것인가? 이러한 질문은 지금도 그렇지만 당시에도 그의 추종자들을 괴롭혔다. 세네카가 죽은 지 2천여 년이 지난 오늘날에도 여전히 세네카에 대해 이야기한다는 것은 이러한 질문에 제대로 답하지 못했거나 실제 제대로 묻지 못했다는 것을 보여준다.

한편 이 철학자의 삶은 그리 길지는 않은데도 불구하고 명이 다해 갔다. 조만간 세네카는 네로와 충돌의 길로 접어들 수밖에 없었고 세네카 자신도 이를 잘 알고 있었다. 그는 황제에게 은퇴를 허락해 달라고 두 번이나 요청했지만 두 번이나 거절당했다. 결국 그는 사실상의 은퇴를 선언하고 점점 더 소극적인 생활을 하며 궁정을 최대한 피해 있으려고 했다. 그러나 그의 부재는 눈에 띄게 되었고, 유명한 공보 비서관의 침묵은 소문을 불러일으켰다. 서기 65년 네로를 죽이려는 음모가 폭로되었을 때 세네카의 이름이 언급되었다. 세네카가 음모와 큰 관련이 있을 것 같지는 않지만 네로는 이를 무시할 정도로 기뻤다.

그의 광기에도 나름의 방식이 있었다

　미시마가 결심을 굳히고 사과를 칼로 자를 때가 왔다고 결정한 후에는 '어떤 사건'을 비교적 쉽게 만들어낼 수 있었다. 그의 전기 작가들이 관찰했듯이 1960년대 중반 이전까지 미시마는 명백히 비정치적이었다. 이제 그는 '사건'을 적극적으로 계획하면서 어떤 이유에서인지 그 사건에 정치적 요소를 가미해야 한다고 생각했다. 정치적으로 그는 극우파에 속했지만 동전을 뒤집듯이 공산주의 순교자가 될 수도 있었다.[502] 1968년 10월 와세다 대학 학생들과의 토론에서 미시마는 자신이 그러한 입장을 선택한 근거를 제시했다. 학생들에게 그는 비인간적이고 남자답지 못하다고 무시당하는 경향이 있는 작가라는 직업에 대한 불만을 털어놓고, 새로운 비전에 대해 이야기했다. 새로 찾은 정신을 주장하기 위해 그는 어떻게든 세상에 대한 행동에 들어가야 한다고 느꼈고, 그러기 위해서는 상대가 필요했다. "상대가 없으면 행동할 이유가 없다."고 그는 말했다. 여기서 흥미로운 일이 벌어진다.

---

502) Mishima의 적치적 관점은 "일종의 광기였고 기껏해야 넌센스였으며 어떨 때는 추하고 위험한 것이었다"(Nathan, *Mishima*, 247).

나는 상대가 절실히 필요했고 공산주의를 선택했다. 공산주의자들이 내 아이들을 공격하거나 내 집에 불을 지른 것은 아니다. 정말로 이유가 거의 없었다. 나는 그저 행동에 옮길 상대가 필요했기 때문에 공산주의를 상대로 택했을 뿐이다.[503]

강력하고 잘 정의된 정치적 신념은 이제 그만 되었다. 미시마는 천황, 사무라이 정신, 자기 희생의 고귀함에 대한 진지한 신념을 가지고 있었지만, 학자들이 관찰한 것처럼 그러한 신념은 그의 정치와는 거의 관련이 없었고 그가 추구하던 미학과 문화 철학에 대해서는 온갖 연관성이 있었다.[504]

1968년 10월 미시마는 천황을 지키기 위해 다테노카이(방패협회)를 설립했다. 이 단체는 100명도 채 되지 않는 학생들로 구성된 그의 사병대('미시마 대장의 장난감 군대'라고 일본 언론은 불렀다)였다. 장난감 군대였지만 다테노카이는 자금이 필요했고, 미시마 대위는 다소 비싼 이 취미 생활을 위해 사비를 털어 자금을 조달했다. 그는 장난감 병사들에게 멋진 유니폼을 입히고 지에이타이와 함께 훈련을 준비했다. 모든 것이 그렇듯이 다테노카이에도 화려한 선서, 화려한 퍼레이드, 과시 등 많은 의식과 의례가 있었다. 발대식은 황궁 바로 건너편에 있는 국립극장 옥상에서 열렸는데, 많은 기자들이 지켜보는 한가운데의 적절한 장소였다. 산케이 기자는 군인들의 제복이 '언뜻

---

503) Nathan, *Mishima*, 241에서 인용.
504) 이에 대한 추가 정보는 Mishima를 다룬 Andrew Rankin의 작품을 참조.

보기에 일류 호텔의 도어맨을 연상시키는 요란한 스타일'이라고 묘사했다.[505] 미시마는 이상한 모습을 보였다. 그의 친구들 중 일부는 그를 '부끄럽게' 여겼다. 하지만 그는 신경 쓰지 않았다.

다테노카이는 미시마의 '사건'에서 중요한 역할을 하게 될 것이었다. 편리하게도 '공산주의의 위협'으로부터 천황을 '보호'한다는 모호한 명분을 내세우고 있었다. 이는 모든 것을 의미할 수도 있고 아무것도 의미하지 않을 수도 있는 것이었다. 미시마는 장난감 군대를 위해 좌익 학생 단체와 유혈 충돌을 벌이고, 학생 시위에서 진압 경찰을 지원하고, 죽음을 무릅쓰고 싸우는 등 다양한 임무를 맡겼다. '공산주의자'에 맞서 죽음을 무릅쓰고 싸운다. 그것과 똑같이 미친 계획은 협회가 황궁으로 쳐들어가 피로써 황궁을 지키겠다는 것이었다. 누구로부터 황궁을 지키려 했는지는 명확하지 않으며, 미시마 자신이 죽기 직전에 친구에게 "진정으로 원했던 것은 덴노[천황]를 황궁에서 죽이는 것이었다."고 고백한 것도 문제가 되지 않는다.[506] 미시마가 생각하기에 그런 행위는 황실을 강화할 것이었다.

마지막 몇 년 동안 미시마가 '사건'을 계획하는 동안 그의 친한 친구들은 그의 정신에 대해 점점 더 걱정하게 되었다. 스콧 스톡스는 "미시마가 심각한 곤경에 처해 있다는 것을 깨닫는 데는 특별한 관찰력이 필요하지 않았다."며 "그의 장난과 음모는 점점 더 기괴한 형태를 띠었고 다테노카이에서 절정에 이르렀다."고 적었다.[507] 미시

---

505) Inose and Sato, *Persona*, 654에서 인용.
506) Inose and Sato, *Persona*, 624.
507) Scott-Stokes, *The Life and Death of Yukio Mishima*, 162.

마는 미쳐가고 있었지만 그의 광기에는 그만의 방식이 있었다. 무사도의 계율 중 하나는 전사가 '죽음의 광란(시니구루이)'에 들어가는 것이었는데, 이는 겉으로 보기에는 순수하고 단순한 광기처럼 보일 수 있다. 이러한 '광기'가 필수적인 이유는 하가쿠레가 말했듯이 "정상적인 정신으로는 위대한 업적을 이룰 수 없기 때문이다. 그저 미쳐서 죽고 싶을 뿐이다."[508] 미시마는 바로 그걸 하고 있는 듯했다.

마지막 해에 접어들면서 그는 믿을 수 있는 소수의 다테노카이 회원들과 함께 점점 더 구체적인 계획을 세웠다. 여러 가지 방안이 논의되고 기각된 끝에 1970년 9월 9일에 계획을 정했고, 결국 11월 25일에 실행에 옮겼다. 이치가야 캠프 사령관에게 유서 깊은 일본도를 보여주고 싶다는 핑계로 미시마가 4명의 다테노카이 회원과 함께 장군의 사무실로 찾아가 그를 포로로 잡은 것이었다. 사령관은 다치지는 않았지만 미시마가 그들에게 연설하고 반란을 설득할 수 있어야 했기에 사무실 앞에 군대가 모일 때까지 풀려나지 못했다. 미시마는 자신이 병사들을 설득해 반란을 일으킬 수 없다는 것을 잘 알고 있었다.[509] 하지만 요점은 누구를 설득하는 것이 아니었다.

미시마의 추종자들은 이제 절망스럽게도 그들에게는 플랜 A가 없었다는 걸 깨달았다. 미시마는 '사건'을 미친 듯이 세밀하게 계획했지만 실패에 대비한 계획만 세웠다—성공했을 경우를 위한 대비는 하지 않았다. 그는 군인들을 설득하거나 정부를 전복하고 싶지 않았

---

508) Tsunetomo, *Hagakure*, 97.
509) Inose and Sato, *Persona*, 698.

다. 그가 원했던 것은 사무라이의 '아름다운' 죽음을 맞이하는 것이었고 이를 위해서는 먼저 실패해야 했다.[510] 그리고 그는 말 그대로 하가쿠레의 훈계를 따랐다. "죽고 싶을 정도로 절박해지는 거야."

미시마와 함께 단 한 명의 제자 모리타 마사카츠만이 목숨을 끊을 수 있도록 허락되었다. 미시마는 하라키리(할복)를 저지르고 모리타는 그를 위해 가이샤쿠(할복하는 사람의 목을 침)를 하기로 했다. 즉, 미시마의 고통을 끝내기 위해 미시마를 참수하는 것이었다. 그런 다음 모리타가 직접 하라키리를 저지르고 다른 팀원 고가 히로야스가 그를 대신해 가이샤쿠를 수행했다. 그리고 그게 끝이었다. 다른 사람들은 살아남아 이야기를 전할 것이었다. 미시마는 재판이 열릴 것이고, 그 과정에서 모든 이야기가 공개될 것이라고 정확하게 예상했다. 자신의 죽음을 떠나서 그가 가장 원했던 것은 그 이야기가 알려지는 것이었다―가능한한 팡파레를 크게 울리며.

모리타는 다테노카이의 리더였을 뿐 아니라 미시마와 특히 가까운 사이였다. 그는 미시마의 연인이기도 했다. 미시마는 일본식 표현을 빌리자면 '두 자루의 칼을 지닌 자'였지만 '남자를 선호했다'고 한다.[511] 이 때문에 일본 언론은 이 사건을 일본의 전통인 동성애자

---

510) Mishima의 자살은 "하나의 개인적이고 창조적인 행위였다. 군국주의의 부활, 전시 이상으로의 회귀, 혹은 그런 류의 그 어떤 것도 의미하지 않는데, 왜냐하면―그리고 이 Mishima란 사람이 연설 상대인 군인들이 자신을 조롱할 거라는 건 분명 알았을 테고―그의 자살은 전적으로 의식적인 것이었기 때문이다" 라고 Ritchie는 쓴다.(Ritchie, *The Japan Journals*, 151).

511) Scott-Stokes, *The Life and Death of Yukio Mishima*, 104.

신주(연인의 자살) 사건으로 프레임을 짜는 것이 가능했다.[512] 이것이 전체 요점을 놓치거나 숨기는 가장 좋은 방법이었을 수도 있다.

출구

네로는 자신의 전 가정교사를 처형하는 대신 자살하라는 명령을 내렸는데, 최근의 도덕적 타락을 고려하면 꽤 관대한 처사였다. 황제의 명령을 전하기 위해 근위대가 도착했을 때 세네카는 친구들과 식사를 하고 있었다. 황실의 사자들이 유언장을 준비할 시간을 주지 않았기 때문에, 그는 저녁 식사 동료들에게 자신이 원했던 것처럼 값비싼 선물을 주는 대신 타키투스Tacitus가 말한 대로 **imago vitae suae**(그의 삶의 모습)로 만족해야 한다고 말한 것으로 추정된다. 이 이마고는 철학자가 수십 년 동안 손질해 온 것과 같은 것으로, 세네카가 자신의 음란한 재산, 공격적인 대출, 네로와의 관계, 세상과 맺은 수많은 타협으로 인해 오염되지 않기를 바랐던 자신의 허구 버전이었다. 세네카가 생각하기에 그의 마지막은 자기 자신을 만드는 프로젝트의 마지막 장이 될 것이었다. 세네카의 모델 중 한 명은 플라톤이 파이돈에서 죽음을 거론한 소크라테스였다. 다른 하나는 로마에서 높은 평가를 받았던 유티카Utica의 카토Cato처럼 끔찍한 결말(자해—

---

512) Yourcenar는 이렇게 쓴다. "함께 죽기로 결심한, 그리고 상대방의 손에 의해 죽기로 한 두 사람이 적어도 한 번은 침대에서 만나고 싶어하는 건 당연한 일이고, 고대 사무라이 영혼도 반대하지 않았을 개념이다"(Yourcenar, *Mishima*, 142).

자살)이었다. 세네카는 이 두 가지를 조합하고 자신만의 비틀기를 가미하여 결말을 맺었다.

세네카의 초기 계획은 로마의 유서 깊은 방법인 정맥 절단으로 죽는 것이었다. 하지만 세네카는 늙고 마른 데다 몸이 쇠약해져서 손목에서 피가 충분히 나오지 않았다. 하지만 그는 포기하지 않고 무릎 뒤쪽도 자르기 시작했다. 결과는 똑같았다. '야만적인 타격에 지칠 대로 지쳤지만' 그는 여전히 살아있었다. 포기하지 않고 세네카는 계속 즉석에서 방법을 찾았다. 그리고 설교도 계속했다. 타키투스가 말했듯이 "마지막 순간에도 웅변이 풍부했던 그는 서기관들을 불러 상당한 분량을 전달했다."고 한다.[513] 자신의 죽음이 이야기의 일부가 되지 않는다면 헛된 죽음이 될 것이므로, 서기관들의 임무는 그걸 가능하게 만드는 것이었다.

로마의 방식이 실패했다는 것을 깨달은 세네카는 그리스로 건너가 소크라테스를 본받으려고 노력했다. 결국 '소크라테스를 위대하게 만든 것은 독미나리hemlock였다'는 게 그의 신념이었기 때문이다.[514] 이 철학자는 독미나리를 가지고 있었지만 어떤 이유에서인지 독이 작동하지 않았다. "독을 가져왔을 때 그는 이미 관절이 식은 상태에서 헛되이 삼켰고 그의 몸은 독의 힘에 저항하며 막았다." 이 내용을 소설로 읽는다면 잘 못 썼다고 생각할 수도 있다. 그러나 세네카의 죽음은 그의 삶이 그랬던 것처럼 소설보다 더 나았다. 결국 이

---

513) Tacitus, *The Annals*, A. J. Woodman 번역(Indianapolis, IN: Hackett Publishing Company, 2004), 335.

514) Seneca, *Letters on Ethics*, 55.

철학자는 뜨거운 목욕탕으로 옮겨졌고 만성 호흡기 질환으로 인해 곧 '증기에 질식했다'고 한다.[515] 세네카는 그가 시도했던 모든 방법과 우회적인 방법에도 불구하고 질식으로 사망했는데, 이는 그가 평생 연습해왔던 것과 같은 죽음이었다.

세네카의 죽음은 치밀한 준비와 완전한 실패, 인내와 실수, 굴욕과 지저분함 등 꽤나 많은 이야기를 담고 있다. 어떤 방법도 통하지 않았다. 죽음은 그가 원했던 만큼 그를 원하지 않는 것 같았다. 죽음을 위해 평생을 준비해 온 세네카는 죽음에 대해 꽤나 무능했다. 위인들의 최후를 연구한 그 모든 노력에도 불구하고 그는 그들을 모방하는 데 실패했다. 소크라테스의 죽음에 비하면 세네카의 죽음은 형편없는 모방처럼 보인다. 하지만 세네카가 우리에게 사랑받는 이유는 바로 이 서툴지만 감동적인 결말 때문이다. 이는 그의 유산을 축소하는 것이 아니라 오히려 더 복잡하고 풍성하게 만든다. 우리는 세네카가 남긴 이야기를 통해 연약하고, 서툴고, 무능하고, 죽음을 맞이하는 세네카의 모습에서 감동을 받는다.

그리고 우리는 세네카가 자신의 모든 것을 '자신의 삶의 형상'에 걸었던 것이 옳았음을 깨닫게 된다. 종국에 그는 모든 것을 이겼다. 오늘날 우리는 세네카의 개인적인 결점, 네로의 조언자이자 주치의로서 어쩔 수 없이 타협해야 했던 불미스러운 일들을 잘 알고 있다. 하지만 그렇다고 해서 이 철학자에 대한 우리의 애정이 줄어들지는 않는다. 우리는 여전히 그의 책을 읽고 그의 말을 숙고하며 진지하

---

515) Tacitus, *The Annals*, 336.

게 받아들인다. 그가 가난에 대해 한 말은 그의 외설적인 개인적 부에 대해 많은 것을 알고 있음에도 불구하고, 통찰력 있고 심오하며 추구할 가치가 있다고 생각한다. 어떻게 그럴 수 있을까?

그것은 우리가 보통 실제 세네카가 아니라 그가 작품 속에서 만들어낸 허구적 자아를 접하기 때문에 가능하다. 우리는 세네카를 읽을 때 이따금 네로의 범죄 파트너가 되었던 인물과 사랑에 빠지는 것이 아니라 매우 설득력 있는 허구의 인물과 사랑에 빠지게 된다.

미시마 사건

사령관실로 달려가면서 미시마는 두 가지 면에서 안도감을 느꼈을 것이다. 첫째 병사들을 설득하는 데 실패했으니 이제 죽어야 한다는 안도감이었다. 그리고 그의 죽음은 '아름다운 죽음'이어야 했다. 진정한 사무라이의 죽음은 실패했을 때 그렇게 죽는 것이기 때문이다. 둘째, 하라키리라는 죽음의 방식은 그에게 전혀 새로운 것이 아니었기 때문이었다. 그는 전에 해본 적이 있었기에 속속들이 알고 있었다. 그는 이미 그것을 수행했다.

자신의 소설과 삶뿐만 아니라 그의 모든 작품에서 가장 중요한 죽음에 대해서도 미시마는 마지막까지 세밀하게 계획하고 있었다. 1961년 미시마는 1936년 일본 제국군에 대한 반란(이른바 '2월 26일 사건')에 간접적으로 연루된 한 젊은 장교에 관한 단편 소설 『우국(유코쿠)』을 발표했다. 동료 장교에 대한 충성심과 천황에 대한 충성심 사이에서 갈등하던 장교는 하라키리를 결심하고, 아내가 옆에서 먼저 자살하는 것을 본 후 자신도 자살한다. 1966년 미시마의 단편 소설을 바탕으로 영화가 만들어졌으며 그는 감독과 장교를 연기했다.

미시마 인생 최대의 연기였다. 키치를 좋아하고 근육을 자랑하는 과시욕의 모습은 전혀 찾아볼 수 없었다. 연기일지라도 죽음의 존재는 그를 변화시켰다. 미시마는 "이 영화는 희극도 비극도 아니다."라고 말한다. '그저 행복에 관한 이야기'일 뿐이다.[516] 노Noh 극장에 대한 언급으로 가득 찬 30분짜리 흑백 영화는 한 작은 방을 밀실처럼 설정하고 정적인 장면이 반복되는 등 마치 그의 죽음을 예고하는 듯한 느낌을 준다. 사과의 절단, 관통, 절정, 탈진 등 우리가 감당할 수 있는 것 이상의 모든 것이 거기에 있다.[517] 이 장면은 신속하고 단호하며, 미시마는 자신의 가장 강렬한 모습을 보인다. 손에 든 칼을 '사과 깊숙이 찔러 넣고', 이제 '사과가 쪼개지고' 그 속이 '빛에 노출'된다. 그러기 위해서는 사과가 '파편으로 떨어져서' 파괴되어야 한다. 이 세상의 모든 사과와 신체가 그러하듯, '보기 위해' 자신의 존재를 희생해야 한다. 무엇을 보냐고? 아무것도.

미시마는 정확히 그렇게 했다. 장군실에 들어가자마자 군복을 벗고 바닥에서 필요한 자세를 취한 다음 배를 갈랐다. 수년간의 보디빌딩이 도움이 되었다. 수년 전 누군가 그에게 역도를 시작한 이유

---

516) Scott-Stokes, *The Life and Death of Yukio Mishima*, 198에서 인용.
517) 애국심(*Patriotism*)을 위시하여 "자신의 성적 상징주의, 즉 내장을 밖으로 꺼내놓는 것을 노골적이고 거의 포르노그래픽적으로 전시한다. Mishima는 그 중위의 할복 자살을 엄청나게 큰 사정으로 묘사하는데, 그 과정에서 그 중위는 땀, 침, 눈물, 토사물, 피, 담즙 등 몸 속 체액의 마지막 한 방울까지 배출한다"고 Andrew Rankin은 쓴다(Rankin, *Mishima*, 111).

를 물었을 때, 그의 대답은 솔직 그 자체였다. "할복을 하다가 죽을 거니까…… 뱃속에 지방이 없는 순수한 근육만 남기고 싶습니다." 라고 대답했다.[518] 지방은 그날 그의 작업에 전혀 방해가 되지 않았고 절단은 깨끗하고 신속하며 전문적으로 이루어졌다. 일본의 한 전기 작가가 소름 끼칠 정도로 세밀하게 묘사했다. '미시마가 내장을 제거하면서 생긴 상처는 배꼽 아래 1.6인치에서 시작하여 좌우 길이 5.5인치, 깊이 1.6~2인치 깊이였다. 20인치의 내장이 나왔다'. 그는 '장엄한 할복이었다'고 결론지었다.[519]

하지만 그렇지가 않았다. 미시마의 조수인 모리타는 전날 그렇게 리허설을 하고도 자신의 역할을 제대로 수행하지 못하고 가이샤쿠를 수행하지 못했다. 심하게 떨면서 그는 미시마의 어깨를 자른 다음 목을 자르고 실제로는 참수하지 않았기 때문에 그의 고통이 줄어들기는커녕 길어졌다. 고가 히로야스는 혼란을 수습하고 미시마에게 결정적인 일격을 가한 후 모리타에게도 같은 일을 했다.

그렇게 미시마의 결말은 어설프고 보기 흉한 살육의 현장이 되었다. 영화 속 리허설이 실제보다 훨씬 더 좋았다. 그럼 그는 조금 겸손해졌을 것이다.

---

518) Damian Flanagan, *Yukio Mishima* (London: Reaktion Books, 2014), 223에서 인용.

519) Inose and Sato, *Persona*, 729.

강과 수영하는 사람

소포클레스는 「콜로노스의 오이디푸스*Oedipus at Colonus*」에서 "태어나지 않는 것이 모든 것을 뛰어넘어 최선이지만 사람이 빛을 본 후에는 최대한 빨리 왔던 곳으로 돌아가는 것이 차선책이다."라고 합창한다.[520] 모든 종류의 허무주의자들은 이 통찰에 많은 영향을 받았다. 시오랑은 **태어나지 않는 것**에 대해 '그저 어떤 행복, 어떤 자유, 어떤 공간에 대해 묵상할 뿐'이라고 말한다.[521] 그는 존재하기 이전의 광활한 무의 세계를 관조하며 매혹된다.

이러한 통찰은 단순한 괴짜의 철학적 공상이 아니라 종교에 깊이 뿌리를 두고 있으며, 종종 계시와 같은 중압감을 동반하기도 한다. 니체가 『비극의 탄생』에서 말한 고대 이야기에 따르면, 미다스 왕은 숲에서 디오니소스의 동반자인 현명한 실레누스*Silenus*를 찾기 위해 사냥했다. 실레누스를 잡았을 때 왕은 그에게 물었다. '인간에게 가장 좋고 가장 바람직한 것'이 무엇인지 물었다. 실레누스는 설득력이 있었지만 결국 반신은 이 대답으로 미다스를 놀라게 했다.

오, 비참하고 덧없는 종족, 우연과 불행의 자식들아, 왜 너희가 듣지 않는 것이 가장 편한 것을 말하도록 강요하는가? 가

---

520) Sophocles, *The Oedipus at Colonus of Sophocles*, Richard Jebb 편집(Cambridge: Cambridge University Press, 1889), line 1225, http://www.perseus.tufts.edu/hopper/text?doc=urn:cts:greekLit:tlg0011.tlg007. perseus-eng1:1225 -1238.

521) E. M. Cioran, *The Trouble with Being Born*, Richard Howard 번역(New York: Seaver Books, 1976), 22(원문의 이탤릭체 부분).

장 좋은 것은 태어나지 않는 것, 존재하지 않는 것, 무無가 되는 것이다. 하지만 두 번째로 좋은 것은 곧 죽는 것이다.[522]

마찬가지로 그노시스주의 신학은 항상 특권적인 영역, 즉 존재 이전의 완전한 상태를 가리킨다. 아직 태어나지 않은 것, 즉 세상, 사람, 건물, 책 등은 아무것도 아닐 수 있지만 이 단계에서는 최고의 상태다. 어떤 실현도 한계가 있고, 어떤 존재로 다가오는 것도 빈곤이다. 그노시스주의자들의 발자취를 따라가면서 중세 카타리파는 그 통찰을 재발견하고 새로운 삶을 접목했다. 13세기 말 프랑스에서 종교재판소의 조사를 받던 한 카타리 신자는 금욕을 통해 천국에 가까워질 수 있다는 희망을 고백했다. "사람들이 금욕을 지킨다면 신의 모든 피조물이 곧 [천국에] 함께 모일 것이다."[523]

우리는 삶의 흐름에 휩싸여 있는 동안 헛되이 바라보는, 존재 이전과 이후의 궁극적인 평화와 고요함의 장소에 대한 정확한 이름을 가지고 있지 않다. 인간의 언어는 그토록 중요하고 초월적인 것을 표현하기에 부족하지만, 한 단어가 다른 단어보다 더 자주 사용되어 왔다. 바로 실레누스가 사용하는 단어 무無다. 콩트-스퐁빌의 신랄한 표현을 빌리자면 '모든 것이 되는 무無'다.[524] 또는 시오랑의 '신

---

522) Friedrich Nietzsche, *Basic Writings of Nietzsche*, Walter Kaufmann 번역 및 편집 (New York: Random House, 2000), 40(원문의 이탤릭체 부분).

523) Emmanuel Le Roy Ladurie, *Montaillou: The Promised Land of Error*, Barbara Bray 번역(New York: Vintage, 1979), 206-207.

524) André Comte-Sponville, *A Small Treatise on the Great Virtues: The Uses of Philosophy in Everyday Life*, Catherine Temerson 번역(London: Picador, 2002), 147.

성한 무無'라고도 한다. 존 윌리엄스의 시조 소설의 주인공 스토너는 한때 '모든 것'이 '마침내 줄어드는' 위대한 '무無'에 대한 환상을 가졌다.[525] 마이스터 에크하르트Meister Eckhart가 '공허'와 쉽게 연관시킬 수 있고 그노시스주의자 바실리데스Basilides가 가장 높은 속성이 무無라고 생각한 이 원초적 심연을 신이라고도 부르는 것은 당연하다. 다른 사람들은 불꽃이 사라져 아무것도 남지 않는 것처럼 문자 그대로 '불이 꺼진 상태'라는 뜻의 열반이라고 부르기도 한다.

말은 결국 중요하지 않다. 중요한 것은 그 말이 무엇을 지향하는가, 즉 더 큰 기준의 틀에 대한 우리의 근본적인 욕구다. 우리가 그 상황에서 벗어나 몇 발자국 뒤로 물러나 멀리서 바라보지 않는 한 우리는 결코 상황을 명확하게 볼 수 없다. 강에서 수영하는 한 아무리 눈이 예리하거나 물의 화학에 익숙하더라도 강 자체를 볼 수는 없다. 물속에 깊이 잠기면 물이 어떤 것인지 확실히 알 수 있지만, 지식은 강렬하지만 제한적이다. 물줄기에 얽혀 있으면 물의 영향을 너무 많이 받고, 일반적으로 물에 떠 있기에는 너무 바빠 진정한 이해에 참여하지 못할 것이다. 그러기 위해서는 물 밖으로 나와 높은 곳을 찾아 사색에 잠겨야 한다. 그러면 더 안전할 뿐만 아니라 더 현명하고 더 많은 지식을 얻을 수 있다. 밧줄이나 나뭇가지, 도구 등 도움을 줄 수 있는 물건만 있으면 된다. 실패는 그런 도구가 될 수 있다.

우리는 실패를 통해 존재(물리적, 정치적, 사회적, 생물학적)의 얽힘에

---

525) John Williams, *Stoner*(New York: New York Review Books 2003), 179.

서 벗어나 더 나은 이해를 얻고 더 깨달은 삶을 살기 위해 실패를 활용할 수 있다. 실패는 특히 밧줄보다 더 잘 어울리는 것 같다. 실패를 통해 우리는 우리 자신과 세상, 그리고 그 안에서 우리의 위치에 대해 배울 수 있는 것은 전부 배우게 된다. 그리고 특히 우리 자신과 세상을 초월하는 것, 우리 존재가 발생하는 심연의 끝자락에 대해 배우게 된다.

실패는 다른 어떤 경험보다도 눈이 떠지는 경험이다. 물리적 세상에서 삶이 발생한 덕분에 우리는 존재의 구조와 우리 자신의 내면에 생긴 균열을 보기 시작한다. 사물이 그 기능을 수행하지 못할 때 그것들은 우리 주변 세상의 근본적인 위태로움을 드러낸다. 그렇게 우리는 심연을 처음 맛보게 된다. 실패는 또한 인간 역사가 타인을 정복하고 지배하고 제거하려는 지속적인 분투에 불과하다는 것, 우리의 정치 기관들이(그중 최고의 기관들조차) 불안정하고 완벽하지 못하다는 것을 드러내 준다. 또 한번 실패를 맛본 것이다. 실패 덕분에 우리는 또한 사회의 요구가 그 구성원들에게 얼마나 비합리적일 수 있는지, 그 기대가 얼마나 엉뚱할 수 있는지, 그 판단이 얼마나 피상적일 수 있는지 볼 수 있게 된다. 실패는 그 모든 것의 헛됨과 뻔함을 드러내고 그 과정에서 우리에게 심연의 더 나은 맛을 보게 해준다. 마지막으로 실패는 우리에게 우리가 생물학적으로 무에 가까운지, 그리고 하루하루 죽음과 얼마나 가까워지는지 보여준다. 이것은 더 이상 엿보기가 아니라 심연을 제대로 정면에서 바라본 것이다. 심연은 투우사의 눈빛으로 돌아보며 말없이 우리를 고정시킨다.

그 시선에서 우리가 보는 침묵은 우리가 충분히 집중한다면 결코 평범한 침묵이 아니다. 그것은 궁극의 고요함이 내는 소리다.

우리가 살아있는 동안 의식적으로든 무의식적으로든 우리는 절대적인 차분함의 영역을 갈구한다. 우리는 깊은 잠에 빠져들 때마다 그 차분함을 약속받고 예감한다. 우리가 세상에서 얼마나 많은 활동을 하든, 우리가 얼마나 많은 에너지를 쓰든, 우리가 얼마나 많은 우회로를 선택하든, 목적지는 늘 같다—궁극의 고요함이 있는 곳, 우리가 마침내 평화를 찾을 수 있는 곳. 우리 중 인내심이 별로 없는 사람들은 가끔 그것을 더 빠르게 달성하기 위해 가장 극적인 일을 한다. 미시마 유키오, 다자이 오사무, 장 아메리는 (시몬 베유도 마찬가지로) 그 갈구가 얼마나 강렬해질 수 있는지 보여주는 한계 사례들이다. 그들의 최후는 인간이 이 영역을 찾기 위해 극한까지 갈 수 있다는 것을 고통스럽게 보여준다. 그들의 삶이 얼마나 소란스럽고 얼마나 험악하고 시끄러웠든 간에 그들은 모두 그들을 기다려온 그 위대한 고요함이 종결과 안도감을 가져다줄 거라는 희망을 품고 있었다.

그들의 이야기는 자기 부인, 자기 파괴, 결국에는 자기 초월의 특별한 이야기다. 그러한 사례는 모방해야 할 것은 아니지만 그렇다고 무시할 수도 없는 것이다. 신화와 종교의 잔인성, 위대한 예술의 잔인성, 삶 자체의 잔인성과 같은 이 이야기들의 극한의 잔인성 때문이다. 디오니소스와 프로메테우스, 오이디푸스와 안티고네, 이반 일리치와 엠마 보바리, 수많은 종교 전사들은 말할 것도 없이, 이들은 마조히스트라서—아니면 그들의 연대기를 기록한 자들이 사디스트라서 고통을 받은 것이 아니다. 우리는 그들의 고통을 필요로 한다—결국 우리가 그들의 이야기를 생산했다. 우리는 고통에 빠진 그들을 재생산하는데, 왜냐하면 그들의 고통을 흡수함으로써 우리는 우리 자신의 질병을 치유하길 바라기 때문이다. 그들의 고통이 커질수록 우리의 카타르시스는 더 완전해진다. 우리는 삶 자체의 중심에 놓여 있는 말로 다 할 수 없는 잔인성을 마주하는 법을 배우지 않는 한 치유되지 못할 거라는 걸 본능적으로 안다.

뱀의 독은 독이면서 약이기도 하다.

작별 인사

궁극의 실패의 원에 대해 기이한 점의 이상한 점은 우리가 그 원을 통과해 나가면서 이전 원들에서 경험한 실패들을 가지고 간다는 것이다. 사물의 실패(십대 때 죽을 뻔한 교통사고, 10년 후 당신을 죽일 뻔한 기술적 작동) 정치적 재앙(자의적 체포, 경찰의 폭력, 지속적인 감시의 트라우마에 시달리고 있다), 피할 수 없는 사회적 실패(당신이 당하는 소외와 배척, 사람들이 당신과 말에 시달리고 있다)—그 모두는 우리가 나가기 직전에 나타난다. 이를테면 파티에 가려고, 작별 파티에.

우리가 죽는 시간이 다가올 때 당신이 깨닫든 깨닫지 못하든 우리 삶에서 놓친 모든 것이, 우리의 실패와 단점과 부끄러운 행동과 우리가 겪은 고통과 우리가 망쳤거나 끝내지 못한 일들 역시 모두 거기 나와서 용서를 받는다. 일종의 오리겐적 아포카타스타시스로, 소규모의 개인적 규모에 국한된다.

이것은 분명 작별 파티의 가장 원조격일 것이다. 그 과제는 우리가 입은 상처와 부상이기 때문이다. 크든 작든, 우리의 트라우마와 모욕감, 부끄러움과 창피함, 이것들은 언제나 넘쳐났다. 그것들이 모두 거기 나와 한 줄로 서서 작별 인사를 한다. 이 과제들을 하나씩 만나 평가하면서 우리는 우리 자신의 다른 부분들을, 우리 자신의 일시적인 예시화를 마주하고 있다는 걸 안다. 그것들을 만나는 것은 거울을 들여다보고 우리의 현재 상태를 보지 않고 이전 상태까지 보는 것이다. 각각의 맷돌이 우리 살을 깊숙이 파고들어서 조금 더 정제된 우리의 모습이 등장했고, 이제 우리는 한 자리에서 그것들을 모두 만날 수 있다. 우리가 그것들을 보고 나면 우리는 마침내 떠날 수 있다. 거기서 우리가 할 일이 더는 남아있지 않을 것이기 때문이다.

기이한 파티임이 분명하지만 생각해보면 그보다 더 나은 방식은 상상하기 어렵다. 우리가 마침내 문 앞까지 왔을 때 무엇을 뒤에 남기고 가는지 정확히 알 것이기 때문이다—바로 우리가 무엇이었는지를 말이다. 우리는 상처로 뒤덮이고 닳아 없어진, 그러나 온전한 모습으로 깨끗하게 퇴장한다. 운이 좋으면 치료도 가능하다.

In Praise Of Failure ✳ Four Lessons In Humility

에필로그

매일 아침 잠에서 깨어나면 기억이 돌아오지 않는 순간, 아주 짧은 순간이 있다. 우리는 아직 우리 자신이 아니다. 우리가 누구인지 명확하지 않다. 우리의 마음이 텅 비어 있기 때문에 우리는 모른다. 아직 스스로에게 들려줄 이야기가 없기 때문에 우리는 모른다. 우리는 글을 쓰기를 기다리는 빈 종이와 같다. 기억이 서서히 돌아오면서 우리는 어디에 있는지, 잠들기 전에 무슨 일이 있었는지, 다음에 무엇을 해야 하는지 등을 기억하기 시작한다. 이러한 기억이 다시 떠오르면서 천천히 이야기를 만들어가는 것처럼 우리는 다시 우리 자신이 되기 시작한다. 모든 것이 제자리를 찾고 이야기가 완성되면 우리는 다시 살아났다고 말할 수 있다. 이제 우리는 자아를 갖게 된다. 이 시트는 우리의 이야기로 가득 차 있다.

이것은 매일매일의 가장 중대한 순간이고 철학적으로 가장 손에 땀을 쥐는 순간이다. 그 과정을 통해서 우리는 존재 안으로 들어오고 우리의 자아는 우리에게 되돌아오며 매순간 우리는 깨어난다. 어떤 이유로든 모든 것이 제자리를 찾아 일관된 내러티브를 형성하지 못한다면 우리는 결코 우리 자신을 찾을 수 없을 것이다. 그 종잇장은 텅 비어있을 것이다. 약속에 나타나지 않는 사람을 그리워하는 것과 같은 방식으로 우리 자신을 그리워하게 될 것이다.

인간은 근본적으로 이야기 중심의 동물이다. 우리 삶은 우리가 말하는 이야기의 모양을 띤다. 우리 삶은 우리가 플롯을 바꿈에 따라 이런저런 식으로 옮겨간다. 이 이야기들은 우리의 존재에 일관성, 방향성, 독특한 관상을 제공한다. 우리는 예를 들어 DNA 때문이 아니라 어떤 이야기도 정확히 같은 방식으로 두 번 말할 수 없기 때문에 축소할 수 없는 개인이다. 리듬과 발음을 조금만 바꿔도 다른 이야기가 나온다. 전혀 다른 사람이.

가장 친밀한 순간에 우리는 스스로에게 말하는 대로 존재한다. 독일의 철학자 빌헬름 딜테Wilhelm Dilthey는 이 과정을 '삶의 탄생Zusammenhang des Lebens'이라고 불렀다. 우리가 스스로에게 들려주는 이야기는 때때로 삶 그 자체보다 더 중요하다. 이야기는 그 삶을 하나로 모으고 우리의 삶으로 만드는 것이다. 그것들이 없다면 우리는 그저 이 지구의 생물권에서 미미한 존재로 남았을 것이다.

이야기를 하는 동물로서 우리는 매일 아침 존재 속으로 들어가기 위해서 뿐만이 아니라 거의 모든 일을 위해—크고 작은, 중요하고 사소한, 고귀하고 부끄러운 일에서 이야기를 필요로 한다. 우리는 살고 죽기 위해, 누군가와 사랑에 빠지고 그 사랑에서 벗어나기 위해,

대의를 위해 싸우거나 배신하는 데 도움이 되는 좋은 이야기가 필요하다.

그와 마찬가지로 우리는 움빌리쿠스 문디 신드롬에 걸린 우리 자신을 치유하기 위해 이야기가 필요하다. 진정한 겸손함을 달성하려면 그저 겸손한 것만으로는 충분하지 않다. 우리는 또한 자신을 내세우지 않고자 하는 노력을 구조화하고 그 노력을 유지하고 지속시키고 의미를 부여할 이야기가 필요하다. 우리는 겸손한 자세로 나아가야 한다. 그래서 겸손함을 말하는 게 가장 어려운 이야기가 되는 것이다. 그 서사를 하는 자아는 자기주장을 하지 않고자 하고 낮아지고자 하고 진압을 당하고자 하는 자아와 동일한 자아다. 서사하는 사람의 목소리는 스토리텔링에 있어 너무 중요하기 때문에 침묵해야 한다. 하지만 침묵하는 상태로 어떻게 이야기를 하는가? 어떻게 우리 자신에 대해 서사하고 그와 동시에 우리 자신을 먼지처럼 작아지게 할 수 있는가? 먼지에겐 할 말이 전혀 없다. 이는 겸손함과 스토리텔링을 서로 제대로 어긋나게 만든다.

자신을 낮추는 그 모든 특별한 방식에도 시몬 베유는 '영적인 자서전'을 남겼고 편지글과 공책은 말할 것도 없었다. 결국 베유는 자신에 대해 괄목할만하게 잘 쓰여진 이야기를 생산해냈다. 부재, 박탈, 자기 부정, 자의적 굶주림, 비물질화, 탈창조를 길게 돌아가며 만들어진 이야기를. 게다가 베유 주변에는 재능있는 서사가들이 많이 있었다. 여기서 비범한 전기가 엮어져 나와 공적 생명력을 부여받게 될 거라는 것, 그래서 그들의 스토리텔링 기술이 유용할 거라는 것을 베유가 본능적으로 알았던 것처럼 말이다.

베유와는 달리 마하트마 간디는 자신에 대해 말하는 걸 결코 주저하지 않았다. 그는 '먼지보다 겸손한' 사람이 되고자 열망했을지 모르지만 그 열망이 평생 끈질기게 추구했던 야심찬 자기 서사 프로젝트와 겸할 수 있다는 걸 알게 되었다. 경력 중간에 간디는 방대한 분량의 자서전을 발행하여 실패 경험에 대한 '권위 있는 버전'이 나오도록 했다. 자신의 실패, 단점, '히말라야 산맥에서의 실수'에 대해 계속해서 자랑하면서 간디는 겸손한 자기 서사의 원을 확장하고자 했다. 간디처럼 현대 문명에 반대한 사람이 그렇게 미디어를 능수능란하게 활용했다는 건 참으로 대단한 광경이었다. 그는 일정이 아무리 바빠도 기자와 언론인을 만날 시간은 늘 비워두었고 어김없이 그들을 즐겁게 했다. 간디는 자신의 서사 프로젝트를 위해 그들을 절실히 필요로 했다.

시오랑은 인간 혐오자였고 스스로 소외당하는 것을 택하고 그 소외감을 소중히 여긴 은둔자였다. 그래도 결국 말년에는 내면의 유배지에서 나오기로 결심하고 안목있는 언론인들과 일련의 인터뷰를 했다. 이 대화들에서 시오랑이 위대한 원인이자 일류 유머 작가임을 보여준다. 그 유명한 인간 혐오자가 카메라를 향해 진지한 미소를 지었다. 물론 시오랑 자신의 글은 뚜렷하게 수행적이었고 크게 무질서한 내면에 특정한 서사적 질서를 가져오기 위한 것이었다. "내가 글을 쓰지 않았더라면 평생 겪었던 우울한 감정으로 나는 미쳐버리거나 완전한 실패자가 되었을 것이다."[526] 시오랑은 심연에 매료당

---

526) Gabriel Liiceanu, Itinerariile unei vieți: E. M. Cioran: Apocalipsa după

하는 일을 결코 중단하지 않았기에 평생 심연에서 나오기 위해 글을 썼다.

다자이 오사무는 명시적인 자서전을 남기지 않았지만 그는 그럴 필요가 없었다. 그의 모든 작품들은 자전적인 내용이 아닌 것은 담고 있지 않았다. 그는 실패의 삶을 살았고 염치없이 그에 대해 썼지만 그의 이야기에서 '실패'와 '삶'은 그 의미가 달라졌다. '죽음'도 마찬가지였다. 다자이는 자신의 죽음을 급진적 겸손함의 서사적 프로젝트로 바꾸었고 평생 고되게 일했는데, 그것은 일부분 심연으로 되돌아갈 일을 찾고자 쓴 것이었다. 심연은 계속해서 그를 다시 삶 속으로 밀어 넣었고 그러던 6월의 어느 비오는 날에야 항복하고 그를 받아들였다.

집중적인 정치 참여와 바쁜 사회생활에도 불구하고 세네카는 자기 삶의 ('이미지') 스토리 작업을 결코 중단하지 않았다. 그 결과 문학적 인물로서의 세네카가 인간 세네카보다 더 일관되고 설득력있고 진정성이 있으며 따를 가치가 있는 인물이 되었다. 이 상황은 세네카가 유행을 쫓아 '겸손함의 문제'를 해결하는 데 도움을 주었을 수 있다. 한편으로는 큰 재산과 막대한 자산을 소유한 대부호에게 겸손을 기대하기는 어렵다. 다른 한편 (지적, 도덕적, 존재론적) 겸손함은 우리를 사로잡는 문학적 인물로서의 세네카에겐 핵심적인 일이었다. 겸손에 대한 글을 능숙하게 쓰는 데 있어서 이 네로의 전 홍보담당관을 따라올 작가는 없었다.

Cioran(Bucharest: Humanitas, 2011), 94.

미시마 유키오는 위대한 소설을 수없이 남겼지만 자신이 엮을 수 있는 최고의 스토리는 소설 작품이 아니라 자신의 죽음이라고 믿게 되었다. 그래서 그렇게 사람 미치게 하는 디테일로 플롯을 짠 것이었다. 그 플롯의 일부로 그는 가장 가까운 추종자들에게 자신을 따라 죽지 말라고 지시했다. 그들은 살아남아 자신의 이야기를 해주어야 할 것이다.

그는 그 최후의 이야기—죽음의 수행—없이는 자신의 작품은 굉장히 방대했음에도 불구하고 끝마쳐지지 않은 채 남아서 그 진가가 제대로 발휘되지 못할 거라 생각했다. 미시마가 자신의 의지로 스스로를 밀어붙여 겸손하게 만든 이야기—겸손함과는 가장 거리가 먼—이 이야기는 다소 복잡한 일이다. 하지만 자신에 대해 겸손하게 서사하는 일이 간단하다고 누가 그러던가?

겸손함을 달성하는 일에 관한 한 아무것도 간단하지 않다.

"이야기는 인간에게 있어 먹는 일과 마찬가지로 기본적인 일이다."라고 리처드 커니Richard Kearney는 쓴다. "음식은 우리를 살게 하는 반면 이야기는 우리 삶을 살 가치가 있게 만든다."[527] 아니면 살 가치가 없게 만들거나. 우리처럼 심연의 끝자락에 살 때, 존재의 가치와 의미에 대한 근원적인 질문에 대한 답은 우리가 스스로에게 하는 이야기에 크게 달려 있다. 그리고 실패는 우리가 누구인지의 중심에 놓여 있기 때문에, 우리가 우리 자신에 대해 말하는 가장 중요한 이야

---

527) Richard Kearney, *On Stories*(London: Routledge, 2002), 3.

기는 우리가 다른 곳에서 읽는 이야기들과 마찬가지로 일차적으로 실패의 이야기다. 물론 그리스 비극에서 최신 뉴스 기사까지 좋은 이야기는 저마다 어느 정도 실패를 담고 있는 법이다. 그런 서사가 우리를 사로잡는 서사다. 로봇의 내적 삶에 대해서 왜 읽고 싶겠나? 실패와 스토리텔링은 친밀한 친구이고 언제나 공동으로 일하고 있다.

그래서 우리 다수는 존재하는 과정에서 우리 삶이 '완전한 실패'였고 '아무 의미가 없고' 아니면 '고통스러워할 가치도 없는' 것이라고 관찰하는 것이다. 하지만 바로 그때 그 자리에서 그에 대한 반응으로 삶을 끝내기로 하는 사람은 거의 없다. 이것은 우리가 용기가 부족해서가 아니라 (사람이 죽고자 할 때는 용기를 찾는 법이다) 그 이야기가 실패로 점철되어 있지만 나아갈 길을 망치지는 않았다는 것을 느끼기 때문이다. 우리는 한번 두고 보고 싶은 것이다. 그게 바로 이야기다.

어느 순간 우리는 삶이 공허하고 존재가 무의미하다고 느낄 수도 있지만 어느 정도는 아직 끝나지 않았다는 것을 알고 있다. 우리의 이야기는 끝나지 않았을 뿐이고, 책이든 영화든 자신의 삶이든 끝이 나기 전에 이야기를 그만두는 것은 본능적으로나 심정적으로나 실망스러운 일이다. 이야기의 마지막에 도달하면 더 이상 할 이야기가 없다고 판단할 수도 있다. 이야기가 아직 진행 중일 때 중단하는 것은 삶과 죽음 모두에 있어 자연에 대해서 뿐 아니라 내러티브에 대한 위반이다. 그토록 갈구한 의미는 마지막에 밝혀질지 모르지만 우리는 더 이상 그 자리에 남아 있지 않아 그 계시를 받지 못할 것이다. 결국 우리가 찾아야 할 '진주'는 이야기가 끝나야만 찾을 수 있다고 씌여 있다.

　그렇다면 이야기가 내 삶을 구원할 수 있을까? 그렇다, 가능하다. 진실은 오직 이야기만이 우리의 삶을 구원할 수 있다는 것이다. 그리고 우리의 삶뿐만 아니라 삶 자체를 구할 수 있다. 이 책에 처음부터 끝까지 많은 이야기가 있는 이유가 궁금했다면 그 이유가 바로 여기에 있다. 이야기가 없다면 우리는 아무것도 아닐 테니까.

이 프로젝트를 하버드대학교 출판부의 조이 드 메닐Joy de Menil과 작업할 수 있어 정말 행운이었다. 조이의 틀림없는 편집 본능과 예리한 안목과 특별한 헌신 덕분에 이 책은 메닐의 도움을 받지 않았을 경우의 결과물보다 훨씬 더 좋은 책이 되었다. 조이에게 어떻게 감사해야 할지 모르겠다. 루이스 E. 로빈스Louise E. Robbins는 모든 작가가 꿈꾸는 교열 편집자다. 최종 권고에 대한 그녀의 매우 진중한 작업은 최종 권고를 크게 개선했고 내가 여러 번 창피당할 일을 면하게 해주었다. 에메랄드 젠슨 로버츠Emeralde Jensen-Roberts는 작업 과정 내내 큰 도움을 주었고, 작업 초기 단계의 조이 덩Joy Deng과 제프 딘Jeff Dean도 마찬가지였다. 아이디어에 불과했던 이 프로젝트의 가능성을 보고 책을 계약해준 존 쿨카John Kulka에게 특별한 감사를 표한다. 익명의 외부 검토자 두 분과 언론의 평의원 역할을 하는 일부 하버드 교수진도 중요한 비판적 피드백을 제공해 주었는데, 이에 대해 크게 감사드린다.

닐란잔 보우믹Nilanjan Bhowmick, 피터 카타파노Peter Catapano, 보리스 드랄류크Boris Dralyuk, 매튜 램Matthew Lamb, 에드 사이먼Ed Simon, 아제이 베르마Ajay Verma, 스튜어트 월튼Stuart Walton은 이 원고의 초고를 모조리 읽고 수많은 제안을 해주었다. 이 친구들의 노고와 너그러움에 어떻게 감사해야 할지 모르겠다. 친애하는 친구 오렐리안 크레이우투Aurelian Craiutu는 걸어다니는 백과사전의 지식으로 언제나처럼 곁에서 도움을 주었다(그리고 루마니아 사람들이 특히 잘하는 일이 실패라는 사실을 내가 이미 알고 있었음에도 그는 그것을 끊임없이 상기시켜 주었다).

이 책은 많은 동료들과 지식인 벗들과 수년 간 나눈 대화를 반영하고 있다. 이런 이유로 특히 수잔 앙 완링Susan Ang Wan- Ling, 모나 안토히Mona Antohi, 소린 안토히Sorin Antohi, 미셸 불루스-워커Michelle Boulous-Walker, 말릭 보조-레이Malik Bozzo-Rey, 움베르토 브리토Humberto Brito, 올리버 버크만Oliver Burkeman, 매튜 클레멘트Matthew Clemente, 프란체스코 디사Francesco D'Isa, 페드로 두아르트 데 안드레드Pedro Duarte de Andrade, 이리나 두미트레스쿠Irina Dumitrescu, 리처드 엘드리지Richard Eldridge, 올림피아 엘레로Olimpia Ellero, 마르쿠스 가브리엘Markus Gabriel, 브루노 가르시아Bruno Garcia, 마르셀로 글레이저Marcelo Gleiser, 어빙 고Irving Goh, 로비 고Robbie Goh, 제이슨 고론시Jason Goroncy, 유강크 고얄Yugank Goyal, 짐 헤이식Jim Heisig, 피코 아이어Pico Iyer, 프라베쉬 융Pravesh Jung, 사르브체탄 카토치Sarvchetan Katoch, 톰 루츠Tom Lutz, 고든 마리노Gordon Marino, 주세페 마조타Giuseppe Mazzotta, 윌프레드 맥클레이Wilfred McClay, 모하마드 메마리안Mohammad Memarian, 제임스 밀러James Miller, 브라이언 무칸디Bryan Mukandi, 로버트 닉

슨Robert Nixon, 안토니오 펠레Antonio Pele, 조안 라몬 레지나Joan Ramon Resina, 블라드 루소Vlad Russo, 체탄 싱Chetan Singh, 마리오 솔리스Mario Solis, 수잔 스탠포드-프리드만Susan Stanford-Friedman, 응옥 히에우 쩐Ngọc Hiếu Trần, 카밀 운구레아누Camil Ungureanu, 프셰미스와프 우르반치크Przemysław Urbańczyk, 완웨이 우Wanwei Wu, 제이슨 워스Jason Wirth, 로버트 자레츠키Robert Zaretsky에게 큰 빚을 졌다.

지난 몇 년간 호주와 대만, 칠레와 브라질에 이르기까지 전 세계 여러 곳에서 강연과 강의와 컨퍼런스 연설 및 마스터 클래스의 형태로 이 책의 일부를 발표했다. 이런 회의에 참석해 피드백을 주신 일일이 열거하기 어려운 분들께 감사드린다.

이 책을 작업하는 동안 여러 기관과 자금 지원 기관으로부터 물질적 지원과 기타 지원을 받았으며 그들에게 감사의 빚을 졌다. 텍사스 공과대학교 아너스 칼리지 연구부총장실, 인문학 센터, 위스콘신-매디슨 대학교 인문학 연구소, 미국 국립 인문학 기부금 공공학자상 프로그램, 프랑스-미국 교육교류위원회 풀브라이트 위원회, 풀브라이트 미국 학자 프로그램, 릴 가톨릭 대학교 철학 연구소, 자와할랄 네루 대학교(자와할랄 네루 고등연구소), 인도 고등연구소, 폴란드 고등연구소, 난잔 대학교(난잔 종교 및 문화 연구소), 싱가포르 국립 대학교(예술 및 사회과학부).

1장의 '진흙 치료법' 부분에는 2016년 8월 18일자 〈이온Aeon〉의 '누구나 실패하지만 현명한 자만이 겸손을 찾는다Everyone Fails, but Only the Wise Find Humility'에 처음 실린 텍스트가 포함되어 있다. 2장의 '민주주의의 취약성' 일부는 처음에 2019년 7월 15일 〈뉴욕 타임즈〉에 '민주주의는 신을 위한 것Democracy Is for the Gods'이라는 제목으로 게재되었다. 같은 장의 '잘못된 믿음의 사례'라는 제목의 섹션은 2020년 3월 9일 〈로스앤젤레스 리뷰 오브 북스Los Angeles Review of Books〉에 게재된 '언제나 내레이션 중Always Narrating'에서 처음 제시된 아이디어를 기반으로 한다. '혁명의 문제' 섹션에는 2020년 9월 28일 〈커먼웰 매거진Commonweal Magazine〉에 '밸러스트 없는 항해Sailing without Ballast'라는 제목으로 게재된 텍스트가 포함되어 있다. 2018년 1월 12일 예술과 아이디어 연구소에서 출간한 '우리는 실패할 운명인가Are We Doomed to Fail'와 2016년 11월 28일 〈로스앤젤레스 리뷰 오브 북스〉에서 출간한 '실패의 철학자The Philosopher of Failure'의 텍스트 대부분이 3장에 재인용되어 있다. 마지막으로, 1장과 4장에서는 2013년 12월 15일 〈뉴욕 타임즈〉에 실린 '실패를 찬양하며'라는 제목의 오피니언 기고문에서 제시된 주제가 확장되어 있다.

색인